VIAGEM A PORTUGAL

Obras do autor publicadas pela Companhia das Letras

Alabardas, alabardas, espingardas, espingardas
O ano da morte de Ricardo Reis
O ano de 1993
A bagagem do viajante
O caderno
Cadernos de Lanzarote
Cadernos de Lanzarote II
Caim
A caverna
Claraboia
O conto da ilha desconhecida
Don Giovanni ou O dissoluto absolvido
Ensaio sobre a cegueira
Ensaio sobre a lucidez
O Evangelho segundo Jesus Cristo
História do cerco de Lisboa
O homem duplicado
In Nomine Dei
As intermitências da morte
A jangada de pedra
Levantado do chão
A maior flor do mundo
Manual de pintura e caligrafia
Memorial do Convento
Objecto quase
As palavras de Saramago (org. Fernando Gómez Aguilera)
As pequenas memórias
Que farei com este livro?
O silêncio da água
Todos os nomes
Viagem a Portugal
A viagem do elefante

JOSÉ SARAMAGO

VIAGEM A PORTUGAL

Prefácio
Claudio Magris

4ª edição
1ª reimpressão

PRÊMIO NOBEL
COMPANHIA DAS LETRAS

Copyright © 1995 by José Saramago e Editorial
Caminho S.A., Lisboa
Copyright do prefácio © 1999 by Claudio Magris

Capa:
Adaptada de *Silvadesigners*,
autorizada por *Porto Editora S.A.* e
Fundação José Saramago

Caligrafia da capa:
Lilia Moritz Schwarcz

Tradução do prefácio:
Maurício Santana Dias

Revisão:
Carmen T. S. Costa

A editora manteve a grafia vigente em Portugal, observando as Regras do Acordo Ortográfico da Língua Portuguesa de 1990.

Dados Internacionais de Catalogação na Publicação (CIP)
(Câmara Brasileira do Livro, SP, Brasil)

Saramago, José, 1922-2010
   Viagem a Portugal / José Saramago. — 4ª ed. — São Paulo :
Companhia das Letras, 2021.

   ISBN 978-65-5921-334-4

   1. Portugal — Descrições e viagens I. Título.

21-70830
CDD-914.69

Índice para catálogo sistemático:
1. Portugal : Descrições e viagens 914.69

Cibele Maria Dias — Bibliotecária — CRB-8/9427

Todos os direitos desta edição reservados à
EDITORA SCHWARCZ S.A.
Rua Bandeira Paulista, 702, cj. 32
04532-002 — São Paulo — SP
Telefone: (11) 3707-3500
www.companhiadasletras.com.br
www.blogdacompanhia.com.br
facebook.com/companhiadasletras
instagram.com/companhiadasletras
twitter.com/cialetras

A quem me abriu portas e mostrou caminhos — e também em lembrança de Almeida Garrett, mestre de viajantes.

Índice

Prefácio – Claudio Magris 11
Apresentação 15

De Nordeste a Noroeste, duro e dourado 17
O sermão aos peixes 17
Dossel e maus caminhos 26
Um bagaço em Rio de Onor 34
História do soldado José Jorge 38
Tentações do demónio 43
Casa Grande 50
A cava do lobo manso 57
Os animais apaixonados 63
Onde Camilo não está 70
O palácio da Bela Adormecida 75
Males da cabeça e milagres vários 83
Mais Casa Grande 89
As meninas de Castro Laboreiro 97
S. Jorge saiu a cavalo 104
O alimento do corpo 111
O monte Evereste de Lanhoso 120
"Junta com o rio que chamam Doiro..." 127

Terras baixas, vizinhas do mar 137
As infinitas águas 137
Em casa do marquês de Marialva 146

Nem todas as ruínas são romanas	152
Coimbra sobe, Coimbra desce	160
Um castelo para Hamlet	169
À porta das montanhas	176

Brandas beiras de pedra, paciência	181
O homem que não esqueceu	181
Pão, queijo e vinho em Cidadelhe	187
Malva, seu nome antigo	196
Por um grão de trigo não foi Lisboa	205
Novas tentações do demónio	213
O rei da quinta	222
Alta está, alta mora	233
O povo das pedras	235
O fantasma de José Júnior	244
"Hic est chorus"	254

Entre Mondego e Sado, parar em todo o lado	265
Uma ilha, duas ilhas	265
Artes da água e do fogo	271
Frades, guerreiros e pescadores	280
A casa mais antiga	291
Quanto mais perto, mais longe	298
O capitão Bonina	306
O nome no mapa	316
Era uma vez um escravo	324
O paraíso encontrado	332
Às portas de Lisboa	340
Dizem que é coisa boa	344
Chaminés e laranjais	362

A grande e ardente terra de Alentejo	369
Onde as águias pousam	369
Uma flor da rosa	377

A pedra velha, o homem 384
É proibido destruir os ninhos 393
A noite em que o mundo começou 403
O pulo e o salto 415
Os italianos em Mértola 428

De Algarve e sol, pão seco e pão mole 435
O diretor e o seu museu 435
O português tal qual se cala 444
O viajante volta já 456

Índice toponímico 459

Prefácio*

José Saramago não gosta de prefácios. Essa foi uma das primeiras coisas que ouvi dele quando nos encontramos pela primeira vez em Lisboa, há muitos anos, e ele nos deu de presente, a mim e a Marisa, justamente este *Viagem a Portugal*. Inclusive as linhas iniciais desta viagem previnem contra os prefácios, que são inúteis se a obra não os solicita, ou indício de fraqueza, caso ela os demande. De fato eu não escreveria — e ninguém me pediria — uma introdução ao *Ano da morte de Ricardo Reis*, talvez meu livro predileto de Saramago, nem a outros romances dele, os quais tanto admiro. Mas a viagem — no mundo e no papel — é já por si uma espécie de prefácio contínuo, um prólogo a algo que sempre está por vir e continua sempre atrás da esquina; partir, parar, retornar, fazer e desfazer as malas, anotar no caderno a paisagem que escapa, desmorona e se recompõe enquanto a atravessamos, como uma sequência cinematográfica com seus *fade in* e *fade out* ou um rosto que muda no tempo. E depois retocar, apagar e reescrever aqueles apontamentos nesse trânsito da realidade para o papel e vice-versa que é a escritura, até neste sentido muito semelhante a uma viagem. Esta última, escreve Saramago no epílogo, sempre recomeça, sempre há de recomeçar,

---

* *Prefácio de Claudio Magris à primeira edição espanhola de* Viagem a Portugal, *de Saramago, reproduzido no* Corriere della Sera *de 17 de dezembro de 1999.*

assim como a vida, e cada anotação dele é um prólogo. *Viagem a Portugal* desmente as idiossincrasias de seu autor: ela traz uma apresentação e um apêndice. Cada texto autenticamente poético — e *Viagem* o é de modo intenso — sabe bem mais do que o próprio autor; aliás, essa é uma prova de sua grandeza. Saramago viaja em Portugal, ou melhor, dentro de si mesmo, e não só, como ele diz, porque Portugal é sua cultura. É no mundo, no espelho das coisas e dos outros homens, que se encontra a si mesmo, como aquele pintor de que fala uma parábola de Borges, que pinta paisagens, montes, árvores, rios e no fim se dá conta de que, dessa maneira, havia retratado o próprio rosto. Toda verdadeira viagem é uma odisseia, uma aventura cuja grande questão é se nela nos perdemos ou nos encontramos ao atravessarmos o mundo e a vida, se apreendemos o sentido ou descobrimos a insensatez da existência. Desde as origens e daquele que talvez seja o maior de todos os livros, a *Odisseia,* literatura e viagem surgem estreitamente ligadas, uma exploração análoga, desconstrução e recomposição do mundo e do eu. Uma verificação do real que, em sua fidelidade, torna-se invenção e ainda inventa o eu viajante, um personagem literário. *Viagem a Portugal* é um fascinante exemplo disso. O viajante avança, como na vida, numa mistura de planejamento e casualidade, metas prefixadas e súbitas digressões que levam a outras paragens; erra a estrada, volta atrás, salta rios e riachos; não tem certeza sobre o que visitar e o que deixar de lado, porque viajar também é, assim como a escrita e a vida, sobretudo abdicar. Ele se detém diante de momentos gloriosos, de grandes personagens e obras-primas da arte — a admirável descrição de quadros e especialmente de igrejas, cinzeladas ou descascadas pelo vento e pelos séculos —, mas também nos rostos das pessoas encontradas e entrevistas apenas por um instante, nos quais se lê uma história ao mesmo tempo individual e coletiva, como as mulheres de Miranda do Douro, que não se lembram de ter sido jovens, ou nas faces do Alentejo, apagadas por velhos jugos sociais. O viajante recolhe histórias célebres e obscuras, para ao sentir o perfume de uma mimosa que redime a mísera ruela de uma cidadezinha. Presta atenção nas cores, nas estações, nos cheiros, nas plantas, nos animais, com frequência ultrapassando a fronteira entre natureza e história — cruzar fronteiras é o ofício do viajante — e descobrindo que também ela, como todos os confins, é precária. "Onde está a fronteira?", ele se pergunta, e essa questão, que eu também me fiz tantas vezes perambulando no Danúbio ou em meus microcosmos, não se refere apenas ao confim entre Portugal e Espanha. Quando ultrapassa este último, o viajante se dirige aos peixes que numa margem nadam no Douro e, na outra, no Duero, pedindo conselho e talvez recordando que São Tiago havia pregado aos salmões, mesmo que fosse para convertê-los e induzi-los a aceitar seu destino de ser pescados e comidos. Protagonistas desta viagem também são, em páginas maravilhosas, o esplendor das águas do rio que encontram as do mar, a luz da praia, o brilho da cascata, a solidão da laguna, o romper-se do oceano contra os rochedos, música que evoca um grande silêncio, o ouro escurecido da noite que se apaga nas planícies perto de Serpa, as pedras românicas mesmo as mais humildes, das quais, porém, nascia uma grande arte, porque "os construtores sabiam que estavam erigindo a casa de Deus". Também neste livro, que sinto extraordinariamente próximo ao meu vagabundear no mundo e na cabeça, a viagem se embrenha não só no espaço, mas sobretudo no tempo; é experiência de sua plenitude e fugacidade e, simultaneamente, guerrilha contra esta última, desejo de reter a tarde que foge e que amanhã não será a mesma, de parar o tempo ou de contê-lo errando no espaço. A viagem, como diz o título de um livro de Gadda, tem a ver com a morte, e é por isso que aferra momentos tão intensos de vida e se encanta, numa esplêndida passagem do livro, perante uma proibição, passível de pesada multa, de destruir ninhos; proibição que, imagino,

José Saramago aprove ainda mais que a de escrever prefácios. Para compreender de fato, o viajante paradoxalmente deveria deter-se, ser sedentário, participar a fundo da vida que atravessa e deixa para trás; eu viajo permanentemente, e sempre pensei que o viajante é alguém que gostaria de ser residente, radicado, mas em muitos lugares. A viagem não termina nunca, mas os viajantes, isto é, nós, terminamos. Este viajante português afirma, a certa altura, que esteve no bairro de Alfama mas que não sabe o que Alfama é. Nós também estamos na vida sem saber o que ela é.

Apresentação

Mal vai à obra se lhe requerem prefácio que a explique, mal vai ao prefácio se presume de tanto. Acordemos, então, que não é prefácio isto, mas aviso simples ou prevenção, como aquele recado derradeiro que o viajante, já no limiar da porta, já postos os olhos no horizonte próximo, ainda deixa a quem lhe ficou a cuidar das flores. Diferença, se a há, é não ser o aviso último, mas primeiro. E não haverá outro.

Resigne-se pois o leitor a não dispor deste livro como de um guia às ordens, ou roteiro que leva pela mão, ou catálogo geral. Às páginas adiante não se há de recorrer como a agência de viagens ou balcão de turismo: o autor não veio dar conselhos, embora sobreabunde em opiniões. É verdade que se acharão os lugares seletos da paisagem e da arte, a face natural ou transformada da terra portuguesa: porém, não será forçadamente imposto um itinerário, ou orientado habilmente, apenas porque as conveniências e os hábitos acabaram por torná-lo obrigatório a quem de sua casa sai para conhecer o que está fora. Sem dúvida, o autor foi aonde se vai sempre, mas foi também aonde se vai quase nunca.

Que é, afinal, o livro que um prefácio possa anunciar com alguma utilidade, mesmo não imediata em primeiro atendimento? Esta Viagem a Portugal *é uma história. História de um viajante no interior da viagem que fez, história de uma viagem que em si transportou um viajante, história de viagem e viajante reunidos em uma procurada fusão daquele que vê e daquilo que é visto, encontro nem sempre*

pacífico de subjetividades e objetividades. Logo: choque e adequação, reconhecimento e descoberta, confirmação e surpresa. O viajante viajou no seu país. Isto significa que viajou por dentro de si mesmo, pela cultura que o formou e está formando, significa que foi, durante muitas semanas, um espelho refletor das imagens exteriores, uma vidraça transparente que luzes e sombras atravessaram, uma placa sensível que registou, em trânsito e processo, as impressões, as vozes, o murmúrio infindável de um povo.
    Eis o que este livro quis ser. Eis o que supõe ter conseguido um pouco. Tome o leitor as páginas seguintes como desafio e convite. Viaje segundo um seu projeto próprio, dê mínimos ouvidos à facilidade dos itinerários cómodos e de rasto pisado, aceite enganar-se na estrada e voltar atrás, ou, pelo contrário, persevere até inventar saídas desacostumadas para o mundo. Não terá melhor viagem. E, se lho pedir a sensibilidade, registe por sua vez o que viu e sentiu, o que disse e ouviu dizer. Enfim, tome este livro como exemplo, nunca como modelo. A felicidade, fique o leitor sabendo, tem muitos rostos. Viajar é, provavelmente, um deles. Entregue as suas flores a quem saiba cuidar delas, e comece. Ou recomece. Nenhuma viagem é definitiva.

De Nordeste a Noroeste, duro e dourado

O SERMÃO AOS PEIXES

De memória de guarda da fronteira, nunca tal se viu. Este é o primeiro viajante que no meio do caminho para o automóvel, tem o motor já em Portugal, mas não o depósito da gasolina, que ainda está em Espanha, e ele próprio assoma ao parapeito naquele exato centímetro por onde passa a invisível linha da fronteira. Então, sobre as águas escuras e profundas, entre as altas escarpas que vão dobrando os ecos, ouve-se a voz do viajante, pregando aos peixes do rio:
"Vinde cá, peixes, vós da margem direita que estais no rio Douro, e vós da margem esquerda que estais no rio Duero, vinde cá todos e dizei-me que língua é a que falais quando aí em baixo cruzais as aquáticas alfândegas, e se também lá tendes passaportes e carimbos para entrar e sair. Aqui estou eu, olhando para vós do alto desta barragem, e vós para mim, peixes que viveis nessas confundidas águas, que tão depressa estais duma banda como da outra, em grande irmandade de peixes que uns aos outros só se comem por necessidades de fome e não por enfados de pátria. Dais-me vós, peixes, uma clara lição, oxalá não a vá eu esquecer ao segundo passo desta minha viagem a Portugal, convém a saber: que de terra em terra deverei dar muita atenção ao que for igual e ao que for diferente, embora ressalvando, como humano é, e entre vós igualmente se pratica, as preferências e as simpatias deste viajante, que não está ligado a obrigações

de amor universal, nem isso se lhe pediu. De vós, enfim, me despeço, peixes, até um dia, ide à vossa vida enquanto por aí não vêm os pescadores, nadai felizes, e desejai-me boa viagem, adeus, adeus."
Bom milagre foi este para começar. Uma aragem súbita encrespou as águas, ou terá sido o rebuliço dos peixes mergulhando, e mal o viajante se calou não havia mais que ver do que o rio e escarpas dele nem mais que ouvir do que o murmúrio adormecido do motor. É esse o defeito dos milagres: não duram muito. Mas o viajante não é taumaturgo de profissão, milagriza por acidente, por isso já está resignado quando regressa ao automóvel. Sabe que vai entrar num país abundoso em fastos de sobrenatural, de que logo é assinalado exemplo esta primeira cidade de Portugal por onde vai entrando, com seu vagar de viajante minucioso, cuja se chama Miranda do Douro. Há de pois recolher com modéstia as suas próprias veleidades, e decidir-se a aprender tudo. Os milagres e o resto.
Esta tarde é de Outubro. O viajante abre a janela do quarto onde passará a noite e, no imediato relance de olhos, descobre ou reconhece que é pessoa de muita sorte. Podia ter na sua frente um muro, um canteiro enfezado, um quintal com roupa pendurada, e havia de contentar-se com essa utilidade, essa decadência, esse estendal. Porém, o que vê é a pedregosa margem espanhola do Douro, de tão dura substância que o mato mal lhe pôde meter o dente, e porque uma sorte nunca vem só, está o Sol de maneira que a escarpada parede é uma enorme pintura abstrata em diversos tons de amarelo, e nem apetece daqui sair enquanto houver luz. Neste momento ainda o viajante não sabe que alguns dias mais tarde há de estar em Bragança, no Museu do Abade de Baçal, olhando a mesma pedra e talvez os mesmos amarelos, agora num quadro de Dórdio Gomes. Sem dúvida pode abanar a cabeça e murmurar: "Como o mundo é pequeno...".
Em Miranda do Douro, por exemplo, ninguém seria capaz de se perder. Desce-se a Rua da Costanilha, com as suas casas do século xv, e quando mal nos precatamos passámos uma porta da muralha, estamos fora da cidade olhando os

grandes vales que para poente se estendem, cobre-nos um grande silêncio medieval, que tempo é este e que gente. A um dos lados da porta está um grupo de mulheres, todas vestidas de preto, conversam em voz baixa, nenhuma delas é nova, quase todas, provavelmente, já não se lembram de o terem sido. O viajante leva ao ombro, como lhe compete, a máquina fotográfica, mas envergonha-se, ainda não está habituado aos atrevimentos que os viajantes costumam ter, e por isso não ficou memória de retrato daquelas sombrias mulheres que estão falando ali desde o princípio do mundo. O viajante fica melancólico e augura mal de viagem que assim começa. Caiu em meditação, felizmente por pouco tempo: ali perto, fora das muralhas, estrondeou o motor de um *bulldozer,* havia obras de terraplenagem para uma nova estrada, é o progresso às portas da Idade Média.

Torna a subir a Costanilha, diverge para outras caladas e varridíssimas ruas, ninguém às janelas, e por falar em janelas, descobre sinais de velhos rancores voltados para Espanha, mísulas obscenas talhadas na boa pedra quatrocentista. Dá vontade de sorrir esta saudável escatologia que não teme ofender os olhos das crianças nem os aborrecidos defensores da moral. Em quinhentos anos ninguém se lembrou de mandar picar ou desmontar a insolência, prova inesperada de que o português não é alheio ao humor, salvo se só o entende quando lhe serve os patriotismos. Não se aprendeu aqui com a fraternidade dos peixes do Douro, mas talvez haja boas razões para isso. Afinal, se as potências celestiais favoreceram um dia os Portugueses contra os Espanhóis, mal parecia que os humanos deste lado passassem por cima das intervenções do alto e as desautorizassem. O caso conta-se brevemente.

Andavam acesas as lutas da Restauração, meados portanto do século XVII, e Miranda do Douro, aqui à beirinha do Douro, estava, por assim dizer, a um salto duma pulga de acometidas do inimigo. Havia cerco, a fome já era muita, os sitiados desanimavam, enfim, estava Miranda perdida. Eis senão quando, isto é o que se diz, avança ali um garoto a gritar às armas, a incutir ânimo e coragem onde coragem e ânimo estavam desfalecendo, e de tal maneira que em dois tempos se levantaram todas aquelas debilidades, tomam armas verdadeiras e inventadas, e atrás do infante vão-se aos Espanhóis como se malhassem em centeio verde. São desbaratados os sitiantes, triunfa Miranda do Douro, escreveu-se outra página nos anais da guerra. Porém, onde está o chefe deste exército? Onde está o gentil combatente que trocou o pião pelo bastão de marechal de campo? Não está, não se encontra, ninguém o viu mais. Logo, foi milagre, dizem os mirandeses. Logo, foi o Menino Jesus.

O viajante confirma. Se foi capaz de falar aos peixes e eles capazes de o ouvirem, não tem agora nenhum motivo para desconfiar das antigas estratégias. Tanto mais que aqui está ele, o Menino Jesus da Cartolinha, com a sua altura de dois palmos, à cinta a espada de prata, a faixa vermelha atravessando do ombro para o lado, laço branco ao pescoço, e a cartola no alto da sua redonda cabeça de criança. Este não é o fato da vitória, apenas um do seu confortável guarda--roupa, completo e constantemente posto em dia, como ao viajante está mostrando o sacristão da Sé. É sabedor do seu mister de guia este sacristão, e, porque dá tento da minuciosa atenção do viajante, leva-o a uma dependência lateral onde tem recolhidas diversas peças de estatuária, defendendo-as assim das tentações dos gatunos de ofício e ocasião. Aí se confirmam as coisas. Uma pequena tábua, esculpida em alto-relevo, acaba de convencer o viajante da sua própria incipiência em matéria de milagres. Eis Santo António recebendo genuflexão duma ovelha, que assim está dando exemplar lição de fé ao pastor descrente que se tinha rido do santo e ali, na escultura, evidentemente, se mostra corrido de vergonha e por isso talvez ainda merecedor de salvação. Diz o sacristão que muita gente fala desta tábua, mas que poucos a conhecem. Escusado será dizer que o viajante não cabe em si de vaidade. Veio de tão longe, sem empenhos, e só por ter cara de boa pessoa o admitiram ao conhecimento destes segredos.

Esta viagem vai no princípio, e sendo o viajante escrupuloso como é, aqui lhe morde o primeiro sobressalto. Afinal, que viajar é este? Dar uma volta por esta cidade de Miranda do Douro, por esta Sé, por este sacristão, por esta cartolinha e esta ovelha, e, isto feito, marcar uma cruz no mapa, meter rodas à estrada, e dizer, como o barbeiro enquanto sacode a toalha: "O senhor que se segue". Viajar deveria ser outro concerto, estar mais e andar menos, talvez até se devesse instituir a profissão de viajante, só para gente de muita vocação, muito se engana quem julgar que seria trabalho de pequena responsabilidade, cada quilómetro não vale menos que um ano de vida. Lutando com estas filosofias, acaba o viajante por adormecer, e quando de manhã acorda lá esta a pedra amarela, é o destino das pedras, sempre no mesmo sítio, salvo se vem o pintor e a leva no coração.

À saída de Miranda do Douro, vai o viajante aguçando a observação para que nada se perca ou alguma coisa se aproveite, e por isso é que reparou num pequeno rio que por aqui passa. Ora, os rios têm nomes, e este, tão perto de se juntar ao encorpado Douro, como lhe terão chamado? Quem não sabe, pergunta, e quem pergunta, tem às vezes resposta: "Ó senhor, como se chama este rio?" "Este rio chama-se Fresno." "Fresno?" "Sim senhor, Fresno." "Mas fresno é palavra espanhola, quer dizer freixo. Por que é que não dizem rio Freixo?" "Ah, isso não sei. Sempre assim lhe ouvi chamar." No fim das contas, tanta luta contra os Espanhóis, tantas más-criações nas fronteiras das casas, até ajudas do Menino Jesus, e aqui está este Fresno, dissimulado entre margens gostosas, a rir-se do patriotismo do viajante. Lembra-se ele dos peixes, do sermão que lhes fez, distrai-se um pouco nessa recordação, e já está perto da aldeia de Malhadas quando se lhe acende o espírito: "Quem sabe se fresno não será também uma palavra do dialeto mirandês?". Leva ideia de fazer a pergunta, mas depois esquece-se, e quando muito mais tarde torna à sua dúvida, decide que o caso não tem importância. Ao menos para o seu uso, passou fresno a ser português. Malhadas fica a deslado da estrada principal, desta que se segue para Bragança. Aqui perto há restos de uma via romana que o viajante não vai procurar. Mas quando dela fala a um lavrador e a uma lavradeira que encontra à entrada da aldeia, respondem-lhe: "Ah, isso é a estrada mourisca". Pois seja a estrada mourisca. Agora, aquilo que o viajante quer saber é o porquê e o como deste trator donde o lavrador desce com o à-vontade de quem usa coisa sua. "Tenho pouca terra, só para mim não daria. Mas alugo-o de vez em quando aos vizinhos, e assim vamos vivendo." Ficam os três ali de conversa, falando das dificuldades de quem tem filhos a sustentar, e é patente que está outro para breve. Quando o viajante diz que vai até Vimioso e depois tornará a passar por ali, a lavradeira, sem ter de pedir licença ao marido, convida: "Nós moramos nesta casa, almoça com a gente", e bem se vê que é de vontade, que o pouco ou o muito que estiver na panela seria dividido em partes desiguais, porque é mais do que certo que o viajante teria no seu prato a parte melhor e maior. O viajante agradece muito e diz que ficará para outro dia. Afasta-se o trator, recolhe a mulher a casa: "São uns palheiros", tinha ela dito, e o viajante dá uma volta pela aldeia, mal chega a dá-la, porque de súbito surge-lhe pela frente uma gigantesca tartaruga negra, é a igreja do lugar, de grossíssimas paredes, uns enormes botaréus de reforço que são as patas do animal. No século XIII, e nestas bandas de Trás-os-Montes, não se saberia muito de resistência de materiais, ou então o construtor era homem desconfiado das seguranças do mundo e resolveu edificar para a eternidade. O viajante entrou e viu, foi ao campanário e ao telhado e dali passeou os olhos em redor, um pouco intrigado com uma terra transmontana que não se descai nos vales e precipícios abruptos que a imaginação lhe preparara. Enfim, cada coisa a seu tempo, isto é um planalto, não deve o viajante ralhar com a sua fantasia tanto mais que ela o serviu quando fez da igreja tartaruga, só lá indo se saberá como é justa e rigorosa a comparação. Duas léguas adiante está Caçarelhos. Aqui diz Camilo que nasceu o seu Calisto Elói de Silos e Benevides de Barbuda, morgado de Agra de Freimas, herói patego e patusco da *Queda Dum Anjo,* novela de muito riso e alguma melancolia. Considera o viajante que o dito Camilo não escapa à censura que acidamente desferiu contra Francisco Manuel do Nascimento, acusado este de galhofar com a Samardã, como antes outros tinham chalaceado com Maçãs de D. Maria, Ranhados ou Cucujães. Juntando Elói a Caçarelhos tornou Caçarelhos risível, ou será isto defeito do nosso espírito, como se tivéssemos de acreditar ser a culpa das terras e não de quem nelas nasce. A maçã é bichosa por doença da macieira, e não por maldade do torrão. Fique então dito que esta aldeia não sofre de pior maleita que a distância, aqui nestes cabos do mundo, nem provavelmente tem o seu nome que ver com o que no Minho se diz: caçarelho é fulano tagarela, incapaz de guardar um segredo. Há de ter Caçarelhos os seus: ao viajante ninguém lhos contou, quando atravessava o campo da feira, que hoje é dia de vender e comprar gado, estes belos bois cor de mel, olhos que são como salvadoras boias de ternura, e os beiços brancos de neve, ruminando em paz e serenidade, enquanto um fio de baba devagar escorre, tudo isto debaixo duma floresta de liras, que são as córneas armações, caixas de ressonância naturais do mugido que, uma vez por outra, se ergue do ajuntamento. Certamente há nisto segredos, mas não daqueles que as palavras podem contar. Mais fácil é contar dinheiro, tantas notas por este boi, leve lá o animal, que vai muito bem servido.

    Os castanheiros estão cobertos de ouriços, tantos que fazem lembrar bandos de pardais verdes que nestes ramos tivessem pousado a ganhar forças para as grandes migrações. O viajante é um sentimental. Para o carro, arranca um ouriço, é uma recordação simples para muitos meses, já o ouriço ressequiu, e pegar nele é tornar a ver o grande castanheiro da beira da estrada, sentir o ar vivíssimo da manhã, tanta coisa cabe afinal numa campestre promessa de castanha.

Vai a estrada em curvas descendo para Vimioso, e o viajante contente murmura: "Que lindo dia". Há nuvens no céu, daquelas soltas e brancas que passeiam pelo campo sombras esparsas, um correr de pouco vento, parece o mundo que acabou agora de nascer. Vimioso está construído numa encosta suave, é vila sossegada, isto é o que parece ao viajante de passagem que não se vai demorar, apenas o tempo de pedir informações a esta mulher. E aqui registará a primeira desilusão. Tão prestável estava sendo a informadora, por pouco não daria a volta aos bairros a mostrar as raridades locais, e afinal o que queria era vender as toalhas do seu fabrico. Não se pode levar a mal, mas o viajante está nos seus princípios, julga que o mundo não tem mais que fazer senão dar-lhe informações. Por uma rua abaixo foi descendo e lá ao fundo teve o prémio. É certo que, aos seus olhos desabituados de arquiteturas sacras rurais, tudo ganha facilmente foros de maravilha, porém não é pequeno prazer dar por estes contrastes entre frontarias seiscentistas, robustas, mas com primeiros sinais de certa frieza barroca, e o interior da nave, baixa e ampla, com uma atmosfera romântica que nenhum elemento arquitetónico confirma. Contudo, não é este o verdadeiro prémio. À sombra das árvores, cá fora, sentado nos degraus que dão acesso ao adro, o viajante ouve contar uma história da história da construção do templo. Com a condição de ter capela privativa, certa família ofereceu uma junta de bois para acarretar a pedra destinada ao levantamento da igreja. Levaram nisto os boizinhos dois anos, tão contados os passos entre a pedreira e o telheiro dos alvenéis, que por fim era só carregar o carro, dizer "ala", e os animais se encarregavam de ir e vir sem boieiro nem guardador, atroando aqueles ermos com o gemer dos cubos mal ensebados, em grandes conversas sobre a presunção dos homens e das famílias. Quis o viajante saber que capela é essa e se há ainda descendentes habilitáveis ao usufruto. Não lho souberam dizer. Lá dentro não viu sinais particulares de distinção, mas pode ser que ainda existam. Fica o conto exemplar duma família que de si própria nada deu, salvo os bois, encarregados de abrir, com grande canseira, a estrada que haveria de levar os donos ao paraíso.

Torna o viajante sobre os seus passos, distraído do caminho que já conhece, em Malhadas vem-lhe a tentação de parar e pedir o almoço prometido, porém tem seus acanhamentos, mesmo sabendo que deles virá a arrepender-se. Na povoação de Duas Igrejas é que vivem os pauliteiros. Destes nada ficará a saber o viajante, nem são horas de andarem os dançarinos a paulitar pelas ruas. Já ficou mostrado que tem o viajante direito às suas imaginações, e nisto de pauliteiros não é de hoje nem é de ontem que presume que mais bela e fragorosa dança seria se, em vez de paulitos, batessem e cruzassem os homens sabres ou adagas. Então, sim, teria o Menino Jesus da Cartolinha boas e militares razões para passar revista a este exército de bordados, coletinhos e lenços ao pescoço. É o defeito do viajante: quer ter mais do que o bom que tem. Que lho perdoem os pauliteiros.

Em Sendim, são horas de almoço. Que será, onde será. Alguém diz ao viajante: "Siga por essa rua fora. Aí adiante há um largo, e no largo é o Restaurante Gabriela. Pergunte pela senhora Alice". O viajante gosta desta familiaridade. A mocinha das mesas diz que a senhora Alice está na cozinha. O viajante espreita à porta, há grandes odores de comida no ar que se respira, um caldeirão de verduras ferve a um lado, e, da outra banda da grande mesa do meio, a senhora Alice pergunta ao viajante que quer ele comer. O viajante está habituado a que lhe levem a ementa, habituado a escolher com desconfiança, e agora tem de perguntar, e então a senhora Alice propõe a Posta de Vitela à Mirandesa. Diz o viajante que sim, vai sentar-se à sua mesa, e para fazer boca trazem-lhe uma suculenta sopa de legumes, o vinho e o pão, que será a posta de vitela? Porquê posta? Então, posta não foi sempre de peixe? Em que país estou, pergunta o viajante ao copo do vinho, que não responde e, benévolo, se deixa beber. Não há muito tempo para perguntas. A posta de vitela, gigantesca, vem numa travessa, nadando em molho de vinagre, e para caber no prato tem de ser cortada, ou ficaria a pingar para a toalha. O viajante julga estar sonhando. Carne branda, que a faca corta sem esforço, tratada no exato ponto, e este molho de vinagre que faz transpirar as maçãs do rosto e é cabal demonstração de que há uma felicidade do corpo. O viajante está comendo em Portugal, tem os olhos cheios de paisagens passadas e futuras, enquanto ouve a senhora Alice a chamar da cozinha e a mocinha das mesas ri e sacode as tranças.

DOSSEL E MAUS CAMINHOS

O viajante é natural de terras baixas, muito lá para o sul, e, sabendo pouco destes montes, esperava-os maiores. Já o disse, e torna a dizer. Não faltam os acidentes, mas são tudo colinas de boa vizinhança, altas em relação ao nível do mar, mas cada qual ombro com ombro da que está próxima e todas perfiladas. Em todo o caso, se alguma se atreve um pouco mais ou espigou de repente, então sim, tem o viajante uma diferente noção destas grandezas, não tanto pelo que está perto, mais por aquela vultosa serra ao longe. Chegando-se-lhe, percebe-se que a diferença não era assim tão grande, mas bastou para promessa de um momento.

Esta linha férrea que vai ao lado da estrada parece de brincadeira, ou restos de solene antiguidade. O viajante, cujo sonho de infância foi ser maquinista de caminhos de ferro, desconfia que a locomotiva e as carruagens são desse tempo, objetos de museu a que o vento que vem dos montes não consegue sacudir as teias de aranha. Esta linha é a do Sabor, do nome do rio que se torce e retorce para alcançar o Douro, mas onde esteja o gosto da traquitana, isso não descobre o viajante.

Sem dar por que passou a serra, o viajante chega a Mogadouro. A tarde vai descaindo, ainda luminosa, e do alto do castelo se podem deitar contas ao trabalho dos homens e das mulheres deste lugar. Todas as encostas em redor estão cultivadas, é um jogo de canteiros e talhões, uns enormes, outros mais pequenos, como se servissem apenas para preencher as sobras dos grandes. Os olhos repousam, o viajante estaria totalmente regalado se não fosse o remorso de ter feito fugir do recato das muralhas um casal de namorados que estava tratando dos seus amores. Aqui em Mogadouro ficou ilustrado, uma vez mais, o antigo conflito entre ação e intenção.

É em Azinhoso, aldeiazinha perto, que começa a nascer a paixão do viajante por este românico rural do Norte. O risco das minúsculas igrejas não tem ousadias, é receita trazida de longe e ligeiramente variada para ressalvar o prestígio do construtor, mas muito se engana quem cuide que, tendo visto uma, viu todas. Há que dar-lhes a volta com todo o vagar, esperar calado que as pedras respondam, e, se houver paciência, de cada vez sairá dali repeso o viajante, este ou qualquer outro. Repeso de não ficar mais tempo, pois não está bem demorar um quarto de hora ao pé duma construção que tem setecentos anos, como neste caso de Azinhoso. Sobretudo quando começam a aproximar-se pessoas que querem conversar com o viajante, pessoas que justamente conviria ouvir porque são as herdeiras desses sete séculos. O pequeno adro está coberto de erva, o viajante assenta nela as suas pesadas botas e sente-se, não sabe porquê, reabilitado. Por mais que pense, é esta a palavra, não há outra, e não a sabe explicar.

Daqui a pouco será noite, que no Outono vem cedo, e o céu cobre-se de nuvens escuras, talvez amanhã chova. Em Castelo Branco, quinze quilómetros ao sul, o ar parece ter passado por uma peneira de cinza, só na cor, que de pureza até os pulmões estranham. À beira da estrada há uma comprida fachada de solar, com grandes pináculos nos extremos. Se houvesse fantasmas em Portugal, este sítio seria bom para assustar os viajantes: luzes por trás das vidraças partidas, talvez um estridor de dentes e correntes. Porém, quem sabe, talvez que às horas do dia esta decadência seja menos deprimente. Quando o viajante entra em Torre de Moncorvo, já há muito tempo que é noite fechada. O viajante considera que é desconsideração entrar nas povoações a tais horas. As povoações são como as pessoas, aproximamo-nos delas devagar, paulatinamente, não esta invasão súbita, a coberto da escuridão, como se fôssemos salteadores mascarados. Mas é bem feito, que elas pagam-se. As povoações, é conveniente lembrar, sabem defender-se à noite. Põem os números das portas e os nomes das ruas, quando os há, em alturas inverosímeis, tomam esta praça igual a este largo, e, se lhes dá no apetite, colocam-nos na frente, a empatar o trânsito, um político com o seu cortejo de aderentes e o seu sorriso de político que anda a segurar os votos. Foi o que fez Torre de Moncorvo. O pior é que o viajante vai destinado a uma quinta que fica para além, no Vale da Vilariça, e a noite está tão negra que dos lados da estrada não se sabe se a encosta, a pique, é para cima ou para baixo. O viajante transporta-se dentro de um borrão de tinta, nem as estrelas ajudam, que o céu é todo uma pegada nuvem. Enfim, depois de muito desatinar, chega ao seu destino, antes lhe ladraram cães desaforados, e entra na casa onde o esperam com um sorriso e a mão aberta. Grandes, portentosos eucaliptos tornam ainda mais escura a noite lá fora, mas não tarda que o jantar esteja na mesa, e depois do jantar um copo de vinho do Porto enquanto não vem a hora de dormir, e, quando ela chega, este é o quarto, uma cama de dossel, daquelas altas, que só por ser alto o viajante dispensa o degrauzinho para lá chegar, que profundo é este silêncio do Vale da Vilariça, que consoladora a amizade, o viajante está prestes a adormecer, quem sabe se nesta cama de dossel dormiu sua majestade o rei ou talvez, preferível, sua alteza a princesa.

 Manhã cedo, acorda. A cama não é só alta, é também

imensa. Nas paredes do quarto há uns retratos de gente antiga que fitam severamente o intruso. Há conflito. O viajante levanta-se, abre a janela e vê que vai passando em baixo um pastor com as ovelhas, os tempos mudaram seu bocado, tanto assim que este pastor não se comporta como os dos romancezinhos bucólicos, não levanta a cabeça, não se descobre, não diz: "Deus o salve, meu senhor". Se não fosse distraído com a sua vida, diria apenas: "Bons dias", e não poderia desejar melhor ao viajante, que dos dias só isso quer, que sejam bons.

O viajante despede-se e agradece a quem lhe deu dormida por esta noite, e antes de se meter ao caminho torna atrás, a Torre de Moncorvo. Não vai deixar desgostos nas suas costas, nem deitaria a vila ao desdém, que o não merece. Agora que é dia claro, ainda que enevoado, já não precisa de letreiros nas esquinas. A igreja está ali adiante, com o seu pórtico renascentista e a alta torre sineira que lhe dá um ar de fortaleza, impressão acentuada pelos extensos panos de muralha que envolvem o conjunto. Dentro são três as naves, demarcadas por grossas colunas cilíndricas. Trancada a porta, em tempo de alvoroço militar, muito teriam de roer os inimigos antes de poderem rezar lá dentro as suas próprias missas. Mas a paz com que o viajante vai por aqui circulando dá-lhe tempo para tomar o gosto ao tríptico de madeira esculpida e pintada que representa passos da vida de Santa Ana e de S. Joaquim, e a outras peças de não menor valor. De jeito renascentista é também a Igreja da Misericórdia, e o púlpito de granito, com figuras em relevo, valeria, por si só, a paragem em Torre de Moncorvo.

Agora o viajante afasta-se das obras de arte. Meteu por um mau caminho, ali mesmo à boca da ponte, que passa sobre a ribeira da Vilariça, e vai subindo, subindo, parece que não tem fim a estrada, e é o caso que, de tão nus os montes que a um lado e outro se derrubam para o vale, chega o viajante a temer que um golpe de vento o leve pelos ares, o que seria outra maneira de viajar de bem pior destino.

Em todo o caso, diante desta largueza de paisagem, é como se asas tivesse. Daqui por alguns meses, tudo ao longe serão amendoeiras floridas. O viajante deita-se a imaginar, escolheu na sua memória duas imagens de árvore em flor, as melhores que tinha, escolheu amendoeira e brancura, e multiplicou tudo por mil ou dez mil. Um deslumbramento. Mas não o é menor este vale fertilíssimo, mais afortunado do que os campos do Ribatejo, que já não colhem das cheias o benefício do nateiro, e sim a desgraça das areias. Aqui, as águas que a ribeira leva e se juntam às do rio Sabor refluem diante do grande caudal do Douro e vêm espraiar-se por todo o vale, onde ficam a decantar as matérias fertilizantes que trazem em suspensão. É a rebofa, dizem os habitantes de cá, para quem o Inverno, se a mais se não desmanda, é uma estação feliz.

Esta estrada vai dar à aldeia de Estevais, depois a Cardanha e Adeganha. O viajante não pode parar em todo o lado, não pode bater a todas as portas a fazer perguntas e a curar das vidas de quem lá mora. Mas como não sabe nem quer despegar-se dos seus gostos e tem a fascinação do trabalho das mãos dos homens, vai até Adeganha onde lhe disseram que há uma preciosa igrejinha românica, assim deste tamanho. Vai e pergunta, mas antes pasma diante da grande e única laje granítica que faz de praça, eira e cama de luar no meio da povoação. Em redor, as casas são aquelas que em Trás-os-Montes mais se encontram nos lugares esquecidos, é a pedra sobre a pedra, a padieira rente ao telhado, os humanos no andar de cima, os animais em baixo. É a terra do sono comum. Chamado a prestar contas, este homem dirá: "Eu e o meu boi dormimos debaixo do mesmo teto". O viajante, de cada vez que dá com realidades assim, sente-se muito comprometido. Amanhã, chegando à cidade, lembrar-se-á destes casos? E se se lembrar, como se lembrará? Estará feliz? Ou infeliz? Ou tanto disto como daquilo? É muito bonito, sim senhores, pregar sobre a fraternidade dos peixes. E a dos homens?

Enfim, a igreja é esta. Não caiu em exagero quem a gabou. Cá nestas alturas, com os ventos varredores, sob o cinzel do frio e da soalheira, o templozinho resiste heroicamente aos séculos. Quebraram-se-lhe as arestas, perderam feição as figuras representadas na cachorrada a toda a volta, mas será difícil encontrar maior pureza, beleza mais transfigurada. A igreja de Adeganha é coisa para ter no coração, como a pedra amarela de Miranda.
O viajante começa a descer por uma estrada ainda pior. Range e protesta a suspensão do automóvel, e é um alívio quando, entre charcos e lama, aparece a Junqueira. Não é lugar de particular importância. Mas, como o viajante é capaz de inventar as suas próprias obras de arte, aqui está esta fachada de capela barroca sem telhado, com uma exuberante figueira a crescer lá dentro e já a ultrapassar a altura da empena. Por um olho-de-boi se chegaria aos figos, se a figueira não fosse, afinal, brava. Decerto causam espanto no povo estas admirações. Aparece por cima de um muro a cabeça duma rapariga, depois outra, e logo a seguir a mãe delas. O viajante faz uma pergunta qualquer, dão-lhe resposta em repousada voz transmontana, e depois a conversa pega, não tarda que o viajante saiba casos desta família, e um deles, terrível história de princesas encantadas e fechadas em altas torres, é que estas duas raparigas nunca daqui saíram, nem para ir à Torre de Moncorvo, apenas treze quilómetros. É o pai que não deixa, isto de raparigas é preciso todo o cuidado, o senhor bem sabe. O viajante tem ouvido dizer, por isso não nega nem confirma: "E a vida, como vai por aqui?". "Arrastada", responde a mulher.

Conversas destas deixam sempre o viajante mal-humorado. Por isso quase não tem olhos para Vila Flor, teve de abrir o guarda-chuva, foi levar recado a um conhecido, espreitou o S. Miguel por cima da porta da igreja. O viajante tem vindo a reparar que há por estes lados uma grande devoção ao arcanjo. Já em Mogadouro lá estava, num altar das almas, e noutros sítios também, preocupados todos com as probabilidades do purgatório. Aqui, quando já se dispunha a continuar caminho, o viajante emenda a mão. Afinal, o pórtico desta matriz do século XVII é digno de grandes atenções e demora suficiente: as colunas torsas, os motivos florais, a geometria doutros armam um conjunto que fica na memória. Também fica na memória, infelizmente, um painel de azulejos embutido numa parede em que um cidadão Trigo de Morais dá conselhos aos filhos. Não são maus os conselhos, mas foi péssima a ideia. E que importância se dava o conselheiro para assim vir moralizar à praça pública aquilo que deveria ser recomendação de portas adentro! Enfim, esta viagem a Portugal terá de tudo.

Voltou a chover. Não se vê ninguém no largo quando o viajante vira a última esquina que para ele dá. Mas ao atravessar sente que o seguem por trás das vidraças e há quem o olhe seco de dentro das lojas, talvez com desconfianças. O viajante parte como se carregasse às costas as culpas todas de Vila Flor ou do mundo. Provavelmente é verdade.

A direito para o norte, por estradas de sobe e desce, chega-se a Mirandela. Para o viajante, é apenas ponto de passagem, embora já no caminho para Bragança vá cismando nas ignoradas razões por que a ponte que atravessa o rio Tua tem desiguais todos os arcos, e se a originalidade já vem dos romanos, seus primeiros construtores, ou é preciosismo do século XVI em que alguma reconstrução houve. Desagrada muito ao viajante não saber os motivos de coisas tão simples como esta de ter uma ponte vinte arcos e nenhum igual a outro. Porém, não tem remédio senão conformar-se: havia de ter que ver, ficar a interrogar as mudas pedras, enquanto as águas iam murmurando nos talha-mares.

Para estes lados, há umas povoações a que chamam "aldeias melhoradas". São elas Vilaverdinho, Aldeia do Couço e Romeu. Por causa da singularidade do nome, e também porque um grande letreiro informa haver aí um museu de curiosidades, o viajante escolhe Romeu para maior demora. Porém em Vilaverdinho é que soube que a ideia das melhorias foi de um antigo ministro de Obras Públicas, tanto que de "ideia humana" se gaba de ter sido, em inscrição adequada, confirmada pelas letras abertas em enorme pedregulho à beira da estrada, em que se afirma que os "habitantes nunca esquecerão" um presidente que ali foi à inauguração, em Agosto de 1964. Estas inscrições são sempre duvidosas, imagine-se o que irão pensar os historiadores e os epigrafistas futuros se derem com a lápide e acreditarem. À frente do nome desse presidente, alguém escreveu "ladrão", vocábulo perturbador que nos dias de amanhã talvez seja desconhecido.

Em Romeu, há o museu. Tem de tudo como na botica: automóveis de D. Elvira, carruagens e arreios, telefonias e galenas, cítaras, caixas de música, pianolas, relógios muitos, telefones dos primeiros que vieram, alguns trajos, fotografias, enfim, um tesouro pitoresco de pequenos objetos que fazem sorrir. São os antepassados toscos das tecnologias novas que nos vão transformando em serventuários e ignorantes. O viajante, quando sai, encolhe os ombros, mas agradece à família Meneres, que foi da ideia. Sempre aprendeu alguma coisa.

Chuvisca. O viajante liga e desliga o limpa-vidros, num jogo que vai descobrindo a paisagem e logo a deixa mergulhar, imprecisamente, como dentro dum aquário turvado. À esquerda, a serra da Nogueira já é uma senhora serra, com os seus mil e trezentos metros. Um outro jogo divertido é o das passagens de nível, felizmente todas abertas quando o viajante passa. Em trinta quilómetros são nada menos que cinco: Rossas, Remisquedo, Rebordãos, Mosca, e outra de que não ficou o nome. E ainda mal, que neste caso são os nomes que se salvam.

Enfim, desta encosta se vê Bragança. A tarde apaga-se rapidamente, o viajante vai cansado. E, nesta situação, padece da ansiedade de todos os viajantes que procuram abrigo. Há de haver um hotel, um sítio para jantar e dormir. É então que lhe aparece o sinal cor de laranja: Pousada.

Vira, contente, começa a subir o monte, e esta paisagem é belíssima no quase lusco-fusco, até que dá com o prédio, o edifício, a estalagem, ou lá o que é, que pousar aqui não pode apetecer a ninguém. Esta seria a ocasião de recordar o mestre de todos nós, o Garrett, quando chega à Azambuja e diz, por palavras suas: "Corremos a apear-nos no elegante estabelecimento que ao mesmo tempo cumula as três distintas funções de hotel, de restaurante e de café da terra. Santo Deus! que bruxa que está à porta! que antro lá dentro!... Cai-me a pena da mão". Ao viajante não caiu a pena porque a não usa. Também não havia nenhuma velha à porta. Mas o antro era aquele. O viajante fugiu, fugiu, até que foi dar com um hotel sem imaginação mas bem-apessoado. Ali ficou, ali jantou e dormiu.

UM BAGAÇO EM RIO DE ONOR

Às vezes, começa-se pelo que está mais longe. O natural seria, estando em Bragança, ver o que a cidade tem para mostrar, e depois deitar as vistas em redor, pedra aqui, paisagem acolá, respeitando a hierarquia dos lugares. Mas o viajante traz uma ideia fixa: ir a Rio de Onor. Não é que da visita espere mundos e maravilhas, afinal Rio de Onor não passa duma pequena aldeia, não constam por lá sinais de godos ou de mouros, porém quando um homem mexe em livros colam-se-lhe à memória nomes, factos, impressões, e tudo isto se vai elaborando e complicando até chegar, é este o caso, às idealidades do mito. O viajante não veio fazer trabalho de etnólogo ou de sociólogo, dele ninguém esperará supremas descobertas nem sequer outras menores: tem apenas o legítimo e humaníssimo desejo de ver o que outras pessoas viram, de assentar os pés onde outros pés deixaram marcas. Rio de Onor é para o viajante como um lugar de peregrinação: de lá trouxe alguém um livro que, sendo obra de ciência, é das mais comovedoras coisas que em Portugal se escreveram. É essa terra que o viajante quer ver com os seus próprios olhos. Nada mais.

São trinta quilómetros de estrada. Logo à saída de Bragança, ali adiante, está a escura e silenciosa aldeia de Sacoias. Entra-se nela como em outro mundo. Vista a disposição das primeiras casas, a curva que o caminho faz, dá vontade de parar e gritar: "Está alguém? Pode-se entrar?". O certo é que ainda hoje o viajante não sabe se Sacoias é habitada. A lembrança que guarda deste lugar é a de um ermo, ou, talvez mais exatamente, de uma ausência. E esta impressão não se desfaz mesmo quando lhe pode sobrepor uma outra imagem, quando já vinha de regresso, de três mulheres dispostas de maneira teatral nos degraus duma escada, ouvindo o que, inaudivelmente para o viajante, outra lhes dizia, enquanto suspendia a mão sobre um vaso de flores. Tão parecido isto é com um sonho que o viajante, afinal, chega a suspeitar que nunca esteve em Sacoias.

O caminho para Rio de Onor é um deserto. Ficam por aqui umas aldeias: Baçal, Varge, Aveleda, mas sai-se delas e é o mesmo que entrar no ermo primitivo. Claro que não faltam sinais de cultivo, não é terra de mato ou pedraria bruta, porém não se veem aquelas casas dispersas que noutras regiões se encontram e vão servindo de companhia a quem viaja. Aqui pode-se imaginar o princípio de qualquer coisa.

O viajante olha o mapa: se esta curva de nível não engana, é altura de começar a descer. À direita fica um largo e extenso vale, logo abaixo vê-se uma fiada de colmeias, e, confusamente, entre a bruma delgada, andam ao longe homens a trabalhar. As terras são verdes e as cortinas das árvores parecem negras. Pela estrada, empatando o caminho, sobe uma vacada. O viajante para, deixa passar o gado, dá os bons-dias ao guardador, que é rapaz novo e tranquilo. Parece não pôr grande empenho no seu ofício de pastor, o que deve ser alta habilidade sua: pelo menos, as vacas vão-se comportando como se as rodeasse uma legião de vigilantes.

Eis Rio de Onor. Dobrou-se uma curva, aparece entre

as árvores um luzeiro de água, ouve-se um restolhar líquido sobre as fragas, e depois há uma ponte de pedra. O rio, como é sua obrigação, chama-se Onor. Os telhados das casas são de ardósia, quase todos, e com este tempo húmido brilham e aparecem mais escuros que a sua natural cor de chumbo. Não chove, ainda não choveu hoje, mas toda esta paisagem escorre, é como se estivesse no fundo de um vale submarino. O viajante olhou com todo o seu vagar e seguiu para o outro lado. Não está bem em si. Afinal chegou a Rio de Onor, tanto o quis e agora nem parece contente. Certas coisas que muito se desejam, não é raro que nos deixem perdidos quando as obtemos. Só assim se entende que o viajante vá perguntar pelo caminho para Guadramil, aonde, contudo, não chegará a ir, por causa do mau estado da estrada. Assim lho dizem. Então o viajante decide comportar-se segundo a sua condição. Avança por uma rua que é como um extenso charco, salto aqui, salto acolá, e vai tão atento a reparar onde põe os pés que só no último instante viu que tem companhia. Dá os bons-dias (nunca se habituou à saudação urbana que limita os bons votos a um dia de cada vez), e assim mesmo é que lhe respondem, um homem e uma mulher que ali estão sentados, ela com um grande pão no regaço, que daqui a pouco partirá para compartilhar com o viajante. Estão os dois e o alambique, um gigante de cobre ao ar livre, sem nenhum medo às humidades, o que não admira, com a fogueirinha que tem por baixo. O viajante diz o que costuma: "Ando por aqui a fazer uma visita. É uma bonita terra". O homem não dá opinião. Sorri e pergunta: "Quer provar do nosso bagaço?". Ora, o viajante não é bebedor: gosta do seu vinho branco ou tinto, mas tem um organismo que repele aguardentes. Porém, em Rio de Onor, um bagaço pode-se lá recusar, mesmo vindo ainda tão longe a hora do almoço. Em dois segundos, aparece um copito de vidro grosso e o bagaço, ainda quente, é aparado da bica e emborcado garganta abaixo. Uma plaina não seria menos áspera. Há uma explosão no estômago, o viajante sorri heroicamente, e repete. Talvez para reparar os estragos, a mulher abraça o pão contra o peito, tanto amor neste gesto, corta um canto e uma fatia, e é o seu olhar que pergunta: "Quer um bocadinho?". O viajante não pediu e foi-lhe dado. Quer-se melhor dar do que este? A próxima meia hora vai o viajante passá-la conversando com Daniel São Romão e sua mulher, ali sentados os três ao calorzinho brando do lume. Há outras pessoas que passam e param, e depois seguem, e cada uma diz o seu recado. Vive-se muito mal em Rio de Onor. Aqui, uma dor de dentes cura-se com bochechos de bagaço. Ao cabo de uns tantos, não se sabe se passou a dor, se está embriagado o dorido. Ainda assim, com isto pode a gente sorrir, mas não com a história daquela mulher que estava grávida de dois gémeos, e quando o primeiro filho lhe nasceu não sabia que ainda tinha segundo para atirar ao mundo, e essas aflições foram tais que levou vinte e quatro horas a sofrer sem saber de quê, e quando a criança enfim nasceu foi uma admiração, e vinha morta. O viajante não anda a viajar para ouvir estas coisas. O bagaço é uma excelente e pitoresca ideia, sim senhores, pôr aqui o amigo Daniel São Romão a oferecer saúdes aos turistas, mas é preciso cuidado com estas histórias, convém vigiar as confidências do povo, que irão pensar os estrangeiros.

Daniel São Romão explica como se faz o bagaço. Levanta-se e diz ao viajante que o acompanhe, e ele vai, ainda mordendo o seu naco de pão, aqui está a matéria-prima, o engaço da uva, uma tulha cheia. "Mas o bagaço não é de boa qualidade", diz o produtor, e o viajante pasma da honradez.

Desde que fez o sermão aos peixes, desde o Menino Jesus da Cartolinha, o viajante preocupa-se com a possibilidade de incidentes fronteiriços: "Como é isto aqui? Dão-se bem com os espanhóis?". A informante é uma velha de grande antiguidade que nunca dali saiu, e por isso sabe do que fala: "Sim senhor. A gente até tem terras do lado de lá". Confunde-se o viajante com esta imprecisão de espaço e propriedade, e torna a ficar confundido quando outra velha

37

menos velha acrescenta tranquilamente: "E eles também têm terras do lado de cá". Aos seus botões, que lhe não respondem, o viajante pede auxílio de entendimento. Afinal de contas, onde está a fronteira? Como se chama este país, aqui? Ainda é Portugal? Já é Espanha? Ou é só Rio de Onor, e nada mais do que isso?
    Estas regras são outras. Por exemplo, o rapaz que conduzia a vacada leva animais de toda a povoação para o pasto que é propriedade de todos. Não resta muito da vida comunitária de antigamente, mas Rio de Onor resiste: oferece pão e bagaço a quem lá vai, e tem uma fogueira na rua quando o tempo está de chuva e o frio vem chegando. E se Daniel São Romão estiver em mangas de camisa não se admirem os viajantes: está habituado e não faz cerimónias.
    Torna o viajante a passar a ponte. É tempo de se ir embora. Ainda ouve uma voz de mulher a chamar os filhos: "Telmo! Moisés!". Leva consigo a memória, o eco destes nomes hoje tão raros, mas não consegue apagar outros sons que não chegou a ouvir: os gritos da mulher a quem morreu um filho, que não sabia ter dentro de si.

HISTÓRIA DO SOLDADO JOSÉ JORGE

    Às portas de Bragança, começa a chover. O tempo está desta feição, rolam no céu grandes nuvens escuras, parece o mundo que para copiar as aldeias se cobriu de ardósia, mas telhou-se mal, porque a chuva cai pelos buracos e o viajante tem de refugiar-se no Museu do Abade de Baçal. Este abade era o padre Francisco Manuel Alves, que em Baçal nasceu, no ano de 1865. Foi arqueólogo e investigador, não se contentou com as suas obrigações sacerdotais, tem obra valiosa e alongada. É portanto justo que o seu nome continue a dizer-se e seja referência deste museu magnificamente instalado no antigo paço episcopal. O viajante não tem o espanto fácil, fez suas viagens pela Europa, onde não faltam outras grandezas, mas, medindo em si mesmo as oscilações do sentimento, conclui que deve estar embruxado. Doutro modo se não entenderia a sua comoção quando circula pelas salas do museu, aqui tão longe da capital e das capitais, sabendo muito bem que se trata apenas de um pequeno museu de província, sem obras-primas, a não ser a do amor com que foram recolhidos e são expostos os objetos. Pedras, móveis, pinturas e esculturas, coisas de etnografia, paramentos, e tudo posto com ordem e sentido. Cá está *A Pedra Amarela* de Dórdio Gomes, cá estão os excelentes trabalhos de Abel Salazar, de quem certos críticos desdenham chamando-lhe amador. Ao viajante custa-lhe despegar-se, mesmo estando a chover foi ao jardim, passeou por entre as lápides, respirou o cheiro das plantas molhadas, e, enfim, caiu em meditação diante das "porcas" de granito, dos "berrões", também assim chamados: famoso animal este que em vida se desmanda, fertilíssimo, em bacorinhos, ranchadas de quinzena, e em morto se desmancha em pernis, lombos, costelas, orelhas, chispes e coiratos, dadivoso até ao fim. Diz-se que a origem destas toscas pedras vem da Pré-História. O viajante não duvida. Para a gente das cavernas e das toscas cabanas que vieram depois, o porco devia ser a obra-prima da criação. Mais magnífica ainda a porca, pelas razões já ditas. E quando a Idade Média levantou os pelourinhos dos municípios, pôs como base deles a porca, animal protetor, emblema e algumas vezes guarda. Os povos nem sempre são ingratos.

O viajante sai para a chuva. Não quer esquecer-se do que viu, os tetos pintados, os trajos típicos de Miranda, as ferragens, todo aquele mundo de objetos, mas sabe que irremediavelmente outras memórias apagarão estas, as confundirão, é a triste sina de quem viaja. Guardará no entanto para sempre esta escultura do século XVI, uma *Virgem com o Menino*, gótica, de roupagens que são um esplendor, quebrado o corpo pela cintura, numa linha sinuosa que se prolonga para além do rosto de puríssimo oval, talvez flamengo. E como o viajante tem excelentes olhos para contrastes e contradições, vai comparando, à chuva, o quadro de Roeland Jacobsz que representa Orfeu amansando com a música da sua harpa as brutas feras, e um outro, de autor anónimo quinhentista, que mostra Santo Inácio a ser devorado pelos leões. Podia a música o que a fé não logrou. Não há dúvida, pensa, houve uma idade de ouro. Absorto nas suas reflexões, não reparou que deixara de chover. Ia a fazer figura de distraído, com o guarda-chuva aberto, espetáculo que todos já demos, sorriso irreprimível. O viajante vai ao castelo, sobe as calçadinhas estreitas e empedradas à antiga, aprecia o pelourinho, com a sua cruz em cima e a sua porca em baixo, e dá a volta à Domus Municipalis, que devia estar aberta e não está. Quem a vê em fotografias julgá-la-á retangular, e fica surpreendido ao dar com cinco lados desiguais, que uma criança não desenharia. Que razões podem ter levado a este risco, não se sabe, ou desconhece-as o viajante. E muito mais que averiguar se a construção é romana, ou vem do domínio grego, ou é simplesmente medieval, o que intriga o viajante é este pentágono torto para que não encontra explicação.

Da Igreja de Santa Maria do Castelo o viajante apenas vê o portal, e como não é muito sensível às exuberâncias barrocas dá mais atenção ao grão do granito do que aos cachos e folhas que se enrolam nas colunas torsas. Mais tarde há de dar o dito por não dito, reconhecer a dignidade particular do barroco, mas, antes disso, ainda muito terá que andar. De igrejas de Bragança pouco mais lhe interessou, a não ser, e por motivos de curta história, a Igreja de São Vicente, onde, segundo reza a tradição, casaram clandestinamente D. Pedro e Inês de Castro. Assim será, mas das pedras e paredes de então nada resta, e o local nada sugere de tão grandes e políticos amores.

Está vista Bragança? Não está. Mais não se peça, porém, ao viajante, que tem outras terras a ver, como esta capazes de reter um homem para o resto da vida, não por particulares merecimentos, mas porque é essa a tentação das terras. E quando se diz para o resto da vida, diz-se também para além dela, como é o caso do soldado José Jorge, que vai contar-se. Antes se diga, para entendimento completo, que o viajante tem um gosto, provavelmente considerado mórbido por gente que se gabe de normal e habitual, e que é, dando-lhe a gana ou a disposição de espírito, ir visitar os cemitérios, apreciar a encenação mortuária das memórias, estátuas, lápides e outras comemorações e de tudo isto tirar a conclusão de que o homem é vaidoso mesmo quando já não tem nenhuma razão para continuar a sê-lo. Calhou estar o dia propício a estas reflexões, e quis o acaso que os passos vagabundos do viajante o encaminhassem ao lugar onde elas mais se justificam. Entrou, circulou pelas ruas varridas e frescas, ia lendo as inscrições cobertas pelos líquenes e roídas pelo tempo, e dando a volta inteira foi dar com uma campa rasa, isolada das pompas da congregação dos falecidos, na qual campa, rodeada por um berço, estava um dístico que assim rezava: "AQUI JAZ JOSÉ JORGE FOI SENTENCIADO À MORTE EM 3 DE ABRIL DE 1843". O caso era intrigante. Que morto célebre era este, com lugar marcado e ocupado há quase cento e quarenta anos, posto aqui ao pé do muro, mas não ao abandono, como se vê pelas letras pintadas de fresco, nítido branco sobre preto retinto? Alguém há de saber. Mesmo ali ao lado estava a barraca do coveiro, e o coveiro lá dentro. Diz o viajante: "Boas tardes. Pode dar-me uma informação?". O coveiro, que estivera conversando com uma mulherzinha naquele suave tom transmontano, levanta-se do banco e põe-se às ordens: "Se eu souber". Sabe, com certeza, é pergunta do ofício, parecia mal que não respondesse: "Aquele José Jorge ali, quem era?". O coveiro encolhe os ombros, sorri: "Ah, isso é uma história muito antiga". Que o seja, não é novidade para o viajante, que bem viu a data. Prossegue o cavador desta vinha: "Conta-se que era um soldado que viveu naquela época. Um dia um amigo pediu-lhe a farda emprestada, sem dizer para quê, mas eram amigos, e o soldado nem perguntou, o caso é que mais tarde apareceu uma rapariga morta e toda a gente começou a dizer que a tinha morto um soldado e que esse soldado era o José Jorge. Parece que o fardamento tinha ficado sujo de sangue, o José Jorge não conseguia explicar, ou não queria, por que tinha emprestado a farda". "Mas se dissesse que a tinha emprestado, salvava a vida", diz o viajante, que se gaba de espírito lógico. Respondeu o coveiro: "Isso não sei. Só sei o que me contaram, é uma história que já vem do meu avô, e do avô dele. Calou-se o José Jorge, o amigo não se apresentou, ruim amigo era, e o José Jorge foi enforcado e depois enterrado naquele sítio. Aqui há muitos anos quiseram levantar a campa, mas deram com o corpo em perfeito estado, tornaram a tapar, e nunca mais se lhe mexeu". Perguntou o viajante: "E quem é que lhe vai pintando aquelas letras tão bem-feitinhas?". "Isso sou eu", respondeu o coveiro.

O viajante agradeceu a informação e retirou-se. Recomeçara a chover. Ficou um momento parado à beira da grade, a pensar: "Por que foi que nasceu este homem? Por que foi que morreu?". O viajante tem muito destas perguntas sem resposta. Depois, confusamente, pensa que talvez tivesse gostado de ter conhecido este soldado José Jorge, tão confiante e calado, tão amigo do seu amigo, e enfim reconhece que há milagres e outras justiças, mesmo póstumas e de nenhum proveito, como esta de estar incorrupto cento e quarenta anos depois. Sai o viajante do cemitério, agarrado ao guarda-chuva, e desce para o centro da cidade, imaginando onde teria sido o local da forca, se aqui na praça principal, ou na cerca do castelo, ou nestes arrabaldes, e a cerimónia da execução, os tambores rufando, o pobre de mãos atadas e cabeça baixa, enquanto em Rio de Onor uma mulher estaria dando à luz uma criança e na igreja de Sacoias o padre batizava outra.

À noite o viajante foi visitar uns amigos e ficou até tarde. Quando saiu, enganou-se no caminho e foi dar à estrada de Chaves. Continuava a chover.

TENTAÇÕES DO DEMÓNIO

Há quem não garanta nada sem jurar, há quem se recuse a mais que sim sim, não não. Digamos que o viajante está no termo médio destas posições, e só por isso não faz juramento formal de apenas viajar, futuramente, por este tempo brumoso e de chuva, no Outono, quando o céu se esconde e as folhas caem. Belo é sempre o Verão, sem dúvida, com o seu sol, sua praia, sua latada de sombra, seu refresco, mas que se há de dizer deste caminho entre florestas onde a bruma se esfarrapa ou adensa, às vezes ocultando o horizonte próximo, outras vezes rasgando-se para um vale que parece não ter fim. As árvores têm todas as cores. Se alguma falta, ou quase se esconde, é precisamente o verde, e quando ainda se mantém está já a degradar-se, a tomar o primeiro grau do amarelo, que começará por ser vivo em alguns casos, depois surgem os tons de terra, o castanho-pálido, logo escuro, às vezes a cor do sangue vivo ou coalhado. Estas cores estão nas árvores, cobrem o chão, são quilómetros gloriosos que o viajante gostaria de percorrer a pé, mesmo sendo tão longe de Bragança a Chaves, que é o seu primeiro destino de hoje.

Diz-se, em corrente estilo, que as árvores no nevoeiro são como fantasmas. Não é verdade. As árvores que aparecem entre estas névoas têm uma presença intensíssima, é como gente que vem à estrada e acena a quem passa. O viajante para, olha para o vale, e tem uma impressão que pensaria não ser possível: gosta de nada ver, apenas esta brancura irreprimível, que mais adiante se tornará a rasgar para mostrar outra vez a floresta neste mundo quase desabitado que se prolonga até Vinhais.

Porém, o melhor deste dia será a passagem do rio Tuela. Da ponte não tem o viajante memória, nem sequer do rio, talvez, e só, o espumejar da água entre as pedras, mas isto é o que tem para oferecer qualquer rio ou ribeira destes sítios. Aquilo que ao viajante não esquecerá enquanto viver é a sufocante beleza do vale neste lugar, nesta hora, nesta luz, neste dia. Talvez que em Agosto ou Maio, ou amanhã, tudo seja diferente, mas agora, exatamente agora, o viajante sabe que vive um momento único. Dir-lhe-ão que todos os momentos são únicos, e isso é verdade, simplesmente ele responde que nenhum outro é este. A bruma já se levantou, apenas sobre a crista dos montes se vão arrastando esfarrapadas névoas, e aqui o vale é um imenso e verde prado, com as árvores que o cortam e povoam em todas as direções, fulvas, douradas, negras, e há um profundo silêncio, um silêncio total, raro, angustioso, mas que é necessário a esta solidão, a este minuto inesquecível. O viajante vai-se embora dali, não pode lá ficar para sempre, mas afirma e jura que, de uma certa maneira que nem sabe explicar, continua sentado na beira da estrada, a contemplar as árvores, a olhar esta primeira porta do paraíso.

Entre Vinhais e Rebordelo a chuva foi constante. Este caminho é uma festa que o céu acompanha enviando tudo quanto tem para mostrar. Agora começa a surgir entre as nuvens o primeiro azul-aguado, a primeira promessa de tréguas. E quando o viajante se aproxima de Chaves já é muito maior o espaço de céu limpo, as nuvens fazem a sua obrigação e aproveitam o vento alto, mas recolheram a chuva, são flotilhas de barcos de recreio a espairecer, todas de velas brancas e galhardetes. Aliás, bem está que assim seja: a veiga de Chaves não merecia outra coisa. Desdobrada nas duas margens do Tâmega, divide-se em canteiros cultivados com minúcia, trabalho de hortelão e ourives. O viajante, que vem de paisagens agrestes e rudezas primitivas, tem de habituar-se outra vez à presença do trabalho transformador.

Antes de entrar em Chaves, o viajante vai a Outeiro Seco, não mais do que três quilómetros para norte. Ali, logo à entrada da povoação, está a Igreja de Nossa Senhora da Azinheira, peça românica do século XIII, célebre muitas léguas em redor, não tanto pelos seus merecimentos arquitetónicos, ou também alguma coisa, mas sobretudo por a escolherem para celebração de matrimónios e batizados as classes altas da região. Vão ali de Vila Real, de Guimarães, e até do Porto. À noite, quando as pedras podem falar sem testemunhas, deve haver grandes conversas entre elas, quem estava, quem casou ou saiu batizado, como ia a noiva vestida e se a mãe dela chorava com a comoção natural das mães que veem sair as filhas do seu regaço, hoje muito menos protetor do que antigamente.

    Estava o viajante neste seu filosofar de três um vintém, e ouvia distraidamente o resto das explicações que lhe dava a mulher da chave, desencantada da sua casa duzentos metros adiante, quando da parte de trás da igreja se levantou um alto choro, de mulher também, um ganido lancinante, como um gemido que de si próprio se queixasse. O viajante teve um arrepio e jura que se arrepiaram nas paredes as figuras dos frescos. Olhou surpreendido a mulher da chave e mais surpreendido ficou ao vê-la com um sorrizinho de troça nada próprio do lugar e da situação. "Que é isto?", perguntou. E a mulher da chave respondeu: "Ali, não é nada. É uma criatura a quem morreu a filha, e todos os dias vem aí a chorar para o cemitério. Uma exagerada. E quando sente alguém perto, é quando se põe aos gritos".

    Gritos, havia-os, sem dúvida. O viajante já não tinha olhos para os capitéis. Saiu do adro e aproximou-se do muro do cemitério, que está num rebaixo do terreno, por trás da igreja, como já ficou dito. Ali estava uma mulher que chorava, gemia e gritava, de pé, e tendo-se o viajante chegado mais perto percebeu que ela fazia um longo discurso, talvez sempre o mesmo, quase uma invocação, um encantamento, um esconjuro. Tinha a mulher um retrato na mão e era para ele que falava e suspirava. De cima do muro, o viajante, apesar dos maus olhos que tem, viu que a retratada era uma rapariga novíssima, e bonita. Atreveu-se a perguntar que desgosto era aquele. E soube a história duma filha que saiu do regaço de sua mãe para emigrar, lá para as Franças do costume, onde casou e morreu com dezoito anos. Enquanto ia ouvindo, o viajante jurava a si próprio nunca mais se aproximar de cemitérios, pelo menos durante esta viagem. Só casos tristes de injustiças, um soldado enforcado inocente, uma rapariguinha em flor. E como o dinheiro custa muito a ganhar, não se esqueceu a mãe chorosa de informar o viajante que só o transporte do corpo, de Hendaia até Portugal, custara quarenta contos. Afastou-se esmagado o viajante, deu a propina à mulher da chave, que sorria malevolamente, e meteu-se a caminho de Chaves. Eram horas de almoço.

A cidade é maneirinha, quer dizer, pequena na proporção, de bom tamanho para ser bom lugar de viver. Ao Largo do Arrabalde tudo vai dar, e é dali que tudo parte. O viajante já almoçou, deita contas à vida. Vai ver a matriz, que tem a singularidade de dois portais a poucos palmos de distância um do outro, românico o da torre sineira, renascença o da fachada, e em pensamento louva quem para construir o segundo entendeu dever conservar o primeiro. Louva também, o viajante está em maré de louvores, será do bom almoço no 5 Chaves, louva a cantaria aparelhada da nave, louva a magnífica estátua de Santa Maria Maior, antiquíssima peça que na abside se mostra. E sai louvando o sol que o espera na rua e o acompanha até à Igreja da Misericórdia, toda em colunas torsas, como a cabeceira duma cama de bilros. Lá dentro, painéis de azulejos forram de alto a baixo a nave e são uma festa para os olhos. O viajante demora-se a percorrer aquelas paisagens, a investigar aquelas figuras, e sai contente.

O viajante não vai a todos os castelos que vê. Algumas vezes contenta-se com vê-los de fora, mas irrita-se sempre quando dá com algum fechado. Lá lhe parece que os fechados são os melhores, e fica-se nesta teima até que o bom senso o convence de que só lhe parecem os melhores precisamente por estarem fechados. São fraquezas que se desculpam. Mas a torre de menagem, que no alto da cidade se levanta, tem, ainda por cima, um aspeto impenetrável, com aqueles lisos panos de muralha, ainda mais frustradores. Paciência. O viajante volta as suas atenções para as varandas da Rua Direita, sacadas de madeira, pintadas de cores escuras e quentes, molduras que enquadram as brancas superfícies das paredes caiadas. É um modo de viver antigo, mas por cima dos telhados florescem fartas as antenas de televisão, nova teia de aranha que sobre o mundo caiu, bem e mal, verdade e mentira.

Agora é preciso escolher. De Chaves vai-se a todo o lado, frase que mais parece um lugar-comum (de qualquer lugar se vai a outro lugar), mas aqui, para oeste estão as serras do Barroso e do Larouco, para baixo a Padrela e a Falperra, e isto só para falar de alturas e altitudes, que não faltam outras e tão boas razões para a perplexidade em que o viajante se encontra. Veio a prevalecer uma que só ele provavelmente será capaz de defender: tomou-se de amores por um nome, pelo nome duma povoação que está no caminho de Murça, e que é Carrazedo de Montenegro. É pouco, é suficiente, pense cada um o que quiser. Mas esta decisão não se tomou sem intenso debate interior, tanto assim que o viajante se enganou no caminho e meteu pela estrada que segue para Vila Real, por Vila Pouca de Aguiar. Há horas felizes, há erros que o não são menos. O vale que se prolonga a partir de Pero de Lagarelhos é outro daqueles que o viajante não esquecerá, e se é verdade que alguns quilómetros adiante emendou o percurso e voltou para trás, isso mesmo se há de tomar como um ato de bom sentir. Continuando haveria de assistir ao fim daquela formosíssima paisagem, naturalmente, porque tudo tem seu fim. Mas, neste caso, não. Na memória do viajante ficou intacto o vale profundo e enevoado de delgada bruma, tenuíssima, que parecia avivar melhor as cores vegetais, contra o que se pode e deve esperar das brumas. Não vendo tudo, o viajante ficou com o melhor.

E Carrazedo de Montenegro, valeu a pena? Tem duas estátuas de granito, quatrocentistas, preciosos exemplos do poder expressivo de um material pouco dúctil, mas que o viajante muito estima. Tem por cima duma porta lateral um S. Gonçalo de Amarante rude, tosco, de grande cajado, uma espécie de arrasa-montanhas ou mata-gigantes, colocado, o santo, sobre uma ponte de três arcos de vazamento apenas apontado. Terá Carrazedo de Montenegro muito mais, em gente, pedra e paisagem. Mas em Carrazedo de Montenegro foi o viajante pela primeira vez tentado pelo demónio, e desta sua vitória se alimentou em futuras tentações outras, que tornou a vencer. Nunca se sabe o que espera o viajante que se mete ao caminho, mas o aviso cá fica.

A estrada passa ali mesmo, rente à igreja, que é desmedidamente alta, uma enorme construção, tendo em vista não ser a freguesia nenhuma babilónia. Arrumado o automóvel, o viajante foi dando a volta ao templo, de nariz no ar, mirando as cantarias, à busca duma porta que lhe desse entrada. Enfim, quando já cuidava desistir ou procurar guia competente, deu com uma escada exterior e lá no alto uma porta meio cerrada. Seria o acesso para a torre sineira. Não chegou o viajante a confirmar a hipótese, ou não guarda lembrança, mas, tendo subido as escadas e empurrado discretamente a porta, deu três passos e achou--se no coro alto, excelente ponto de vista para abarcar toda a nave. O viajante debruçou-se do balaústre, demorou seu tempo, é um viajante que, podendo, vê devagar, e quando enfim se retirava, sem que vivalma na igreja estivesse de oração ou vigia, dá com uma imagem ali a um canto, uma Nossa Senhora com anjos aos pés, mesmo à mão de apanhar. Aproximou-se para apreciar melhor, e neste instante, vindo certamente do campanário, aparece-lhe o demónio, tão à vontade que nem trazia disfarce: era chavelhudo, rabudo, cabeludo e barbichudo, como mandam as regras. Diz o tentador: "Então, andas a viajar?". O viajante trata muita gente por tu, mas não o inimigo. Respondeu secamente: "Ando. Deseja alguma coisa?". Torna o fulaninho: "Vinha dizer--te que esses anjos estão seguros só por um espigão. Basta puxar e ficam-te nas mãos. A Virgem, não te aconselho. É pesada, grande, e viam-te à saída". O viajante zangou-se. Filou o diabo por um corno e disse-lhe das boas: "Ou você desaparece já da minha vista, ou leva um pontapé que só para em casa". Isto é, no inferno. O diabo tem aquele aparato todo, porém, no fundo, é um cobarde. Tinha o viajante mais para dizer, mas ficou com a palavra no ar: diabo, viste-o tu. Chocadíssimo com o atrevimento do mafarrico, o viajante encaminhou-se para a saída. Abriu a porta, desceu os primeiros degraus, olhou a povoação ali do alto. Não havia ninguém à vista, nem passavam carros na estrada. Então o viajante voltou atrás, tornou a entrar no coro, chegou-se à imagem que piedosamente o fitava, e fez o que o diabo lhe ensinara: agarrou num anjo, puxou-o, e ficou com ele na mão. Durante três segundos, céu e terra pararam para ver o que ia acontecer: perdia-se aquela alma, ou salvava-se? O viajante tornou a colocar o anjo no seu lugar, e desceu a escada, enquanto ia resmungando que não são maneiras próprias de a igreja empalar assim os tenros anjinhos como se fossem uns ganimedes quaisquer. Riu-se a terra, corou o céu envergonhado, e o viajante continuou viagem para Murça.

A estrada segue por altas paragens, depois de logo à saída de Carrazedo deixar de acompanhar o rio Curros. São estas terras grandes desertos, andam-se quilómetros sem ver gente, e quando surge de repente uma povoação que não se espera chama-se Jou, que lindo nome, ou há modestos caminhos que levam a Toubres, a Valongo de Milhais, a Carvas, o viajante vai repetindo estas palavras, saboreia-as, nem precisa doutro alimento. Os nossos antepassados eram gente imaginativa, ou estava a nascente língua portuguesa muito mais solta em seu movimento do que está hoje, quando aí nos vemos em papos de aranha para batizar novos lugares habitados, que graça tem Vila Isto, Vila Aquilo.

Assim discorrendo, vai o viajante deitando olhos à paisagem, ao grande consolo destes montes e destas vegetações, bravas ou cultivadas, as pedras e os penedos, os gigantescos lombos das serras, até um homem se esquece de que há léguas de planícies lá para baixo.

O viajante entra em Murça, terra de muita fama e opinião, que teve em tempos um soberbo rasgo de humor ao pôr sobre pedestal uma enorme porca de granito, irmã maior das que se dispersaram por estes lados. Ali está no largo principal, toda em costados e lombos, em presuntos inesgotáveis, fungando a quem passa. Subiu do chiqueiro à pureza da chuva que a lava, do sol que a enxuga e aquece, no meio do seu jardinzinho que o município cuidadosamente defende. O viajante vai ao vinho, que é outra e não menor fama da terra, compra umas garrafas, e tendo assim suprido apetites futuros vai dar uma volta ao passado apreciando a fachada da Capela da Misericórdia, que é como um retábulo de altar trazido para a luz do dia. Estas colunas torsas, estas folhagens esculpidas com artes de botânico repetem modelos, copiam padrões, mas, de cada vez, renova-se o deslumbramento da pedra trabalhada por instrumentos de joalheiro ou filigranista. Uns pássaros de pedra empoleirados nos pináculos voltam a cabeça para trás, desdenhosos, ou terá o gesto um significado místico que o viajante não conhece. O mais certo, porém, é estarem-se já rindo das impaciências do viajante quando, passado o rio Tinhela, entrar no labirinto das não menos afamadas Curvas de Murça, esse faz que anda mas não anda, que leva a desejar ter asas para voar em linha reta. Enfim se chega a Vila Real, e, tendo o viajante andado por tão maus caminhos, pasma deste privilégio, a avenida de cintura, pista de corridas para bólides de fora e dentro. Há grandes contrastes na vida, e agora mesmo, ao entrar na cidade, viu o viajante o exagero de uma pedra de armas toda ornamentada de volutas e penachos, de tal maneira que mais avultam os enfeites barrocos do que as prosápias de brasão. Estaria o viajante tentado a ver aqui um sinal de modéstia se não fosse ser a pedra de tamanho descomunal, que muito esforço há de ter custado ao mestre canteiro.

CASA GRANDE

  Vila Real não é cidade afortunada. Terá o viajante de explicar-se melhor para que não fiquem a querer-lhe mal os naturais, assim desacreditados imerecidamente. Em verdade, que se há de dizer de uma terra que tem, a nascente, Mateus, com seu solar de atrativo fácil, a poente, o Marão, a sul, o vale do Corgo e o outro, paralelo, por onde não corre rio de água mas onde escorre a doçura das vinhas? Viajante que por aqui se encontre, há de por força andar distraído, a pensar no que lhe está tão perto. E este tem outro seu motivo especial, que está a norte, a acenar-lhe: "Vem cá! Vem cá!", e tão imperioso é o apelo que o viajante, ao acordar, fica de repente nervosíssimo, dá-lhe uma grande pressa, e em dois tempos já lá vai na estrada. Não o espera mina de ouro ou encontro secreto, mas esta manhã é certamente gloriosa de brancas nuvens, grandes e altas, e um sol que parece ter endoidecido.

A poucos quilómetros de Vila Real está Vilarinho de Samardã, e logo a seguir a Samardã. Hão de perdoar-se ao viajante estas fraquezas: vir de tão longe, ter mesmo à mão de ver coisas tão ilustres como um palácio velho, dois vales, cada qual sua beleza, uma serra lendária, e correr, em alvoroço, a duas pobres aldeias, só porque ali andou e viveu Camilo Castelo Branco. Uns vão a Meca, outros a Jerusalém, muitos a Fátima, o viajante vai à Samardã. Por esta estrada seguiu, a cavalo ou de traquitana, o doido do Camilo quando jovem. Em Vilarinho passou ele, palavras suas, "os primeiros e únicos felizes anos da mocidade", e na Samardã se deu o assinalado caso do lobo que resistiu a cinco tiros e acabou comendo a metade da ovelha que faltava. São episódios de vidas e de livros, razão mais do que bastante para que o viajante ande à procura da casa de Vilarinho, perguntando a umas mulheres que lavam no tanque, e elas apontam, é logo adiante. Lá está o dístico, mesmo ao lado da ombreira da porta, mas esta casa é particular, não tarda que venha alguém. Ainda teve o viajante tempo para ouvir o zumbido das abelhas e seguir ao longo da casa, espreitando as varandas corridas, a desejar ingenuamente viver ali, e é aí que lhe aparece uma senhora a indagar destas curiosidades.

É ela sobrinha-bisneta de Camilo, cumpridora parente que dá resposta cabal às perguntas do viajante, aos pés de ambos corre um regueiro de água, e as abelhas não se calam, há realmente momentos felizes na vida. Mas não duram muito. À delicadeza da senhora não pode pedir-se mais, tolo é o viajante se cuida que lhe vão oferecer a casa, nem há razão para isso, e assim retira-se, agradece, vai dar uma volta pela aldeia. Há um grande eucalipto, plantado em 1913, árvore enorme cujos ramos mais altos roçam a barriga das nuvens, as mulheres que lavam a roupa dizem: "Boa viagem", e o viajante segue o seu caminho, confortado. Adiante é a Samardã, lugarejo entornado na encosta do monte, apostemos que está como Camilo a deixou. Esta casa, por exemplo, com a data de 1784 na padieira da porta, esta casa viu-a Camilo deste mesmo sítio onde o viajante põe os pés, o mesmo espaço ocupado por ambos, em tempos diferentes, com o mesmo Sol por cima da cabeça e o mesmo recorte dos montes. Há moradores que vêm ao caminho, mas o viajante está em comunicação com o além, não liga a este mundo, perdoe-se-lhe por esta vez. O viajante alonga os olhos pela falda côncava do monte, procura inconscientemente o fojo onde a ovelha tinhosa serviu de engodo ao lobo esfomeado, mas percebeu a tempo que os tempos são outros, andam os lobos por mais longe, adeus.

Torna o viajante a Vila Real, e agora, sim, cumprirá os ritos. O primeiro será Mateus, o solar do morgado. Antes de entrar, deve-se passear neste jardim, sem nenhuma pressa. Por muitos e valiosos que sejam os tesouros dentro, soberbos seríamos se desprezássemos os de fora, estas árvores que do espetro solar só descuidaram o azul, deixam-no para uso do céu; aqui têm todos os tons do verde, do amarelo, do vermelho, do castanho, roçam mesmo as franjas do violeta. São as artes do Outono, esta frescura debaixo dos pés, esta alegria maravilhosa dos olhos, e os lagos que refletem e multiplicam, de repente o viajante cuida ter caído dentro dum caleidoscópio, Viajante no País das Maravilhas.

Dá por si olhando de frente o palácio. É uma beleza maltratada em rótulos de garrafas de um vinho sem espírito, mas que, por graça de Nasoni, seu arquiteto, se mantém intacta. Coisas assim não se descrevem, e, se é certo ser o viajante mais sensível às simplicidades românicas, também é capaz de não cair em teimosias estultas. Por isso não resiste a esta graça cortesã, ao golpe de génio que é a ocupação do espaço superior com uns pináculos à primeira vista desproporcionados. O pátio parece acanhado, e é, afinal, o primeiro sinal da intimidade interior. As grandes lajes de granito ressoam, o viajante sente ali o grande mistério das casas dos homens. Lá dentro, é o que se espera: o quadro, o móvel, a estátua, a gravura, uma certa atmosfera de sacristia galante lutando contra as ponderosas erudições da biblioteca. Aqui estão as chapas das gravuras originais de Fragonard e Gérard para a edição dos *Lusíadas,* e quem for fácil de satisfazer em matéria de arroubos pátrios encontrará autógrafos de Talleyrand, Metternich, Wellington, também de Alexandre, czar da Rússia – todos agradecendo a oferta do livro que não sabiam ler. Com todo o respeito, o viajante considera que o melhor de Mateus ainda é o Nicolau Nasoni.

O mundo não está bem organizado. Já não é só a complicada história do que falta a uns e sobeja a outros, é, para este caso de agora, o grave delito de não se trazer a esta estrada todos os portugueses de aquém e de além, para que nos seus olhos ficasse a formidável impressão destas encostas cultivadas em socalcos, cobertas de vinhas de cima a baixo, a grafia dos muros de suporte que vão acompanhando o fluir do monte, e as cores, como há de o viajante, em prosa de correr, dizer o que são estas cores, é o jardim do Solar de Mateus alargado até ao horizonte distante, é a floresta junto do rio Tuela, é um quadro que ninguém poderá pintar, é uma sinfonia, uma ópera, é o inexprimível. Por isso mesmo quereria ver nesta estrada um desfile ininterrupto de compatriotas, sempre por aí abaixo até Peso da Régua, parando para dar uma ajuda aos vindimadores de monte acima, aceitando ou pedindo um cacho de uvas, cheirando o mosto dos lagares, metendo nele os braços e tirando-os tintos do sangue da terra. O viajante tem destes devaneios, e espera que lhos desculpem, porque são de fraternidade.

Vai a estrada em seu sossego de curva e contracurva, ora desce, ora sobe, e na encosta de lá veem-se melhor as casas, até elas condizem com a paisagem. Não são ermos estes lugares. Tempo houve, antiquíssimo, em que estas montanhas de xisto teriam sido assustadoras e eriçadas massas, recozendo ao sol de Verão, ou varridas de cataratas de água nos grandes temporais, imensas solidões minerais que nem para desterro serviriam. Depois veio o homem e pôs-se a fabricar terra. Desmontou, bateu e tornou a bater, fez como se esfarelasse as pedras entre as palmas grossas das mãos, usou o malho e o alvião, empilhou, fez os muros, quilómetros de muros, e dizer quilómetros será dizer pouco, milhares de quilómetros, se contarmos todos os que por esse país foram levantados para segurar a vinha, a horta, a oliveira. Aqui, entre Vila Real e Peso da Régua, a arte do socalco atinge a suma perfeição, e é um trabalho que nunca está concluído, é preciso escorar, dar atenção à terra que aluiu, à laje que deslizou, à raiz que fez de alavanca e ameaça precipitar o muro no fundo do vale. Vistos de longe, estes homens e estas mulheres parecem anões, naturais do reino de Lilipute, e afinal desafiam em força as montanhas e mantêm-nas domesticadas. São gigantes pessoas, e isto não passa de imaginações do viajante, que as tem pródigas, quando se está mesmo a ver que têm os homens o seu tamanho natural, e basta.

O almoço é em Peso da Régua e dele não ficou cheiro nem sabor para a memória. Ainda sentado à mesa, o viajante consulta os seus grandes mapas, segue com um dedo decifrador o traçado das estradas, e faz isto lentamente, é um prazer de criança que anda a descobrir o mundo. Tem seus projetos, por esta margem do Douro até Mesão Frio, mas de súbito vem-lhe uma grande saudade do caminho que ainda agora percorreu, e a saudades assim que fará o viajante senão render-se? O mais que pôde fazer, e com isso não perdeu, foi subir até Fontelas, e mais acima, entre as quintas, vendo do alto os socalcos, o rio ao fundo, parando com uma grande paz na alma diante dos pequenos e recolhidos solares, rústicos netos de Nasoni, arquiteto santíssimo que a estas terras veio e nelas felizmente abundou em prole. Torna o viajante a descer a Peso da Régua, atravessa a vila sem parar, e é um viajante atormentado de dúvida, que tanto tem na vontade subir até Vila Real como ficar pelas encostas de Fontelas e Godim, entre os muros, batendo aos portões das quintas como os garotos e fugindo ao ladrar dos cães. Santa vida.

Facilmente se compreende que o viajante vai em recordações da sua própria infância passada noutras terras, e dessa distração acorda por alturas de Lobrigos: uma vez mais pasmado diante dos vinhedos, sem dúvida é esta a oitava maravilha do mundo. Passa Santa Marta de Penaguião, Cumeeira, até Parada de Cunhos, e aí, voltando costas ao rio Corgo, enfrenta o Marão. Parece a seca enunciação de um itinerário, e é, pelo contrário, um grande passo na vida do viajante. Atravessar a serra do Marão, qualquer o pode fazer, mas quando se sabe que Marão significa Casa Grande, as coisas ganham o seu aspeto verdadeiro, e o viajante sabe que não vai apenas atravessar uma serra mas entrar numa casa.

Que faz qualquer visitante ao entrar? Tira o chapéu, se o usa, baixa ligeiramente a cabeça, se a traz ao léu, dá, enfim, as devidas mostras de respeito. Este viajante torna-se visitante, e entra, depois de convenientemente lavada a alma, como no capacho se limpam os pés. O Marão não é a aguda fraga, o penhasco vertiginoso, o desafio para alpinistas. Já foi dito que é uma casa, e as casas são para os homens morarem nelas. A estas alturas toda a gente pode subir. Poderá? Os montes sucedem-se, tapam o horizonte, ou rasgam-no para outro monte ainda maior, e são redondos, enormes dorsos de animais deitados ao sol e para sempre imóveis. Nos fundos vales ouve-se o cachoar da água, e das encostas, por todos os lados, escorrem torrentes que depois acompanham a estrada à procura de uma saída para o nível abaixo, de patamar em patamar, até caírem de alto ou mansamente desaguarem na corrente principal que é apenas afluente de afluente, águas que tanto podem ir dar ao Corgo, que ficou lá para trás, como ao Douro, muito para sul, como ao Tâmega, que espera o viajante.

E há as florestas. Torna o viajante a dizer-se afortunado por estar viajando no Outono. Não se descreve uma árvore. Como se há de descrever uma floresta? Quando o viajante olha a encosta do monte fronteiro, o que vê é os altos fustes dos troncos, as copas redondas ou esgalgadas, escondendo o húmus, o feto, o brando mato destes lugares. Assim fica sabendo que viaja, ele também, no invisível, tornou-se gnomo, duende, bichito que vive debaixo da folha caída, e só torna a ser homem quando, de longe em longe, a floresta se interrompe e a estrada corre ao céu aberto. E sempre o rumorejar das águas, frigidíssimas, e as nuvens rolando no céu, é um murmúrio que passa, como serão aqui as trovoadas? Atravessar a serra do Marão, de Vila Real até Amarante, deveria ser outra imposição cívica como pagar os impostos ou registar os filhos. Enraizado no rio Douro, o Marão é o tronco deitado duma grande árvore de pedra que se prolonga até ao Alto Minho, entrando pela Galiza dentro: reforça-se na Falperra, e abre-se, monte sobre monte, pelo Barroso e Larouco, pela Cabreira e pelo Gerês, até à Peneda, nos altos do Lindoso e de Castro Laboreiro.

Lá iremos. Agora vai o viajante entrando em Amarante, cidade que parece italiana ou espanhola, a ponte e as casas que na margem esquerda do Tâmega se debruçam, o balcão dos reis virado à praça, e este hotel modestíssimo cujas varandas traseiras dão para o rio, donde a esta hora do entardecer se levanta uma neblina, talvez só a poalha da água precipitada nos rápidos, rumor que povoará os sonhos do viajante, para sua felicidade. Porém, antes, jantará no Zé da Calçada, com proveito e gosto. E ao atravessar a ponte não fará outro sermão, mas pensará: "Esta há de ter histórias".

Mais teria a que neste lugar existiu, construída no século XIII pelo S. Gonçalo de cá e povos de Ribatâmega. Bons tempos esses, em que o santo levava a argamassa ao alvenel e ficava muito agradecido.

A CAVA DO LOBO MANSO

Quando o viajante acordou, ainda mal aclarava, percebeu que não fora só o marulhar da corrente do rio que o embalara. Chovia, as goteiras despejavam cataratas sobre os ladrilhos da varanda. Acostumado já a viajar com todo o tempo, encolheu o viajante os ombros debaixo dos cobertores e tornou a adormecer, sem cuidados. Foi o bem que fez. Ao levantar-se, já manhã franca, o céu está descoberto, o Sol anda a fazer arco-íris pequeninos nas gotas penduradas das folhas. É uma festa. O viajante arrepia-se só de pensar no calor que já estaria se fosse Verão. A primeira ida é ao Museu Albano Sardoeira, onde há algumas peças arqueológicas de interesse, umas tábuas quinhentistas que merecem atenção, mas, acima disso e do resto, estão os Amadeus, soberbas telas do período de 1909 a 1918, com um saber de oficina que as mostra no esplendor da última pincelada, como se o pintor, acabada a obra, tivesse saído agora mesmo para a sua casa de Manhufe onde a vindima o estava esperando. Tem mais o museu uns Elóis, uns Dacostas, uns Cargaleiros, mas é o Amadeo de Souza-Cardoso que o viajante devagar contempla, aquela prodigiosa matéria, suculenta pintura que se desforra do exotismo orientalista e medievalizante dos desenhos que, em reprodução reduzida, o viajante veio a comprar, humildemente.

Está visto que a paciência é uma grande virtude. Diga-o S. Gonçalo que no século XIII construiu a ponte antes desta e teve de esperar cinco séculos para lhe arranjarem lugar para um túmulo em que não está, mas onde não faltam as oferendas. O viajante diz isto com ares de gracejo, maneira conhecida de compensar o susto que apanhou quando, ao entrar numa capela de teto baixíssimo, deu com a grande estátua deitada, colorida como de pessoa viva. Estava o local meio às escuras e o susto foi de estalo. Estão polidos os pés do milagroso santo, de afagos que lhe fazem e de beijos que neles depõem as bocas que vêm implorar mercês. É de acreditar que os pedidos sejam satisfeitos, pois não faltam as oferendas, pernas, braços e cabeças de cera, equilibrados sobre o túmulo, é certo que ocos, os tempos vão maus para a cera maciça, e esta bem se vê que é adulterada. Salva-se a fé que é muita neste S. Gonçalo de Amarante que tem reputação de casar as velhas com a mesma facilidade com que Santo António, por condão das raparigas, passou à história.

O viajante percorre a igreja e o claustro do que foi o convento, e, em seu coração, põe-se a amar Amarante, sabendo já que é um amor para sempre. Nem o afligem os três maus reis portugueses que na varanda estão, e o outro, espanhol, pior que todos: o D. João III, o D. Sebastião e o D. Henrique cardeal, mais o primeiro dos Filipes. Amarante é tão graciosa cidade que se lhe perdoa o perverso gosto histórico. Enfim, estão lá estes reis porque foi durante os reinados deles que a construção se fez. Razão suficiente.

Torna o viajante à igreja, mete por uma passagem lateral que vai dar à sacristia. Donde vem esta música *rock and roll*, é que não adivinha. Talvez da praça, talvez um vizinho amador. Em cidades de província, o menor ruído chega a toda a parte. O viajante dá mais dois passos e espreita. Sentado a uma secretária, um homem, escriturário ou sacristão, isso não veio a saber-se, faz lançamentos num grande livro e tem ao lado um pequeno transístor que é o responsável pela música, ali, enchendo a sacristia venerável de sons maliciosos e convulsivos. Já nada surpreende o viajante, porém quer averiguar por completo até onde vai a subversão, e então pergunta: "Dá licença que passe uma vista de olhos?". O sacristão levanta a cabeça, olha afavelmente e responde: "Ora essa. Veja à vontade". E enquanto o viajante dá a volta à sacristia, examina os tetos pintados, as imagens de boa nota artística, um S. Gonçalo patusco e bem-disposto, vai o transístor chegando ao fim do *rock* e começa outro, até parece invenção, mas não é, são verdades inteiras, nem aparadas, nem acrescentadas. Agradece o viajante, o sacristão continua a escrever, ninguém lhes perguntou, mas ambos estão de acordo em que está um lindo dia, e a música toca. Talvez daqui a bocado deem uma valsa.

Pena leva o viajante de não ter puxado uma cadeira para junto da mesa a que o sacristão trabalhava nas suas eclesiais escriturações e ficar ali na boa conversa, a saber de vidas e de gostos musicais, perde-se muito não falando com as pessoas. Porém, já fora de Amarante, trata-se de descobrir S. João de Gatão, onde é, onde não é, não faltam as indicações, estes homens que fazem a vindima empoleirados em altas escadas: "Chegando aí adiante, onde há umas árvores grandes, vire à esquerda, é logo lá". Virar, vira o viajante, ou julga tê-lo feito, porque adiante outros homens dirão: "Chegando aí adiante, onde há umas árvores grandes, vire à direita, é logo lá". Enfim, chegou o viajante ao seu procurado destino. A casa é igual a muitas que por estes lados se encontram: um pequeno solar, de corpo central e duas alas, casa às vezes nobre, outras vezes de burguês enobrecido, rurais ambos, dependentes da terra e da renda, e por isso duros no trato negocial. Não será esse o caso. Esta casa é de poeta. Viveu aqui Teixeira de Pascoaes, debaixo daquelas telhas morreu.

O viajante pisa o caminho amolecido pelas chuvas, retarda o momento e vai ali ao lado, a uma adega, certificar-se do que já adivinhou: "Se é ali a casa do poeta". Respondem-lhe que sim, com simplicidade, o informador serve outras obrigações, e ainda por cima está habituado à vizinhança, nenhum homem é grande para a adega que lhe estiver perto. O viajante guarda na memória a cautela que teve de usar para passar sobre uns canos de borracha ou de plástico que por ali havia estendidos, e o cheiro da uva pisada, uva de Pascoaes, mosto poético, vai acompanhá-lo durante muitos

quilómetros, até se lhe dissipar a embriaguez. Melhor se diria vertigem.
Há um lanço de escadas simples, vasos de flores, beirais marcados de musgo e líquenes. É óbvio que o viajante está intimidado. Bateu à porta, espera que venham abrir: "Falha a viagem se não entro". É que esta casa não é museu, não tem horas de abrir e fechar, mas sem dúvida há um deus dos viajantes bem-intencionados, é ele que diz: "Entre", e quando se apresenta não é deus nenhum, mas sim o pintor João Teixeira de Vasconcelos, sobrinho de Teixeira de Pascoaes, que abre todas as portas de uma casa toda ela preciosa romã e vai acompanhando o viajante até ao fundo do corredor. O viajante está no limiar da parte da casa onde Teixeira de Pascoaes passou os últimos anos da vida. Olha e mal se atreve a entrar. Casas, lugares onde vive ou viveu gente, tem visto muitas. Mas não a cava de um lobo manso. São três salas dispostas em fiada, o sítio de dormir e trabalhar, a biblioteca, chaminé ao fundo, dizer isto é o mesmo que nada dizer, porque as palavras não podem exprimir a indefinível cor de barro que tudo cobre ou de que tudo é feito, a não ser que a origem da cor ambiente seja a luz da manhã, assim como não dirão que súbita comoção é esta que enche de lágrimas os olhos do viajante. Nestas salas andou um lobo, isto não é casa de gente avulsa e paisana. E o viajante tem de disfarçar e enxugar os olhos sentimentais, assim lhes chamaria quem cá não veio, mas entenderá melhor se se lembrar de que Marão é Casa Grande, e entrar aqui é o mesmo que estar no mais alto monte da serra, recebendo todo o vento na cara e olhando de cima os vales profundos e negros. Teixeira de Pascoaes não é dos mais preferidos poetas do viajante, mas o que comove é esta casa de homem, este leito pequeno como o de S. Francisco em Assis, esta rusticidade de ermitério, a lata das bolachas para a fome das horas mortas, a tosca mesa dos versos. Todos deixamos no mundo o que no mundo criámos. Teixeira de Pascoaes teria merecido levar consigo esta outra criação sua: a casa em que viveu.

Há mais que andar. Quando o viajante regressa à luz do Sol, é como se tivesse caído doutro planeta. E tão abalado vai que chega a Amarante sem dar por isso, mas aí acorda e indigna-se diante da estátua de Pascoaes que lá está, obra peca e pouca. Torna a passar a ponte depois de ter deitado um olhar de despedida à trecentista Nossa Senhora da Piedade que está no nicho, e segue por baixo das grandes frondes da alameda, a tomar a estrada que o levará a Marco de Canaveses. Suave caminho é este ao longo do Tâmega, formoso e brando para éclogas. Em suas reflexões, o viajante vem a concluir ser o lugar bom para pastores arcádicos, pelo menos enquanto não desse a morrinha nas ovelhas e as frieiras nos dedos do zagal.

O viajante deixa ao lado Marco de Canaveses e vai à procura de Tabuado. Prevê que será outra busca demorada, mas enganou-se. De súbito, aparece-lhe pela direita, como se o segurasse pela manga do casaco, a igreja matriz do século XII, de um românico simples na arquitetura, mas preciosamente decorado de motivos de plantas e animais. Dentro e fora, a igreja justificaria um dia inteiro de apreciação, e o viajante sente grande ciúme de quem esse tempo já aqui gastou ou possa vir a gastar. O que resta dos frescos da capela-mor, obra quatrocentista, retém os olhos, e o viajante fica a pensar nos desvios de gosto que terão feito ocultar, em passados tempos, a beleza rústica destas pinturas, quem sabe se por isso mesmo poupadas a maiores estragos. Quando o viajante sai, conversa um pouco com um homem e uma mulher que ali estão. A igreja, para eles, é só o que sempre ali viram desde que nasceram, mas concordam com o viajante, que sim senhor é bonita.

Entre Marco de Canaveses e Baião, tem o viajante ocasião e tempo para dar a mão à palmatória. Disse ele, quando do Marão falou, que toda a serra era de arredondados montes, com amenas florestas, um vergel. Não retira nada do que disse, que assim é o Marão entre Vila Real e Amarante, mas aqui, Marão é isto também, e contudo não pode haver orografia mais diferente, áspera e dura, com as agudas pedras que mais a norte faltam. Tem esta casa grande, afinal, muitas moradas, e a que o viajante agora vai percorrendo é decerto a casa dos ventos e das cabras monteses, desabitada casa se diga, porque hoje nem uma aragem sopra, e as cabras extinguiram-se há séculos. Talvez por ser a paisagem assim, o viajante não se sente atraído pelos lugares habitados. Não se detém em Baião, continua para norte, a par do rio Ovil, e num lugar chamado Queimada vê sinal de que há ali perto dólmenes. Sabe o viajante que não faltam no País construções destas, e, se agora não as fosse ver, não perderia ele nem perderia a viagem. Mas já foi dito que, na disposição em que vai, prefere os ermos, e este íngreme caminho que arranca pelo monte acima promete muito silêncio e solidão. Ao princípio há pinhal, sinais de trabalho recente, mas o mato começa logo adiante. O caminho é uma tosca e arruinada carreteira, com profundos sulcos cavados pelas torrentes vindas do alto, e o viajante teme um acidente, uma avaria. Contudo, persevera, e tem a sua recompensa quando a ascensão termina num quase raso planalto. Os dólmenes não estão à vista. Agora é preciso avançar pelo mato dentro, há uns delgados carris que se interrompem, maneiras de negaça que o deixam perplexo. É um quebra-cabeça malicioso, traçado em monte deserto para obscuros fins. O viajante avança pelo mato, tem de encontrar a mina de ouro, a fonte milagrosa, e quando já lança pragas e imprecações (bem está que o faça neste cenário inquietante) vê na sua frente a mamoa, o primeiro dólmen meio soterrado, com o chapéu redondo assente sobre esteios de que só se veem as pontas, é como uma fortificação abandonada. O viajante dá a volta, aí está o corredor, e lá dentro a câmara espaçosa, mais alto todo o conjunto do que pelo lado de fora parecia, tanto que o viajante nem precisa curvar--se, e de baixo nada tem. Não há limites para o silêncio. Debaixo destas pedras, o viajante retira-se do mundo. Vai ali à Pré-História e volta já, cinco mil anos lá para trás, que homens terão levantado à força de braço esta pesadíssima laje, desbastada e aperfeiçoada como uma calote, e que falas se falaram debaixo dela, que mortos aqui foram deitados. O viajante senta-se no chão arenoso, colhe entre dois dedos um tenro caule que nasceu junto de um esteio, e, curvando a cabeça, ouve enfim o seu próprio coração.

OS ANIMAIS APAIXONADOS

Tornou o viajante a Amarante, pela estrada que segue ao longo do rio Fornelo, e desta vez não para. Simples cuidado de prudência, que Amarante tem artes de mulher e seria bem capaz de cativar por muitos dias o incauto. Poucos quilómetros andados, é Telões. Há aqui um mosteiro com uma airosa galilé, ainda que restaurada. Quando o viajante sai das estradas principais cobra sempre grandes compensações. O vale onde foi construído Telões é aberto, amplo, passa aqui um ribeirito qualquer, e quando o viajante vai entrar na igreja são horas de bater o relógio. É ele de carrilhão e amplificadores, umas buzinas orientadas aos quatro pontos cardeais que atroam a gravação dos bronzes por todos os espaços infra e supra. O viajante teria preferido o dlim-dlão natural dos sinos a tais eletrónicas, mas não será por sua causa que o progresso vai ficar fora destes vales. Vivam pois Telões e o seu carrilhão do último modelo. Lá dentro, na igreja, há um painel das almas que atrai o viajante. Tem S. Miguel da santificada lança, umas labaredas de cor natural, mas os olhos vão cobiçosos para aquela formosíssima condenada, de peitos firmes e apetitosos, que arde voluptuosamente entre as chamas. Não está bem que a igreja castigue as tentações da carne e ao mesmo tempo as provoque desta maneira em Telões. O viajante saiu do templo em pecado mortal.

Felgueiras já ficou para trás, e aí adiante é Pombeiro de Ribavizela, um mosteiro arruinado, triste como só os mosteiros em ruínas conseguem ser. São cinco horas da tarde, o dia vai escurecendo, e o viajante cai em grande melancolia. A igreja, por dentro, é húmida e fria, há manchas nas paredes onde a água das chuvas se infiltrou, e as lajes do chão estão, aí e além, cobertas de limo verde, mesmo as da capela-mor. Ouvir aqui missa deve valer uma indulgência geral com efeitos pretéritos e futuros. Mas o assombro do viajante atinge extremos quando a mulher da chave lhe diz que na missa das sete da manhã é que a afluência é grande, vem gente de todos os lugares próximos. Sob a capa fria e húmida da atmosfera, o viajante arrepia-se: que será isto pelos grandes frios e dilúvios do Inverno? Quando vai a sair, a mulher aponta-lhe as arquetas tumulares que ali estão, de um lado e outro da porta. "Um é o Velho, o outro é o Novo", diz. O viajante vai certificar-se. Os túmulos são do século XIII. Um deles representa D. Gomes de Pombeiro na tampa e deve conter-lhe os ossos. Esse é o Velho. Porém, o Novo, quem será? Não o sabe dizer a mulher da chave. Então, o viajante aceita sem discutir o que a sua própria imaginação lhe propõe: o outro túmulo é também de D. Gomes de Pombeiro, feito quando, mancebo e vivíssimo rapaz, recebeu grave ferimento em batalha, de que felizmente escapou. Fez-se o túmulo para escarmento e D. Gomes de Pombeiro esperou pela velhice para ir descansar ao lado da sua própria imagem quando moço. É um imaginado tão bom como qualquer outro, mas o viajante não fez dele confidência à mulher da chave, pois ela merece outro respeito que este brincar com os mortos, tanto mais que não terá túmulo de pedra nem estátua jazente, e se a tivesse haveria de merecer a sua dupla imagem, a Nova que foi, e a Velha que é de amargoso luto e face sucumbida. Fecha a mulher a igreja com a grande chave e retira-se para as ruínas do convento, onde mora. O viajante olha a altíssima fachada, a grande rosácea, compraz-se alguns minutos no híbrido mas formoso portal. A tarde morre mesmo, já não há quem segure este dia.

 Quando o viajante entra em Guimarães, os candeeiros estão acesos. Dormirá numa água-furtada com vista para

a Praça do Toural. Sonha com o Velho e o Novo, vê-os a caminhar pela estrada que vai de Pombeiro a Telões, ouve o duro pisar dos seus pés de pedra, e está com eles diante do altar das almas, olhando todos os três a bela condenada, aquecendo enfim o corpo gelado naquela fogueirinha que nem S. Miguel pode apagar.
 O viajante acorda já de manhã clara. Não gosta do sonho que teve, não é nenhum D. João para assim lhe aparecerem convidados de pedra, e decide cortar cerce nas imaginações para não vir a perder o sono. Toma um café que mais eficazmente cobrirá as suas negruras interiores, e sai à rua a farejar os ares. Tempo instável, sol apenas por metade, mas luminoso quando aparece. Ao viajante não agrada ficar na cidade. Logo tornará a ela, mas neste momento o que lhe apetece é voltar aos grandes horizontes. Por isso decide seguir para as terras de Basto, nome pelos vistos de muito requestamento, pois só Basto há três, duas são as Cabeceiras, e ainda temos Mondim e Celorico, Canedo e Refojos, tudo de Basto, com muita honra. O viajante viu estes casos pelo mapa, não lhe impõe o seu roteiro que por todos aqueles lugares passe, mas, tendo observado a abundância, mal parecia que não registasse. Poucos quilómetros adiante de Guimarães é Arões. Lástima tem o viajante de que uma linha de palavras não seja uma corrente de imagens, de luzes, de sons, de que entre elas não circule o vento, que sobre elas não chova, e de que, por exemplo, seja impossível esperar que nasça uma flor dentro do *o* da palavra flor. Vem isto tão a propósito de Arões como de qualquer outro lugar, mas como a paisagem é esta beleza, como a igreja matriz é este românico, tem o viajante este desabafo. Mesmo agora sentiu o cheiro das folhas molhadas e não sabe onde está a palavra que devia exprimir esse cheiro, essa folha e essa água. Uma só palavra para dizer tudo isto, já que muitas não o conseguem.
 E este vale, como explicar o que ele é? A estrada vai andando às curvas, por entre montes e montanhas, e é a costumada formosura, nem o viajante espera mais do que tem.

Então, aqui, num ponto entre Fafe e Cabeceiras de Basto, numa volta da estrada, o viajante tem de parar, e na página mais clara da sua memória vai pôr a grande extensão que os seus olhos veem, os planos múltiplos, as cortinas das árvores, a atmosfera húmida e luminosa, a neblina que o sol levanta do chão e perto do chão se dissipa, e outra vez árvores, montes que vão baixando e depois tornam a erguer-se, ao fundo, sob um grande céu de nuvens. O viajante está cada vez mais crente de que a felicidade existe.

 Estas coisas merecem a sua coroação. Lá adiante há outro vale, um enorme circo rodeado de montanhas, cultivado, fundo, largo. E logo depois, quando o solo volta a ser bravo, de pinheiral e mato, aparece o arco-íris, o arco do céu, aqui tão perto que o viajante cuida que lhe pode chegar com a mão. Nasce em cima da copa dum pinheiro, vai por aí acima e esconde-se por trás da encosta, e em verdade não é um arco, mas sim um quase invisível segmento de círculo franjado de faixas coloridas, assim como uma cortina de tule finíssimo em frente de um rosto. O viajante cansa-se de comparações e faz uma última e definitiva, junta todos os arco-íris da sua vida, verifica que este é o mais perfeito e completo de todos, agradece à chuva e ao Sol, à sua preciosa sorte que o trouxe aqui nesta preciosa hora, e segue viagem. Quando passa debaixo do arco-íris, vê que lhe caem sobre os ombros tintas de várias cores, mas não se importa, felizmente são tintas que não se apagam e ficam como tatuagens vivas.

 O viajante está quase a chegar a Cabeceiras de Basto, mas antes fez um desvio para Alvite, só para a ver, da banda de fora, a Casa da Torre, conjunto de porta, capela e torre, barrocas as primeiras, a torre mais antiga, e o mais singular daqui são os altos pináculos das esquinas, equilíbrio magnífico de formas volumétricas, airosa graça de funambulismo arquitetónico. Em Cabeceiras, o viajante é recebido pelas primeiras gotas do que há de vir a ser, não tarda, uma devastadora bátega. Vai ao convento, que é uma enorme construção setecentista onde já nada se encontra do primitivo mosteiro beneditino. Esta região está bem guardada por S. Miguel. Aqui são logo dois, um sobre o pórtico, e outro, de tamanho maior que o natural, vê-se cá de baixo empoleirado no lanternim do zimbório, mirando toda a paisagem, à procura de almas perdidas. S. Miguel deve ter ganho todas as suas batalhas, ou não estariam os demónios, de língua de fora, pategos e humilhados, suportando os órgãos da igreja, como atlas de plástica monstruosa, sem nenhuma grandeza.

Volta o viajante à praça, de repente lembrado de que não vira o Basto, delito que tão pouco se perdoa como não ver o papa em Roma, estando lá. Habituado a praças de monumento ao meio, o viajante concluiu que o Basto foi roubado, ou não é ali a sua Roma. Foi por isso informar-se, e afinal eram só dois passos, a deslado, entre o chafariz e o rio. O Basto, quem é? Dizem que se trata de um guerreiro galaico, de escudo circular na barriga, como era moda do tempo. Data, tem a de 1612, e mais parece um rapazito de bigodes pintados e calções curtos do que o rústico batalhador de antigas eras. Tem na cabeça uma barretina das invasões francesas, e para não falhar a primeira comparação parece usar umas meias bem puxadinhas por mandado de sua mãe ou avó. Dá vontade de sorrir. O viajante tira-lhe o retrato, e ele apruma-se, olha para a objetiva, quer ficar favorecido, o Basto, com o seu fundo de ramos verdes, como convém a senhor de terras e montanhas, muito mais que o S. Miguel do lanternim, tão distante. O Basto é, por força, uma das mais justificadas estátuas portuguesas, todos lhe querem bem.

O viajante olha o céu, desconfiado. Estão a amontoar-se umas nuvens escuríssimas, netas reforçadas das que fizeram o dilúvio. Pensa no que fará, se fica por ali a beber um cafezinho quente ou se se mete ao caminho, traz na ideia ir à aldeia de Abadim, que fica perto. Como o viajante anda à descoberta do que não sabe, tem de correr seus riscos. Vai portanto a Abadim, e é como se passasse o Rubicão. Não tinha andado um quilómetro desaba uma catarata do céu. Em poucos segundos o espaço ficou branco do contínuo fluxo de água. Uma árvore a vinte metros ficava tão vaga, tão difusa como se estivesse escondida no nevoeiro. Para a estrada, péssima, corriam as cascatas dos montes. Aí, o viajante temeu. Já se via arrastado pela corrente, de cambulhada com as pedras soltas e as folhas mortas. Atravessou uma pontezinha frágil, e agora vai mais sereno, sobe o monte, o automóvel não dá parte de fraco, e depois de mil voltas aí está Abadim. Não se vê vivalma, toda a gente recolhida, em casa a que em casa está, em abrigos de ocasião os que andam fora. A chuva diminuiu, mas ainda cai com grande violência. O viajante resolve retirar-se, continuar viagem, mais frustrado do que quer confessar. É então que passa uma mulher nova, de guarda-chuva aberto, e o viajante aproveita: "Boas tardes. Pode dar-me uma informação? Aqui os gados dos vizinhos ainda vão todos juntos para a serra da Cabreira, ou já não se usa?". A mulher há de estar a perguntar a si própria por que quer o viajante saber tais coisas, mas é simpática, e delicada, se lhe perguntam, responde: "É, sim senhor. Do primeiro domingo de Junho até ao dia da Assunção, vai o gado todo para a serra, com os pastores". Ao viajante custam a entender estas transumâncias, mas a mulher explica que na serra da Cabreira há uma pastagem que é de Abadim, sua propriedade mesma, e é para aí que o gado vai aposentar. O viajante lembra-se de Rio de Onor, terras da banda de lá que são nossas, terras da banda de cá que são deles, e mais se lhe enraíza a convicção de quanto é relativo o conceito de propriedade, querendo os homens. Despede-se da mulher, que deseja boa viagem, e quando já vai na estrada, chove quase nada, encontra um pastorzito de quinze anos. Quem é, quem não é: "Ando a guardar vacas do meu pai e de uns vizinhos. Não senhor, não tenho salário. Depois dos vitelos vendidos, reparte-se o dinheiro pelos donos. Para mim fica pouco. Mas em sendo mais velho deixo o gado, vou ser mecânico em Cabeceiras". O viajante afasta-se, pensando: "Este nunca irá à serra da Cabreira atrás das vacas e há de esquecer-se de que é dono de pastagens. Onde ganha, perde. Onde perde, ganha". E assim, com estas filosofias, se distrai a caminho de Mondim de Basto e Celorico, sem mais aventuras que olhar a paisagem, sempre de monte e penha, em Mondim altíssimo pico, mas longe.

Chegado a Guimarães, o viajante tem ainda tempo para entrar na Igreja de São Francisco, onde o recebe um minucioso sacristão que sabe do seu ofício. Os azulejos setecentistas são magníficos, traçados com desafogo e bem harmonizados com a abóbada gótica da capela-mor. A Árvore de Jessé que noutra capela se vê mostra uns reis joviais, sentados nos ramos como pintassilgos, engrinaldando a Virgem coroada. O viajante foi à sacristia e ao claustro, ouviu as explicações, e regressando à nave reconheceu o resplendor das talhas que sobre as capelas são como caramanchéis floridos. Já o sacristão ficava para trás, concluída a sua ladainha, quando o viajante deu com a deliciosa miniatura que é a cela de S. Boaventura, ali embutida sobre um altar, o cardeal bonequito sentado à mesa, congeminando em seus piedosos escritos, com a estante carregada de livros, a mitra, o báculo e a cruz a um lado, o serviço de chá ao outro, canecas e canjirões vários aos pés, uma gaiola pendurada, cadeiras para as visitas, um contador, o crucifixo resguardado, enfim, uma boa vida de frade maior mostrada a toda a gente numa caixa com meio metro de maior dimensão e trinta e cinco centímetros de largura e altura. S. Boaventura, que foi doutor da Igreja, chamado o doutor seráfico, franciscano de alto coturno, veio caber afinal nesta caixinha de brinquedos, obra talvez de freira que assim terá ganho o céu da paciência. O viajante sai da igreja, fica por ali a sorrir da lembrança. E, de repente, ao olhar com mais atenção os capitéis do portal gótico, vê o mais claro amor naqueles dois animais de cabeças encostadas e ligados corações, sorrindo de pura felicidade para o difícil espetáculo do mundo. O viajante deixa de sorrir, olha aquele sorriso transfigurado de pedra, e sente uma louca inveja do canteiro que esculpiu, assim, uns animais apaixonados. Nessa noite o viajante tornou a sonhar, mas desta vez foram pedras de vida.

ONDE CAMILO NÃO ESTÁ

Ao viajante têm dito que Guimarães é o berço da nacionalidade. Aprendeu isso na escola, ouviu-o nos discursos de vária comemoração, não lhe faltam portanto razões para encaminhar os seus primeiros passos ao outeiro sagrado onde está o castelo. Nesse tempo, os declives que levam até lá deviam estar livres de vegetação de porte para não terem embaraço as hostes nas suas surtidas nem poderem esconder-se os inimigos pela calada. Hoje é um jardim de cuidadas áleas e arvoredo farto, bom sítio para namorados em começo. O viajante, que sempre exagera no seu respeito histórico, preferia rasa toda a colina, apenas plantada de erva áspera, com pedras aflorando há oitocentos anos. Assim, como isto está, perde-se a venerável sombra de Afonso Henriques, não dá com o caminho da porta, e se de impaciência decide cortar a direito tem certa a intervenção do empregado municipal, que lhe há de gritar: "Ó cavalheiro, para onde é que vai?". E responde o nosso primeiro rei: "Vou ao castelo. Já tenho o cavalo cansado de andar às voltas". O jardineiro não vê cavalo nenhum, mas responde caridosamente: "Leve-o pela arreata e vá aqui por este caminho, não tem nada que enganar". E quando Afonso Henriques se afasta, arrastando a perna ferida em Badajoz, o jardineiro comenta para o ajudante: "Vê-se cada um".

Efabulando este e outros episódios da nova história pátria, o viajante entra no castelo. Visto de fora parecia muito maior. Aqui é um pequeno recinto, que a espessura das muralhas mais reduz ainda, e a grossa torre de menagem, com os restos da alcáçova. É já uma pequena casa lusitana, transportada igual a todas as partes do mundo quando chegar a hora. O viajante examina-se para descobrir traços de comoção e desespera de não os encontrar tão nítidos como

70

gostaria. No meio destas pedras, quais são as mais carregadas de sentido? Muitas foram aqui postas há pouco mais de quarenta anos, outras são do tempo de D. Fernando, e do que foi terra e madeira mandada armar pela condessa Mumadona nada resta, salvo talvez esta poeira molhada que se pega aos dedos do viajante quando sacode a bainha das calças. O viajante gostaria que o rio da história lhe entrasse de repente no peito, e em vez dele é um pequeno fio de água que constantemente se afunda e some nas areias do esquecimento.

Está assim desamparado, entre as falsas muralhas, quase a suspirar de frustração, quando vencidamente olha para o chão e nele subitamente se reconforta, tão perto se encontrava a explicação de tudo, e ele não a via. Está de pé sobre as grandes pedras brutas que Afonso Henriques pisou e a peonagem popular, quem sabe se mesmo aqui foi deitado alguém que morria, um Martim qualquer, um Álvaro, mas a pedra, o chão, o céu que está por cima, e este vento que de rajada passa, sopro de todas as palavras portuguesas ditas, de todos os suspiros primeiros e finais, murmúrio do profundo rio que é o povo. O viajante não precisa de subir ao caminho de ronda para ver mais paisagem, nem à alta torre para ver mais paisagem ainda. Sentado nesta pedra que os passos calçados ou descalços não gastaram, compreende tudo, ou assim julga, e isso lhe basta, ao menos hoje.

O viajante saiu, disse adeus a Afonso Henriques, que à porta estava limpando o cavalo do grande suor da jornada, desceu até à Igreja de São Miguel do Castelo, fechada, depois ao palácio dos duques de Bragança, de exagerado restauro. A impressão que o viajante tem é a de se ter cometido aqui, em arquitetura, o mesmo gosto de medievalização que arcaizou os escultores oficiais e oficiosos entre os anos 40 e 60. Não está em causa o recheio artístico do palácio, não está sequer em causa o conspecto gaulês do edifício, que lhe vem de origem, mas sim o ar pintado de fresco que tudo tem, mesmo o que é indesmentivelmente antigo, como estas tapeçarias de Gobelins e Pastrana, esta sala de armas, estes móveis e estas imagens sacras. O viajante traz ainda aos ombros, talvez, a pedra do castelo. Por isso não será capaz de entender o palácio. Faz promessa de a ele voltar um dia, para emendar as injustiças que neste momento, por seu mal, estiver a cometer.

É tempo de ir aos museus. Vai o viajante começar pelo mais antigo, o de Martins Sarmento, aonde foram recolhidos os achados da citânia de Briteiros e do castro de Sabroso. Pedra por pedra, nunca mais acabaria o exame e a apreciação, mesmo nos limites acanhados da ciência do viajante. Saborosas são as estátuas dos guerreiros lusitanos, o avantajado colosso de Pedralva, o berrão de granito, mano da porca de Murça e doutras porcas transmontanas, e enfim aporta do forno crematório de Briteiros, a bem nomeada Pedra Formosa, com os seus ornatos geométricos de laçaria e entrançados. O resto do museu, com outras espécies menos antigas, e algumas apenas de ontem, não merece menor atenção. O viajante saiu refeito, e, como está de boa maré, segue dali para o Museu de Alberto Sampaio.

Declara já o viajante que este é um dos mais belos museus que conhece. Outros terão riqueza maior, espécies mais famosas, ornamentos de linhagem superior: o Museu de Alberto Sampaio tem um equilíbrio perfeito entre o que guarda e o envolvimento espacial e arquitetónico. Logo o claustro da Colegiada de Nossa Senhora da Oliveira, pelo seu ar recolhido, pela irregularidade do traçado, dá ao visitante vontade de não sair dali, de examinar demoradamente os capitéis e os arcos, e como abundam as imagens rústicas ou sábias, todas belas, há grande risco de cair o visitante em teimosia e não arredar pé. O que vale é acenar-lhe o guia com outras formosuras lá dentro das salas, e realmente não faltam, tantas que seria necessário um livro para descrevê--las: o altar de prata de D. João I e o loudel que vestiu em Aljubarrota, as *Santas Mães*, a oitocentista *Fuga para o Egito*, a *Santa Maria a Formosa* de Mestre Pero, a *Nossa Senhora e o Menino* de António Vaz, com o livro aberto, a maçã e as duas aves, a tábua de frei Carlos representando *S. Martinho*, *S. Sebastião* e *S. Vicente* e mil outras maravilhas de pintura, escultura, cerâmica e prataria. É ponto assente para o viajante que o Museu de Alberto Sampaio contém uma das mais preciosas coleções de imaginária sacra existentes em Portugal, não tanto pela abundância, mas pelo altíssimo nível estético da grande maioria das peças, algumas verdadeiras obras-primas. Este museu merece todas as visitas, e o visitante faz jura de cá voltar de todas as vezes que em Guimarães estiver. Poderá não ir ao castelo, nem ao palácio ducal, mesmo estando prometido: aqui é que não faltará. Despedem-se o guia e o viajante, cheios de saudades um do outro, porque outros visitantes não havia. Porém, parece que não faltam lá mais para o Verão.

Todos cometemos erros. Depois de sair do museu, o viajante passeou pelas ruas velhas, apreciou os antigos Paços do Concelho, o padrão do Salado, e tendo descido à Praça do Toural pecou involuntariamente contra a beleza. Há ali uma igreja, cujo nome o viajante prefere que fique no esquecimento porque é um atentado ao gosto mais elementar e ao respeito que uma religião deve merecer: esta é a atmosfera beata por excelência, o oratório da tia Patrocínio ou da madre Paula, a deliquescência de confessionário. O viajante entrou contente e saiu agoniado. Tinha visto as *Santas Mães* no museu, aquela Virgem coroada de rosas que também lá está – não merecia ela, nem mereciam elas, esta ofensa e esta deceção. Não foi tudo visitado em Guimarães, mas o viajante prefere partir.

Na manhã seguinte, chove. O tempo está assim, tão depressa de sol como de aguaceiros. Choverá com algumas intermitências até Santo Tirso, mas o céu já estará aberto quando o viajante parar em Antas, muito perto de Vila Nova de Famalicão. Toda esta região aparece ao viajante como paisagem de subúrbio, semeada de casas, e nela sente-se o foco de penetração industrial que irradia do Porto. Por isso, a igreja matriz de Antas, no seu românico trecentista, surge insolitamente, incongruente neste meio cuja ruralidade se desagrega, menos integrada no ambiente do que o mais delirante produto da imaginação "casa *maison* com janela de *fenêtre*" para emigrante. Desde que saiu de Trás-os-Montes, os olhos do viajante têm procurado não ver os horrores disseminados pela paisagem, as empenas de quatro ou oito cores diferentes, os azulejos de casa de banho transferidos para a fachada, os telhados suíços, as mansardas francesas, os castelos do Loire armados à beira da estrada em ponto de cruz, o inconcebível de cimento armado, o furúnculo, o poleiro de papagaio, o grande crime cultural que se vai cometendo e deixando cometer. Mas agora, tendo diante dos magoados olhos a beleza sóbria e puríssima da igreja de Antas e, ao mesmo tempo, o arraial das arquiteturas cretinas, não pode o viajante continuar a fingir que não vê, não pode falar apenas de agrados e louvações, e tem de deixar lavrado o seu protesto contra os responsáveis pela geral degradação.

Onde está São Miguel de Ceide? Há aqui umas tabuletas generosas que apontam a direção, mas depois, de estrada em estrada, reduz-se o nome, escamoteia-se a seta, e vem a acontecer o ridículo de passar o viajante ao lado da casa que foi de Camilo Castelo Branco e não a ver. Três quilómetros adiante, num cruzamento enigmático, vai perguntar a um homem que ali está, talvez para caridosamente ajudar os viajantes perdidos, e ele diz: "Fica lá para trás. É ali num largo, onde está a igreja e o cemitério". Emenda o viajante os passos, corrido de vergonha, e enfim dá com a casa. São horas de almoço, o guia está no seu descanso, e o viajante tem de esperar. Enquanto espera, anda por ali passeando, espreita pelo portão, foi aqui que viveu e morreu Camilo Castelo Branco. O viajante sabe que a verdadeira casa ardeu em 1915, que esta é tão postiça como os merlões do Castelo de Guimarães, mas espera que lá dentro alguma coisa o comova tanto como o chão natural que as muralhas rodeiam. O viajante é homem muito agarrado à esperança.

Aí vem o guarda. "Boas tardes", diz um. "Boas tardes",

responde outro. "Queria ver a casa, se faz favor." "Ora essa."
Abre-se o portão e o viajante entra. Camilo esteve neste lugar. As árvores nem eram estas, nem as plantas, nem provavelmente o empedrado do chão. Está ali a acácia do Jorge, rente ao lanço de escadas, e essa é autêntica. O viajante sobe, o guarda vai dizendo coisas já conhecidas, e agora abre-se a porta do andar. O viajante compreende que não haverá milagres. A atmosfera é baça, os móveis e os objetos, por mais verdadeiros que sejam, trazem a marca doutros lugares por onde passaram e ao regressarem vêm estranhos, não reconhecem estas paredes nem elas os conhecem a eles. Quando a casa ardeu, só aqui estavam um retrato de Camilo e o sofá onde ele morreu. Ambos foram salvos. Pode portanto o viajante olhar o sofá e ver nele sentado Camilo Castelo Branco. E é também certo que o recheio destas pequenas salas, os objetos, os autógrafos, os quadros que estão na parede, tudo isto, ou pertenceu de facto a Camilo ou há forte presunção. Sendo assim, donde vem a amarga melancolia que invade o viajante? Será do ambiente pesado, do invisível mofo que parece cobrir tudo. Será da vida trágica que aqui dentro se viveu. Será o desconsolo das vidas falhadas, mesmo quando de gloriosas obras. Será isto, ou aquilo, ou aqueloutro. Nesta cama dormiu Camilo, aqui escrevia. Porém, onde está Camilo? Em S. João de Gatão, o fojo de Teixeira de Pascoaes é uma coisa quase assustadora que Camilo teria merecido. Ceide é um interior burguês oitocentista da Rua de Santa Catarina, do Porto, ou da Rua dos Fanqueiros, de Lisboa. Ceide é muito mais a casa de Ana Plácido, quase nada a de Camilo. Ceide não comove, entristece. Talvez por isso o viajante começa a sentir que é tempo de ver o mar.

O PALÁCIO DA BELA ADORMECIDA

Olhando o mapa, o viajante decidiu: "Começo aqui". Aqui é Matosinhos. Coitado do António Nobre se por estes lados, até Leça, agora se perdesse. Morreria de pena antes de o matar a tuberculose, vendo estas chaminés de fábrica, ouvindo estes rumores industriais, e até o viajante, que se preza de ser homem do seu tempo, se confunde e perturba neste subúrbio atarefado. Afinal, grande é a nossa culpa quando teimamos em ler a realidade nos livros que outra realidade registaram. Há muitas modalidades de sebastianismo, e esta é das mais insidiosas: o viajante promete a si mesmo não esquecer o aviso.

Em Matosinhos há que ver a Igreja do Senhor Bom Jesus e a Quinta do Viso. Mas o viajante, que não pode chegar a todo o lado, ficou-se pelo Nasoni, por esta perfeita obra de arquitetura, toda composta na horizontal. O Nasoni era italianíssimo, mas soube entender os méritos do granito lusitano, dar-lhe espaço para melhor chegar aos olhos, alternando o escuro da pedra moldurante com a cal dos rebocos. Esta lição esqueceram-na os adulteradores modernos, os fabricantes do pesadelo. O viajante sabe muito bem que casas de granito custariam hoje fortunas incomportáveis, mas aposta o que tem e o que não tem como seria possível encontrar soluções economicamente equilibradas compatíveis com uma tradição arquitetónica que tem vindo a ser metodicamente assassinada. Pavores.

Cá fora, no jardim meio esventrado, há umas capelas toscas, bastante arruinadas, onde convencionalíssimos barros descrevem os passos da cruz. É esta uma coisa que muito custa a compreender ao viajante: a dificuldade que têm os homens de aprender as boas coisas, a facilidade com que repetem as más. Dentro da igreja não faltam as peças de boa escultura, por exemplo, um *S. Pedro* de pedra de Ançã: com o bom exemplo à vista, que modelos foram escolher estes barristas sem inquietação na ponta dos dedos? A pergunta não tem resposta, mas a isso está já o viajante habituado.

De Matosinhos a Santa Cruz do Bispo é o salto duma pulga. O viajante vai à procura do monte de S. Brás, onde mora uma célebre escultura, homem portentoso armado de pesada maça, tendo aos pés, dominado e obediente, um leão feroz. Um programa assim pede uma montanha, um ermo, um mistério. Fez mal o viajante em imaginar estes romantismos. O monte de S. Brás é, afinal de contas, uma colina de presépio, tão armadinha que parece artificial, e o ferrabrás vem a ser uma pobre figura mutilada das pernas, com um cachorrinho a pedir que lhe cocem a barriga. Em vez do lugar agreste, penhascoso, uma espécie de capricho natural, arredado da frequentação das gentes, sai ao viajante um parque de piqueniques estivais, onde ainda há restos de folguedos e sacos de plástico. Já se sabe como estas coisas são: o viajante viaja e quer que tudo seja só para ele, fica ofendido se alguém se antecipou nas vistas e nos prazeres. Este homem barbudo, que deve ser S. Brás, como o monte está dizendo, e não Hércules, como certas ambições eruditas pretenderam, recebe aqui muitos visitantes, é patrono de alegrias, e o leão não mostra os dentes, olha de lado o dono como perdigueiro à espera do sinal do caçador. Há vestígios de vinho derramado na cabeça e nos ombros de S. Brás: os romeiros não são egoístas, dão ao santo do melhor que têm, o que lhes aquece o sangue e faz nascer os risos. Ponderadas todas as coisas, o viajante reconhece o seu egoísmo: queria uma estátua só para si, ou para poucos escolhidos, encontrou um santo popular que bebe do vinho comum, um leão pacífico que oferece o forte lombo à rapariga que vai descansar entre duas danças. Onde encontraria mundo mais harmonioso? Humildado pela lição, deixa o viajante o Homem da Maça a contas com o tempo que o mói, e segue para Azurara, terra que deu nome a um cronista que provavelmente aqui não nasceu como é também o caso daquele Damião que, sendo de Góis, nasceu em Alenquer. A igreja matriz de Azurara fica mesmo à beira da estrada, não há nenhum pretexto para que a não visitem, salvo se o sacristão estiver ausente sem ter dito para onde foi e não deixou a chave a pessoa visível. O viajante desespera-se; não é para isto que anda a viajar, mas esta cerrada matriz é uma fortaleza militar, não tem fenda por onde se penetre. Veja-se, portanto, pelo lado de fora, que não é pequeno gosto, e faça-se a promessa de voltar. Em Vila do Conde, que está logo adiante, recebe o viajante muitas compensações. A casa de José Régio também está fechada, chegou o viajante em dia desacertado, mas há estas sinuosas, serpentinas ruas do bairro dos pescadores. Por aqui chegará à Ermida do Senhor do Socorro, com a sua imponente abóbada caiada, é um templo popular apartado das grandezas litúrgicas, e ali, no adro, se é esse o nome que se pode dar a este espaço, estão pescadores remendando as redes ao Sol que já vai descendo. Há uma geral conversa, um deles chama-se Delfim, que é um bom nome marinho, e depois o viajante chega-se ao muro, olha para baixo, lá está o rio Ave e o *Sorriso da Vida,* não podia o viajante desejar melhor, um rio capaz de voar e um barco que tem um nome assim. O ar está de uma pureza magnífica, não há sequer vento: tudo a condizer. Despede-se o viajante de Delfim e seus companheiros, desce à vila baixa, vai por escadinhas e travessas e remata nos estaleiros. Aqui se constroem barcos de madeira, estes cavernames que põem à vista segredos de arte marinheira que o viajante não saberá decifrar. Contenta--se com poder ver o desenho das quilhas que sulcarão a água, o arqueado das travessas, e respirar o cheiro da madeira serrada ou desbastada a enxó. O viajante não tem ilusões: aprender as primeiras letras desta arte, e as segundas, e as finais, seria obra para começar outra vez a vida. Porém, nem todas as letras o viajante desconhece e algumas é capaz de ler: por exemplo, as que estão escritas a branco numa chapa de ferro, como uma proclamação: TRABALHO E VONTADE NÃO NOS FALTA. DEEM-NOS CONDIÇÕES. É então que o viajante toma consciência da longa viagem que já fez. De Rio de Onor a Vila do Conde, do murmúrio recolhido à palavra escrita, franca e aberta por cima de montes e vales, entre chuvas e nevoeiros, a céu descoberto, nos socalcos do Douro, à sombra dos pinhais, um falar português.

Vila do Conde tem muito que se nos diga. Desde logo,

é a única povoação, cidade seja, ou vila comum, ou aldeia, que tem no pelourinho um braço armado de espada, figuração de uma justiça que não precisa de que lhe vendem os olhos, porque os não tem. É só um braço, ligado a uma haste vertical, o fiel fixo da balança ausente. Onde o viajante se interroga é quanto ao dono daquele braço e quanto ao que corta a espada. Justiça será, mas enigmática. A igreja matriz tem um portal manuelino de primeira água, atribuído a João de Castilho. A torre sineira, maciça, é do século XVII. Avançada sobre o corpo da igreja, tanto a esconde e apaga como a sublinha e valoriza, é, ao mesmo tempo, excessiva e complementar. O viajante, se tivesse opinião nestas coisas e força nos braços, agarraria nela em peso e deslocá-la-ia para um lado, assim como está o *campanile* de Giotto em relação à Igreja de Santa Maria dei Fiore, em Florença. É uma ideia que o viajante deixa para a posteridade, se houver dinheiro de sobra para gastar nestes aperfeiçoamentos. Lá dentro não falta que ver, o *S. João* do século XVI, que, como padroeiro, tem outra imagem no tímpano do portal, a *Senhora da Boa Viagem,* do século XVI, que segura na mão direita, anacronicamente, um lugre ou quejando barco. Esta Senhora é a que guarda os pescadores, Delfim e companheiros, felizmente ainda vivos.

Depois o viajante vai ao Convento de Santa Clara. Tem como guia um aluno da escola que ali está instalada, um rapazinho chamado João Antero, com quem o viajante tem graves conversas sobre matérias de ensino e professores. O viajante ainda se lembra dos tormentos por que passou, e a igreja gótica, magnífica, de preciosas pedras, enche-o de grande compreensão e paternal afeto. Andam por ali outros visitantes, mas esses parecem mais preocupados com encher os ecos do que abrir os olhos. O rapazinho da escola lá tem a sua sensibilidade, abandona-os um pouco e prefere acompanhar o viajante. Está ali uma *Santa Clara* a um canto, sem o braço direito, uma excelente ocasião para fotografar o João Antero. Na Capela dos Fundadores estão os túmulos de D.

Afonso Sanches, bastardo do rei D. Dinis, e de sua mulher D. Teresa Martins. São, em verdade, duas joias de pedra.
O viajante não pode ficar. Se se deixa prender não sairá daqui, porque esta igreja é das mais belas coisas que até agora os seus olhos viram. Adeus, Vila do Conde. Aonde foi Rio Mau buscar este nome é que o viajante não sabe. Na beirada da povoação não passa nenhum curso de água, há apenas um regatinho a um quilómetro, não pode haver maldade em tal insignificância. E o Este, afluente do Ave, que próximo corre, tem seu nome próprio de ponto cardeal, outro mistério que fica a bulir nas curiosidades do viajante. Enfim, procura-se aqui, não um rio, mas uma celebrada igreja, a de São Cristóvão, peça do século XII. Dizem-na integrada no românico regional, o que é, ao mesmo tempo, correto e despiciendo. O que realmente importa é verificar, uma vez mais, a eficácia plástica do estilo, a expressão conseguida pela simples densidade do material, o valor gráfico dos blocos sobrepostos, a sua múltipla leitura. E se São Cristóvão de Rio Mau é realmente um templo muito simples, então a simplicidade será uma muito direta via para chegar à sensibilidade estética, com a condição, já se vê, de ter esta força sufocante que de súbito oprime e solevanta o viajante. Bem vê ele que por aqui andaram grandes restauros, porém, contra o costume, isso não o afeta. Pelo contrário: em vez de uma ruína que os contemporâneos da construção primitiva não reconheceriam, está aqui uma obra refeita, ou recomposta, que restitui a este dia de hoje o dia de então. Dentro da igreja, o viajante sente-se como se estivesse no interior duma máquina do tempo. E é certo que viaja também no espaço. Um destes capitéis, que os entendidos afirmam reproduzir cenas da *Canção de Roldão,* remete o viajante para Veneza como um relâmpago. No Palácio dos Doges, numa esquina virada para a Praça de São Marcos, está embutida uma escultura de pórfiro a que chamam Os *Tetrarcas.* São quatro guerreiros em atitude fraternal, talvez de camaradagem militar, mas com um subtil toque

de humanidade. Estes tetrarcas de Rio Mau são muito mais guerreiros do que homens. São, no sentido verdadeiro, homens de armas. Contudo, a semelhança, ou, se se preferir, o eco, é irresistível. O viajante maravilha-se, aposta que nunca ninguém se lembrou de tal, e fica contente consigo mesmo.

É com muita dificuldade que se arranca de Rio Mau. Poucos templos serão tão rústicos, raros o serão mais, mas há um fascínio particular no génio rural que esculpiu o tímpano do pórtico, a figura do báculo, que se diz ser Santo Agostinho, as duas outras, menores, e a ave, com o Sol por cima da cabeça, e o que parece uma criança enfaixada segurando a Lua nos braços levantados. Por esta escultura daria o viajante a Vénus de Milo, o Apolo do Belveder e todas as métopes do Parténon. Como já se terá entendido, o viajante, a bem dizer, é um rústico.

O dia vai desandando para o crepúsculo. Deixa o viajante Rio Mau, mete-se à estrada e, se não fosse tão arriscado o negócio, iria de olhos fechados para conservar mais tempo a impressão magnífica. Vai daqui a Junqueira, onde é sabido haver um mosteiro, dito de S. Simão, mas sem esperanças, a esta hora estará fechado, nem é justo incomodar alguém a abrir a porta. O viajante tem, porém, as suas teimosias, e uma delas é a de querer ver com os seus olhos visto, ainda que fugazmente e com luz despedida, as coisas que deseja. Já passou por uma Junqueira em Trás-os-Montes, quer saber como é esta do Minho. Ficou sabendo. São Simão é só uma frontaria barroca, com duas torres sineiras, coruchéus, nada de especial, coisa nenhuma comparando com Rio Mau, que não sai do pensamento. E a porta, como previsto, está fechada.

Não tarda que seja noite, o viajante vai dormir a Póvoa de Varzim, melhor é partir. Mas, quando se dispõe, dá com uma porta entreaberta, um portão de quinta, umas vegetações aparecendo por cima do muro. O silêncio, neste lugar, é total. E não se vê vivalma. De duas uma: ou o mundo vai acabar, ou vai começar o mundo. Ninguém é viajante se não for curioso. Aquele portão entreaberto, o silêncio, o lugar ermo, se não aproveitasse seria tolo ou mal encaminhado. Empurrou um pouco o portão, cautelosamente, e espreitou para dentro. O muro, afinal, não era muro, mas um estreito corpo de edifício assente sobre a abóbada da entrada. Agita-se o coração do viajante, ele lá sabe, que é o primeiro a adivinhar estas coisas, e, como se de repente tivesse entrado num sonho, já entrou, já lá está dentro, numa rua ampla que separa dois jardins diferentes, um à esquerda, no pé do grande edifício que deve ser o antigo mosteiro, e o outro à direita, todo recortado em estreitíssimas áleas ladeadas de buxos cortados, e certamente aparados de fresco. O outro jardim está em nível superior, tem umas balaustradas, algumas árvores de médio porte, mas aqui, neste de baixo, que parece ter sido feito por gnomos para neles passearem fadas, é que o viajante discorre, quase bêbedo do cheiro que as plantas húmidas libertam, talvez os buxos aparados, nardos se fosse o tempo deles, jacintos ou escondidas violetas. O viajante dá por si a tremer, tem a garganta apertada, deseja que venha alguém e ninguém aparece, não ladra sequer um cão. Avança mais uns passos pela áUTF8 central, tem de apressar-se porque a noite vem aí, e dá com um amplo espaço arborizado, árvores baixas de larga copa que formam um teto vegetal a que quase se chega com o braço. O chão está coberto de folhas, uma espessa camada que rumoreja sob os passos. Nesta outra fachada do mosteiro há luz: uma só janela iluminada. O viajante está angustiado. Não tem medo, mas treme, ninguém lhe vem ralhar, e quase chora. Avança mais, passa o arco de um muro, e, na luz já quase última, vê um largo terreno com árvores de fruto, um aqueduto ao fundo, ervas bravas, caminhos empedrados, platibandas, roseiras transidas. Anda por ali, descobre um tanque vazio, e lá está a janela iluminada, certamente, oh certamente, o quarto da Bela Adormecida, habitante única deste lugar misterioso. Passou um minuto, ou uma hora passou, não se sabe, a luz é apenas um resto, mas a noite não ousa avançar, dá tempo para voltar às árvores e ao tapete de folhas murchas, ao restolhar que os pés fazem, ao jardim pequenino, ao perfume da terra. O viajante saiu. Cerrou atrás de si o portão como se fechasse um segredo.

MALES DA CABEÇA E MILAGRES VÁRIOS

Da Póvoa de Varzim o viajante não tem mais acesa memória de que uma confusão de trânsito, um procurar de caminhos, os dolos na praia como elementos de construção de armar, e algures uma delirante casa forrada de azulejos e outras cerâmicas com todas as cores e formas do universo. E quando chegou a A Ver-o-Mar, tão suave nome, tão de mirante olhar, terá sido sua a culpa porque escolheu mal a hora, mas na praia as moscas eram milhões, os restos de peixe, as tripas, os filamentos gelatinosos, e excrementos diversos. São pitorescas as "cubatas" de algas, as pedras que seguram a cobertura de palha como um colar de grossas pérolas irregulares, porém, estando vistas, não há mais que ver. Seguiu, pois, o viajante adiante, crítico bastante de si mesmo para suspeitar que a culpa desta insatisfação teria ficado em Junqueira, naquela irrecuperável hora dum fim de tarde de Novembro, que nunca mais volta. E como alguma coisa tem visto do mundo e da vida, igualmente sabe que a esta hora da manhã em que vai a Aguçadoura ver os "campos-masseiras", o jardim da Bela Adormecida tem outra luz e outro cheiro, anda alguém a varrer as folhas para delas fazer estrume, e, lástima suprema, a enigmática donzela do mosteiro está agora dando ordens às criadas e ralhando com a desastrada que partiu o bule do chá. Porém, o viajante sabe outras coisas: sabe, por exemplo, como guardar na sua memória, para sempre, uma imagem indestrutível que continuará a ser, enquanto viva, o palácio da Bela Adormecida.

Em Aguçadoura, os campos-masseiras inventam agriculturas entre areias estéreis. Transporta-se a terra, o húmus, os férteis detritos vegetais, as algas colhidas do mar, e armam-se canteiros protegidos do vento, e tudo isto é como cultivar hortas no deserto. No fim de contas, quem isto faz é da mesma raça dos britadores de xisto do Douro, dos armadores de socalcos, é a mesma pertinácia, a mesma necessidade de comer, de manter os filhos, de continuar a espécie. O viajante leva daqui outra maneira de medir o trabalho dos homens, reconsidera o que lhe desagradou em A Ver-o-Mar e pergunta a si mesmo, de si mesmo desfazendo, como se hão de secar algas ao ar livre sem que venham as moscas ao cheiro. E, tendo assim pensado, fez as pazes com tudo e segue caminho para Rates.

Se o viajante disse tanto de São Cristóvão de Rio Mau, que há de dizer agora de Rates? Esta igreja é irmã pouco mais velha da de Rio Mau, ambas do século XII, mas Rates é doutra grandeza e riqueza ornamental. O pórtico, de cinco arquivoltas, esculpidas as duas interiores, mostra no tímpano um Cristo em mandorla ou nimbo oval, com duas personagens santas ladeando, postas, uma e outra, sobre figuras prostradas, o que ao viajante parece pouco cristão, salvo se tais figuras são representações demoníacas, e mesmo assim. Não vai o viajante descrever a igreja. Dirá que os capitéis deste pórtico são, cada um, obras-primas de escultura, que toda a frontaria, com os seus contrafortes, demora os olhos e o espírito. Dirá que o interior, amplo, imerso em penumbra, faz com que definitivamente acreditemos na possibilidade que o homem afinal tem de viver entre a beleza. Dirá que o lançamento destes arcos, diferentes uns dos outros, quebrados uns, de volta inteira outros, e um derradeiro ogival, prova como a diversidade pode resultar em homogeneidade. Dirá, enfim, que a igreja de Rates justifica a celebração de novas peregrinações para virem aprender os que têm ofício de buscar perfeição. Talvez aqui se consolidem fés. Que neste lugar se consolidariam razões para confiar na permanência da beleza, disso não duvida o viajante.

De Rates vai o viajante a Apúlia onde o não esperam sargaceiros vestidos à romana, mas onde o mar, adiante, neste dia de macio sol, se não dá para molhar nele a pele, de frio que está sobeja para lavar os olhos. É desafogado o caminho para Fão e Ofir, e certamente nestes lugares haveria motivos para demora, porém o viajante tem andado por medievais terras, pesa-lhe este bulício turístico, o cartaz dos imobiliários, o anúncio do *snack-bar* (abominação que veio riscar dos costumes portugueses o saboroso *vinhos e petiscos*, que honradamente diz logo quanto vale), e, quando a Esposende passa, vê-se perdido nas largas avenidas costeiras, reflete se lhe vale a pena, e torna a ter saudades, desta vez de montanhas e águas maneirinhas. Volta a atravessar o rio Cávado e segue ao longo da margem sul, por Vila Seca e Gilmonde. Fica-lhe no caminho a celebrada cidade de Barcelos, mas o viajante resolve deixá-la para outra vez, está visto que se lhe acendeu a vocação de lobo solitário. É bem certo, porém, que quando alguém foge aos cuidados do mundo, são os cuidados do mundo que o procuram. Em Abade de Neiva foi o viajante ver o conjunto de igreja e torre de mais viva atmosfera medieval que até agora encontrou, e quando voltou ao automóvel tinha um furo. São acidentes vulgares de quem na estrada anda, mormente se por tão maus caminhos. Tira a roda, põe outra, a pensar maravilhas, o suave que está o dia, o verde que é o pinhal de além, e quem construiu aquela torre ao ladinho daquela igreja sabia do seu ofício, e, enfim, trabalho feito, põe-se a caminho. Andou assim dois quilómetros. Ia o viajante cavalgando o seu pégaso de nuvens, quando, de repente, dá consigo nas duras penas do erro. Valeu-lhe a iluminação: nem mais nem menos tinha--se esquecido de apertar os parafusos da roda, bom viajante será ele, mas para incompetente mecânico nada lhe falta. Apenas ficou a dúvida de se viera o aviso de S. Cristóvão ou de Mercúrio, tendo em conta que se não havia automóveis na Grécia, onde se inventou o deus, também os não havia na Síria, onde nasceu o santo.

A Quintiães queria o viajante ir, mas desistiu. O caminho

era péssimo, se ali lhe acontecia outro furo, grande enfado seria. Como lembrança extrema fixou duas cabeças de lagarto que por lá estavam a enfeitar um portão, pareciam autênticas gárgulas ou pedras de canto, e seriam imitações, apenas mais hábeis do que a mecânica com que remedeia furos.

Na margem norte do rio Neiva está Balugães, terra de grande antiguidade, já povoação quando os Romanos ainda cá não tinham chegado. O viajante entrou e logo se achou numa encruzilhada. É certo que leva destino escolhido, e esse, Viana do Castelo, fica para a banda da esquerda, mas se um viajante chega a uma encruzilhada deve fazer pausa, ver se está empoleirada num pilar a esfinge que faz perguntas, farejar os ventos. Quem estava a um lado era o homem que sempre dá as respostas: "Para entrar na terra, segue essa estrada em frente e vira à esquerda". Ia o viajante executar quando subitamente dá com um nicho na parede duma capelita ali à mão. O viajante, como se sabe, é curioso destas coisas. Por isso se aproximou em ar de caçador, e, quando esperava ver mais umas dessas imagens deliquescentes que povoam os lugares santos portugueses, encontra uma figurinha de granito, com duas gotinhas verdes marcando os olhos e pintadas as unhas da mão direita levantada à altura da cabeça. Na pedra inferior, o viajante leu: "Só a cabeça". Não havia esfinge, mas estava ali o enigma.

Em tais casos recorre-se ao homem que dá as respostas: "Não senhor. Quem ali está é a Senhora da Cabeça. Vem aí muita gente que sofre de males do miolo". O viajante tinha lido mal. A santa tem forma, feições e gesto de ídolo bárbaro, cura ou não cura esvaimentos, enxaquecas ou loucuras completas, mas o certo certo é ficar o viajante fascinado a olhar para ela, hesitando se sim ou não deveria tentar ali a cura das suas próprias tonteiras. O homem que dá as respostas sorri, tem certamente o hábito destes diálogos. Então o viajante disfarça e vai à povoação.

Balugães é pequena terra. O viajante anda um bocado, pergunta onde é a igreja matriz, outra românica obra que é preciso ver, e dão-lhe indicações que, sendo exatas, maravilhariam pela precisão. O pior são os caminhos. Tem de seguir a pé, vai por uma quelha pedregosa, entre muros de pedra solta e uveiras, e a igreja não aparece. Pensa o viajante que uma igreja que se prezasse estaria no meio do povo, vigiando e dando conselho fácil, não este despropósito e arredamento. Torna a perguntar. Não vai enganado, é sempre a direito. Então o viajante dá por que se encontra no Portugal do século XIII ou XIV, quem sabe se este caminho não será muito mais antigo, de tempos romanos ou godos. A intervalos, erguem-se cruzes de pedra, lugares para se deterem as procissões do Senhor dos Passos e talvez outras, que nisso não é o viajante entendido. Imagina, porém, que se apertarão muitas vezes os corações dos devotos, ao verem oscilar violentamente os andores, que neste caminho acidentado não deve ser fácil o transporte a ombros. A parte superior das cruzes aparece algumas vezes manchada de verde, é do sulfato de cobre com que se curam as vides, e o viajante fica contente por ter encontrado logo a explicação.

Não há aqui mais do que dois rumores: o das botas do viajante quando raspam as pedras, e o correr da água que por todo o lado murmura, vinda da encosta, e às vezes caindo mais de alto. O Sol está escondido por trás do monte, mas a atmosfera é de uma transparência total, respira-se uma frescura que sobe da terra e desce do céu como duas faces, que uma à outra se encostam. O viajante vai muito feliz. É-lhe indiferente encontrar ou não a igreja, o que ele quer é que o caminho não acabe.

Já não há casas, nem vides, só pedras, água corrente, fetos, e o caminho desce um pouco para logo tornar a subir, sempre ao longo da encosta. Então, num terrapleno que dá para um adro murado, em plano inferior, está a igreja. Veem-se restos de arcos de festa, com papéis descoloridos, ali mesmo ao lado estão construindo uma casa, e um pouco adiante há um salto de água, um jorro que se lança no ar. Voltando as costas à casa em construção, o viajante fica sozinho. A velha matriz de Balugães, do século XII, adulterada mas formosíssima, é pequena, meio enterrada. A porta está fechada, mas o viajante não faz qualquer tentativa para descobrir o guardador da chave. Só quer ali estar olhando as pedras antigas e tentando decifrar a inscrição avivada a preto que se vê sobre o arco da porta. É latim, e o viajante sabe, como pode, o português. A tarde vai chegando ao fim, a frescura do ar é maior, o tempo devia parar agora.

O tempo não para. O viajante torna pelo mesmo caminho, vai procurando fixar tudo na memória, as grandes lajes do chão, o rumor da água, as vides suspensas das árvores, o verde-azebre nas cruzes, e em seus pensamentos diz que a felicidade existe, já não é a primeira vez nesta viagem, que lhe acontece fazer tal descoberta. Na encruzilhada despede-se do homem que dá as respostas, e depois mete pela estrada de Viana do Castelo, para logo a seguir começar a subir a grande rampa que leva à Capela da Aparecida, que tem, evidentemente, uma história. É a história do vidente João Mudo, pastor a quem se revelou Nossa Senhora, em 1702, quando ia nos vinte anos. Era este pastor, segundo os dizeres de frei Agostinho de Santa Maria, absolutamente imbecil, nem se benzia nem sabia o padre-nosso, e o abade Custódio Ferreira trata-o de mentecapto, falto de entendimento e de língua. De todos os males o curou a visão. Este João Mudo estava obviamente fadado para bons destinos. Como o pai, pedreiro de seu ofício, não acreditasse na aparição que o filho simples proclamava, deu-se o arriscado milagre da queda do João Mudo da ponte de Barcelos abaixo, onde com o progenitor trabalhava, e estando o moço de cântaro ao ombro, nem água se entornou nem o caído partiu as pernas.

Estas maravilhas ouviu-as o viajante da boca do padre que lhe apareceu quando andava a visitar o templo erigido com o dinheiro das esmolas dos devotos de Nossa Senhora Aparecida. Vira antes o túmulo do João Mudo, que, se ali está de corpo inteiro, devia ser de raça minorca. Na capela há uns círios gigantescos. Se forem à proporção dos milagres, bem servido foi o ofertante. Quis o viajante saber notícias da igreja matriz, e o padre informou que a inscrição por cima da porta, aliás incompleta, é uma declaração de sagração. Conta-se que a sagraram três bispos que, pela estrada romana de que por ali ainda há vestígios (teria sido o caminho que o viajante seguiu?), se dirigiam para um concílio em Lugo. Era o tempo, isto é pensamento do viajante, em que três bispos se achariam precisos para igreja tão pequena. Era o tempo, torna o viajante a pensar, em que a mais pequena pedra sacra era maior do que quem a sagrasse. O padre vai mostrar uma tábua que está por trás do altar, às ocultas de quem não saiba, representando um admirável Cristo morto, de um lado, e do outro uma última Ceia. Esta tábua é o que de melhor tem a igreja. Agora passeiam no adro, conta-se o caso do sino que veio da matriz e que os habitantes da vila velha quiseram roubar numa noite, trouxeram umas correntes e o sino já vinha por aí abaixo, suspenso, quando se deu fé do assalto. Fugiram os justos roubadores pelos montes, mas a justiça chega sempre, mesmo tardando muito. "O sino vai voltar para o lugar donde veio", diz o padre, e com isto se despediu.

O viajante entristece. Estas histórias de milagres, de mudos que passam a falar, de círios do tamanho de um homem, cobriram por instantes a memória da tarde. Pior ainda quando descobriu na encosta umas escadinhas medíocres e uma fonte desgraçada, desgraças e mediocridades ainda maiores, representadas pelo grupo de pedra branca que é o João Mudo, merecedor de mais respeito em sua infelicidade de tolinho, e umas ovelhas que parecem gatos tosquiados. Ai Balugães, Balugães, que isto não merecias.

MAIS CASA GRANDE

É manhã clara, mas o viajante ainda não se levantou. É de propósito que atrasa o momento em que abrirá as duas janelas do quarto. Faz demorar o gosto com que está contando desde que, noite fechada, chegou ao hotel. Talvez receie, também, uma deceção. A luz entra pelas frinchas, coada, e aqui se aperta o coração do viajante: "Estará nevoeiro?". Salta da cama, indignado contra a simples ideia da miserável desfeita que seria ver coberta de nevoeiro a paisagem de Santa Luzia, e num repente abre a primeira janela, a que dá para o mar, recebe no rosto e no corpo o ar frio da manhã, e fica iluminado de gosto e de pasmo diante do esplendor das águas, a costa brumosa, o encontro do rio e do oceano, o cordão de espuma das vagas que vêm do largo e se desfazem na praia. A outra janela faz ângulo reto com esta, o quarto é de esquina, vida e boa sina, há mais paisagem à espera. E para esta não vão chegar palavras, nem pinturas, nem música. Sobre o largo vale do Lima paira uma névoa luminosa que o sol faz reverberar por dentro como um resplendor. A água do rio, correndo, cinge as múltiplas ilhas, e nesta margem direita, que melhor se distingue do alto, há braços líquidos que entram pela terra e refletem o céu, e campos verdes cortados por altas árvores ruivas e sebes escuras. Das chaminés das casas sobe o fumo matinal, e muito ao fundo, por esta vez contribuindo para a geral beleza da hora magnífica, fumegam em glória as chaminés das fábricas. O viajante tem muita sorte: duas janelas para o mundo, e este momento de luz única, a frescura do ar que lhe envolve o corpo, em boa hora veio a Viana do Castelo, em boa hora chegou estando a noite fechada e resolveu subir ao monte de Santa Luzia para dormir.

São horas de ir à cidade. Leva o viajante suas indicações e referências, todas com prioridade. Eis a Praça da República, as três construções quinhentistas: a antiga Casa da Câmara, a Casa da Misericórdia e o chafariz imaginado e lavrado por João Lopes, o Velho. A Casa da Câmara é reforçada, sólida, uma frontaria de pedra em que se abrem arcos e janelas, um tanto a contragosto, apesar da franqueza das aberturas; já a Casa da Misericórdia, que foi concebida por João Lopes, o Moço, tem, com as suas grandes varandas para espairecimento dos doentes, um ar renascentista nada comum no nosso país. As doze cariátides, seis em cada andar, que suportam os alpendres, são ao mesmo tempo robustas e elegantes. Para o viajante fatigado é agradável o banco da arcada térrea onde se pode estar a ver passar a cidade e à conversa com os vizinhos. O chafariz é harmonioso e está no lugar certo, com as pedras do seu tempo. Se esta praça fosse tão bem contemplada ao redor todo como foi neste canto, seria o mais formoso espaço urbano português.

A igreja matriz, de raiz gótica quatrocentista, ainda prolonga reminiscências românicas. Tem um belo pórtico com apóstolos fazendo de colunelos de suporte, e por cima dele uma rosácea enorme. Lá dentro sente-se que não se operou a fusão dos diferentes estilos de arquitetura ou decoração que se foram implantando ao longo dos séculos. O incêndio de 1806 deve ter tido parte importante no carácter compósito que o conjunto oferece. Não faltam, no entanto, belas peças de estatuária e de pintura, e também excelentes painéis de azulejos. Porém, o melhor desta igreja talvez esteja na sua implantação e nas construções que a circundam: ficou preservado um ambiente, uma atmosfera, o que, devendo ser a regra, veio a ser a exceção.

O viajante segue por uma rua paralela ao eixo maior da praça e encontra uma belíssima janela renascença que, mais do que qualquer outra obra de arte, merecia ser o símbolo da cidade. A pedra assim lavrada vale o seu peso em ouro e ainda se fica a dever muito ao lavrante. Aliás, Viana do Castelo é pródiga em portas e janelas manuelinas, algumas simples, outras de lavor apurado, tanto que com justiça se pode dizer que Viana põe à vista do viajante o que tem de melhor. Ressalva-se o museu, que tem suas portas de entrar e sair, e, sendo pequeno, contém, para não já falar doutras prendas, a mais completa e rica coleção de faianças portuguesas, cerca de mil e seiscentas peças que o viajante não pode estudar em pormenor, ou teria de acabar aqui a viagem. E tem mais o museu: talvez por obra, amor e arte do seu guia, entalhador de ofício, os móveis que aqui se guardam (e são muitos, e são preciosos) estão em estado de conservação invulgar. E como o viajante não pode referir tudo fica a menção de uma pequenina *Descida da Cruz,* maravilha de perfeição e de rigor, que se atribui a Machado de Castro e que vale todos os presépios e mais barros de quem nesta arte generosamente abundou. Repare-se também no gigante barbado que no átrio está, um basto mais autêntico que o outro, lá do céltico período, quando Galiza e Minho tudo era um.

O viajante foi até aos estaleiros, onde não pôde entrar, e quando voltou passou os olhos pela Igreja de São Domingos, onde se guardam os ossos de frei Bartolomeu dos Mártires, que frei Luís de Sousa biografou. Assim se ligam as vidas, incluindo a de Almeida Garrett, que com a história do biógrafo fez a melhor peça de teatro que já se escreveu em Portugal. Conversando consigo mesmo destas coisas, deu a volta para ver o solar do visconde da Carreira, ainda assim conhecido, com a sua decoração manuelina e o seu ar opulento. Antes de partir, olhou a casa de João Velho e a pequena obra-prima barroca que é a Capela das Malheiras.

No rio Lima viam os romanos aquele mitológico rio Letes, que apagava as memórias, e não o queriam passar com medo que se lhes varresse a pátria da lembrança e do coração. A estrada por onde segue o viajante, ao longo da margem norte, esconde muito as celebradas belezas, mas quando do ofício de viajar se está já calejado o remédio é bom de tomar e está ao alcance. Mete-se pelas pequenas estradas que derivam para a margem, vai-se por elas mesmo que não conduzam a mais que à beira da água, e então o rio aparece a estes olhos portugueses como a romanos olhos, e qualquer de nós se sente magistrado ou centurião que de Bracara Augusta veio por razões civis e militares e de súbito tem vontade de depor o rolo das leis ou a lança e proclamar a paz.

Em Bertiandos, o viajante para na estrada, espreita como um pobre de pedir por entre os ferros do portão, e fica a olhar consolado o acerto do conjunto arquitetónico barroco com a torre quinhentista, e pergunta a si mesmo que maldição caiu sobre a arquitetura de hoje, tão distraída das regras de acordo entre estilos diferentes, haja vistas as constantes brigas entre o que estava e o que ao lado se construiu. Não se pergunte que regras são essas: apenas se poderia responder que as sabiam aqui em Bertiandos, neste salto de trezentos anos entre a torre e o solar.

O viajante tem de confessar que não foi a Ponte de Lima. Tinha-a ali mesmo à mão, no outro lado do rio, mas, lá de cima, das terras altas, uma pequena aldeia o estava chamando, com tanta instância que não teve ânimo de lhe desobedecer. O mais que conseguiu foi não tomar a estrada direta, dar a volta por Paredes de Coura, e, então sim, descer a Romarigães, que este é o nome da aldeia. Porém, não antecipemos. Antes haverá que falar da paisagem admirável que a estrada de Paredes de Coura atravessa, sempre a subir, passando da planura do Lima aos altos de Labrujo e Rendufe. Lembra, em menor, mas é honra que se lhe faz comparando assim, a estrada de Vila Real a Peso da Régua. O viajante, diante destas largas respirações, sente que vinha incubando uma saudade de montanha e vale. Está agora bem servido, nestes vinte quilómetros de altos montes e formosos baixos, amplos e cultivados. Se não fosse a ânsia de ver o que a curva adiante reserva em horizontes e declives, o viajante iria devagar, a contar as pedras do caminho.

Aqui está o cruzamento. Para um lado é Rubiães, para o outro Romarigães. Agora que está perto, o viajante não se importa de adiar um pouco o encontro com aquilo que procura. Vai primeiro a Rubiães, mas antes ainda tem de dar conta deste interminável murmúrio que o vem acompanhando desde Ponte de Lima, águas que escorrem dos declives, que vão correndo pelas valetas da estrada à procura de riacho que as receba, de regato que as abra, de rio que as envolva e transporte, de mar que lhes dê o sal. O viajante lembra-se das sequiosas terras do Sul, que mesmo no Inverno secam se a chuva não cai constante, e recomenda aos montes e às ervinhas que desta água aproveitem enquanto a há, que a não matem nem desperdicem, que o mesmo seria perder sangue e vida.

Rubiães é um templo românico fechado. O adro está praticamente coberto de lápides sepulcrais, entre o antigo e o quase moderno. O viajante ainda troca algumas palavras com dois homens que descansavam de uma carga sentados nos degraus, e depois segue para onde o chama o coração.

São três quilómetros de estrada de macadame que as últimas chuvas esfarelaram, e ao fim deles há uma curva, daí para diante o caminho estreita, o viajante resolve continuar a pé. Fez muito bem. Lá está a aguazinha clara e fresca, e agora o sol que mal se sente no rosto mas faz festas nas mãos, e o viajante vai andando, vê que ainda está longe da povoação, hesita, porém há ali dois jovens, rapaz e rapariga, a apostar que são namorados. Estão sentados num muro derrubado, e pararam de conversar. O viajante chega-se a eles e pergunta: "Sabem dizer-me onde fica, aqui, a Capela da Nossa Senhora do Amparo?". O rapaz e a rapariga olham um para outro, e é ele quem responde: "Capela da Senhora do Amparo, não conheço. Se é a igreja que procura, fica lá em baixo, no povo". O viajante sabe muito bem o que quer, mas perturba-o a informação: "Não é isso, é a Capela da Senhora do Amparo de que falou o senhor Aquilino Ribeiro no livro", e, tendo dito isto, esperava ver abrirem-se os sorrisos dos namorados. Penas perdidas. Responde a rapariga, com modos de irritada por lhe ter sido cortado o galanteio: "Não senhor, não conhecemos".

Sentiu-se o viajante corrido e resolveu descer ao povo, a perguntas mais fortunadas. Porém, dando por que caminhava ao longo duma parede, sentiu no coração um baque. Levantou os olhos e viu uma janela sobre a qual havia um modo de lintel não apoiado e por cima dele uma cruz esculpida, ladeada por duas jarras com folhagens de acanto, tanto quanto cá de baixo parecia. À mesma altura, uma pedra de armas, com os seus elementos coloridos. "Isto quer dizer alguma coisa", pensou. Deu mais uns passos, olhou para cima, e lá estava. Era a frontaria da capela, o campanário alto, os coruchéus. Se o viajante não estivesse tão ansioso, teria increpado os namorados ignorantes, com muito mau futuro na vida se sabem tanto de amores como dos bens da sua terra. Limitou-se a dizer: "A capela é esta. Tomem nota, se aparecer por cá alguém a perguntar". Os namorados responderam distraídos: "Sim senhor", e continuaram a namorar. Talvez saibam mesmo de amores.

Quem derrubou esta parte do muro, soube o que fazia. Só assim o viajante pode invadir a propriedade alheia, saltar as pedras, e ir, ansioso como uma criança que sobe ao pote da marmelada, contemplar do outro lado, de alto a baixo, a fachada da Capela da Senhora do Amparo de que falou o Aquilino na sua *Casa Grande de Romarigães*. O viajante tem pouco de modesto, mas neste caso manda-lhe a prudência que dê a palavra a quem a merece e mais direito tem, isto é, o próprio Aquilino. Disse ele: "Em toda a fachada, salvo o pano ínfero com a porta singela, mesmo assim de ombreiras rematadas por florões em guisa de capitéis, e duas janelas de grades, a puxar para o Renascimento na sua estrutura, não havia uma pedra que não fosse obra antes de ourives que de escultor. A sua polimorfia era mais rica que a fachada dum livro setecentista. E com os quatro pináculos, saintes em seu fundo bulboso duma pilastra quadrada, e a sineira do género de quiosque, lembrava de facto um pagode, de agulhas e coruchéus em simetria com as corutas dos pinheiros e dos olmos, erguidos na mata, mais longe, à luz efusiva dos céus". O viajante conta os pináculos e só acha dois, grande dano faz o tempo, ou Aquilino Ribeiro se deslembrou do que lá tinha.

O viajante tem ido a muitos lugares, umas vezes bem pago do que encontrou, outras vezes nem tanto. Mas de

Romarigães vai em estado de plenitude. Quando passa pelos namorados e se despede, descobre que eles, não sabendo como se chamava a capela, sabiam muito bem o que ela era, lugar de paraíso, ou então não teriam escolhido o local para se encontrar Eva com Adão.

Desce o viajante para Caminha, ao longo do rio Coura. Pela esquerda tem a serra de Arga, rapada montanha que o Sol acende, lugar de protopoemas e de lobos. Não é alta esta serra, pouco mais de oitocentos metros, mas, desafogada que está, faz grande vulto na distância e repele o viajante com mão dura. Em Caminha, vista a casa quinhentista dos Pitas, armada de merlões chanfrados, com as suas vergas das janelas golpeadas, conferidas as horas que são na Torre do Relógio, resto da antiga cerca, foi o viajante à igreja matriz, composta de baluarte militar e templo, onde o gótico se prolonga no manuelino e já no Renascimento. Renascentista, pelo espírito arquitetónico, que não pela estatuária, é o pórtico lateral, com os seus medalhões por onde assomam meias figuras, interrogando o viajante com as novas inquietações do tempo, enquanto os apóstolos se demoram ainda no sonho gótico. O chafariz da vila é obra de um João Lopes, provavelmente o mesmo que concebeu e lavrou o de Viana do Castelo.

Já pouco falta para se acabar este dia. O viajante segue ao longo do rio Minho, passa por Vila Nova da Cerveira sem parar, e disso se lastima, e por Valença, quer ganhar o que resta de luz e de ar livre. Aí está o muro de terreiro do morgado de Pias, com a sua cruz inclinada, e adiante o rio chega-se-lhe quase com a mão, correndo num baixo de vides de ramadas. Perto de Monção, o viajante toma a estrada que leva a Pinheiros, só para ver, de fora uma vez mais, como pobre de pedir, o Palácio da Brejoeira, com a sua vasta esplanada, tão inacessível como o Himalaia, com avisos de que a guarda republicana tem debaixo de olho a propriedade. Posta a questão nestes termos, o viajante procede à retirada. Terá seu prémio lá adiante, quando à beira da estrada encontrar um plátano todo amarelo. O Sol baixo atravessa as folhas como um cristal, e então, sem temer ataques pelas costas, o viajante fica-se a contemplar a árvore gratuita, enquanto a luz aguenta. Quando entra em Monção, acendem-se os primeiros candeeiros.

AS MENINAS DE CASTRO LABOREIRO

Monção é aquela terra onde se deu o caso infalivelmente contado às crianças do tempo em que o viajante também o era, cujo foi o de Deuladeu Martins, mulher engenhosa que, estando a praça sitiada e carecida de alimentos, mandou amassar e cozer as últimas poeiras de farinha, lançando depois das muralhas abaixo, em grande alarde de prosperidade, as cheirosas bolachas, assim derrotando, por convencimento da inutilidade do cerco, as tropas de Henrique II de Castela que queriam tomar o castelo. Foi isto no ano de 1368, tempo afinal de grande ingenuidade política, pois facilmente se acreditava em manhas táticas tão pouco imaginosas. Hoje os tempos vão mudados, e é Monção que pede, a julgar pelo menino de coro que logo à entrada duma igreja está, piedosa e implorativa a expressão, recebendo a esmola dos corações sensíveis. O viajante anda curando doutras sensibilidades, mas registou a maviosa imagem. Como registou os anjos de barroquismo hiperbólico que na mesma igreja ladeiam o altar-mor, e também um gigantesco Senhor dos Passos, dramático e assustador, que estava na matriz, onde, aliás, se encontra o monumento fúnebre à memória da senhora Deuladeu, ação de veneração familiar de um trineto.

Até Melgaço desfruta-se uma paisagem agradável, mas que não sobressai particularmente sobre o que é comum encontrar no Minho. Qualquer destas bouças faria figura de preciosidade paisagística em terras menos avantajadas de mimos, mas aqui os olhos tornam-se exigentes, nem tudo os contenta. Melgaço é vila pequena e antiga, tem castelo, mais um para o catálogo do viajante, e a torre de menagem é coisa de tomo, avulta sobre o casario como o pai de todos. A torre está aberta, há uma escada de ferro, e lá dentro a escuridão é de respeito. Vai o viajante pé aqui, pé acolá, à espera de que uma tábua se parta ou salte rato. Estes medos são naturais, nunca o viajante quis passar por herói, mas as tábuas são sólidas, e os ratos nada encontrariam aqui para trincar. Do alto da torre, o viajante percebe melhor a pequenez do castelo, decerto havia pouca gente na paisagem em aqueles antigos tempos. As ruas da parte velha da vila são estreitas e sonoras. Há um grande sossego. A igreja é bonita por fora, mas por dentro banalíssima: salve-se uma *Santa Bárbara* de boa estampa. O padre abriu a porta e foi-se às obras da sacristia. Cá fora, um sapateiro convidou o viajante a ver o macaco da porta lateral norte. O macaco não é macaco, é um daqueles compósitos animais medievos, há quem veja nele um lobo, mas o sapateiro tem muito orgulho no bicho, é seu vizinho.

Logo adiante de Melgaço está Nossa Senhora da Orada. Fica à beira do caminho, num plano ligeiramente elevado, e se o viajante vai depressa e desatento passa por ela, e ai minha Nossa Senhora, onde estás tu? Esta igreja está aqui desde 1245, estão feitos, e já muito ultrapassados, setecentos anos. O viajante tem o dever de medir as palavras. Não lhe fica bem desmandar-se em adjetivos, que são a peste do estilo, muito mais quando substantivo se quer, como neste caso. Mas a Igreja da Nossa Senhora da Orada, pequena construção românica decentemente restaurada, é tal obra-prima de escultura que as palavras são desgraçadamente de menos. Aqui pedem-se olhos, registos fotográficos que acompanhem o jogo da luz, a câmara de cinema, e também o tato, os dedos sobre estes relevos para ensinar o que aos olhos falta. Dizer palavras é dizer capitéis, acantos, volutas, é dizer modilhões, tímpano, aduelas, e isto está sem dúvida certo, tão certo como declarar que o homem tem cabeça, tronco e membros, e ficar sem saber coisa nenhuma do que o homem é. O viajante pergunta aos ares onde estão os álbuns de arte que mostrem a quem vive longe esta Senhora da Orada e todas as Oradas que por esse país fora ainda resistem aos séculos e aos maus-tratos da ignorância ou, pior ainda, ao gosto de destruir. O viajante vai mais longe: certos monumentos deveriam ser retirados do lugar onde se encontram e onde vão morrendo, e transportados pedra por pedra para grandes museus, edifícios dentro de edifícios, longe do sol natural e do vento, do frio e dos líquenes que corroem, mas preservados. Dir-lhe-ão que assim se embalsamariam as formas; responderá que assim se conservariam. Tantos cuidados de restauro com a fragilidade da pintura, e tão poucos com a debilidade da pedra. De Nossa Senhora da Orada, o viajante só escreverá mais isto: viram-na os seus olhos. Como viram, do outro lado da estrada, um rústico cruzeiro, com um Cristo cabeçudo, homenzinho crucificado sem nada de divino, que apetece ajudar naquele injusto transe.

Vai agora o viajante iniciar a grande subida para Castro Laboreiro. Melgaço está a uns trezentos metros de altitude. Castro Laboreiro anda pelos mil e cem. Vence-se este desnível em cerca de trinta quilómetros: não é íngreme a ascensão. Mas é inesquecível. Esta serra da Peneda não abunda em florestas. Há maciços de árvores, aqui, além, sobretudo próximo dos lugares habitados, mas na sua maior extensão é penedia estreme, mato de tojo e carrasqueira. Não faltam, claro está, nas terras ainda baixas, grandes espaços de cultivo, e nestes dias de fim de Outono a paisagem trabalhada pelos homens tem uma doçura que se diria feminina, em contraste com a serra ao fundo que vai encavalando montes sobre montes, qual mais áspero e bruto. Mas esta terra tem uma coisa nunca vista que por muitos quilómetros intrigou o viajante, pouco experiente de andanças viajeiras, como logo se verá. Estava o Sol de maneira que batendo nas encostas distantes despedia brilhos, grandes placas luminosas, ofuscantes, e o viajante moía o juízo para saber o que aquilo era, se preciosos minérios assim revelados, se apenas o polido de lascas xistosas, ou se, imaginações fáceis, seriam

as divindades da Terra a fazer sinais umas às outras para se esconderem dos olhares indiscretos.
Afinal, a resposta estava à beira da estrada por onde seguia. Pelas fendas das rochas ressumbrava água que, embora não correndo em fio ou em toalha, mantinha húmidas certas pedras, onde, dando o sol de jeito, se acendia um espelho. Nunca tal o viajante vira, e tendo decifrado o mistério foi gozando pelo caminho o atear das luzes, que depois se apagavam e ressurgiam à medida que a estrada fazia e desfazia curvas e portanto se alterava o ângulo de reflexão do Sol. Esta é uma terra grande e descampada, separam os montes grandes vales, aqui não podem os pastores gritar recados de encosta para encosta.
Castro Laboreiro chega sem avisar, numa volta da estrada. Há ali umas casas novas, e depois a vila com o seu trajo escuro de pedra velha. Bons de ver são os botaréus que amparam as paredes da igreja, restos românicos da antiga construção, e o castelo, nesta sua grande altura, com a única porta que lhe ficou, a do Sapo, alguma coisa daria o viajante para saber a origem deste nome. Não requer grandes demoras a vila, ou requere-as enormes a quem tiver ambições de descoberta, ir, por exemplo, àquelas altas pedras, gigantes em ajuntamento, que ao longe se levantam. No céu, de puríssimo azul, atravessa um rasto branco de avião, reto e delgado: nada se ouve, apenas os olhos vão acompanhando o lento passar, enquanto, obstinadamente, as pedras se apertam mais umas contras as outras.
Está quase a despedir-se, veio por causa do caminho, da grande serrania, destes altos pitões, e correndo agora em redor os olhos, já distraídos, dá com duas meninas que o miram, com sério rosto, suspendendo as atenções que davam a uma boneca de comprido vestido branco. São duas meninas como nunca se viram: estão em Castro Laboreiro e brincam à sombra duma árvore, a mais nova tem o cabelo comprido e solto, a outra usa tranças com uns lacinhos vermelhos, e ambas fitam gravemente. Não sorriem quando olham a má-

quina fotográfica, quando assim se mostra o rosto tão aberto, não é preciso sorrir. O viajante louva, em pensamento, as maravilhas da técnica: a memória, infiel, poderá renovar-se neste retângulo colorido, reconstituir o momento, saber que era de tecido escocês a saia, crespas as tranças, e as meias de lã, e o risco do cabelo ao meio, e, descoberta inesperada, que uma outra bonequita havia caída lá para trás, acenando com a mão, com pena de não ficar de corpo inteiro na fotografia. O destino nem sempre ordena mal as coisas. Para ver a Igreja da Nossa Senhora da Orada e as meninas de Castro Laboreiro, teve o viajante de andar cem quilómetros, números redondos: tenha agora coragem de protestar quem achar que não valeu a pena. E tome lá, como acrescento e contrapeso, os gigantes de pedra, o macaco de Melgaço, o avião no ar, os espelhos de água, e esta pequena ponte de pedra solta, só para gente pedestre e gado miúdo.

Torna o viajante a Monção, aqui se rematam os cem quilómetros, e procura a estrada que vai para Longos Vales. Entre os nomes belos que na terra portuguesa abundam, Longos Vales tem uma ressonância particular, é só dizer Loooongos Vaaaales e logo se fica sabendo quase tudo, que nesse cantar só não se adivinha a formosura da abside da igreja matriz, com os seus modilhões povoados de animais grotescos e figuras humanas contorcidas. A fresta, estreitíssima, que já serviu de alvo para a pedrada do gentio infante, tem uma bela decoração de bilhetes. Diante destes capitéis, o viajante volta a uma velha ideia sua: a decifração dos significados destas composições, complexas de mais para serem desinteressadas, haveria de explicar muito do pensamento medieval. Provavelmente estará já estudado e decifrado, tem o viajante de indagar quando lhe sobrar algum tempo.

Por Merufe, ao longo de um afluente do rio Mouro, o viajante torna a subir, até às margens do rio Vez, primeiro da banda do norte, depois da banda do sul, e aqui há que soltar grandes brados e reclamar justiça. Fala-se muito das belezas bucólicas e suaves de Lima, Cávado e Minho. Sim senhores, bem estão e bem são no seu género. Mas este rio Vez, por alturas de Sistelo, que é onde o viajante o alcança, e depois o rio Cabreiro, que a ele aflui, são maravilhas verdadeiras que juntam a doçura e a aspereza, a harmonia dos socalcos verdes e o pedregar das águas, sob a fortuna duma luz que começa a baixar e recorta, linha por linha, cor por cor, a mais bela paisagem que cabe nas imaginações. O viajante põe ao lado dela o que a memória lhe guarda do rio Tuela, e nada mais dirá.

A estrada grande fica do outro lado, mas o viajante prefere esta que vai até Arcos de Valdevez por Gondoriz e Giela. A Igreja de Gondoriz ergue-se como um cenário sobre o vale, é uma construção teatral, setecentista, sem dúvida uma boa imagem de igreja triunfante. E o cruzeiro que lhe está defronte acompanha-a nesse espírito, com o seu fuste salomónico e a sua *Pietà* armada e colorida, a esta hora recortada contra o Sol. Poucos quilómetros abaixo, já quase às portas de Arcos de Valdevez, está Giela. Aqui faz o viajante demorado alto. Sobe as ladeiras da colina por um caminho bem tratado e ainda vai a meio já está vendo os melrões da torre, implantada em evidência no meio dum redondel de montes arborizados. O viajante sente-se nervoso, é o que sempre lhe acontece quando está perto o que muito deseja conhecer. Há aqui um paço quinhentista, que é, agora o declara o viajante, que o tem diante dos olhos, um dos belos exemplares deste tipo de construção existentes no País. A torre é mais antiga, do final do século XVI, e dela se diz que foi doada por D. João I a Fernão Anes de Lima, depois da batalha de Aljubarrota: a casa, de um tempo mais recente, tem uma bela janela manuelina que dá para o eirado.

Não mora aqui gente nobre nem pessoal burguês. Ninguém mora. A casa serve de celeiro, espalham-se pelos sobrados trémulos as espigas de milho, e onde quer que o viajante ponha o pé todas as tábuas rangem. O garoto que acompanha, a mandado do pai, ali com ofício de caseiro, salta como um cabrito por cima dos montes de folhelho, espantando as galinhas, e, com dó, vai prevenindo e apontando os sítios de maior risco. Dos tetos do andar, o fasquiado pende como uma grande vela de barco e tem a curva que o vento à vela daria. O que se vê é uma ruína. Por fora, a boa rijeza da pedra continua a resistir, mas, lá dentro, aqueles soalhos estão à mercê duma colheita dez espigas mais abundante ou que a galinha tenha uma ninhada maior: tudo virá abaixo.

Retira-se o viajante tristíssimo. Quem te salvará, Paço de Giela?

Talvez por causa destas penas, passou o viajante por Arcos de Valdevez sem parar, mas, chegando a Ponte da Barca, decidiu que não havia de deixar abater-se por desânimos e avançou para a serra do Soajo. Vai seguindo ao longo do rio Lima, ameníssimo de margens nestas terras altas, mas cascalhando nos rápidos do leito, porém não tarda muito que a estrada comece a subir, a afastar-se, nunca para grande distância, mas já inacessível o rio. Chegando à bifurcação fronteira a Ermelo, o viajante tem de escolher: ou atravessa o rio para Soajo ou continua até Lindoso. Decide-se por Lindoso. Vai de subida sempre, contando os quilómetros, grande viagem é esta sua que a tão longes terras o trouxe.

Em Lindoso há o castelo e os espigueiros, todos muito bem fechados. Ora bem. Do castelo não cura o viajante, e os espigueiros são mesmo para ver de fora, não faltaria ir perturbar a paz dos milhos. Assim dispostos, os espigueiros formam uma cidade. Tem seus edifícios antigos, manchados de líquenes, com datas de setecentos e oitocentos, e outros já modernos. Mas todos seguem finalmente o risco tradicional: cobertura de duas águas, corpo assente em pilastras sobre o que parecem capitéis, mas têm o nome de mesas, artifício engenhoso e simples para evitar que os ratos vão ao milho. Em alguns, as grelhas de pedra já foram substituídas por tábuas, sinal de estarem altos os preços do canteiro: para pregar meia dúzia de ripas, o menos habilidoso dos homens chega. Do que o viajante tem pena é de não poder andar por aqui em noite de luar. Esta cidade de palafitas sem água, de casas pernaltas, deve cruzar à noite as suas sombras: uma sombra de homem que por cá andasse havia de aprender muita coisa.

Torna o viajante ao caminho, quer ir a Bravães, que fica para lá de Ponte da Barca, já chegará nos últimos instantes do dia, a luz horizontal e fulva, em pouco será o poente e o céu ficará cor-de-rosa. Bravães é um portal românico florido de formas, uma espécie de compêndio sublimado dos temas e motivos abertos na pedra, nesta e noutras terras, desde a Galiza. Nas impostas, cabeças de touros têm visto desfilar gerações, reminiscência talvez doutros cultos, como o Sol e a Lua, tão facilmente encontrados em composição com símbolos cristãos. O viajante entra na igreja, já sombria, distingue mal um S. Sebastião pintado na parede aqui ao lado do arco triunfal, mas o que vê confunde-o, pois este santo tem muito mais cara de donzela do que de oficial do exército romano. Porém, estas coisas passam por muita transformação, o que era deixou de ser ou tornou-se diferente, como é o caso, sem sair da hagiografia, de ter S. Sebastião sido morto no circo à paulada, e por todo o lado o vermos crivado de dardos, com o que aliás não parece dar-se mal.

Caiu o crepúsculo. O Cristo da mandorla olha severamente o viajante, que, disfarçando, toma o caminho de Braga, onde o esperam novas aventuras.

S. JORGE SAIU A CAVALO

O primeiro passo do viajante, em Braga, é para ir ver a Fonte do Ídolo. Está ali, ao pé da Casa do Raio, em sítio não assinalado, com um portão que dá para um empedrado sem luzimento, e depois olha-se para a cova que está adiante, um charco com pedras limosas, onde é a fonte? Desce o viajante os degraus e enfim vê o que procura, as humildes pedras, as inscrições e as figuras mutiladas. Parece que a fonte é pré-histórica, ainda que sejam posteriores as esculturas, e teria sido consagrada a um deus de nome polinésio: Tongoenabiago. Destas erudições não cura muito o viajante. O que o toca é pensar que houve um tempo em que tudo isto era ermo, corria a água entre as pedras, quem vinha por ela agradecia ao deus Tongo as bondades da linfa. Dessas bondades há hoje que desconfiar (será pura a água?), mas as esculturas continuam a oferecer o apagado rosto, enquanto de todo se não somem.

Se o vício do viajante fosse a cronologia, este seria o começo certo: fonte pré-histórica, inscrições latinas, mas Braga põe ao lado destas antiguidades o barroco joanino, precisamente a dita Casa do Raio, e, assim sendo, tome-se o que à mão vem, sem preocupações de método. É a Casa do Raio, em palácio, uma das mais preciosas joias setecentistas que Portugal guarda. Causa algum espanto como um estilo que nas composições interiores dificilmente conseguiu manter o equilíbrio entre a forma e a finalidade, foi capaz, nos exteriores, de comprazer-se em jogos de curva e contracurva, integrando-os nas exigências e possibilidades dos materiais. E o azulejo que, pelo seu geometrismo rígido, não parecia poder ser submetido aos recortes que as pedras lhe impõem, surge aqui como um fator complementar de extrema precisão.

O viajante não pode demorar-se tanto quanto quer. De igrejas tem Braga rosários, e o viajante não vai visitá-las a todas. Haverá portanto de escolher, um pouco por recados que já leva, muito mais por impulsos da ocasião. Visita obrigatória será porém a da Sé. Como o viajante não tem de particularizar primores de erudição, busque-se noutro relato a minúcia e o apuro enciclopédico. Aqui fala-se de impressões, de olhos que passeiam e aceitam o risco de não captar o essencial por se prenderem no acessório. A riqueza decorativa acumulada pelos séculos no interior da Sé de Braga tem só o defeito de ser excessiva para a capacidade de assimilação de quem lá entra.

Nasceu com grandes ambições esta igreja. Se o viajante

não se engana, Braga começou por querer não ficar atrás de Santiago de Compostela. Di-lo o plano inicial de cinco naves, o dilatado espaço que a construção iria portanto ocupar, di-lo a própria situação geográfica da cidade e a sua importância religiosa. O viajante não tem documentos para provar isto, mas, se lhe ocorreu a ideia quando circulava no interior do templo, tem obrigação de dar conta das suas intuições. Nesta confusão de estilos e processos, que vai do românico ao barroco, passando pelo gótico e pelo manuelino, o que mais conta para o viajante é a impressão geral, e essa é a de grande edifício que, por obra da disposição voluntária ou do inacabamento de construções laterais, quebra a rigidez dos muros que o isolariam do contexto urbano e prolonga para esse contexto aberturas, passagens, acessos, se não se lhes quiser chamar pequenas ruas e pequenas praças, assim se definindo um conjunto arquitetónico que, nesse aspeto, não deve ter semelhante em Portugal. O viajante continua a apostar nas suas intuições, mas não faz delas opiniões, muito menos afirmações. Pense cada um o que quiser enquanto não forem dadas provas que levem todos a pensar da mesma maneira. Fala o viajante da Sé de Braga, claro está.

 Diante do frontal do altar-mor, feita antes a reverência estética que exige a estátua trecentista de Santa Maria de Braga, o viajante sente-se invadido por grande e molesta indignação. Este frontal é o que ficou do retábulo mandado fazer por um arcebispo e que outros dois mutilaram. Pasma o viajante, e põe-se a pensar que não faltam aí incréus que não ousariam levantar mão contra a integridade desta obra-prima de escultura, e encontraram-se dois arcebispos levianos, mas de pesado martelo, que melhor fariam cuidando da sua alma. O viajante não é vingativo, porém espera que tais pecados não passem em claro no dia do Juízo Final.

 Quando o viajante passa ao claustro, que é para ele uma das tais praças laterais que prolongam a igreja para o exterior, já sabe que há ali duas capelas que devem ser vistas, a de S. Giraldo e a da Glória. Estão agora fechadas, logo virá quem abra. Aqui deste lado, quase a sair para a cidade, está a estátua monolítica de S. Nicolau, edícula e santo numa só pedra de granito. Tem velinhas acesas, sinal de que ainda lhe pedem intervenções, apesar de apartado do sacro recinto. Do outro lado do claustro há outra capela, construção sem interesse, mas que guarda quatro santos pretos, um deles S. Benedito, de quem o viajante na sua infância ouvia dizer que comia pouco e andava gordito, e particularmente um grande S. Jorge, couraçado de peitoral, elmo e perneiras, com pluma ao alto e grande bigode de guarda-republicano do céu. Este S. Jorge tem história, cuja vem a ser uma página negra nos anais do arcebispado.

Em certa procissão que o viajante não apurou, sem que isso porém prejudique a inteligência do caso, saía sempre S. Jorge montado em seu cavalo, como compete a quem desde imemoriais tempos anda em luta acesa com dragões. A cavalo e empunhando a lança, S. Jorge percorria as ruas da cidade recebendo, certamente, preces e continências militares, enquanto o cavalo, conduzido pela arreata, resfolgava de contentamento.

Assim foi por muitos anos, até que veio um dia, nefasto, em que ao cavalo que havia de transportar o santo foram postas ferraduras novas, por estarem gastas as velhas. Sai o cortejo, toma S. Jorge o seu lugar na procissão, e às tantas tropeça a besta numa calha dos carros elétricos, foge-lhe o chão debaixo de mãos e patas, e aí vai S. Jorge desabar contra a calçada, em terrível estrondo, pânico e consternação. Estrondo foi o que se ouviu, pânico o dos ratos que em chusma fugiam de dentro do santo, e consternação a dos padres, mesários e acompanhantes que viam assim, demonstrada na praça pública, o nenhum cuidado que o interior do santo lhes merecia. Lá tinham feito ninhada os ratos da Sé de Braga, e não o sabiam os clérigos. Foi há trinta anos, e de vergonha nunca mais S. Jorge voltou a sair à rua. Ali está, na capela, triste, longe da cidade amada, por onde nunca mais espaireceu, com a sua pluma ondulando ao vento e a lança pronta. O viajante, que gosta de acrescentar pontos a todos os contos, dá-se à fantasia de imaginar que, altas horas da noite, quando a cidade dorme, vem aqui ter um cavalo de sombra que em segurança leva a passeio o santo. Não está quem no caminho lhe dê palmas, mas S. Jorge não se importa, aprendeu à sua custa de quão pouco depende a conservação das glórias.

Enfim, vai o viajante começar pela Capela de São Giraldo. Estes túmulos aqui são do conde D. Henrique e de D. Teresa sua mulher, e foram mandados fazer pelo arcebispo D. Gonçalo Pereira, avô de D. Nuno Álvares Pereira. São pequenos e estão colocados em arcossólios discretos. Pergunta o viajante: "Mas este tem tampa de madeira. Porquê?". A resposta é um gracioso capítulo da história das vaidades humanas. Dai atenção todos.

Quando o arcebispo mandou construir os túmulos, tinha um pensamento secreto: reservar um deles para os seus próprios restos. Foi por isso que os ossos do conde D. Henrique e de D. Teresa ficaram juntos num túmulo só, ainda mais próximos na morte do que tinham andado em vida. Passou o tempo, o arcebispo não morria, e, não morrendo, começou a pensar que talvez tivesse tempo para mandar lavrar o seu próprio túmulo, sem ocupar a casa a outro destinada. Assim se fez, o túmulo é aquela magnificência ali ao lado, na Capela da Glória, e para o de D. Teresa acabou por se fazer uma tampa de madeira, que lá está. Se na repartição dos ossos condais houve confusão, console-nos a ideia de que, se com a condessa ficou apenas uma costela do conde, ficou o conde inteiro. Quando o viajante sai para o claustro pergunta a si mesmo se os apóstolos e os diáconos que estão de boca aberta nos lados do túmulo do arcebispo, cada um em sua edícula, estarão cantando responsos ou clamando censuras. Está de boca fechada um deles, talvez porque saiba a verdade.

Por esta escadaria vai-se ao Museu de Arte Sacra. O viajante leva consigo guia e guarda, ambos muito necessários, ainda que numa pessoa só. Sem guia não haveria orientação possível entre as maravilhas, sem guarda não se admitiria que alguém circulasse entre elas. O museu não é um museu, no sentido preciso que a palavra tem. É antes uma enorme arrecadação, uma sucessão de pequenas salas, só por si verdadeiros tesouros, onde a esmo, porque nenhum critério classificativo rigoroso é possível nestas condições, o viajante tem, para contemplar, uma riquíssima coleção de esculturas, livros iluminados, marfins, estanhos e ferros forjados, paramentos, um interminável fluxo de obras de arte de todos os géneros. Com o seu guia, o viajante teve o privilégio de ver tudo isto sozinho, e lá tornará um dia, havendo vida. Se quem a Braga vai, ao museu não foi, Braga não conhece. O viajante louva-se de ter encontrado esta fórmula lapidar. Não é todos os dias que se inventam coisas que mereçam a imortalidade da lápide.

Vai agora dar uma volta pela cidade, entrar aqui e ali. Viu já a Senhora do Leite, de Nicolau de Chanterenne, debaixo do seu baldaquino, na cabeceira da Sé, e isso lhe dá para voltar à sua cisma: antes que seja tarde de mais, já o manto da imagem se esboroa e o menino perde feições, ponha-se aqui uma cópia e guarde-se em lugar seguro esta beleza. É um crime de desleixo o que se está cometendo. A Capela dos Coimbras está fechada, não pode portanto o viajante juntar a sua voz ao coro de louvores que rodeia esta construção quinhentista e o que ela contém. Olha de fora e leva com que entreter os pensamentos, pois não é facilmente explicável que entre as esculturas da cimalha estejam, além de S. Pedro e Santo Antão, um centauro e um fauno, malícias mitológicas e outros modos de viver.

O Largo do Paço é amplo, com pavimento de grandes lajes, e tem ao centro um dos mais belos chafarizes que o viajante tem visto. Os edifícios constituem alas de andar térreo e sobrado: não deveria ser preciso mais para habitar. Descendo, subindo, o viajante não se dá ao trabalho de averiguar o que vai vendo. Entra em duas igrejas, mira um arco setecentista, e em bairro que não prometia muito vê outra igreja (é a de S. Vítor, informam-no a seguir), onde tem de ouvir uma demorada conversa entre a mulherzinha das limpezas e um homem pachorrento. A conversa caía, e caía como pedradas, sobre uma outra mulher, ausente, tão ruim peste que nem o filho ou filha, e o resto seguia neste teor de incompatibilidades e malquerenças. O viajante foi ver os azulejos, que são convencionais, mas interessantes, e porque lhes terá dado mais atenção do que o comum achou--se a mulher obrigada a mudar a conversa, pôr o homem lá fora e virar-se para o curioso que estava agora contemplando o retábulo da capela-mor. E tão empenhada está a mulher em agrados, quem sabe se para disfarçar o ter estado a dizer mal da vida alheia na casa do Senhor, que se propõe mostrar as grandes obras da sacristia. Ainda bem que o viajante acedeu. Num corredor de acesso, metida em vitrina, estava uma figura feminina toda de rendas vestida, com um galante chapéu de aba larga, igualmente toucado de rendas, todo um ar de *maja goyesca*, castiça no porte da cabeça e nos cabelos soltos. Ao colo tinha um menino que mal se distinguia entre o fofo de folhos e bordados. "Quem é?", perguntou o viajante. "É Nossa Senhora do Enjeito, na sua cadeirinha, é assim que vai na procissão." O viajante julga ter ouvido mal e insiste. "Sim senhor, do Enjeito", tornou a mulher. Claro que o viajante não pretende passar por entendido em hagiologias, mas, enfim, tem visto alguma coisa do mundo e muito em Portugal, e bem se sabe como de santos está a nossa terra cheia, porém de Senhora do Enjeito nunca ouvira falar. Já na rua, ainda se interrogava: "Cuidará ela das criancinhas enjeitadas, dos abandonadinhos?".

 A resposta só o viajante a teve quando já adormecera e acordara, e no silêncio do quarto bracarense, entre damascos e credências de um hotel antigo, desceu sobre ele a iluminação: "É Egito, não é Enjeito. A mulherzinha é que sabe tão pouco de geografias como de português que não for o de maldizer". Mas o viajante, antes de tornar a adormecer, sentiu pena, e ainda hoje a sente, de que não seja do Enjeito aquela Nossa Senhora. Sempre era um nome mais bonito e de maior caridade.

O ALIMENTO DO CORPO

Madrugou o viajante, que hoje é dia de muito andar. Vai primeiro à serra da Falperra, que nos passados tempos foi rival do pinhal da Azambuja em salteamentos e ladroeiras e hoje é bucólico sítio, adequado à frequentação das famílias. Aqui se mostra em sua infinita graça a Igreja de Santa Maria Madalena, obra setecentista do arquiteto André Soares, que também é autor da estátua da santa, colocada no nicho por cima da grande janela. Estas arquiteturas, talhadas no duríssimo granito, lembram irresistivelmente ao viajante os modelados do barro em que o mesmo século XVIII foi exímio. Entre a plasticidade do barro e a rijeza da pedra não se verá ponte de ligação, e decerto a não há, falando materialmente, mas essa ponte talvez estivesse no espírito dos autores dos riscos quando esboçavam roupagens e atitudes ou quando lançavam os envolvimentos decorativos de que esta fachada é acabado exemplo. Não pode o viajante entrar, mas não se queixa: este é um dos casos em que a beleza maior está posta à vista de quem passa. Aqui não se cometeu o pecado de avareza.

Quem mandou construir este sumptuoso edifício foi o arcebispo D. Rodrigo de Moura Teles, que por aqui pontificou, tanto em religião como em artes, no trânsito do século XVII para o século XVIII, por muitos anos e quase sempre bons. Era o arcebispo um homenzinho de um metro e trinta que não chegava ao altar da Sé. Por isso é que mandou fazer os altíssimos coturnos que no museu se mostram, assim como os paramentos que parecem talhados para uma criança que quisesse brincar às igrejas. Com os seus sapatos de vinte centímetros, não ficava o arcebispo transformado em gigante, mas com a ajuda da mitra, mais a dignidade da função,

111

havia de sentir-se acima da gente comum. Mas D. Rodrigo ousou melhor. De todos os arcebispos construtores de Braga, este foi o que viu mais longe e mais alto. Além das obras que fez na Sé, e da Igreja de Nossa Senhora da Madalena, foi ele quem empreendeu a construção do Santuário do Bom Jesus do Monte, ali em Tenões, embora não tivesse o gosto de lançar a primeira pedra, pois a seu tempo morreu. Este D. Rodrigo de Moura Teles daria matéria para um estudo psicológico: nunca os mecanismos de compensação terão funcionado tão às claras como neste arcebispo pequenino que só sabia talhar pela bitola grande.

Ao Bom Jesus e ao Sameiro vai-se por devoção e gosto. O viajante foi lá por gosto. É larga a paisagem, fresco o ar neste Novembro de muito sol, e se artisticamente as maravilhas não são pródigas, há em tudo isto um sabor popular, um colorido de romaria que se pegou às estátuas, ao escadório, às capelas, e que justifica abundantemente a visita. O Bom Jesus ganha em beleza plástica à Senhora do Sameiro, nem há sequer comparação. Quanto a pontos de maior ou menor devoção, não são contas do rosário do viajante. Siga a viagem.

Quando em Portugal se proclamavam reis, o grito de estilo era, segundo as crónicas: "Real, real, por D. Fulano, rei de Portugal!". Deixemos nós cair, porque estamos em república, e mal não estamos, as duas, partes últimas, da frase real, e exclamemos: "Real! Real!". É quanto nos basta. Real é uma pequena povoação a dois quilómetros de Braga. Tem o que todas têm, pessoas, casas, e mais o que a todas as outras falta, aldeias sejam ou cidades de estadão: a Igreja de São Frutuoso de Montélios.

O viajante está consciente do que diz. Igrejas tem visto muitas, de artes arquitetónicas anda com os olhos cheios, e por isso sabe quanto vale a afirmação de que em Portugal nada há que possa comparar-se com este tesouro. É um pequeno edifício, despido de enfeites por fora, singelo por dentro, em dois minutos dá-se-lhe a volta, e contudo talvez nunca em Portugal tão exatamente se tenham combinado volumes, tão eloquentemente se tenham feito falar superfícies quase lisas. São Frutuoso de Montélios é anterior a quantas artes o viajante por aqui tem visto, com exceção da romana. Estará entre o romano e o românico, será talvez visigótico, mas este é um daqueles casos em que as classificações importam pouco. A São Frutuoso deve ir quem julgue saber muito de arte, ou quem de arte confesse saber pouco: ambos se encontrarão no mesmo reconhecimento, na mesma gratidão pela distante gente que inventou e construiu esta igreja, lugar sobre todos precioso da arquitetura em Portugal.

Ao lado dela, pouca figura faz a igreja do Convento de São Francisco, apesar do rigor do seu estilo renascença: é que há vozes vindas de longe que nos falam tão perto do ouvido e do coração que cobrem todas as fanfarras. S. Francisco, aqui, não passa de um acólito menor de S. Frutuoso. Quanto ao viajante, retira-se sem saber muito bem quem é.

Felizmente ainda sabe para onde vai. Fica-lhe adiante Mire de Tibães (no Minho é assim, seria preciso parar em cada volta da estrada), antigo mosteiro beneditino, imponente máquina que esmaga a paisagem em redor e se alcança de longe, só frades seriam capazes destes excessos. O convento é uma ruína tristíssima. Quando o viajante entrou no primeiro claustro, ainda pensou que se estariam fazendo obras de restauro: havia ali materiais vários de construção, tijolos, areia, sinais de atividade. Depressa se desenganou: obras havia, mas das famílias que vivem nas dependências do mosteiro, e do mal o menos, sempre evitam que lhes chova nas improvisadas casas. Percorre até onde pode os frios e carunchosos corredores, há retratos enegrecidos pendurados nas paredes, forros de madeira apodrecidos, e tudo desprende um cheiro de mofo, de irremediável morte. Com diminuído ânimo, o viajante foi à igreja: é uma nave imensa, com um teto em abóbada de pedra esquartelada, e a talha é farta e rica, como de costume. Depois do manjar de Real, não é isto sobremesa que possa ter em gosto.

É já perto de Padim da Graça que o viajante dá a clássica

palmada na testa: esquecera-se, estando ali tão perto, no Sameiro, de ir visitar a citânia de Briteiros. Lá irá na volta de amanhã, mesmo tendo de repetir itinerários. E está neste pensar quando subitamente uma casa à beira da estrada lhe entra pelos olhos dentro e o obriga a parar adiante. Não é solar nem palácio, nem castelo nem igreja, nem torre nem alpendrada. É uma casa comum, de porta e janela, parede da frente baixa, alta a de trás, telhado tosco de duas águas. Grandes placas de reboco desapareceram, a pedra está à vista. À janela há um homem de barba crescida, chapéu velho e sujo na cabeça, e os olhos mais tristes que pode haver no mundo. Foram estes olhos que fizeram parar o viajante. É caso decerto raro naquele lugar porque logo se juntaram três ou quatro garotos, curiosos sem nenhum disfarce. O viajante aproxima-se da casa e vê que o homem já saíra para a estrada. Veio sentar-se na berma do caminho como se estivesse à espera. Puro engano: este homem não espera ninguém. Quando o viajante lhe falou, quando fez as tolas perguntas que nestes casos se fazem, mora aqui há muito tempo, tem filhos, o homem tira o chapéu, não responde, porque não podem ser resposta, ou são-no de mais, aqueles suspiros e trejeitos da boca. Aflige-se o viajante, sente que está a penetrar num mundo de pavores, e quer retirar-se, mas são as crianças que o empurram para dentro de casa onde nada mais há que negrume, mesmo estando aberta a janela onde o homem espairecia. São negras as paredes descascadas de argamassa, negro o chão, e negra naquelas sombras parece a mulher que está sentada a uma máquina de costura. O homem não fala, a mulher pouco é capaz de dizer, ele tolinho, com um ar de Cristo que morreu e voltou, e tendo ido e vindo nem gostou antes nem depois, e a mulher é irmã, trabalha naquela máquina quase às escuras, cosendo trapos; esta é a vida de ambos, não outra. O viajante mastigou três palavras e fugiu. Diante destas aventuras, padece de cobardia.

    Não há mais fáceis filosofias que estas, e de nenhum risco: comparar os esplendores da natureza, mormente passeando o viajante no Minho, e a miséria a que podem chegar homens, ficando nela a vida inteira e nela morrendo. Ainda bem que não é Primavera. Assim o viajante achará maneira de entreter-se encontrando analogias entre a melancolia em que vai e o cair das folhas que se acumulam na beira da estrada. Estradas para fugir não faltam: Padim da Graça ficou lá atrás, o homem do chapéu sujo voltou à sua janela, e outra vez se ouve o barulho surdo da máquina de costura. O motor do automóvel vai aos poucos cobrindo o rumor incómodo, os quilómetros passam, e Barcelos está à vista. O viajante tem obrigações a cumprir, cada uma de sua vez.

Esta é a terra do galo milagroso que depois de assado cantou e veio a ter descendência, tanta que, se ainda não chegou ao milhão, pouco lhe há de faltar. A história conta-se em palavras breves e não é mais maravilhosa que falar Santo António aos peixes e eles ouvirem-no. Foi o caso que em Barcelos houve, em imemoriais tempos, um crime, e não se apurava quem fosse o criminoso. Deu em caírem as suspeitas num galego, e já se estará vendo aqui quanto os barcelenses eram sensíveis xenófobos, que tendo posto os olhos num galego logo disseram: "É ele". Foi o homem preso e condenado à forca, e antes de ao patíbulo o levarem pediu para ir à presença do juiz que dera a sentença. O tal juiz, se calhar por se sentir muito contente consigo próprio e com a justiça feita, estava comendo do seu bom e do seu melhor, enquanto numa travessa um galo assado espetava o trinchante. Tornou o galego a afirmar-se inocente, com risco de estragar a digestão do juiz e seus amigos, e, em desespero de causa, desafiou todas as leis do mundo e do céu, e garantiu: "Tão certo é estar eu inocente, como esse galo cantar quando me enforcarem". O juiz, que julgava saber muito bem o que é um galo morto e assado, e não adivinhava de que primores é capaz um galo honrado, largou a rir. Foi uma surriada. Levaram o condenado, continuou o almoço, e, às tantas, quando enfim avançava o trinchante para o assado, levanta-se o galo da travessa, pingando molho e desarrumando as batatas, e lança pela janela fora o mais vivo e repenicado canto de galo que na história de Barcelos se ouvira. Para o juiz foi como se tivessem soado as trombetas do Juízo Final. Levanta-se da mesa, corre ao lugar da forca ainda de guardanapo atado ao pescoço, e vê que também ali haviam funcionado os poderes do milagre, pois o nó se deslaçava, facto que muito espantava os assistentes, vista e provada a competência do carrasco. O resto já se sabe. Foi solto o galego, mandado em paz, e o juiz voltou ao almoço que arrefecia. Não conta a história qual teria sido o destino do milagroso galo, se foi comido em ação de graças, ou venerado em capela enquanto o tempo lhe não desmanchou a armação dos ossos. O que se sabe, por evidentes provas materiais, é que a sua imagem está esculpida aos pés de Cristo no cruzeiro do Senhor do Galo, e que, na figura dos seus descendentes de barro, voltou ao forno para ser mostrado vivo em todas as feiras do Minho, com todas as cores que um galo tem ou podia ter.

O viajante não duvida: aí está a lenda que o afirma, o cruzeiro que o sagra, a legião de barro que o prova. Barcelos é tão airosa cidade que merece perdão por querer condenar o galego, mais ainda tendo criado o galo que a salvou de remorsos. Mas o viajante, que anda a visitar o Museu Arqueológico (é seu conhecido gosto este de pedras velhas), vai protestar contra outras sentenças igualmente injustas, como esta de identificar as peças aqui mostradas com azulejos incrustados nas próprias peças, no pior estilo de pinturice folclórica. Põe-se o viajante a imaginar o que seria o *Desterrado* do Soares dos Reis com o azulejo na barriga, ou a *Vénus* de Milo marcada assim na coxa roliça, ou um desses brutos guerreiros galaicos, como o de Viana, vidrado no grande peitoral com letrinhas de azul-ultramarino. O viajante está indignado. Para desafogar, vai à ponte a ver o rio, a que dera pouca atenção à chegada. É o Cávado aqui uma beleza, entre as margens altas, que as necessidades urbanas ainda assim respeitaram. Lá está a azenha que vista da outra margem humaniza a aridez da grande muralha superior, as ruínas do

Paço dos Condes, a massa pesada mas harmoniosa da igreja matriz. O pulso do viajante, aos poucos, vai serenando. Esta entrada de Barcelos emenda o mau juiz do museu, por força descendente de quem condenou o galego.

Vendo a água correr, o viajante sentiu sede, lembrando-se do galo, sentiu fome. Eram horas de almoçar. Meteu-se à descoberta, ia andando, espreitando e fungando, não faltavam os bons cheiros, mas ali havia com certeza predestinação, empurrão pelas costas, até ao lugar fadado: Restaurante Arantes. O viajante entrou, sentou-se, pediu a lista, encomendou: papas de sarrabulho, bacalhau assado com batatas, vinho verde. O vinho era dotado da maior virtude dos vinhos: nem resistia ao viajante, nem o viajante resistia a ele. Do honesto bacalhau, que veio na travessa com o seu exato molho e as suas batatas exatas, diga-se que era excelente. Mas as papas de sarrabulho, oh senhores, as papas de sarrabulho, que há de o viajante dizer das papas de sarrabulho senão que nunca outro melhor manjar comeu nem espera vir a comer, porque não é possível repetir a inventiva humana esta maravilhosa e rústica comida, esta macieza, esta substância, estes numerosos sabores combinados, todos vindos do porco e sublimados nesta malga quente que alimenta o corpo e consola a alma. Por todo o mais mundo que o viajante andar, cantará louvores das papas de sarrabulho que comeu no Arantes.

Quem assim almoçou, deveria ficar para jantar. Mas o viajante, depois de outra volta por Barcelos, tem de continuar o seu caminho. Agora vai à igreja matriz, gótica, restaurada com bom critério, e, se no conjunto apreciou, ficaram-lhe os olhos naquela adorável Santa Rosália, reclinada no seu nicho, fresco como o nome que tem, e tão feminina que não lhe assenta bem a santidade. Da Igreja do Terço, que foi do antigo Convento das Beneditinas, aplaudiu o viajante os azulejos setecentistas, atribuídos a António de Oliveira Bernardes, que contam a vida de S. Bento, cuja se relata outra vez nos quarenta painéis do teto, de rica molduração.

E de requinte é o púlpito, lavrado como obra de prataria. Dourado, policromado, está aqui um dos não muitos casos em que o barroco argumenta e ganha. E esta igreja, veio a talhe dizê-lo, é também obra do infatigável arcebispo de Braga, D. Rodrigo de Moura Teles, aquele que se deixava medir aos palmos. O viajante meteu o nariz numa capela modesta e assombrou-se diante de um S. Cristóvão que podia transportar ao ombro D. Rodrigo sem se fatigar. Olhou e apreciou as casas nobres, a Casa do Condestável, o Solar do Apoio, viu na alta cornija do Solar dos Pinheiros o Barbadão a arrancar as barbas, e nesse momento, avaliando a altura do Sol, mais o caminho que ainda tinha de andar, decidiu que era tempo de continuar viagem.

Manhente lembra Abade de Neiva pela disposição relativa da igreja e da torre de defesa, mas o portal, do século XII, tem mais rica escultura, é mais abundante de motivos e de ciência no tratamento. Em Lama está a Torre dos Azevedos, onde o viajante não entrou: nem sempre os portões têm cara de boas-vindas. Contentou-se com o exame por fora, os merlões chanfrados, a janela renascentista, o ar de fortaleza que, pelo menos desta vez, não se deixou expugnar.

A estrada segue ao longo do Cávado, pela margem norte, e atravessa o que à vista só poderiam ser hortas, pomares, vergéis, e talvez o não sejam, mas este Minho é de um tal viço, agora em Novembro como o será em Maio, que o viajante se aturde e perde em meio de verdes que resistem às outoniças cores e acabam por vencer. Braga já está bastante ao sul, e é quase a chegar a Rendufe que o viajante, numa das suas fulgurantes intuições, revoluciona o estudo dos hábitos e costumes dessa ave a que chamamos pega. A pega, como se sabe, tem fama de ladra. Devassar-lhe o ninho é encontrar uma coleção de coisas brilhantes, vidros, cacos de louça, tudo quanto possa refletir a luz do Sol. Até aqui, nenhuma novidade. Ora, o viajante teve ocasião de observar, ao longo da viagem, que muitas vezes se lhe atravessaram aves destas no caminho, espanejando o seu trajo de viúva alegre, como quem de propósito o faz. É na estrada de Rendufe que o caso se explica. Ao ver aproximar-se o automóvel, a pega fica alvoroçada perante a perspetiva de levar para o ninho aquele resplandecente caco que se lhe oferece na estrada livre. Arma voo, empurra-a a cobiça, mas quando chega perto dá pela desproporção entre as suas pequenas unhas e o besoiro gigantesco e rosnador. Ofendida, lacrimosa, deixa-se ir no balanço das asas e vai esconder a deceção na ramaria próxima. O viajante tem como certíssima esta sua intuição e não desespera de que venha um dia a achar-se pássaro suficientemente grande para agarrar e levar pelos ares, a fazer companhia aos vidrinhos de cores, um automóvel com os seus ocupantes. Tanto mais que em ninhos de pegas do tamanho vulgar já foram encontrados automóveis de brinquedo.

Não durou muito a satisfação do viajante pela descoberta. Chegando a Rendufe, foi encontrar um mosteiro arruinado, com um claustro de arcos toscanos que ainda é agradável de ver, apesar das ervas bravas que por todas as partes crescem, e os painéis de azulejos vão caindo, ou são arrancados por gatunos de ofício ou visitantes avaros, a quem não bastam as lembranças que levam na memória. Vindas da igreja, saem grupos de crianças, julga o visitante que foi preleção ou catequese, e há um senhor padre que conversa com um senhor que não é padre, e o viajante fica melindrado porque ninguém lhe liga importância, nem as crianças nem os senhores, apesar das sonoras boas-tardes que deu, com a ajuda excelente da acústica do claustro. Foi à igreja e, em legítima desforra, não lhe achou graça nenhuma. A ruína também lá chegou dentro, no cadeiral desmantelado, nos órgãos só vestígios. É certo que a talha é de boa nota, mas o viajante está cansado de talha barroca, é o seu direito, aqui vingativamente exercido.

A viagem deste dia vai no fim. O viajante não quer mais arte. Seguirá a estrada que corre ao lado do rio Homem, apenas terá olhos para a paisagem. Passa em Terras de Bouro, e tudo aqui são vales de grande cultivo, com os montes do outro lado longe, é uma paisagem larga, dilatada, em que os socalcos, quando os há, são profundos, às vezes de rápido declive. Mas a partir de Chamoim a orografia altera-se, surgem as fragas agudas, as encostas onde a água não encontra húmus para fertilizar. Depois de Covide e até São Bento de Porta Aberta, a grande montanha à esquerda é uma espécie de paisagem lunar. E de repente, em transição tão brusca que o espírito se desorienta, surge a opulência da floresta, a mata do Gerês, as altas árvores que o viajante vai olhando enquanto desce para a barragem da Caniçada. A tarde recolhe-se, o anoitecer não tarda, as sombras são já estendidos rastos. Este canto da terra, o grande lago sereno, liso como um espelho polido, os montes altos que contêm a enorme massa de água dão ao viajante uma impressão de paz como até agora ainda não experimentara. E quando, depois de subir a estrada do outro lado e terminar a jornada, torna a olhar o mundo, acha que tem direito a isto, apenas porque é um ser humano, nada mais.

O MONTE EVERESTE DE LANHOSO

  Quando o viajante estiver longe daqui, lá na grande cidade onde vive, e for amargo o seu dia, lembrar-se-á deste lago, destes braços de água que invadiram os vales pedregosos e às vezes as terras férteis e as casas de homens, verá com os olhos da lembrança as encostas íngremes, o reflexo de tudo isto na superfície incomparável, e então dentro de si se fará o grande silêncio dos ares, das nuvens altas, o necessário silêncio para poder murmurar, como se fosse essa a sua única resposta: "Eu sou". Que a natureza seja capaz de tanto permitir a um simples viajante, só estranhará quem a esta albufeira da Caniçada nunca veio. O viajante tem de explicar como as coisas são: mal empregadamente lá esteve quem depois vai gabar-se e dizer só: "Já lá fui", ou: "Passei por lá". Ai de quem não puder declarar, com verdade: "Não fui lá vê-la, fui lá mostrar-me". Pelo profundo vale que rasga até à Portela do Homem, o viajante chega ao Gerês. Há por aqui uns hotéis antigos que o viajante visita para saber como era o gosto dessas épocas, e, mesmo não sendo o gosto impecável, outra vez se averigua que, quem concebeu, desenhou e construiu, fez obra acima de quem depois nas cadeiras se sentou, nos pratos comeu e nos quartos dormiu. Há de ter havido exceções, mas certamente o não eram aqueles prósperos e corpulentos comerciantes ou industriais das praças do Norte que vinham aqui instalar-se termalmente com as suas amantíssimas esposas, mais, um dia antes ou um dia depois, as legítimas amantes que aí por vivendas ocultas se recatavam. Estão hoje mudados os costumes, já não se resignam as amantes a acompanhar os protetores ao tratamento dos males hepáticos, mas o que o viajante lamenta é não terem sido estudados esses tempos e hábitos, para a história sentimental das classes de dinheiro alto. Repreende-se por se estar demorando nestes jogos de alcova e cheque, quando vai passeando sob as altas árvores, pisando os musgos verdes e húmidos, ouvindo e vendo correr as águas entre as pedras. Não se vê ninguém no parque, apenas ao longe, ao fundo, um jardineiro que varre as folhas mortas, e o viajante pensa que ainda bem que a natureza pode libertar-se alguns dias da presença dos homens, entregar-se ao seu natural, sem que apareçam entalhadores de corações nas árvores, desfolhadores de malmequeres ou colecionadores de folhas de hera. O viajante deixa todas as coisas nos seus lugares naturais e vai à sua vida, que já lhe dá bastante que fazer.

    Torna a subir os montes, do alto vê e despede-se da albufeira, como é possível que tão grandes águas caibam em humanos olhos, e na sua volta passará por Vieira do Minho, que bem mais formoso nome tinha quando se chamava Vernaria, palavra primaveril, de folhas e flores que se abrem, há pessoas que não merecem a sorte que têm. Para a esquerda fica a barragem de Guilhofre, que não visitará. O seu próximo destino é Fonte Arcada, onde há uma igreja românica das mais antigas que em Portugal se construíram, dizem os registos que em 1067. Contra o costume, o cordeiro representado no tímpano é um animal adulto, de sólida armação córnea. O viajante julga compreender: a pureza é compatível com a força, e este carneiro obviamente se vê que não irá ao sacrifício sem resistir. Estes tempos românicos eram ásperos, agarrados ao instinto, sábios de Sol e Lua, como se vê na porta lateral, e muito capazes de infringir as convenções da sacristia: o cordeiro de Deus é um carneiro, e, se Cristo expulsou do templo os agiotas, marre o carneiro enquanto Cristo brande a chibata.

Não vai o viajante muito seguro da ortodoxia das suas reflexões, mas, à saída de Póvoa de Lanhoso, sossega-o a também nada ortodoxa construção daquela casa que nasceu encostada e abraçando o enorme pedregulho que obrigou a estrada a chegar-se para lá. Para quem aqui vive, a pedra é uma companhia. Deve ser uma boa sensação acordar de noite, pensar na pedra, saber que ela está ali, a olhar pela casa e pelo alpendre, como um guarda que se cobriu de musgo e líquenes como outros se cobrem de rugas e cabelos brancos.

Lá em cima é o Castelo de Póvoa de Lanhoso. Como tantos outros seus manos, está num alto. O viajante vai subindo, dando voltas, mas às tantas repara que, embora não falte vegetação e árvores de porte, a encosta é toda de pedra bruta, e a estranheza faz-se pasmo quando, chegando ao alto, vê que a pedra se apresenta como uma enorme laje inclinada, lisa, com rasgos e desníveis aqui e além, e então compreende que esta pedra vem das profundas da terra, rompe o húmus fértil do vale e cresce direito ao céu, até onde lhe chega o impulso. Pensa o viajante que o nosso grande monte Evereste é aqui: pudéssemos nós cavar até encontrar a raiz da pedra que sustenta lá em cima o Castelo de Póvoa de Lanhoso, e aqui viriam os alpinistas e outros montanheiros conquistar as glórias reservadas ao Himalaia. Somos um país pobre e modesto, é o que é.

Somos isto e aquilo, e excelentes destruidores dos bens que temos. Aqui está, por exemplo, esta capela aberta, sem portas nem janelas, e que ilustra o passo evangélico do Poço de Jacob, onde a Samaritana deu de beber às sedes de Jesus Cristo. O poço é mesmo um poço, tem no fundo uma água esverdeada e suja, e as imagens, coitadas delas, estão numa mísera ruína, partido e ausente o braço direito da mulherzinha, desaparecida meia bilha, e nas roupagens que veste, e também na túnica de Cristo, vieram escrever os seus nomes não poucos patetas receosos de que a humanidade se esquecesse de que por cá andaram. Não sabe o viajante que existia em Portugal outra capela assim, e esta veio encontrá-la meio destruída. Os azulejos do fundo são convencionais, com a eterna Jerusalém inventada ao fundo, mas nada aqui estaria melhor. Quanto tempo ainda Cristo e a Samaritana se olharão assim por cima do brocal do poço?

O viajante não vai de bom humor. Sabe porém o bastante de si próprio para suspeitar que o seu mal nasce de não poder conciliar duas opostas vontades: a de ficar em todos os lugares, a de chegar a todos os lugares. Segue na direção da citânia de Briteiros, que naquela outra volta lhe tinha escapado, e quer tanto lá chegar como quereria estar ainda na Caniçada a ver o reflexo dos montes, ou no Gerês roçando as botas nos fetos molhados, ou em Fonte Arcada pesando o Sol e a Lua, ou na capela do Poço de Jacob à espera de que alguém lhe matasse a sede, ou simplesmente naquela casa encostada à pedra, a sentir passar o tempo: quem desta conformidade for, é bom candidato a melancolias.

Aí está a citânia. Isto é uma cidade. Casas, não as há, salvo as que lá em cima foram reconstituídas, e parece que com pouco rigor, mas as ruas estão aqui todas, ou é fácil julgar que sim. Se o visitante tem imaginação suficiente, cuidará menos de ver onde põe os pés do que de transportar-se para os tempos em que por estas ruazinhas passavam outras gentes que deviam, certamente, dar os bons-dias umas às outras (em que língua?) e ir ao trabalho dos campos ou das toscas oficinas a pensar na vida. Esta rua é estreita, não cabem duas pessoas, deve portanto o viajante desviar-se para que passe aquele velho que tropeça nas lajes, aquela mulher que traz uma infusa cheia de água e diz: "Tem sede, senhor viajante?".

Acorda este viajante do devaneio, vê que está num campo de ruínas, vai pedir água ao guarda, que a tem escassa e vinda de longe, e, olhando em redor, acompanha o ondular dos montes, como terão feito deste mesmo lugar os habitantes da velha Briteiros, se esse era o nome que tinha, a quem causaríamos grande surpresa se lhes disséssemos que viviam na Idade do Ferro.

Hoje, o viajante chegará ao Porto. Almoçará por aqui, numa destas pequenas aldeias, longe das aglomerações ruidosas. Evitará as estradas principais, quer distrair-se por estes estreitos caminhos que ligam os homens e os seus vizinhos, colecionando nomes singulares, de norte para sul, e, sempre que um lhe aparece na beira da estrada, repete-o em voz baixa, saboreia-lhe o gosto, procura adivinhar-lhe o sentido, e quase sempre desiste ou outro lhe aparece quando ainda não decifrou o primeiro. Vai por Sande, Brito, Renfe, Pedome, Delães, Rebordões, e quando chega a Roriz considera que é tempo de parar, vai beber água daquela fonte, pedir que lhe abram a porta da igreja do antigo mosteiro, e enquanto espera espreita através das grades que dão para as ruínas do claustro. Lá em baixo, invisível deste lugar, passa o rio Vizela. Aqui há sinais insculpidos nas pedras antigas. Alguma coisa hão de querer dizer, mas o viajante não sabe. Tanta coisa que ao viajante falta aprender, e já não tem tempo.

Por exemplo, que estão aqui fazendo estes bois na porta da igreja, com a sua macia barbela, olhando com fixa atenção quem passa, este viajante, ou os fiéis, quando aqui vêm? Que culto esperam? Estarão lembrando aos homens o que estes lhes devem em esforço e trabalho, em carne e couro, em paciência? S. Boi foi ali posto para cobrar a primeira dívida.

O viajante, hoje, andou devagar. As estradas estão desertas e vão-se cobrindo de sombras. O Sol tanto aparece como desaparece, ora o escondem os montes, ora se esconde nas nuvens. Depois a paisagem vai descaindo, é de vaga larga, há espaço para abrir grandes áreas de cultivo, fundos e planos vales. Em Paços de Ferreira o viajante desatinou o caminho. Não lhe faltaram explicações, vire além, primeira à direita, terceira à esquerda, apanha a estrada alcatroada, e depois segue em frente até à escola. Eram matemáticas demasiadas. O viajante ia, voltava para trás, repetia a pergunta a quem já tinha perguntado, sorria amarelo quando lhe perguntavam: "Então não deu com o caminho? Olhe que é fácil, vire além, primeira à direita, etc.", Lá pelas tantas, em desânimo, o viajante encontrou a sua fada benfazeja: uma alta mulher, morena, de olhos azuis, fundos, figura de cariátide, enfim, uma espécie de deusa rústica das estradas. E como as deusas não podem enganar-se, encontrou o viajante a igreja do Mosteiro de São Pedro de Ferreira, onde afinal não pôde entrar. Perdera muito tempo a desenredar a confusão entre Ferreira e Paços de Ferreira, e agora tinha de contentar-se com as belezas exteriores: o nártex românico, com o campanário ao lado, o aspeto geral de fortificação que a igreja mostra, e, sobretudo, o belo portal, os motivos estilizados dos capitéis, que no entanto se apagam sob a simplicidade geometrizante das arquivoltas, todas em lóbulos perfurados, como um enorme bordado. O viajante ainda foi bater a um portão. Havia luz em duas janelas, mas ninguém quis aparecer. Veio ladrar um cão às grades, duma maneira que o viajante achou ofensiva, e, por isso, afastou-se, melindrado.

Tinham-se acabado as estradas tranquilas. Depois de Paredes, ainda houve uma ressurgência de paz quando o viajante andou por Cete e Paço de Sousa. Para chegar ao Mosteiro de Cete teve de seguir por um caminho de cova e lomba, e tendo chegado vieram três mulheres ao terreiro, cada qual com a sua ideia sobre o lugar onde estaria a chave, e enquanto clamavam para vizinhas mais distantes, que cuidavam ouvir trave em vez de chave, o viajante resignou-se. O dia tinha dado muito e recusado muito. É assim a vida.

Agradeceu às mulheres a boa vontade e os clamores e foi ele à vida, levando apenas na lembrança o insólito gigante que ampara na fachada o que lá dentro esteja, e que não pôde ver. Teve a humildade o seu prémio. Em Paço de Sousa foi compensado com grandes abundâncias. A igreja do Mosteiro de São Salvador está num rebaixo plano e arborizado, passa mesmo ali ao lado um ribeiro que irá desaguar no rio Sousa. A tarde está no fim, e ainda bem. Esta é a atmosfera que convém, cinza sobre verde, rumor de águas rápidas. A chave vem dá-la o próprio padre. O viajante, se tivesse de confessar-se, acusar-se-ia de negra e vesga inveja. É que todo este sítio, sem particulares grandezas, é dos mais belos lugares que o viajante tem visto. Aqui gostaria ele de viver, nesta mesma casa onde lhe deram a chave com muito bons modos, sem desconfiarem das más intenções que na alma lhe fervem. Paciência. Abre o viajante por sua mão a igreja, mas antes reencontrou o Sol e Lua românicos, e o boi interrogativo em grande conversa com uma figura humana que, com a mão no queixo, se vê mesmo que não sabe responder. Por cima e aos lados, arquivoltas e colunelos são góticos, e a grande rosácea, bela e atrevida no seu lançamento.

Dentro está-se muito bem. Há a nudez que o viajante estima, se se fecharem os olhos a modificações feitas em séculos posteriores. É aqui que está o túmulo de Egas Moniz, obra é certo que rústica, mas de um vigor, de uma força muscular, assim apetece ao viajante exprimir-se, que vencem as requintadas e minuciosas esculturas do gótico avançado e do manuelino. Outro viajante terá outra opinião. A este toca-o muito mais a rudeza de um cinzel que tem de começar por lutar consigo próprio antes de conseguir vencer a resistência da pedra. E é bom que nesta luta se veja que a pedra não foi inteiramente dominada. Muito mais tosco é o S. Pedro, embora de três séculos mais tarde: obra de canteiro inspirado que quis fazer um santo e acabou por fazer um calhau magnífico.

O viajante foi entregar a chave e agradecer. Deu uma

última vista de olhos, com muita pena de partir, mas achando que, ao menos neste lugar, estão certas coisas com a sua primeira tradição: para fundador do mosteiro não poderia encontrar-se ninguém com melhor nome que aquele abade D. Troicosendo Galendiz, aqui vindo num ano do século X a escolher o sítio onde se abririam os cabouços. O viajante já vai na estrada e ainda diz, como quem trinca um miolo de noz: "D. Troicosendo Galendiz. D. Troicosendo Galendiz".

O Porto é já perto. Passa um pouco das seis quando o viajante entra na cidade. Nas paragens dos autocarros, esperam grandes filas de mulheres. São operárias das fábricas deste lado suburbano. E, quando o viajante quer repetir outra vez o nome do abade que fundou Paço de Sousa, já não consegue lembrar-se.

"JUNTA COM O RIO QUE CHAMAM DOIRO..."

O viajante está no largo da Sé, olhando a cidade. É manhã cedo. Veio aqui para escolher caminho, decidir um itinerário. A Sé ainda está fechada, o paço episcopal parece ausente. Do rio vem uma aragem fria. O viajante deitou contas ao tempo e aos passos, traçou mentalmente um arco de círculo, cujo centro é este terreiro, e achou que quanto queria ver do Porto estava delimitado por ele. Não tem, em geral, assim tantas preocupações de rigor, e provavelmente virá a infringir esta primeira regra. No fundo, aceita os princípios básicos que mandam dar atenção ao antigo e pitoresco e desprezar o moderno e banal. Viajar desta maneira por cidades e outros lugares acaba por ser uma disciplina tão conservadora como visitar museus: segue-se por este corredor, dá-se a volta a esta sala, para-se diante desta vitrina ou deste quadro durante um tempo que a observadores pareça suficiente e comprovativo das bases culturais do visitante, e continua-se, corredor, sala, vitrina, vitrina, sala, corredor. Aos bairros de construção recente não vale a pena ir fazer perguntas, aos subúrbios de mal-viver não é agradável nem cómodo ir procurar respostas. Tem o viajante, quem diz este, diz outro, a boa justificação de ser de belezas e grandezas a sua busca. Busque então, com a ressalva de não esquecer que no mundo não faltam fealdades nem míseras coisas.

Por estar fiando estes pensares é que decidiu começar a sua volta descendo as Escadas das Verdades, aquelas que por trás do paço episcopal vão descendo, em quebra-costas, para o rio. São altos os degraus, maus de descer, piores ainda de subir. Que razões terão sido as deste batismo, não sabe o viajante, tão curioso de nomes e das origens deles que ainda ontem, na estrada de Paço de Sousa, se regalava com as sílabas de D. Troicosendo Galendiz. Por estas encostas andam subindo e descendo gentes desde os tempos do conde Vímara Peres. O rio está no seu mesmo lugar, apertado entre as pedras de cá e as pedras de lá, entre Porto e Gaia, e o viajante nota como também entre pedras estes degraus foram abertos, como as casas foram aos poucos empurrando as penedias ou acomodando-se entre elas. Descem com o viajante regueiros de águas sujas, e, agora que a manhã se abriu por completo, vêm mulheres lavar aos tanques que estão nos patins, e as crianças jogam ao que podem. Há grandes flâmulas de roupa estendida alta nos prédios que puderam crescer até ao primeiro andar, e o viajante sente-se como se descesse uma escadaria triunfal, como se fosse Radamés depois da batalha contra os Etíopes. Aqui em baixo é a Ribeira. O viajante passa sob o arco da Travessa dos Canastreiros, boa sombra para o Verão, mas agora gélida passagem, e durante meia manhã andará por este Bairro do Barredo, a ver se aprende de vez o que são ruas húmidas e viscosas, cheiros de fossa, entradas negras de casas. Não ousará falar a ninguém. Leva ao ombro a máquina fotográfica, de que não se serve. Sente nas costas o olhar dos que o veem passar, ou tudo isto será sua impressão, talvez seja dentro de si mesmo que alguém o está olhando curiosamente. Quando as ruas se alargam um pouco, o viajante mira os andares altos: deixou de ser Radamés, é um estudioso que examina a curiosa questão urbanística da largura das janelas que nesta cidade ocupam, lado a lado, toda a largura das fachadas. Lá mais para cima, na Rua Escura, que contraditoriamente se ilumina ao abrir-se para os degraus que dão acesso ao terreiro da Sé, há um mercado popular, desses de levante. Ainda bem que os frutos naturais e os legumes se entornaram até aqui, ainda bem, por esta vez ainda bem, que os fabricantes de plásticos têm uma firme predileção pelas cores vivas. A Rua Escura é um pedaço de arco-íris, e de todas as janelas pendem roupas a secar, arcos--da-velha e arcos-da-nova que tudo aquilo lavou.

O viajante está decidido a não andar de igreja em igreja como se de tal dependesse a salvação da sua alma. Irá a São Francisco, apesar das constantes queixas que vem fazendo contra a talha barroca, que o persegue desde que entrou em Portugal. Em São Francisco rematam-se todas as pontas da imensa cerzidura de ouro lavrado que se repete em receitas, em fórmulas, em cópias de cópias. O viajante não é autoridade, vê este esplendor, que não deixa um centímetro quadrado de pedra nua, aturde-se na magnificência do espetáculo, e acredita que esta seja a melhor talha dourada que no País há. Não se lembra se alguém o afirmou, mas está pronto a jurar: em verdade, quem entrar aqui não tem mais a fazer que render-se. Mas o viajante gostaria de saber um dia que paredes são as que a talha esconde, que pedra merecedora foi condenada à permanente cegueira.

Dá a sua volta, primeiro incomodado com o sadismo verista do altar dos Santos Mártires de Marrocos, depois distraído com as bifurcações genealógicas da Árvore de Jessé, escultura amaneirada e teatral, que faz pensar num coro de ópera. Um dos ascendentes de Cristo traja mesmo calções golpeados, é uma figurinha paça do século XVII. E o viajante, olhando o patriarca Jessé adormecido, encontra naturalmente ali uma representação fálica, naquele tronco de árvore que do corpo lhe cresce, até Jesus Cristo, afinal sem mácula carnal nascido. Colocado no centro da igreja, o viajante sente-se esmagado, todo o ouro do mundo lhe cai em cima. Pede ar livre, e a mulher da chave, compreensiva diante deste acesso de claustrofobia caracterizada, abre a porta. Enquanto o viajante sai, rola mais uma cabeça dos Mártires de Marrocos. Ali mesmo ao lado, por trás dumas grades de ferro, é a Bolsa. Medita um pouco o viajante nas dificuldades deste mundo, tantas que nem foi possível resgatar em boa e devida moeda os pobres degolados.

Dali seguiu na direção das ruas principais, mas por travessas e rampas desviadas. Afinal, o Porto, para verdadeiramente honrar o nome que tem, é, primeiro que tudo, este largo regaço aberto para o rio, mas que só do rio se vê, ou então, por estreitas bocas fechadas por muretes, pode o viajante debruçar-se para o ar livre e ter a ilusão de que todo o Porto é Ribeira. A encosta cobre-se de casas, as casas desenham ruas, e, como todo o chão é granito sobre granito, cuida o viajante que está percorrendo veredas de montanha. Mas o rio chega aqui acima. Esta população não é piscatória, não será entre a Ponte de D. Luís e a da Arrábida que vão lançar-se redes, porém podem as tradições tanto que o viajante é capaz de adivinhar antepassados pescadores a esta mulher que passa, e se não tiverem sido pescadores foram calafates, carpinteiros de barcos, tecelões de panos de velas, cordoeiros, ou, como lá mais acima, onde a rua se identifica, canastreiros. Mudam-se os tempos, mudam-se as profissões, e basta um sinal de novo comércio para ver desfeita toda a poesia artesanal que o viajante tem vindo a contar pelos dedos. Aqui é loja de ortopedistas, como o está demonstrando a opulenta mulher pintada em chapa de ferro e armada no ar, tão inocente em sua nudez integral como estava a nossa mãe Eva antes de lhe chegarem as ptoses intestinais ou as quebraduras.

Gosta o viajante de olhar para o interior destes estabelecimentos, fundos, tão fundos que antes de chegar ao balcão tem o cliente tempo de mudar de opinião três vezes sobre o que vai comprar. Adivinha-se que lá para trás há quintais, árvores de fruto, por exemplo nespereiras, aqui chamadas magnórios. E o viajante não pode esquecer as cores com que se pintam as casas, estes ocres vermelhos ou amarelos, estes castanhos-profundos. O Porto é um estilo de cor, um acerto, um acordo entre o granito e as cores de terra que ele aceita, com uma exceção para o azul se com o branco se equilibrar no azulejo.

O viajante entrou na igreja do Mosteiro de São Bento da Vitória, deu-lhe a volta e saiu. Este frio estilo beneditino nada tem que ver com a cidade. Aqui requerem-se os granitos barrocos, entendido o barroco como exuberância, pedra que de tão trabalhada acaba por alcançar uma expressão outra vez natural. O viajante gostou de levar na memória as três esculturas de barro que estão na fachada e os atlantes que aguentam às costas os órgãos. Receia que de todo o mais se esqueça, e não tem pena por isso.

Não para de subir e descer. Vai ter a São João Novo, onde está um dos primeiros palácios que Nasoni construiu na cidade. É aqui o Museu Etnográfico, que visitará com a gula de que não pode nem quer curar-se. Bem arrumado, bem classificado este museu. Há, no rés do chão, uma adega reconstituída a que só falta o cheiro do mosto. Nas salas superiores, além das cerâmicas, dos machados de pedra ou de bronze, das pinturas, das imagens sacras populares, dos estanhos, das moedas (o viajante tem consciência de que está misturando épocas e espécies com a maior sem-cerimónia), encontra-se a reconstituição preciosíssima duma cozinha rural, que merece uma boa hora de exame. E tem mais o museu: até brinquedos, até um gigantão, até uns bonifrates de formidável potência expressiva, pelos quais o viajante tornaria a dar a Vénus de Milo. Tivesse agora tempo, juntaria a esta lição a que lhe daria o Museu de Arqueologia e Pré-História. Fica para outra vez.

Por mais escadinhas e ruas, Belomonte, Taipas, foi enfim o viajante desafogar-se nos Mártires da Pátria. Aí se sentou a descansar um pouco, e tendo cobrado forças avançou para a Igreja dos Carmelitas e do Carmo. Calcula que deve haver entre estas duas vizinhas, ali porta com porta, rivalidade e emulação. Comparando face e face, ganha o Carmo. Se o primeiro andar não tem particular interesse, os dois outros são de uma bela harmonia, que as estátuas dos quatro evangelistas, ao alto, acabam de definir. Sem essas estátuas, a fachada do Carmo perdia uma boa parte da sua magnificência.

Quanto ao interior, valha cada um imparcialmente o que valer, o viajante está com os carmelitas. E uma igreja que faz quanto pode pela fé, enquanto o Carmo faz obviamente de mais. A não ser que tudo isto tenha antes que ver com a disposição de espírito do viajante e não com juízos objetivos. Contudo, entrar na Igreja do Carmo neste dia de Inverno foi para o viajante uma experiência que não esquecerá. Logo à esquerda, em funda capela, está o Senhor do Bom Sucesso sob uma apoteose de luzes, muitas dezenas de velas, fortíssimas lâmpadas, inúmeros retratos de beneficiários de mercês, ceras várias em círio, cabeça, mão e pé, é como se aqui estivesse ardendo uma violenta fogueira de luz branca, esbraseada. De duas, uma: ou se cai de joelhos derrotado pelo cenário, ou se recua. O viajante sentiu que isto não era consigo, e afastou-se. Nos bancos da igreja estão sentados velhos e velhas de extrema antiguidade, tossindo em desespero, ora um ora outro, são os grandes catarrais e constipações deste húmido tempo, e na capela-mor está de joelhos num degrau o padre, que dramaticamente apoia a cabeça na esquina do altar. Nunca viu um caso assim, e mais não lhe faltam igrejas nem o respeito que merecem.

São horas de almoço, mas o apetite apagou-se de repente. O viajante esgarfeia uma posta de bacalhau, sorve um verde tinto que abusa do travo, e tendo almoçado desce a Rua da Cedofeita até à igreja que tem o mesmo nome. Vai um pouco por obrigação. Este românico é de substituição, quer o viajante dizer na sua que os restauros são aqui triunfantes. Não chegou a saber como é a igreja por dentro porque um vizinho solícito acudiu a informar que só abre aos sábados para casamentos, nos outros dias está fechada. Avança então para o

Museu Soares dos Reis, subitamente precisado de silêncio e resguardo. Foge do mundo para reencontrar o mundo em formas particulares: as da arte, da proporção, da harmonia, da continuada herança que de mão em mão vai passando.

Não é a sala de arte religiosa do Museu Soares dos Reis distinguidamente rica, mas é aqui que o viajante pensa se estará feito ou ao menos começado o estudo da imaginária sacra popular. Desconfia que quando tal se fizer se encontrarão traços de particular originalidade, quem sabe se capazes, sem cair em revivalismos medievais ou barroquistas, de revivificar a geralmente estiolada escultura portuguesa. É uma impressão que o viajante tem, e que, perdoe-lhe a memória do grande escultor que foi Soares dos Reis, torna a sentir diante do *Desterrado*, esse helenístico mármore, sem dúvida formoso, mas tão longe da força expressiva das pedras de Ançã a que o viajante incansavelmente volta. É abundante o museu em pinturas: o viajante distingue a *Virgem do Leite* de Frei Carlos, talvez a obra mais importante que se guarda aqui. Mas há no seu coração um lugar muito particular para as pinturas de Henrique Pousão e de Marques de Oliveira, sem que esta inclinação signifique menosprezo dos excelentes Dórdio Gomes, Eduardo Viana ou Resende. A coleção de cerâmica merece nota alta, mas o viajante ainda está bem recordado do que sabe de Viana do Castelo, daí que não faça comparações nem conceda privilégios ao que está vendo. Debruça-se para os esmaltes de Limoges, entende sem dificuldade que são obras de primeira qualidade, mas por aí se fica. Não é o esmalte que rende o viajante.

Agora encaminha-se para a Sé. Na passagem entra nos Clérigos, olha-os de fora, pensa no que devem o Porto e o Norte a Nicolau Nasoni, e acha que é mesquinha paga terem-lhe posto o nome no cunhal duma rua que tão depressa começa logo acaba. O viajante sabe que raramente estas distinções estão na proporção da dívida que pretendem pagar, mas ao Porto competiriam outros modos de assinalar a influência capital que o arquiteto italiano teve na definição da própria fisionomia da cidade. Justo é que Fernão de Magalhães tenha aquela avenida. Não merecia menos quem navegou à volta do mundo. Mas Nicolau Nasoni riscou no papel viagens não menos aventurosas: o rosto em que uma cidade se reconhece a si própria.

Como seria a Sé do Porto nos seus tempos primeiros? Pouco menos que um castelo, em robustez e orgulho militar. Dizem-no as torres, os gigantes que vão até à altura superior do vão da rosácea. Hoje os olhos habituaram-se de tal maneira a esta compósita construção que já mal se repara na excentricidade do portal rococó e na incongruência das cúpulas e balaústres das torres. Ainda assim, é a galilé de Nasoni que mais bem integrada aparece no conjunto: este italiano, criado e educado entre mestres doutro falar e entender, veio aqui escutar que língua profundamente se falava no Norte português e depois passou-a à pedra. Perdoe-se a teima: não compreender isto é grave delito e mostra de pouca sensibilidade.

O interior da igreja avulta pela grandeza das pilastras, pelo voo das abóbadas apontadas. Em contrapartida, o claustro, felizmente restaurado, e que vem de 1385, é pequeno, de impecável geometrismo, que a pedra nova da arcaria sublinha. O cruzeiro, ao centro, tem mutilada a cabeça de Cristo. Todo o rosto desapareceu, e na superfície lisa tentam agora os líquenes desenhar novas feições. Ao lado do claustro é um antigo cemitério. Aqui se enterraram judeus, ao lado mesmo do templo cristão, o que confunde o viajante, que a si próprio promete tirar a limpo esta vizinhança inesperada.

Saindo da Sé, o viajante vai olhar os telhados do Barredo. Desce do terreiro para ver de mais perto, para tentar adivinhar as ruas entre o pouco que sobressai das fachadas, e é quando regressa que vê uma singular fonte adossada ao muro de suporte do terreiro. Tem ao alto um pelicano em atitude de arrancar a própria carne do peito. Da bacia superior sairia a água por quatro carrancas que mal sobressaem no contorno da pedra. Essa bacia é sustentada por duas figuras de criança, de meio tronco, que irrompem de dentro do que parece uma corola floral. O viajante não tem quaisquer certezas, diz só o que vê ou julga ver, mas o que para ele é indiscutível é a expressão ameaçadora das figuras de mulher, também de meio tronco, assentes em estípides, segurando cada uma a sua urna. O conjunto é uma ruína. Indo a perguntas à vizinhança, ouviu o viajante dizer que aquela é a Fonte do Pássaro, ou Passarinho, já não recorda bem. O que ninguém foi capaz de dizer-lhe é a razão do olhar colérico com que as duas mulheres de revés se desafiam, nem o que contêm aquelas urnas, nem a quem servia a água que aqui em tempos correu. No peito do pelicano há um orifício: dali manava a água. Os três filhos do pelicano, em baixo esboçados, padeciam da eterna sede. Tal como a fonte agora, toda ela, suja, maculada, sem ter quem a defenda. Se um dia o viajante torna ao Porto e vai por esta fonte e não a encontra terá grande desgosto. Dirá então que foi cometido um crime à luz do dia, sem que ao assassinado valesse a Sé, que está por cima, ou o povo do Barredo, que está por baixo.

Quando no dia seguinte estiver de partida, depois de ter ido visitar essa joia verdadeira que é a Igreja de Santa Clara, com o seu portal onde o Renascimento aflora, com a sua talha barroca que concilia outra vez o bem-querer do viajante, com aquele seu pátio resguardado e antigo para onde dá a antiga portada do convento quando o viajante estiver de partida, tornará a ir à Fonte do Pelicano, olhará aquelas iradas mulheres que presas à pedra se desafiam, saberá que há ali um segredo que ninguém lhe vem explicar, e é isso que leva do Porto, um duro mistério de ruas sombrias e casas cor de terra, tão fascinante tudo isto como ao anoitecer as luzes que se vão acendendo nas encostas, cidade junta com um rio que chamam Doiro.

Terras baixas, vizinhas do mar

AS INFINITAS ÁGUAS

O viajante vai a caminho do sul. Atravessou o Douro em Vila Nova de Gaia, entra em terras que a bem dizer são diferentes, mas desta vez não lançou aos peixes uma nova peça do seu sermonário. De tão alta ponte não o ouviriam, sem contar que estes peixes são de cidade, não se rendem a sermões. Nesta margem esquerda do rio estão enterrados grandes tesouros: são os que vêm daquelas vistas encostas talhadas em socalcos, das cepas que nestes dias de Janeiro já perderam todas as folhas e são negras como raízes queimadas. Nesta encosta de Gaia desaguam os grandes afluentes das uvas esmagadas e do mosto, aqui se filtram, decantam e dormem, espíritos subtis do vinho, cavernas onde os homens vêm guardar o Sol.

Ainda bem que o não guardam todo. Pela estrada que vai a Espinho, não há mais sombras que não sejam as das árvores. O céu está limpo, não se vê um vago fiapo de nuvem, seria um dia de Verão se a aragem não fosse tão viva. Em Espinho o viajante não parou. Olhou de longe a praia deserta, as ondas atropelando-se, a espuma que o vento arrasta em poalha, e continuou a direito até Esmoriz. São minúcias desinteressantes de itinerário, mas é preciso não esquecer que o viajante não tem asas, viaja pelo chão como qualquer outro bicho pedestre, e mal parecia não dizer ao menos por onde passa. Vai agora a Feira, que é terra afamada por seu castelo, principalmente a torre de menagem com os coruchéus cónicos que, a olhos do viajante, lhe dão um ar de casa apalaçada, nada guerreira, apenas estância para fidalgos em tempos de paz. É certo que lá estão as seteiras, mas até para isso encontra uma explicação, supondo que nas horas de muito lazer se entreteriam os fidalgos no tiro ao alvo para não perderem o hábito. O viajante tem destas faltas de respeito, afinal simples e pouco hábil modo de se defender dos enternecimentos que as pedras antigas lhe causam. E já nem é tanto o Castelo da Feira que lhe está bulindo com as sensibilidades, mas estas antiquíssimas aras votadas a um deus que nestes lugares se venerou e a que chamavam, pasmemos todos, Bandevelugo-Toiraeco. Já não bastava o abade D. Troicosendo Galendiz, vem agora este deus de nome rebarbativo, mais trava-línguas que sujeito de oração. Não admira que tenha caído no esquecimento. Agora vai--se a Nossa Senhora dos Prazeres pedir o que certamente se rogava a Bandevelugo-Toiraeco: paz, saúde, felicidade.

Por intercessão desta potestade ou da outra, caiu o vento. O viajante desce do Castelo da Feira por aquelas umbrosas alamedas, respira consolado o ar vivíssimo, e vai dar uma vista de olhos à igreja do Convento do Espírito Santo. Não colhe grandes lucros. O mais que tem para ficar na lembrança é a sua implantação no terreno, empinada no alto de um escadório, em modo de presidência. Posto o que segue o viajante para Ovar, onde estão à sua espera o almoço e o museu. Do que comeu se esquecerá vinte e quatro horas depois, mas não daquele vinho verde adamado de Castelões, criado nas bem--aventuradas margens do rio Caima, ao abrigo das serras vizinhas da Freita e de Arestal. Este vinho que o viajante bebe em puro estado de graça, na exata temperatura que lhe convém, não acata a fisiologia do corpo humano. Mal entra na boca logo se derrama no sangue, é verdadeiramente absorvido por osmose, sem os grosseiros processos da digestão.

Não foi por isso que o viajante achou tão fascinante o museu. Enfim, tudo estará ajudando, o deus Bandevelugo, o branco de Castelões, a luz deste incrível Sol, mas há que dizer que o Museu de Ovar tem, por si só, um encanto particular. Primeiro, não é um museu, é um guarda-tudo. Ocupando o que foi casa de habitação, arruma como pode um recheio onde se juntam o banal e o precioso, a rede de pesca e o bordado, o instrumento agrícola e a escultura africana, o trajo e o móvel, os quadrinhos de conchas e escamas de peixe ou os bordados a cabelo. E o que tudo isto junta numa forma singular de homogeneidade: o amor com que foram reunidos todos os objetos, o amor com que se guardam e são mostrados.

O Museu de Ovar é um tesouro para quem da cultura tenha uma conceção global. Quanto ao viajante, que nessas matérias vai tão longe quanto pode, chegou a altura de confessar que em Ovar deixou uma parte do coração: só assim saberá dizer o que sentiu diante daquele chapéu de mulher, preto, de espesso feltro, grande aba redonda donde pendem seis borlas. Quem não o viu nunca, não poderá imaginar a graça, o donaire, a feminilidade irresistível do que, pela descrição, se cuidará ser um desajeitado guarda-sol. Não faltam razões para ir a Ovar, mas o viajante, quando lá tornar, será por causa deste chapéu.

De Ovar ao Furadouro são cinco quilómetros por uma estrada que vai a direito, como se quisesse lançar-se ao mar. Aqui a praia é um areal sem fim, encrespado de dunas para o sul, e a luz é um cristal fulgurante, que no entanto, providência deste tempo invernal, se mantém nos limites do suportável. A esta mesma hora, no Verão, cegam-se aqui os olhos com as múltiplas reverberações do mar e da areia. Agora o viajante passeia na praia como se estivesse na aurora do mundo.

É um momento solene. Aí para baixo é a ria de Aveiro, quarenta quilómetros de costa, vinte quilómetros para o interior, terra firme e água rodeando todas as formas que podem ter as ilhas, os istmos, as penínsulas, todas as cores que podem ter o rio e o mar. O viajante fez bem as suas orações: não há vento, a luz é perfeita, as infinitas águas da ria são um imóvel lago. Este é o reino do Vouga, mas não há de o viajante esquecer as ajudas da arraia-miúda de rios, ribeiras e ribeirinhos que das vertentes das serras da Freita, de Arestal e do Caramulo avançam para o mar, alguns condescendendo afluir ao Vouga, outros abrindo o seu próprio caminho e encontrando sítio para desaguar na ria por conta própria. Digam-se os nomes de alguns, de norte para o sul, acompanhando o leque desta mão de água: Antuã, Ínsua, Caima, Mau, Alfusqueiro, Águeda, Cértima, Levira, Boco, fora os que só têm nome para quem vive à borda deles e os conhece de nascença. Se este a tempo fosse de estivais lazeres, estariam as estradas em aflição de trânsito, as praias em ânsia de banhos, e nas águas não faltariam as embarcações de folguedo mecânico ou à vela. Mas este dia, mesmo de tão formoso sol e tão aberto céu, é de alto Inverno, nem sequer está a Primavera em seus primeiros ares. O viajante, pelo menos assim quer acreditar, é o único habitante da ria, além dos seus naturais, homens e bichos da água e da terra. Por isso (todo o bem há de ter sua sombra) estão as salinas desertas, os moliceiros encalhados, os mercantéis ausentes. Resta a grande laguna e a sua silenciosa respiração de azul. Mas aquilo que o viajante não pode ver, imagina, que também para isso viaja. A ria, hoje, tem um nome que bem lhe quadra: chama-se solidão, fala com o viajante, ininterruptamente fala, conversas de água e limosas algas, peixes que pairam entre duas águas, sob a reverberação da superfície. O viajante sabe que está a querer exprimir o inexprimível, que nenhumas palavras serão capazes de dizer o que uma gota de água é, quanto menos este corpo vivo que liga a terra e o mar como um enorme coração. O viajante levantou os olhos e viu uma gaivota desgarrada. Ela conhece a ria. Vê-a do alto, risca com as pendentes patas a polida face, mergulha entre o moliço e os peixes. É caçadora, navegante, exploradora. Vive ali, é ao mesmo tempo gaivota e laguna, como laguna é este barco, este homem, este céu, esta profunda comoção que aceita calar-se.

    Atravessa o viajante a região da Murtosa e nota, primeiro em vaga impressão, depois por observação consciente, que todas as casas, mesmo as de só térreo piso, mesmo as humildes que mal se veem entre as árvores e por trás dos muros, têm afinal um ar apalaçado. Donde lhes virá a prosápia, é o que daí a pouco descobre, ou julga descobrir, para assim confirmar a bondade das pequenas causas no alcance dos grandes efeitos. Será primeiro a proporção, a cor, a implantação, o desafogo do espaço geral, mas é sobretudo obra daqueles enfeites de barro vermelho, pináculos, coruchéus, volutas, que ao longo das cumeeiras dos telhados se dispõem. É um uso que nestes lugares começa e nestes lugares acaba, pelo menos com a constância e o equilíbrio aqui encontrados. A paisagem, sem acidentes, toda quase ao nível do mar, furta-se aos olhos do viajante. Em Estarreja o viajante não vê mais que a casa da Praça, pintada duma agoniativa cor de salmão que prejudica o entendimento das suas proporções. Aponta outra vez ao sul, atravessa Salreu, Angeja, e enfim vê o Vouga na sua verdadeira dimensão de rio. Aí adiante, para além destas arenosas terras, é Aveiro, lugar que no século x era um minúsculo povoado de pescadores, senhorio da condessa Mumadona Dias. Já então se exploravam as salinas nos alagadiços, e não custa acreditar que certas terras, em dez séculos, nada mais tenham produzido que sal.

O viajante dá o balanço ao dia e não o acha perdido: um deus para seu uso particular, um chapéu incomparável, vinho para a ilha dos amores, as embriagadoras águas da ria. Porém, vai dormir com maus pressentimentos: o Sol, mesmo antes da sua hora, escondeu-se por trás duma bruma húmida que pairava sobre o mar. Bruma foi ela que na manhã seguinte todo o céu estava forrado de cinzento, a atmosfera fria e crespa. É aqui altura de alinhar as sabidas reflexões sobre a instabilidade do tempo e da fortuna, logo se consolando com a mesma sucessão dos dias que não consente que todos sejam maus. Ainda ontem, por exemplo, se viu como cuida o céu dos seus viajantes preferidos. A ria, vista sob a luz do

Sol, foi um presente real. É bom que o viajante não vá com a ideia de que tudo são rosas.

Ir ao Museu de Aveiro é uma aventura. Tem, como todos, suas horas de abrir e fechar, mas se o viajante veio ao mundo sem sorte pode-lhe acontecer ficar infindos tempos à espera de entrar, como pobre à portaria de convento, em dia de atraso no caldo. E quando se diz portaria de convento, não é isto liberdade de quem escreve e eventualmente abusa das palavras, mas sim expressão rigorosa. Claro que tem os seus encantos puxar a corrente da sineta, ouvir lá dentro repicar o badalo, e depois esperar que a irmã porteira, isto é, o encarregado do museu, venha descerrar o batente. Se o viajante não está bem senhor dos usos e se tardam a abrir-lhe, é natural que se impaciente com a demora e torne a tocar. Fará mal. Estando o empregado nos fundos do convento, tem muito que andar antes de vir à porta, e pior ainda será se houver visitantes. Então não terá outro remédio que esperar, com paciência, que saia quem mais madrugou. Avisadamente andou o viajante que ainda não dera a hora já alçava a mão para o badalo, a pedir o seu pão.

Foi no Museu de Aveiro que o viajante depôs as armas com que, em horas menos respeitosas, tem lutado contra o barroco. Não houve conversão fulminante, amanhã tornará a recalcitrar outros excessos e gratuitidades, mas aqui abriu os olhos do entendimento. Quem organizou e mantém o Museu de Aveiro sabe do seu ofício. Do seu ofício sabe igualmente o guia que acompanha o viajante: não se limita às tradicionais ladainhas, chama a atenção, dialoga, comenta com inteligência.

O viajante está a aprender, faz muita questão de se mostrar bom aluno.

De duas mil peças que ali se encontram expostas, não poderá falar nem de dez. Do que o conjunto arquitetónico e decorativo é, mal se atreverá a falar. Fique uma palavra para o claustro, feminino, com os seus bancos forrados de azulejos onde as monjas divagariam, às tardes, sobre casos sacros e mundanos, entremeando segredinhos com orações. O viajante não esteve presente nesse tempo, mas adivinha. Considera que muito afortunadas eram as freiras, beneficiárias de tanta beleza acumulada nestas paredes, nestas decorações renascentistas, nestas passagens. Que alimentos se serviam nas longas mesas corridas, não sabe o viajante, mas pode ver neste momento a beleza dos azulejos que forram as paredes do refeitório, o teto baixo de madeira, a impecável proporção do conjunto. Impressiona-o menos o túmulo de Santa Joana Princesa, obra sem dúvida de lavor requintado, toda de mármores embutidos e de ordenadas cores, mas já se viu que o viajante tem uma sensibilidade apontada a outras direções e a outras matérias. Em compensação regala-se com as ingenuidades e os anacronismos das pinturas que forram as paredes do que hoje se denomina a sala-santuário, em particular aquela que mostra a princesa recebendo D. Afonso V no seu regresso de Arzila: ao fundo, em cerrada formação, faz guarda de honra uma companhia de granadeiros de barrete de pelo, enquanto o rei se apresenta em vestes e modos de fidalgo mais dado ao paço do que às batalhas. Porém, onde o cortesanismo atinge a incongruência total é no retrato que da princesa Joana fez Pachini, mostrando-a com expressão e atavios de Pompadour e fazendo do Menino Jesus, que ao colo dela está, a menos celeste das figuras, tão pouco que o resplendor se lhe confunde com os louríssimos cabelos. Não lhe fica atrás a santa, toda enfeitada de plumas e toucada de ouros e pedras preciosas. Felizmente que lá está o outro retrato, aquele do século XV, belo de matéria, rigoroso de plástica, mostrando uma princesa triste e portuguesa.

    Devia o viajante fazer mais do que menção da provavelmente italiana e quatrocentista *Senhora da Madressilva*, dos ladrilhados e colunatas que envolvem a pintura que representa *S. Domingos*, da requintadíssima *Sagrada Família*, de Machado de Castro, obra puríssima que resgata o convencionalismo das atitudes. Devia, mas não pode. Tantas e tão magníficas peças reclamam visitas sucessivas, olhares demorados, lentas absorções. O viajante apenas falará daquele Cristo crucificado que está, não falhando a memória, no coro alto, de costas para a nave. É uma figura estranha, calva, ou que assim parece. Não tem sequer a coroa de espinhos: terá levado sumiço. E a estranheza é imediatamente dada pela pouco vulgar anatomia: não é o corpo esguio a que estamos acostumados, não tem a esbelteza que o descaimento do tronco e dos membros inferiores acentua; também não é atleta rubensiano, nem a mortificação de carnes amolecidas, tão do gosto de um Greco, por exemplo. É apenas um homem, um pobre homem de mediana estatura cujo esqueleto não entende de proporções clássicas. Tem a perna curta, o tronco de quem há de ter suportado carregos, e o rosto mais humano que olhos de viajante têm encontrado já neste longo andar. Posto no alto, deixa pender a cabeça, oferece a cara. E de seis lugares diferentes donde o olhemos, seis diferentes expressões mostra, de uma maneira que sendo gradativa é também brusca, súbita. Porém, se o espectador for passando devagar, de posição em posição, sem nelas se deter, numa geometria poligonal, então verá como este rosto é sucessivamente moço, maduro e velho, como tudo nele vai passando, a serenidade, a paz, a agonia, a morte, um sorriso vago, a intemporalidade, se tal coisa existe. Que Cristo é este, de que ninguém fala? Diz o guia que parece ter sido feito em Burgos, por gente árabe convertida ao cristianismo, assim se explicando a anatomia doutra raça, o rosto exótico. Se o escultor era mudéjar, terá preferido olhar o seu próprio corpo para fazer o Cristo, em vez de ir procurar modelos duma outra cultura, que só dolorosamente iria assimilando. Esta imagem de Cristo, aos olhos do viajante, exprime essa dor.

 Perto do museu, é a Igreja de São Domingos, ou catedral. Tem à frente o cruzeiro, carcomida peça gótico-manuelina, os pezitos do crucificado virados para dentro, mais bem ajeitados para o bruto cravo que os trespassa, ou solução descoberta pelo escultor para disfarçar a sua inabilidade, ou quem sabe se suprema arte que assim terá impedido o avanço dos pés sobrepostos em relação ao plano vertical do corpo suspenso. A igreja deve ser visitada, não lhe faltam motivos de interesse, mas o viajante vem de manjares mais finos, olha distraidamente, apenas dando atenção aos retábulos de calcário. Dali passou à Misericórdia, onde o magnífico *Ecce Homo* de pau-cetim mal se percebe por trás dos reflexos do vidro que o protege. O visitante habituou-se aos museus, à fraqueza com que as imagens se mostram e desejaria este *Ecce Homo* menos inacessível.

Quando ao viajante dá o apetite do almoço, vem dos confins da sua memória uma recordação. Em Aveiro comeu ele, há muitos anos, uma sopa de peixe que até hoje lhe ficou na retentiva do olfato e das papilas da língua. Quer verificar se os milagres se repetem, e vai perguntar onde é o Palhuça, que assim se chamava a casa de pasto onde se dera a aparição. Já não há Palhuça, o Palhuça está agora a cozinhar para os anjos, ou talvez para a princesa Santa Joana, sua patrícia, acima deste cinzento céu. Baixa o viajante a cabeça, vencido, e vai comer a outro lado. Não comeu mal, mas nem a sopa era a do Palhuça, nem o viajante era o mesmo: tinham passado muitos anos.

À tarde, quer ver como será a rua estando o sol ausente. Viu águas de chumbo, terras rasas, as coisas a dissolverem--se na humidade do ar, e, contudo, apesar de tais melancolias, apesar do escuro mar que vem bater nos molhes da barra, está contente com a sua sorte: um dia de sol, um dia de névoa, de tudo se precisa para fazer um homem.

Desceu a costa até à Vagueira, passou por Vagos, vai a Vista Alegre. Do museu da fábrica não quer falar, do trabalho dos operários diz que decerto mereceria outro nível de arte, outra invenção, e não a repetição ou o rebuscamento de formas e soluções decorativas ultrapassadas. O que valeu ao viajante foi a Igreja de Nossa Senhora da Penha, mesmo ali ao lado, não tanto pelo túmulo do bispo D. Manuel de Moura, esculpido por Laprade, não tanto pela gigantesca Árvore de Jessé que ocupa todo o teto, mas pelas pinturas murais da sacristia, Maria Madalena despedindo-se dos brilhos e vícios do mundo para se refugiar, pecadora arrependida, já feia, já desgrenhada, numa caverna que nem os bichos haviam de querer. Assim é o mundo feito: a uma santa abonecou-a o pintor Pachini, a outra santa fez-se esta desconsideração.

EM CASA DO MARQUÊS DE MARIALVA

Durante a noite, choveu. Quem diria, anteontem, vendo o Sol e o céu, que o tempo se poria de tão má cara. Talvez cuide desanimar o viajante, mandá-lo para casa, porém muito se engana: este viajante é homem para andar por cima de toda a folha, gosta mais de frio que de calor, e se aborrece um tanto o nevoeiro é só porque ele o impede de ver as coisas. A caminho de Águeda faz estas meteorológicas reflexões, enquanto vai observando a paisagem. A estrada segue na falda das colinas, dela veem-se os baixos alagados, campos de arroz, quintais de viçosos verdes. Talvez da exalação dos charcos, paira uma bruma à altura da copa das árvores. Enfim, está um lindo dia.

O viajante foi primeiro a Trofa, pequena povoação a deslado da estrada que liga Águeda a Albergaria-a-Velha. Quem levar pressa, nem dará pela solícita placa que lhe aponta o bom caminho, e, vendo-a, logo adiante se esquecerá do que viu, se não militar nos batalhões amantes de pedrarias e pinturices, salvo seja. Se é daqueles, converta-se em Trofa.

Ali tem, na igreja matriz de que é orago S. Salvador, a Capela dos Lemos. Mal entrou, o viajante sentiu que estava a viver um dos grandes momentos deste seu ofício de calcorreados. Não se trata aqui de uma monumental igreja, de imponentes conjunções de espaço e matéria. São uns tantos túmulos, quatro arcos que os cobrem, só isto e nada mais. Emenda o viajante: tudo isto. Está aqui o cavaleiro Diogo de Lemos, que este panteão fundou. Quem tal estátua jacente esculpiu, não se sabe. Há quem afirme que foi Hodart, há quem o negue ou duvide. Não seria mais bela a escultura por sabermos o nome de quem manejou os cinzéis, mas o viajante gostaria que nesta breve superfície lisa o artista tivesse deixado a sigla, a marca que um nome escrito faz, mesmo adulterado à portuguesa, como lhe chamaram: Odarte. O viajante tem pena de levar consigo esta dúvida, quando leva uma certeza que de nada lhe serve: ser o túmulo de um Diogo de Lemos que de si só isto deixou, precisamente o que seu não é.

Torna o viajante sobre os seus passos a Águeda e vai a Santa Eulália, que está num alto, isolada do congestionado centro da vila. Chega-se lá por estreitas e íngremes ruas, e, se no interior da igreja nos não esperam obras-primas, assinala-se contudo aqui a passagem da escola renascentista de Coimbra na Capela do Sacramento, com o seu magnífico retábulo. Há também, mais tardia, uma *Deposição no Túmulo* decerto convencional, porém dramática quanto baste para que o viajante experimente, juntando-lhe o seu próprio saber de experiência feito, as dores que não dão remédio a quem por morte de amados chora e muito menos a quem, chorado ou não, morreu.

O viajante não está de boa maré. Quer a cultura em que se formou que a arte, quase toda ela, ou pelo menos as suas expressões mais altas, tenha sido criada no seio da instituição religiosa. Ora, tal religião apregoa mais preocupações de vida eterna do que alegrias desta transitória vida, que alegre devia ser, e plena. Quer a religião católica que tudo sejam macerações, cilícios, jejuns, e, se isto não quer tanto hoje, continua a resistir mal às tentações. Alegrias, não as há, e os júbilos hão de ser celestes, ou contemplativos, ou místicos e extáticos. O viajante procura a arte dos homens, essa vontade de vencer a morte que se exprime em pedras levantadas ou suspensas, em adivinhações do traço e da cor, e encontra-as nas igrejas, no restante dos conventos, nos museus que daqueles e destes afinal se alimentaram. Procura a arte onde ela está, entra nas igrejas, nas capelas, aproxima-se dos túmulos, e em todos os lugares faz as mesmas perguntas: que é isto?, quem fez?, que quis dizer?, que medo foi o seu, ou que coragem?, que sonho para realizar amanhã? E se alguém insinuar ao viajante que bem poderia ter escolhido mais solene lugar para fáceis filosofias, ele dirá que todos os lugares são bons, e a Igreja de Santa Eulália, nesta Águeda que noutros tempos, e bem melhor, Ágata se chamou, serve tanto para o efeito como o dólmen da Queimada ou os espigueiros do Lindoso.

Neste estado de espírito, compreende-se que o viajante procure, de preferência, terras pequenas, sossegadas, onde ele próprio possa ouvir bem as perguntas que faz, mesmo não recebendo resposta. Passará por Oliveira do Bairro, mas antes irá a Oiã, que fica do outro lado do rio Cértima. A igreja é recentíssima, fez agora oitenta anos de consagração e atividade, mas quem a recheou tinha a cabeça no seu lugar e a sensibilidade no coração certo. Aqui foram reunidos uns magníficos retábulos de talha dourada que eram do Convento de Santa Ana de Coimbra, donde igualmente veio o cadeiral, mas o que para o viajante é principal, e isso não sabe donde veio, é o conjunto de pinturas seiscentistas que distinguem e enriquecem a igreja. São uma meia dúzia de excelentes retábulos, de notável unidade de fatura e de estilo, claramente todos da mesma mão, e não habilíssima mão, como se vê pelo repetitivismo das expressões. Mas a sinceridade destes pequenos quadros, o gosto de pintar que neles se adivinha, dão ao viajante um grande contentamento de alma, que passa a sorriso diante de um S. Sebastião de barba loura e louro bigode, que manifestamente não acredita no que lhe está acontecendo. Aliás, tivesse o viajante tempo e competência mínima, haveria de fazer um estudo comparado dos Sebastiões santos que inundam Portugal, tanto os de grande aparato como os toscos, tanto os de forçudo corpo como de efeminado gesto. Haviam de ser interessantes as conclusões. Sai o viajante a perguntar aos seus botões por que más artes se não recolhem em álbuns, em simples bilhetes-postais, estas pequenas joias populares, estas lições de gosto e de estética. Não lhe respondem os botões, e essa era a última esperança do viajante, porque respostas doutro lado não espera.

Em Mamarrosa, não se demorou. Apreciou a frontaria e, se não está sonhando, se foi realmente ali e não noutro lugar, visitou o minúsculo cemitério que está ao lado da igreja, tão minúsculo que só uma conclusão se pode tirar, a de que se morre pouco em Mamarrosa. Sempre para o sul, o viajante passa Samel, Campanas, Pocariça. A paisagem não espanta, e a da Bairrada, aprazível sem sobressaltos. Hoje não haverá surpresas.

Há duas, e estão à espera, mesmo aí adiante, em Cantanhede. A primeira, falando cronologicamente, é a igreja matriz. Está num grande largo, gosta-se de olhá-la por fora, o viajante hesita se há de, antes de mais nada, acudir às exigências do espírito ou aos alarmes do estômago, mas, estando tão perto, entra. Lembra-se de ter lido em Fernão Lopes que foi aqui, em Cantanhede, que D. Pedro o Cru declarou ter casado com Inês de Castro. Eram tempos em que bastava o rei dizer que casou e logo o tabelião lavrava auto de confirmação. Havia de ser hoje: pediam-se testemunhos, papel selado, bilhete de identidade, metia-se o registo civil no caso, e o rei tinha de casar outra vez.

Por esta igreja passou João de Ruão, uma das fortunas que no século XVI aconteceram em Portugal, em figura de escultor. As outras foram o Nicolau de Chanterenne e o Hodart. Vieram todos das Franças sacudir a rigidez ainda românica, o gótico hirto, e isto leva o viajante a pensar que nenhum mal nos teria feito continuar a receber visitantes desta qualidade. Alguns vieram, nenhum tão fecundante, salvo o Nasoni, e não faltaram outros que foram instrumentos de mala arte. Aqui, a Capela do Sacramento, onde estão os túmulos de uns Meneses, é um espaço precioso, trabalhado mais como uma pintura do que como ordenação de volumes. Explique-se melhor o viajante: esta capela é arquitetura, estas imagens são esculturas, mas o conjunto dá uma impressão pictórica, e é no interior de um quadro que o viajante se sente. Outros retábulos renascentistas estão na Capela da Misericórdia, e, vá por último, mas não por derradeiro, são admiravelmente lançadas as arcadas que separam as naves laterais do corpo central da igreja.

Mas o viajante falou de duas surpresas, e esta foi apenas a primeira. Vamos à segunda. Está a chover cá fora, levou toda a manhã a ameaçar, pelo que, obviamente, surpresa não é. A um passante bem-apessoado foi o viajante perguntar onde seria bom sítio para alimentar o corpo. Não foi neste estilo circunloquial que se exprimiu, mas o interrogado olhou de alto a baixo, antes de responder, e enfim deu a senha: "Vá ao Marquês de Marialva". Que haja em Cantanhede um marquês de Marialva, só mais tarde o viajante veio a compreender: hoje acumulam-se riquezas, antigamente acumulavam-se riquezas e títulos: este marquês de Marialva, sexto na sucessão, era também o oitavo conde de Cantanhede. Não quer o viajante entrar em particulares biográficos, o que nesta hora mais lhe importa é calar o estômago. Vai portanto ao Marquês de Marialva. Ficará sentado ao pé duma janela, vendo cair a chuva, e terá um bacalhau no forno que lhe ficará de lembrança, um vinho a carácter, uns pastéis de nata servidos nas suas naturais e queimadas forminhas de lata, uma aguardente em garrafa coberta de geada, um café honrado. O viajante está tão agradecido que lhe apetece tratar o dono do restaurante por marquês de Marialva, conde de Cantanhede, dar-lhe um título que o mereça. Não são efusões do vinho e da aguardente, é apenas a gratidão natural. Pagou o viajante a conta e saiu com a impressão de que ainda tinha ficado a dever qualquer coisa.

De Cantanhede a Mira são dezasseis quilómetros de reta. O que faz o viajante procurar outra vez o mar, é saber se ainda além existem os famosos palheiros, ou se são já apenas lembrança da gente mais velha que lá vive. Não faltará quem diga que é muito andar para tão pouco colher. Rege-se o viajante por outros compêndios e não se tem dado mal com isso.

Palheiros de Mira, entrando, é uma terra igual a outras da costa do mar: ruas largas, casas baixas, vá lá que uma pequena subida perpendicular ao passeio marginal, como se ao comprido da linha da praia se tivesse levantado um dique. Não compliquemos: isto é só jeito natural da primitiva duna que defendia a povoação e os campos. O céu limpou das névoas mais espessas, há mesmo, por instantes, um pálido sol. O viajante não vê palheiros, sente-se definitivamente logrado, mas vai perguntar a um velhíssimo homem que se entretém a olhar o mar: "Faz favor, onde são os palheiros?". O velho sorri, deve estar a juntar mais este viajante a quantos outros vieram aqui fazer a mesma pergunta, e responde com bons modos: "Isso já não há. Agora são tudo casas. Só para além, dois ou três". Agradeceu o viajante e seguiu na direção apontada. Lá estavam os sobreviventes, grandes barracas de tábuas escurecidas pelo vento e pela maresia, algumas já desmanteladas, pondo à vista a técnica da construção, o forro interior, os barrotes de sustentação. Algumas vê-se que são ainda habitadas, outras leva-lhes o vento as telhas. Não tardam muitos anos para que disto só reste a memória fotográfica. Porém, se então não forem distraídos os olhos, quem vier encontrará parentescos com os velhos palheiros neste prédio hoje construído, nos guarda-sóis das varandas, na cor fosca de madeira que o tempo curtiu. O viajante não sabe quem é o arquiteto, nem entrou nas casas para saber se ao génio de fora correspondem acertos de dentro, mas deixa aqui o seu louvor. Não é todos os dias que se encontra gente a entender assim o espaço, a cor, a atmosfera, a ligação que tudo há de ter a tudo. A disposição que nos palheiros tinham os tabuados transferiu-se para aqui, os novos materiais aceitaram a justificação dos antigos.

O viajante voltou a Mira, onde não parou, atravessou a ribeira da Corujeira que vai dar à Barrinha, e, chegando a

Tocha, como havia no ar um amplíssimo ainda que pálido arco-íris, entendeu que devia ir visitar o falado templete que faz de capela-mor na igreja matriz. Foi esta construção obra de um espanhol, que fez promessa dela à sua patrícia Nossa Senhora da Atocha se o curasse. Sarou o espanhol, pagou a promessa, e de Atocha se fez Tocha, que sempre era um falar mais fácil. O templete, circular, é curioso, tão artificial como uma construçãozinha de jardim rococó, mas com colunas, cúpula e lanternim, com arcobotantes que provavelmente nada estarão arrestando, cria-se uma atmosfera muito particular, de cenário de ópera. São interessantes os azulejos setecentistas. Quando o viajante saiu já não havia arco-íris: há de ter-se escondido por não ter dado tanto quanto prometera.

Está a tarde no fim quando o viajante mete pela serra de Buarcos. É sem dúvida exagero dar-lhe esse nome, um monte de pouco mais que duzentos metros de altitude, mas como sobe depressa e está mesmo ao pé do mar, ganha em grandeza. E é bem bonito passeio, diga-se já. Vai a estrada contornando até serra da Boa Viagem, desce depois, mostrando as grandes vistas da planície que o Sol baixo recorta. Remata-se agradavelmente o dia.

O viajante dormirá na Figueira da Foz, e quando no dia seguinte quiser visitar o museu encontrará as portas fechadas: falta a energia elétrica, tão cedo não a haverá. E como o depósito da gasolina quase secara, a estas horas ainda o viajante estaria na Figueira da Foz se o empregado da bomba, à força de braço, não tivesse praticado a obra de misericórdia que é dar de beber a quem tem sede.

NEM TODAS AS RUÍNAS SÃO ROMANAS

Se há coisa que o viajante estime, é saber o porquê do nome das coisas, porém não há de acreditar em qualquer história que lhe venham contar, como essa de vir o nome de Maiorca de uma teima entre os habitantes da terra (que, entretanto, nome não teria, ou se perdeu da recordação) e os de Montemor-o-Velho, que mais adiante está. Diz que os de Montemor, para fazerem pirraça aos de além, e fazerem valer as maiores alturas da sua terra, diziam em desafio: "Monte mor. Monte mor". E então os de Maiorca, sem argumentos de outro peso, respondiam: "Maior cá. Maior cá". Sabe-se como o resto é fácil: tira-se o acento, aproximam-se as palavras, e aí está Maiorca com nome fixado para o resto dos tempos. O viajante não acredita, e faz muito bem.

Em todo o caso, não quer acirrar despiques. Antes de ir a Montemor-o-Velho, passará o Mondego, far-se-á esquecido da imaginária querela. Procura outras imaginações, a bem dizer nem as procura, apenas quer ver com os seus olhos Ereira, terra onde nasceu e viveu Afonso Duarte, um dos maiores poetas portugueses deste século, hoje inexplicavelmente apartado das atenções. Ereira é terra tão vizinha da água que, transbordando o Mondego, mais o rio Arunca que perto lhe passa, vai a cheia entrar-lhe nas casas, familiarmente, como velhos conhecidos que se reencontram. Terá sido num dia assim que Afonso Duarte escreveu: *Há só mar no meu País./ Não há terra que dê pão:/ Mata-me de fome/ A doce ilusão/ De frutos como o Sol*. O viajante também nasceu em alagadiças terras, sabe o que são enchentes, mas, quando relê Afonso Duarte, toma com rigor a altura das águas, em quatro versos medidas: *Mal vai ao poeta lírico,/ Mal me vai se pontifico/ Que onde houver pobre e rico/ Há os problemas da terra*. Adeus, Ereira. Até sempre, Afonso Duarte.

O viajante não tem especiais motivos para ir a Soure, mas por esse caminho vai-se bem a Conímbriga. Hoje é dia consagrado a ruínas ilustres, como costumam ser aquelas que de Romanos restam. Do ponto de vista das tradições populares, três são as grandes referências históricas: o tempo dos Afonsinos, o tempo dos Mouros, e o tempo dos Romanos. O primeiro serve para ilustrar, contraditoriamente, o que mais antigo for, ou apenas impreciso, quase mítico; o segundo, a que faltam testemunhos materiais abundantes, é fertilíssimo em lendas; o terceiro, que lendas não deu, afirma-se na sólida ponte, na lajeada estrada, infunde portanto o respeito da dura lei ao som da marcha das legiões. Os Romanos não encontram simpatia em quem lhes herdou o latim.

Na verdade, quando o viajante passeia por estas magnificências, e é fácil ver que magnificências são, sente-se um tanto alheado, como se estivesse vendo e palpando testemunhos duma civilização e duma cultura totalmente estranhas. É possível que tal impressão venha de imaginar os Romanos aqui instalados, muito senhores do seu fórum, dos seus jogos de água, passeando de toga e túnica, combinando a ida a banhos, e em redor, perdido nas colinas hoje cobertas de olivais, um gentio bisonho e dominado, sofrendo de fome certa e de ciúme azedo. Vista assim, Conímbriga seria uma ilha de avançada civilização rodeada por um mar de gente a afogar-se. Estará o viajante cometendo grave injúria a quem precisamente essa mesma civilização acabou por enraizar aqui, mas esta é a explicação que encontra para o mal-estar que sempre o toma diante de Roma e suas obras, e inevitavelmente o está remordendo em Conímbriga. Há porém que dizer, e dessa isenção é muito capaz, que as ruínas de Conímbriga têm uma monumentalidade subtil, que vai solicitando devagar a atenção, e nem sequer as grandes massas das muralhas desequilibram a atmosfera particular do conjunto. Há realmente uma estética das ruínas. Intacta, Conímbriga terá sido bela. Reduzida ao que hoje podemos ver, essa beleza acomodou-se à necessidade. Não crê o viajante que melhor pudesse ter acontecido a estas pedras, a estes excelentes mosaicos, que em alguns lugares a areia oculta, para sua preservação.

 Deu vagarosas voltas, ouviu as boas explicações do guia e, estando já sozinho, foi inesperadamente encontrar, protegidos por chapas de vidro, três esqueletos humanos, restos de Roma a olhar lá do fundo do seu buraco o céu de Portugal, brumoso nesta hora. Hesita o viajante em continuar a cultivar as suas antipatias: afinal, Conímbriga foi invadida, saqueada, em parte destruída, pelos Suevos, gente que, no fim das contas, tanto se estaria afogando no mar de que o viajante falou, como por suas mãos veio aqui afogar outra gente. A vida é muito complicada, pensamento de pouco brilho, e ainda menor originalidade, e então o viajante decide arredar rancores mal conscientes e ter a justa piedade por uns pobres ossos que dos alimentos da terra portuguesa se formaram e em paga a ela tornaram.

Agora, sim, vai a Montemor-o-Velho. O castelo vê-se de longe, abrange toda a coroa da elevação em que foi levantado, e, tanto pela sua disposição no terreno como pelo número de torres quadradas e cilíndricas que lhe reforçam os muros, transmite uma poderosa impressão de máquina militar. O viajante não precisa de sonhar castelos em Espanha, tem-nos em Portugal, e este avulta entre a grande cidade deles que já lhe povoa a memória. É possível, no entanto, que o viajante, a quem o cultivo das letras não é estranho, esteja a deixar-se influenciar por factos que com o castelo nada têm, como seja terem nascido nesta boa vila de Montemor o Fernão Mendes Pinto da *Peregrinação* e o Jorge de Montemor da *Diana*. Sabe muito bem o lugar que ocupa nesta fila de três, lá para trás, no coice, mas, sendo a imaginação livre, compraz-se com a ideia de que por esta mesma porta de Santa Maria de Alcáçova entraram a batizar-se, cada um em seu tempo, o pícaro Fernão e o amoroso Jorge, e agora entra o viajante, por seu pé, com muito mais sal na boca do que à salvação convém, mas tão curioso como Fernão e tão melindroso como Jorge. Fique este desabafo e vamos às pedras e pinturas. Santa Maria de Alcáçova tem três naves, mas são tão amplos os arcos, tão esbeltas as colunas, que mais parece isto um salão enfeitado de falsas sustentações. Mora aqui um retábulo renascentista presumivelmente da oficina de João de Ruão, fornecedor de peças afins até à exaustão de formas, e nele, entre Santa Luzia e Santa Apolónia, uma Virgem da Expectação gótica, de Mestre Pero, que mostra o ventre fecundado, pousando nele a mão esquerda. É uma formosa imagem, que não esquece.

Saiu o viajante ao terreiro e, pela altura do Sol (estando em castelos medievais parece mal recorrer a outros ponteiros), percebeu que seriam horas de almoçar. Aliás, o estômago já lho estava dizendo desde há pedaço. Desceu pois à vila e foi abancar pertíssimo da Igreja da Misericórdia, que ali está mesmo à beira de águas. Seria estimável a vizinhança se não fosse encher o rio e entrar na igreja. O viajante não sabe como as coisas lá dentro se passam em momentos tais, se têm os santos de levantar os mantos para não se molharem, mas uma outra coisa sabe, é que está escrevendo estas palavras, que parecem falta de respeito, para disfarçar a indignação que sente por ver que assim ao respeito se falta a preciosas obras de arte, condenadas à morte pela indiferença e pelo desmazelo. O viajante deve confessá-lo aqui, não precisa de imagens sacras para orar aos pés delas, mas precisa de que elas sejam defendidas porque são obra do génio do homem, beleza criada. Quando olha a Senhora da Misericórdia que está por cima da porta, engrinaldada de ervas parasitas cujas raízes estarão desmontando as juntas das pedras, quando assim contempla e se comove, usa o viajante uma forma particular de oração: admira e ama.

Porém, em Montemor-o-Velho, não se acabaram os gostos e os desgostos. Vai dali ao Convento de Nossa Senhora dos Anjos, vê que a porta está fechada, mas não se alarma porque uma boa vizinha lhe diz que a chave se encontra à guarda doutra boa vizinha, ali mais acima. O viajante já se habituou a bater à porta dos habitantes, sente-se como quem anda à esmola, mas gosta do ofício. Vai ter paciência de esperar um bocadinho, que a senhora da chave está a acabar de almoçar. Se não estivesse já alimentado, ter-se-ia feito convidar, porque o cheiro que vinha de dentro de casa seria capaz de ressuscitar todo o vale de Josafá. O viajante desceu a rua, sentou-se no murozinho que limita o pequeno adro, e esperou. Não tardou muito, a guardiã da chave ainda vem a

mastigar o último bocado, e com o costumado estridor das fechaduras emperradas abre-se a porta.
 Entendeu logo o viajante que estava num lugar de muita reverência. Há em Portugal belezas, se deste relato isso não se concluir claramente a culpa é de quem devia explicar-se melhor, mas o Convento de Nossa Senhora dos Anjos nem precisa de outros adiantados louvores que este brusco suspender da respiração que nos toma ao entrar. E as sufocações são duas: a primeira é a inexprimível beleza que aqui se reuniu e fundiu em harmonia, a segunda é o estado de ruína em que tudo isto se encontra, paredes fendidas e manchadas de humidade, verdoso limo que tudo invade. O viajante aflige--se, pergunta-se como é possível tal situação, pergunta-o à senhora da chave, que gosta tanto do seu convento e o vê assim abandonado, e respostas não têm, ficam ambos a olhar os tetos, os muros, isto sem falar no claustro que cai aos bocados. Faz o viajante um esforço para não ver chagas e mazelas, e é tanta a beleza desta igreja que o consegue.
 Falamos muito, em Portugal, de românico, de manuelino, de barroco. Falamos menos de Renascimento. Será porque todo ele veio de importação, será porque não teve entre nós desenvolvimentos nacionais. Em Montemor-o-Velho interessam pouco tais subtilezas: o que temos diante, aqui na Capela da Deposição, ali na Capela da Anunciação, são obras-primas renascentistas que como tal seriam estimadas na Itália, primeira pátria do Renascimento. E por falar de Itália, dá-se o viajante à ironia de pensar que a esta igreja puxariam os Italianos o lustro e poriam a render, e depois sempre se arranjariam alguns portugueses para irem visitar longe e virem de lá a lastimar-se por tais preciosidades estarem em país estrangeiro.
 Este túmulo é de Diogo de Azambuja. Tem tal apelido, mas nasceu em Montemor-o-Velho. É um mancebo que está deitado na arca tumular, pousada a cabeça em duas almofadas de precioso bordado, mas esta tampa de pedra fechou-se sobre um homem de 86 anos, que tantos tinha

Diogo de Azambuja quando morreu. Este velho escolheu a imagem com que havia de ficar para a eternidade, e teve a fortuna de encontrar o escultor que lha inventou: Diogo Pires, o Moço. Também aqui os bolores verdes se instalaram, mas ao menos servem para sublinhar volumes, avivar cavidades, desenhar contornos. A estátua jazente de Diogo de Azambuja está coberta de vida. Bem a merece.

O viajante não tem vontade de partir. Conversa com a guardiã da chave, já são bons amigos. Mas, que se há de fazer, ainda tem muito que andar. Vai às partes superiores do convento, contempla no coro alto da igreja as pinturas murais, ingénuas mas delicadas, um belíssimo *Nascimento da Virgem* rodeado de pássaros e flores, e, com muita pena, até um dia, torna à estrada. Conímbriga tem mais sorte: é ruína romana. A esta ruína portuguesa ninguém acode: nem ruína na sua terra se pode ser. É certo que às vezes nos acodem com as compensações, mas quando já não tem remédio. Diga-o, por exemplo, aquela D. Margarida de Melo e Pina, que lá na igreja também está, morta nos cárceres da Inquisição, ao cabo de dezassete anos de contínua prisão. Estava inocente.

Para Tentúgal, não tem nada que errar. É ir a direito pela estrada de Coimbra, há um desvio, está logo lá. Não faltam em Portugal povoações que parecem ter ficado à margem do tempo, assistindo ao passar dos anos sem mover uma pedra daqui para ali, e contudo sentimo-las vivas de vida interior, quentes, ouve-se bater um coração. Ou está o viajante cometendo grave injustiça, ou não é esse o caso de Tentúgal. Andam pessoas pelas ruas, passam veículos, mesmo um ruidoso trator com atrelado, e as lojas estão abertas. Mas a impressão que Tentúgal dá é a de uma vila que não se conformou com a decadência em que caiu, depois de um passado de nobres esplendores, e guarda uma espécie de rancor de fidalgo arruinado que não quer aceitar os tempos novos e os valores que eles tragam. Tentúgal fechou portas e janelas, entaipou-se por trás das antigas altivezas, e deixa as ruas e os largos à circulação dos intrusos e dos fantasmas. Daí que seja muito mais fascinante a ambiência urbana do que o recheio dos lugares sacros, em todo o caso não desinteressantes. O viajante faz tenção de tornar aqui um dia para avançar no exame desta peculiar atmosfera. E também, confesse-se aqui um pecado de gula, para ver se tornam a saber-lhe tão bem os divinos pastéis que comeu encostado à Torre dos Sinos, fazendo da mão esquerda guardanapo para não perder migalha.

Coimbra está muito perto, já se lhe sentem os ares, mas primeiro há de o viajante ir a São Silvestre e a São Marcos: ficam no caminho e abundantemente justificam a paragem. Em São Silvestre são muitas, e de grande valor, as imagens que a igreja matriz guarda, e que bem as guarde são os votos do viajante. O Convento de São Marcos está implantado num espaçoso terreiro, com grandes árvores fronteiras, e a chave vêm trazê-la duma agradável casa à esquerda. O viajante está mal habituado de Montemor-o-Velho, quando no Convento de Nossa Senhora dos Anjos esteve à conversa com a mulher que ainda vinha a mastigar a última bucha quando trouxe a chave. Em São Marcos é um rapaz que aparece, puxado, mal responde às boas-tardes que o bem--educado viajante lhe dá, e tendo aberto a porta virou costas e não tornou a aparecer. Paciência. Ao contrário da Senhora dos Anjos, São Marcos está limpo e polido, mas, veja-se como são as coisas, o viajante descobre-se a ter saudades da abandonada ruína e a antipatizar com esta arrumação. É injusto o viajante, é inconsequente. São Marcos é muito belo. Tem magníficos túmulos, em tal quantidade que mais parece um panteão, templo apenas funerário, mas sem dúvida é a sua mais preciosa joia o retábulo da capela-mor, obra do pródigo escultor que foi Nicolau de Chanterenne. Em todo o caso, o viajante bem gostaria de saber a quem se deve a policromia das delicadas figurinhas que povoam os nichos e as edículas: é que se Chanterenne pôs aqui beleza inteira, o pintor acrescentou a que faltava, são aritméticas que hão de parecer erradas, mas o viajante está convencido de que o entendem.

Enfim, parece a jornada que está concluída. Porém ainda o viajante vai a Ançã, terra que deu nome à macia pedra que foi regalo de escultores. Se já as pedreiras se esgotaram, não o chegou a saber, entretido como ficou a ouvir umas janeiras, com seu bombo, caixa e gaita de foles. Estava a cair grande humidade quando foi visitar a igreja matriz, que é escura, bem ambientada e tem méritos de sobra para apresentar. A vista do adro é desafogada, corre ao fundo a ribeira de Ançã. O viajante olha o pavimento da rua junto da igreja: há fragmentos com letras insculpidas, restos de lápides. Destes mortos se pode dizer que só as pedras se lhes aproveitaram.

E agora siga o viajante para Coimbra. O tempo pôs-se feio. Oxalá não chova.

COIMBRA SOBE, COIMBRA DESCE

Choveu. Para a tarde, então, abriram-se os dilúvios do céu. Mas este viajante não é homem para desanimar à primeira bátega, e a segunda e a terceira ainda o encontram no caminho. São resistências campestres que lhe ficaram da infância e da adolescência, quando, em grau de maravilha, se não distinguia o sol da chuva, e ambos do luar, e todos do voo do milhafre. Há de contudo dizer-se que a manhã ainda pôde varrer umas largas faixas de céu azul, e foi sob essa luz que o viajante subiu a Couraça de Lisboa, íngreme calçada por onde têm rolado muitas ilusões perdidas de bacharelato e licenciatura. Para viajante, não será caminho habitualmente recomendado, mormemente se não tiver a perna lépida e o fôlego largo, mas este que vai aqui, mesmo quando já não lhe convier ao estado do coração, há de continuar a procurar os caminhos arredados, os de pouco passar e profundo viver. Esta Couraça de Lisboa não tem monumentos para mostrar, é só, como foi dito, uma calçada íngreme, mas é bom sítio para sentir Coimbra, provinciana cidade com duas cabeças, uma sua própria, e outra acrescentada, repleta de saberes e alguns imateriais prodígios. Se o viajante tivesse tempo, havia de procurar a Coimbra natural, esquecer a universidade que lá está em cima e entrar nestas casas da Couraça de Lisboa e das pequenas ruas que a ela afluem, e, conversando, vencer as inconscientes defesas de quem, sobre o próprio rosto, usa igual máscara.

Porém, o viajante não veio aqui para tão arriscados volteios. É um viajante, um sujeito que passa, um homem que, passando, olhou, e nesse rápido passar e olhar, que é superfície apenas, tem de encontrar depois lembranças das correntes profundas. São também volteios, mas da banda da sensibilidade. Enfim, esta é a Universidade de Coimbra, donde muito bem terá vindo a Portugal, mas onde algum mal se preparou. O viajante não vai entrar, ficará sem saber que jeito tem a Sala dos Atos Grandes e como é por dentro a Capela de São Miguel. O viajante, às vezes, é tímido. Vê-se ali, no Pátio das Escolas, rodeado de ciência por todos os lados, e não ousa ir bater às portas, pedir a esmola de um silogismo ou um livre-trânsito para os Gerais. Junte-se a esta cobardia a convicção profunda em que está o viajante de que a universidade não é Coimbra, e perceber-se-á por que a este Pátio das Escolas se limita a dar a volta, sem gosto pelas estátuas da Justiça e da Fortaleza que o Laprade armou na Via Latina, mas de gosto rendido diante do portal manuelino da Capela de São Miguel, e tendo entrado pela Porta Férrea por ela tornou a sair. Vai derrotado, rendido, triste consigo mesmo por ousar tão pouco, viajante que por vales e montanhas tem andado, e aqui, em terra sapiente, se afasta rente às paredes como quem se esconde dos lobos. E está neste desconsolo quando vê e ouve uns estudantes, um rapaz e duas raparigas, que lançavam sonoros e coloridos palavrões contra outro que se afastava levantando um braço e fechando o punho. E o jovem paladino, de damas acompanhado, gritava cá de longe que fizesse o outro qualquer coisa que os castos ouvidos do viajante não quiseram reter. Não são bonitos episódios, mas verdadeiros sim. E sempre o viajante ficou mais amigo de si próprio, ele que tão desiludido vinha. A Casa dos Melos fica logo em baixo. É uma avantajada construção quinhentista, que melhor conviria a fortaleza do que à Faculdade de Farmácia que hoje lá ensina a preparar simples e compostos. Do rigor científico destas palavras não tem o viajante grande certeza, e, por isso, antes que venham pedir-lhe contas, encaminha os seus passos à Sé Nova. Pelo dedo se conhece o gigante, pela fachada o jesuíta. Grande cultor de escolástica, supremo definidor do *distinguo*, o jesuíta transportou para as arquiteturas a sua peculiar inteligência racionalizante que subjaz aos cultismos preciosistas em que, enredando, se enreda. A fachada da Sé Nova é um cenário teatral, não por exuberâncias cenográficas que de facto não tem, mas pelo seu contrário, pela neutralidade, pelo distanciamento. Diante desta fachada pode representar--se um drama de capa e espada ou uma tragédia grega, o *Frei Luís de Sousa* ou o *Círculo de Giz Caucasiano*. Para a tudo se adaptar, o estilo jesuítico tem de definir-se por uma elegância impessoal. Estas coisas, se as não sonha o viajante, estão na fachada e no interior da igreja. E se à fachada voltarmos, logo se verá como estão a mais, neste espírito, as torres sineiras, recuadas, mas que a perspetiva inevitavelmente abrange. Construídas em tempo posterior, as torres estão a dar razão ao viajante.

  Não faltam à Sé Nova motivos de interesse. É opulentíssimo o altar-mor com o seu retábulo de talha dourada, de colunas torsas enramadas. Aliás, todas as capelas estão bem servidas de retábulos, e de todas avulta o da Capela de São Tomás de Vila-Nova, que é trabalho de exceção. De boa pintura não abunda a igreja, nem tal riqueza é frequente em igrejas portuguesas. Talvez o viajante o esteja notando por preferir ver aquecida a frialdade das paredes, a nudez das pilastras, o vazio dos caixotões. Este mármore foi trabalhado para ser apenas mármore. Poucas pedras serão mais pobres em si mesmas, segundo entende o viajante, com o risco de o apelidarem de bárbaro. No fundo, o viajante é pelo românico, que de qualquer pedra fazia arte, e nunca pequena arte, mesmo se rudimentar.

Talvez por castigo do céu e das heresias que vem pensando, o viajante, no trânsito que faz para o Museu Machado de Castro, apanha a primeira pancada de água. O que lhe vale é ser perto. Entra, sacudindo-se, responde ao compreensivo sorriso dos empregados, que ficam muito contentes por ver aparecer o viajante. Não que o conheçam, mas são pessoas que gostam de mostrar as preciosidades que guardam, e o viajante, enquanto a visita durar, será o único visitante. É certo que estamos em Janeiro, que ainda vem longe o tempo do grande leva-e-traz turístico, mas faz pena ver guias que não têm a quem guiar e peças de arte sem olhos que as tornem preciosas. O viajante decide ser egoísta: "Melhor para mim, mais regalado vejo". Regalado viu, em verdade. O Museu Machado de Castro tem a mais rica coleção de estatuária medieval que em Portugal existe, pelo menos do que à vista do público se encontra. De tal maneira que as imagens, pela proximidade a que as obriga a relativa exiguidade das instalações do museu, acabam por perder individualização e formam uma espécie de imensa galeria de personagens cujas feições se esbatem. Há exagero aqui, claro está, mas o viajante quereria ver cada uma destas peças isolada, com espaço livre ao redor, sem que os olhos, observando um anjo, estivessem já a ser captados por um santo. São pontos de minúcia que só chama à conversa porque está perante um tesouro de incalculável valor artístico. Não duplicaria o valor, mas seria multiplicado o prazer de olhar, a fruição.

Que dirá o viajante do que está vendo? Que escultura, que imagem, que peça chamará à primeira fila? Meia dúzia ao acaso, fazendo injúria ao que não menciona. Este Cristo jazente do século xv, misteriosamente sorrindo, como quem está seguro de que ressurgirá dos mortos. O viajante não vai pôr-se a discutir tais ressurreições, prefere ver na figura inerte a imagem dos homens caídos que se levantam, e sorriem da certeza de que se levantarão, ou outros mais tarde, se eles já não puderem. Prefere ver desenhada a perenidade da esperança, os lábios descerrados para o sorriso da vida, e aqui tem o direito de recordar-se daquele barco que viu em Vila do Conde e que precisamente esse nome tinha. E a *Senhora do Ó*, trecentista, daquele génio português que foi Mestre Pero e a quem apetece inventar uma biografia. Está esta senhora em adiantado estado de gravidez, adivinha com a concha da mão dobrada pelo pulso o novelo humano que dentro de si tem, e, com a cabeça suavemente inclinada, olha para nós com os seus olhos de pedra. E lá está o anjo que veio da Sé do Porto, espesso, românico, e o *Cristo Negro*, que obviamente admira, mas que se nega a pôr adiante do homem crucificado do Museu de Aveiro. E passando de época para época, eis os formidáveis *Apóstolos* de Hodart, também modelador de homens, que é isso que são os companheiros que a esta última ceia vieram, trazendo consigo, no barro de que são feitos, a massa ardente das paixões humanas, a cólera, a ira justa, o furor. Estes apóstolos são combatentes, gente de guerrilha que veio sentar-se à mesa da conjura, e no momento em que Hodart chegou estavam no aceso da questão, discutindo se deviam salvar o mundo ou esperar que ele por si próprio se salvasse. Neste ponto estavam e ainda não decidiram.

    Tendo sido Coimbra o foco de irradiação do Renascimento português, não há de surpreender que aqui se encontrem representados os seus introdutores Nicolau de Chanterenne e João de Ruão, que o viajante tem vindo a encontrar no seu itinerário. Veja-se a espetacular (o viajante não gosta da palavra, mas não acha outra melhor) Capela do Tesoureiro de João de Ruão, e a *Virgem Anunciada* de Chanterenne, uma das mais formosas esculturas que olhos viram. Não acabaria o viajante, e na pintura limita-se a apontar o Mestre do Sardoal, uns flamengos, não muito mais, que o

forte do museu não é a pintura. Aparamentos e ourivesaria
dá sempre atenção distraída, que novamente se concentra e
fixa quando surge a faiança, alegria dos olhos.
Agora vai descer às profundas. Deixa as regiões superiores, onde, por sinal, está chovendo, e, atrás do seu guia,
que não é Virgílio, avança, Dante não sendo, pelas galerias
escassamente iluminadas do criptopórtico. O viajante, que
às vezes se fatiga de mármores, consoante teve a franqueza
de declarar, está servido de pedra áspera, grosseiramente
aparelhada. Por ela passa as mãos com um gosto que é
sensual, sente o grão rugoso na polpa dos dedos, e com tão
pouco se dá felicidade a um viajante. O enfiamento dos
arcos é como um infinito espelho, e a atmosfera torna-se
tão densa, tão misteriosa, que o viajante não ficaria nada
admirado se visse surgir-se a si próprio lá ao fundo. Tal não
aconteceu, felizmente. O guia havia de ficar preocupado
se ouvisse o viajante falar sozinho, mesmo que estivesse
apenas lastimando o lábio ferido de Agripina. Baixara o viajante, torna a subir, e quando já na rua começa a descer para
a Sé Velha, descem com ele as águas da chuva, pelas valetas
chorreando, e, como atrás de ideia, ideia vem, recorda-se
de outras águas que no Minho corriam pela berma das estradas, afinal o mundo é pequeno, todas as memórias estão
juntas no pequeno espaço da cabeça do viajante. De repente
parou de chover. O viajante pôde fechar o guarda-chuva e
antes de entrar na Sé afligir-se não pouco com o arriscado
trabalho que dois homens andavam fazendo, empoleirados
em altas escadas apoiadas nas paredes, a arrancar as ervas
que cresciam nas platibandas e nos interstícios das pedras.
Sendo o pavimento da rua inclinado, a escada tinha de ser
calçada para se equilibrar na vertical, e esse calçamento era
feito com pequenas e instáveis pedras. Enfim, nada de mal
aconteceu, enquanto o viajante ali esteve a olhar, mas uma
comum escada *magirus* teria feito mais bom serviço.
    Se o viajante tanto gosta do românico quanto diz, tem
na Sé Velha satisfação que baste, porque, de geral consenso,

este é o mais belo monumento que daquele estilo existe em Portugal. Será. O viajante assombra-se diante da fortaleza, a robustez das formas primeiras, a beleza própria dos elementos que lhe foram acrescentados em épocas posteriores como a Porta Especiosa, e, entrando, recebe a maciça impressão dos pilares, o voo da grande abóbada de berço central. Sabe que está no interior duma construção plena, lógica, sem mácula na sua geometria essencial. A beleza está aqui. Mas o viajante tem as suas fraquezas, e a coragem de as confessar: sem tirar nada ao que a Sé Velha de Coimbra é e tem, é mais profundamente tocado pelas pequenas e rústicas igrejas românicas do Norte, quase nuas tantas vezes, roídas por todos os lados, dentro e fora, já polidas como um seixo rolado, mas tão próximas do coração que se sente o pulsar da pedra. Aqui, na Sé Velha de Coimbra, usou o arquitecto um elemento que àquelas igrejas pobres naturalmente falta e a que o viajante é em extremo sensível: o trifório, a galeria de reforçadas colunas que corre sobre as naves laterais e que é uma das mais belas invenções do românico. E é justamente o trifório que vem equilibrar a balança e encaminhar o viajante na via de justiça relativa que à Sé Velha estava devendo. À saída, lembrou-se de que nestes degraus, em noites quentes, se costuma cantar o fado. Bem está. Mas o sítio também não seria mau para ouvir João Sebastião Bach. Por exemplo.

São horas de almoçar, e, podendo ser, confortavelmente. E de mau passadio não ficará o viajante a queixar-se. Foi ao Nicola, atendeu-o um daqueles já raros empregados de mesa que respeitam e fazem respeitar a profissão, com o gesto, a palavra, a dignidade. A tudo se juntou um bife tenro e suculento, e tudo fez o manjar real que alimentou o viajante. Posto o que foi a Santa Cruz. Chovia que Deus a dava, e hoje não deveria dar tanta. Sob o arco triunfal resguardavam-se da maior alguns conimbricenses, e entre eles duas mulheres de mercado em conversa que seria livre em qualquer local. O viajante não é dos que entendem que as pedras se ofendem facilmente e tomou a conversa como uma dupla e simultânea confissão, como tantas outras que da banda de dentro desta porta se têm ouvido. Do portal se pode dizer que é bem uma obra coletiva: estão aqui risco e mãos de Diogo de Castilho, Nicolau de Chanterenne, João de Ruão e Marcos Pires, isto sem contar com os canteiros que não deixaram nome. Coletiva foi também a construção dos túmulos dos reis D. Afonso Henriques e D. Sancho I: outra vez Diogo de Castilho, outra vez Chanterenne, e para que nem tudo fique a saber-se, um anónimo que passou à história como Mestre dos Túmulos dos Reis, designação mais do que óbvia.

O que ao viajante causa grande espanto é ver aqui deitado Afonso Henriques, quando ainda não há muitos dias o deixou à porta do Castelo de Guimarães, mais o seu cavalo, ambos muitos cansados. Repreende-se por estar brincando com coisas sérias, e encara primeiro Afonso, depois Sancho, um que conquistou, outro que povoou, vê-os deitados sob estes magníficos arcos góticos e decide em seu coração de viajante que neste lugar se celebram quantos desde aquele século XII lutaram e trabalharam para que Portugal se fizesse e perdurasse. Se se levantassem as tampas destes túmulos veríamos um formigueiro de homens e mulheres, e alguns seriam os que tiraram estas pedras da pedreira, as transportaram e afeiçoaram, e, sentados nelas, na hora de jantar, comiam o que mulheres tinham cozinhado, e se o viajante não põe aqui ponto final é a história de Portugal que acabará por ter de contar.

À mão esquerda de quem entra está o púlpito. Muita pedra e magnífica martelou João de Ruão. Este púlpito é uma preciosidade tal que do alto dele nem preciso seria que botassem fala os pregadores: com simples olhar os doutores da Igreja ali esculpidos, deveria a assistência ficar edificada, tão segura dos mistérios da Fé como dos segredos da Arte.

Belos são também os azulejos que forram as paredes da nave, mas o azulejo deve ser olhado em doses homeopáticas: se o viajante abusa, entontece. O que vale é que na Igreja de

Santa Cruz se pode passar dos azulejos historiados da nave para os de tipo tapete da sacristia. Aqui há bela pintura, o *Pentecostes* de Vasco Fernandes, a *Crucificação* e o *Ecce Homo* de Cristóvão de Figueiredo. O viajante sai confortado, passeia-se ao longo do cadeiral e acha, para concluir, que Santa Cruz é muito bela. E quando sai já as mulheres não estão e são outros os conimbricenses que debaixo do arco se abrigam, cujo foi obra de frei João do Couto, setecentista.
O viajante mete-se à chuva. Vai ver a Casa do Navio, e depois torna à Alta, não pode vir a Coimbra sem ver a Casa de Sub-Ripas, tão carcomida, coitada dela e de nós, e a Torre de Anto, onde viveu António Nobre, que há de ter sido o último castelão de vocação verdadeira. Se lá mora hoje alguém, o viajante não sabe. Podia ter averiguado, mas nem tudo lembra. Além disso, com toda esta chuva, é o único ser vivo que desafia as cascatas que vêm lá de cima. Torna abaixo, entra no Jardim da Manga, que parece um charco, e vai apreciar o templete, tão parecido com o da Igreja de Tocha.
Neste deambular se faz tarde, o viajante deita contas se há de ir a Santa Clara, e, embora sobre o Mondego estejam desabando cordas de água, aí vai. Lá para baixo é o Choupal, aonde não irá: sente-se anfíbio, mas ainda tem certa dificuldade em se servir das guelras.
Santa Clara-a-Velha vê-se muito bem a distância, mas depois, dá-se a volta, segue-se ao longo de uns prédios, e o mosteiro desaparece. Enfim torna a aparecer, é uma construção arruinada, melhor ainda, uma ruína total, confrange-se o coração de ver tal abandono sob a grande chuva que continua a cair. Há aqui uma escada de ferro, é legítimo subi-la, ao menos para procurar abrigo, e quando lá está dentro pode fechar o guarda-chuva, dar as boas-tardes ao guarda, que é surdo e responde pelo mexer dos lábios ou se lhe gritam alto, e estando isto esclarecido, olha enfim os grandes arcos, as abóbadas, e também o céu através dos rasgões das paredes. Santa Clara-a-Velha foi convento feminino, e, realmente, há

nesta melancólica igreja uma atmosfera particular de gineceu, ou diz o viajante porque já o sabia.
O guarda quer conversar. Durante todo o dia ninguém o visitou, este mandou-lho a providência dos guardas. O viajante desiste de falar. E está prestes a encobrir-se por trás duma simulada atenção, quando pela milionésima vez ouve contar a história dos subterrâneos que ligavam os conventos a outros conventos, e a este de Santa Clara-a-Velha vem dar um que começa no Jardim da Manga, e a meio caminho, debaixo do chão, há uma sala com uma mesa de pedra e bancos em redor, e que tem as paredes forradas de azulejos, quem isto contou ao guarda foi um pedreiro que andava a trabalhar numas obras e viu. O dito pedreiro morreu há tempos de desastre, de modo que o viajante não pode ir saber outras seguras informações. Além disso, chove tanto.
Ainda tentou ir, por seu pé, a Santa Clara-a-Nova. Mas o enxurro que vem do alto exigiria barbatanas de salmão. O viajante é um simples homem. Torna a passar a ponte, e enquanto olha de revés o rio, pensa como estaria abrigado na tal sala subterrânea, a olhar os azulejos de que, não sendo em demasia, tanto gosta, e nesta altura tem uma terrível suspeita: a de que nessa mesma sala vão reunir-se à noite, quando o museu está fechado, os Apóstolos de Hodart para prosseguirem a conjura. Quem sabe se a entrada do subterrâneo não será no templete de João de Ruão?

UM CASTELO PARA HAMLET

O viajante, felizmente, não se constipou. Mas, no dia seguinte, acordou com a manhã em meio, talvez de cansado por tanto subir e descer. Deu uma volta pelas estreitas e concorridas ruas da parte baixa da cidade, peregrinou uma vez mais pelas empinadas calçadas da alta, acenou ao Mondego, e, com vontade e sem ela, saiu de Coimbra. Em rigor, sair de Coimbra, quando, como o viajante, se toma a estrada da Beira, é só naquele sítio, na margem do rio, em que a dita estrada se bifurca, um ramo para Penacova, outro ramo para a Lousã. Até aí, ainda os nomes são evocativos do que a Coimbra pertence: Calhabé, Carvalhosa. A norte do rio, pode-se dizer que Coimbra está entre Mondego e Mondego. Ideia arrematada de destino, não a trazia o viajante. Tanto o estava solicitando a margem do Mondego como a margem do Ceira. Não lançou moeda ao ar, decidiu-se por sua própria conta: ganhou o Ceira. Mas os homens são feitos de maneira que este ia repeso de não estar, ao mesmo tempo, subindo os contrafortes da serra da Lousã e ladeando os da serra do Buçaco. Para não ir homem dividido entre estar aqui, além, que não há pior divisão, fez promessa, chegando a Penacova, de ao menos descer o Mondego até à Foz do Caneiro. E tendo assim deliberado, sossegou e deu olhos à paisagem.

Não é ela de assombrar. O céu está baixo, roça quase os montes que só agora estão trepando às costas uns dos outros, mas sem grande esforço ou convicção. O rio, afinal, mal se vê da estrada, aqui, além, não a constante companhia que o mapa parecia prometer. Felizmente, não chove, só de longe em longe uns borrifos que não chegam para acrescentar aguada ao dilúvio que caiu ontem. O viajante atravessa o Ceira em Foz de Arouce, e daí a nada está na Lousã. Como o seu fito era o castelo, não atendeu à vila, que haveria de ter que ver e admirar, e seguiu caminho. Ficou este remorso para remediar um dia.

Agora, sim senhores, merece a serra o seu alto nome. O viajante não vai subir até Santo António da Neve ou Coentral, como desejaria, se confiasse mais nas estradas, mas vê de longe os cerros, e mesmo aqui, mais abaixo, por este desvio que apenas o leva ao castelo, caem os vales bastante abruptamente. As encostas são arborizadas, não falta o mato, e por isso, por este jogo de cortinas que as curvas multiplicam, o castelo surge de repente. Já o viajante se esqueceu dele, e ali está.

Este castelo é um castelinho, e faria muito mal quem o

tivesse feito maior. Ocupa, e apenas em parte, o espinhaço de um monte que é, insolitamente, o mais baixo da vizinhança. Quem diz castelo, pensa altura, domínio de quem está de cima, mas aqui tem de pensar outras coisas. Pensará, sem dúvida, que o Castelo da Lousã é, paisagisticamente, das mais belas coisas que em Portugal se encontram. A sua própria situação, no centro duma roda de montes que o excedem em porte, torna, por um paradoxo aparente, mais impressiva a sensação da altura. É justamente a proximidade das encostas fronteiras que dá ao viajante uma impressão quase angustiante de equilíbrio precário quando entra no castelo e vai à torre. Já sentira o mesmo quando se aventurou até ao fim do espinhaço e ouviu do fundíssimo vale o estrondo das águas invisíveis do rio que ali passa, apertado entre as paredes de rocha. O dia está ventoso, toda a ramaria em redor se agita, e o viajante não se sente muito seguro em cima da torre cilíndrica a que conseguiu chegar. Está nisto, nesta romântica situação de desafiador de ventos e tempestades, quando subitamente lhe acode a ideia maravilhosa: neste lugar, neste castelo familiar, no centro deste círculo de montes que ameaçam avançar um dia é que Hamlet viveu e se atormentou, foi debruçado para o rio que fez a sua irrespondível pergunta, e, se nada disto aqui aconteceu, ao menos o viajante acredita que nenhum lugar existe no mundo com mais adequado cenário para uma representação shakespeariana, das que metem castigos, vaticínios funestos e grandeza. É uma cenografia natural que não precisa de retoques, e em tenebrismo dramático nada poderia ser mais impressionante. Construído de xisto, o Castelo da Lousã resiste mal ao martelar alternante do sol, da chuva, das geadas, do vento, ou então é o viajante que isso teme por ver como se estão esboroando, nos sítios mais expostos, os muros restaurados. Tem porém o xisto uma coisa boa: cai uma lasca, facilmente se põe outra.

Voltou o viajante à estrada armando na imaginação grandes projetos de teatro e filme, mas felizmente aos poucos o foi distraindo a alta montanha que à direita se ergue, no caminho que o levará a Góis. O melhor, pensa, é deixar as coisas como estão, não bulir com o castelo, que não precisa do Hamlet para impressionar os corações sensíveis. Aliás, nem Ofélia poderia ir tranquilamente cantando de água abaixo naquele pedregoso leito, coitadinha.

Góis vê-se de cima, e tais curvas tem a estrada de dar que quase se perde a vila de vista, julga-se tê-la ultrapassado, e para entrar é preciso, já no vale, fazer largo rodeio. Torna a encontrar o Ceira, que é bem formoso rio quando se mostra, mas esquivo.

Em Góis quer o viajante ver o túmulo de D. Luís da Silveira, atribuído, por quem destas matérias sabe, a Hodart. Pode duvidar-se, porém. Se são de Hodart, e são mesmo, os *Apóstolos* de Coimbra, aqueles convulsos homens cujas artérias latejam à flor do barro, não vê o viajante que irmandade de criação haja entre eles e este cavaleiro ajoelhado. Bem se sabe que a matéria determina a forma, que a plasticidade do barro sobreleva em valor expressionista a nitidez que da pedra se obtém, mas é com maior relutância que admite a atribuição. Está no entanto pronto a declarar que a estátua ajoelhada é uma obra-prima, mesmo estando tão malbaratada a classificação. E o arco, que não é da mesma mão, resplende de magnífica decoração renascentista. Góis é longe, mas este túmulo exige a viagem. Numa capela lateral encontrou depois o viajante uma singular representação da Santíssima Trindade com a Virgem, dispostas as figuras sobre uma nuvem que três anjos transportam e levam pelos ares, servindo de cabos de reboque, se a expressão é permitida, as pontas dos mantos das divinas personagens. O santeiro que esta peça concebeu e realizou sabia que em nuvens não há que fiar, por um nada se desfazem em chuva, como o viajante tem tido abundante prova, e agora confirmação fugaz quando sai da igreja matriz. Este rio Ceira joga às escondidas com a estrada. Já o julgamos longe e torna a aparecer em Vila Nova, agora, sim, para despedir-se.

O caminho que leva a Penacova é um constante sobe-e-desce, um novelo de curvas, e atinge o delírio já perto do Mondego quando tem de vencer o desnível em frente de Rebordosa. É aqui que o viajante desiste de chegar à Foz do Caneiro quando passar para a banda de além. Tendo de ir a Lorvão, contentar--se-á com os quatro quilómetros de margem que separam Penacova de Rebordosa. Enfim, aqui está a ponte, agora é subir até Penacova, nome que consegue a suprema habilidade de conciliar uma contradição, reunindo pacificamente uma ideia de altura (pena) e uma ideia de fundura (cova). O que logo se entende quando se verifica que a construíram a meia encosta: quem vem de cima, vê-a em baixo; quem vem de baixo, vê--a em cima. Nada mais fácil. E, também, nada mais frio. O viajante almoça numa sala gelada e húmida. Não tirou um fio de lã dos que o agasalhavam ao ar livre e, mesmo assim, está enregelado. A criada, envolvida em acumuladas roupas, tem o nariz vermelho, constipadíssima. Parece uma cena polar. E se a comida é excelente, bastou-lhe viajar entre a cozinha e a mesa para chegar fria.

    O viajante saiu com negras disposições. E se uma disposição negra admite escurecer ainda mais, imagine-se como terá ficado esta quando foi visto que a bomba de gasolina estava fechada e só abria às três. Em casos tais, convém praticar a virtude da paciência. Ir à igreja matriz e levar o dobro do tempo necessário, e neste caso não era muito, olhar cá de cima o vale do Mondego, contemplar os montes à procura de qualquer aspeto que os distinga dos cem outros vistos antes e justifique tão longo admirar. Os penacovenses devem estar muito satisfeitos com este viajante, que tanto mostra gostar da terra, ao ponto de não abandonar o muro do miradouro, nem mesmo quando chuvisca. Um homem tem de arejar as suas irritações, ou rebenta.

    Enfim, deram as três, já pode ir a Lorvão. Estes caminhos são fora do mundo. Estando o céu aberto e o Sol fulgindo, talvez a paisagem se torne amável, mas o viajante duvida. Tudo isto por aqui é grave, severo, um pouco inquietante. As árvores escuríssimas, as encostas quase verticais, a estrada que tem de ser acautelada. O viajante resolve parar para saber como é este silêncio, e em verdade o sabe. Sente-o melhor ouvindo o vago rumor da chuva que cai sobre as árvores, vendo pairar nos vales uma neblina quase transparente. Está em paz o viajante. De Lorvão não viu muito. Levava a cabeça cheia de imaginações, e portanto só pode queixar-se de si próprio. Da primitiva construção, no século IX, nada resta. Do que no século XII se fez, uns poucos capitéis. Pouco relevantes as obras dos séculos XVI e XVII. De maneira que aquilo que mais avulta, a igreja, é obra do século XVIII, e este século não é dos que o viajante mais estime, e em alguns casos desestima muito. Vir a Lorvão à espera de um mosteiro que corresponda a sonhos românticos e responda à paisagem que o rodeia, é encontrar uma deceção. A igreja é ampla, alta, imponente, mas de arquitetura fria, traçada a tiralinhas e escantilhão de curvas. E as três gigantescas cabeças de anjos que enchem o frontão por cima da capela-mor são, no franco entender do viajante, de um atroz mau gosto. Belo é porém o coro, com a sua grade que junta o ferro e o bronze, belo o cadeiral setecentista. E aqui aproveita para verificar que o século XVIII, que tão mal se entendeu com a pedra, soube trabalhar a madeira como raras vezes antes e depois. E é também belo o claustro seiscentista, da renascença coimbrã. E se o viajante está de maré de não esquecer o que estimou, fiquem também notadas as boas pinturas que na igreja estão.

 A serra do Buçaco, vista da estrada por onde o viajante segue, não se mete pelos olhos dentro. E como o caminho acompanha praticamente toda a falda sudoeste, não são insuportáveis os giros nem excessivas as rampas de cima a baixo. Quando se diz Buçaco, não está a pensar-se nesta serra igual a tantas, mas naquele extremo dela, esse sim, fabuloso, que é a mata, onde já o viajante vai entrando. Está aí, porém, o Palace Hotel a requerer a primeira atenção. Olhemo-lo para depois passarmos a coisas sérias. Porque, enfim, sério não pode ser este neomanuelino, este neorrenascimento, concebidos por um arquiteto e cenógrafo italiano nas agonias do século XIX, quando em Portugal se inflamavam imperialmente as consciências e convinha enquadrá-las em boas ou más molduras quinhentistas. E se Palace é Palace, portanto para raros apenas, se o Buçaco é longe, portanto fora de mão, em Lisboa se fez a estação dos caminhos de ferro no Rossio, pondo-lhe na fachada também manuelina, para ser mais acabada a ilusão, a imagem de D. Sebastião, vencido em Alcácer Quibir, mas ainda senhor absoluto de não poucas imaginações. O viajante não está zangado, nem indisposto, não são estes dizeres fruto de má digestão ou azedume intelectual. Apenas tem o direito de não gostar do Palace Hotel, mesmo reconhecendo como bem cinzelada está esta pedra, como são bem lançadas as salas e cómodas as cadeiras, como tudo está disposto para o conforto. O Palace Hotel será, pensa o viajante, o sonho realizado de um milionário americano que, não podendo transportar para Boston, pedra a pedra, este edifício, aqui vem exercitar a sua cobiça. Parece, no entanto, que ainda aqui se engana o viajante: muitos dos estrangeiros que se hospedam debaixo destes manuelinos tetos abalam de manhã cedo para a mata e só voltam às horas das refeições. O viajante começa a acreditar que o bom gosto não se perdeu neste mundo, e, assim sendo, não tem mais que seguir o exemplo das nações avançadas: vai à mata.

    A mata do Buçaco absolve os pecados conjuntos de Manini e do viajante, e também, se é possível absorver toda a gente, de Jorge Colaço, que fez os azulejos, e dos Costa Motas, tio e sobrinho, que fizeram aí esculturas. É o reino do vegetal. Aqui é serva a água, servos os animais que se escondem na espessura ou por ela passeiam. O viajante passeia, entregou-se sem condições, e não sabe exprimir mais do que um silencioso pasmo diante da explosão de troncos, folhas várias, hastes, musgos esponjosos que se agarram às pedras ou sobem pelos troncos acima, e quando os segue com os olhos dá com o emaranhado das ramagens altas, tão densas que é difícil saber onde acaba esta e começa aquela. A mata do Buçaco requer as palavras todas, e, estando ditas elas, mostra como ficou tudo por dizer. Não se descreve a mata do Buçaco. O melhor ainda é perder-nos nela, como fez o viajante, neste tempo de Janeiro incomparável, quando ressumbra a humidade do ar e da terra, e o único rumor é o dos passos nas folhas mortas. Este cedro é velhíssimo, foi plantado em 1644, hoje ancião que precisa do amparo de espias de aço para não tombar desamparadamente na encosta, e diante dele o viajante faz ato de contrição e declara em voz alta: "Árvore fosse eu, e também ninguém me tiraria". Mas o viajante é homem, tem pés para andar e muito caminho à sua frente. Vai tristíssimo. Leva a floresta na memória, mas não lhe poderá chegar com as mãos quando por longe andar, e aqui nem os olhos bastam, aqui todos os sentidos são necessários, e talvez não cheguem. O viajante promete que só parará onde for dormir. Depois do Buçaco, o dilúvio. Mete à estrada, passa Anadia e segue por Boialvo, caminho secundário, atravessa Águeda, fosse mais cedo e talvez emendasse a palavra para revisitar Trofa, e quando entra em Oliveira de Azeméis é noite fechada. Está um temporal de vento capaz de alterar a órbita da Terra. O viajante sobe ao hotel, cansado. E à entrada tentam ainda as forças malignas dar-lhe o golpe final: há no quinto andar uma cabeleireira que assim anuncia os seus serviços: *houte-coiffeur*. Dizei agora, senhores, que seria do viajante se não fosse a mata do Buçaco.

À PORTA DAS MONTANHAS

Ao acordar, na manhã seguinte, o viajante acredita que terá o seu dia estragado. Se em Coimbra choveu, em Oliveira de Azeméis alaga-se. Até Vale de Cambra não viu mais do que vinte metros de estrada à sua frente. Mas depois começou o tempo a levantar, em horas de saber ainda o que tinha vindo a perder: uma paisagem ampla, montanhosa, de grandes vales abertos, todas as encostas em socalcos verdíssimos, amparados por muros de xisto. As estradas parecem caminhos de quinta, de tão estreitas e maneirinhas. Para um lado e para o outro, extensas matas de corte, quase sempre eucaliptos, a que felizmente a chuva e a humidade geral da atmosfera apagaram a lividez mortuária que a árvore costuma ter em tempo seco. Quando chega a Arouca, o céu está descoberto. Terá sido uma coincidência igual a tantas, ou prodígio vulgarizado nesta vila, a verdade é terem passado naquele mesmo instante três belíssimas raparigas, altas, esbeltas, seguras, que pareciam doutro tempo, passado ou futuro. O viajante viu-as afastarem-se, invejou as fortunas meteorológicas de Arouca, e foi à visita do mosteiro.

Toda a pressa, aqui, é importuna. Há primeiramente a igreja. Não sendo particularmente notável do ponto de vista arquitetónico, é porém mais interessante do que a de Lorvão, com que de algum modo se parece. Mas o cadeiral é magnífico, tanto pela substância como pelo rigor. Os entalhadores setecentistas que este trabalho fizeram demonstram com ele a que ponto extremo pode chegar a precisão do trabalho das mãos e o sentido harmonioso do desenho. Por cima do cadeiral, sumptuosas molduras de talha barroca envolvem pinturas religiosas que, embora acatando as convenções do género, merecem atenção.

Há também o órgão setecentista, do qual convém saber que tem 24 registos e 1 352 vozes, entre as quais se incluem, para quem gostar de minúcias, a trombeta de batalha, a trombeta real, os baixos imitadores do mar agitado com seus ruídos de trovão, o registo de bombo, o registo de vozes de canário, o registo de vozes de ecos, a flauta, o clarinete, o flautim, a trompa e um inesgotável etc. Está calado o órgão, mas agora vai o guia dizer que neste túmulo de ébano, prata e bronze se encontra o corpo mumificado, isto é, incorrupto, da Beata Mafalda, também aqui chamada Rainha Santa Mafalda. O corpo é pequenino, parece de criança, e a cera que cobre o rosto e as mãos encobre a verdade da morte. Desta Santa Mafalda se pode dizer que é com certeza muito mais bela agora, com o seu rostinho precioso, do que foi em vida, lá nesse bárbaro século XIII. Quem não se preocupou com parecenças foi aquele fortunado jogador do Totobola que, tendo ganho o primeiro prémio, mandou fazer uma estátua da santa, mais que de natural tamanho, cuja se encontra apartada no claustro, longe da comunidade das artes merecedoras de tal nome, porque em verdade não era merecedora de sorte melhor.

O museu é no primeiro andar, e tem para mostrar um magnífico recheio, tanto em escultura como em pintura. Aqui está este *S. Pedro* do século XV de que muito se tem falado e até já emigrou para terras de estranja, tão valioso é, toda a gente o conhece de fotografias. Mas é preciso vê-lo de perto, o rosto de homem robusto, a boca de muita e não recolhida sensualidade, a mão que ampara o livro, a outra que segura a chave, e o envolvimento que o manto faz, o arrastamento da túnica que vai acompanhando a perna direita ligeiramente fletida, e, ainda, à cabeça voltando, a barba que parece florida e os caracóis do cabelo. Outra imagem belíssima é a da *Virgem Anunciada* que cruza as mãos no peito e vai ajoelhar, vencida. E há umas magníficas esculturas góticas, estas de madeira, representando santos.

Excelente é também a coleção de pinturas, e, embora o viajante seja particularmente desafeto dos convencionalismos setecentistas, acha curioso o engrinaldamento figurativo e a retórica das atitudes nestas pinturas anónimas que pretendem ilustrar um milagre da Beata Mafalda, quando por sua direta, sobrenatural e testemunhada intervenção veio apagar um incêndio que se declarara no seu mosteiro. Mas onde os olhos ficam é nas oito tábuas quatrocentistas que ilustram cenas da Paixão. São, ou parecem ser, de produção popular, mas o viajante desconfia que foram obra de além--fronteiras, talvez Valência de Espanha, e não de ao pé da porta. Não jura nem apresenta provas, desconfia apenas.

Tudo isto é muito belo e de grande valor artístico: os tapetes, o *S. Tomé* maneirista de Diogo Teixeira, os ex-votos populares que constantemente estão pondo em perigo a honradez do viajante, os livros de pergaminho iluminados, as pratas, e se todas estas coisas vão assim mencionadas ao acaso, sem critério nem juízo formulado, é porque o viajante tem clara consciência de que só vendo se vê, embora não esqueça que mesmo para ver se requer aprendizagem. Aliás, é isso que o viajante tem andado a tentar: aprender a ver, aprender a ouvir, aprender a dizer.

 Terminou a visita. Podendo, o viajante voltará um dia ao Mosteiro de Arouca. Está já na rua, nas suas costas fecha-se o grande portão, o guia vai ao almoço. O viajante fará o mesmo e depois, estendendo o mapa em cima da mesa, verifica que está à porta das montanhas. Acaba de beber o café, paga a conta, põe o saco ao ombro. Vamos à vida.

Brandas beiras de pedra, paciência

O HOMEM QUE NÃO ESQUECEU

Se o viajante fosse a exame, sairia reprovado. Exame de viajante, entenda-se, que outros, talvez sim, talvez não. Chegar à Guarda passada a uma da manhã, a um sábado, isto em Março, que é alta estação de neve na serra, e confiar no patrono dos viajantes para lhe ter um quarto vago, é incompetência rematada. Aqui lhe disseram que não, além ninguém veio abrir, acolá nem vale a pena tocar a campainha. Voltou ao primeiro hotel, como é possível, tão grande edifício, e não haver sequer um quarto. Não havia. O frio, lá fora, era de transir. O viajante podia ter pedido a esmola de um sofá na sala de espera, para esperar a manhã e um quarto despejado, mas sendo pessoa com o seu orgulho entendeu que esta sua tão grave imprevidência merecia punição, e foi dormir dentro do automóvel. Não dormiu. Envolvido em tudo quanto podia fazer vezes de agasalho, trincando bolachas para enganar o apetite noturno e aquecer ao menos os dentes, foi a mais mísera criatura do Universo durante as longas horas do seu pessoal Inverno polar. Estava clareando a manhã, dificilmente clareando, e o frio apertava, quando foi posto em terrível dilema: ou humilhar-se a pedir enfim abrigo na sala de espera tépida, ou sofrer a humilhação de ver os madrugadores espreitarem pelas janelas, a ver se lá dentro estava homem ou pingente gelado. Escolheu a humilhação mais aconchegada, não se lhe pode levar a mal. Quando enfim, tendo saído muito cedo uma algazarra de espanhóis que tinham vencido esta Aljubarrota, ficou livre um quarto, o viajante mergulhou na água mais quente do mundo e depois entre lençóis. Dormiu três horas de profundo sono, almoçou e foi ver a cidade. O dia merece o título de glorioso. Não há uma só nuvem no céu, o Sol brilha, o frio é tonificante. Viu a noite um viajante infeliz, vê o dia um contente viajante. Dirão os céticos que foi por ter dormido e comido, mas os céticos só nasceram para estragar os simples prazeres da vida, como este de atravessar a praça, comprar o jornal do dia anterior e verificar que as raparigas da Guarda são bonitas, substanciais e olham de frente. Põe-as o viajante na memória ao lado das de Arouca, e, seguindo ao longo deste passeio, dá com o museu e entra.

Não faltam outros mais ricos, mais bem arrumados, mais obedientes às regras básicas da museologia. Mas, não dando o espaço para melhor e sendo tão diversas as coleções, tem de bastar ao viajante a virtude do que se mostra, e essa não é escassa. Veja-se esta *Senhora da Consolação* românica, do século XII, feita da mesma pedra que o nicho que a envolve (aqui recorda o viajante o *S. Nicolau* que em Braga está), veja-se este barroco *Salvador do Mundo,* robusto e rubicundo, de larga testa desguarnecida, apenas coberto com o pano que lhe cobre as ancas e tendo lançado sobre ele um curto manto vermelho, vejam-se as palmatórias das esmolas para as almas, veja-se a pequenina e maciça Virgem coroada, com um Menino Jesus de rosto feito à sua imagem e semelhança, veja-se o tríptico seiscentista com Santo Antão, Santo António e um bispo, veja-se a pintura de frei Carlos, a *Adoração*, que tem a um canto uma referência à povoação de Açores, aonde o viajante não deixará de ir. Veja-se a magnífica coleção de armas, as peças romanas, outras lusitanas, os pesos e medidas, as talhas, e também algumas boas pinturas do foral do século XIX e deste em que estamos. E há de também interessar ver aqui reunidas algumas recordações do poeta Augusto Gil, que na Guarda passou a infância. Enfim, o Museu da Guarda merece abundantemente que o visitem. É quase familiar, talvez por isso se lhe sinta um coração.

Antes de ir à Sé, resolveu o viajante entrar na Igreja da Misericórdia, mas havia ofício religioso, e, em casos tais, é discreto. Saiu, foi à de São Vicente, onde se demorou a apreciar os painéis de azulejos setecentistas que forram a nave. Não são exemplares nos desenhos, ou justamente abusam de exemplaridade convencional, mas os enquadramentos são bem imaginados, monumentais no lançamento dos ornatos, sensíveis na utilização da cor. O vagar com que os apreciou deve ter acordado desconfianças em duas idosas senhoras de sua casa e família: miraram-no com escassa caridade, o que terá desagradado a S. Vicente, a quem até um corvo levou pão quando sofreu transes de fome.

Tendo descido para este lado, o viajante dá uma volta pelas estreitas ruas que o hão de levar à Praça da Câmara, onde está a estátua de D. Sancho I. São ruas sossegadas, estreitas, onde ninguém a esta hora passa, mas numa delas é que o viajante viu o que nunca vira, um lobo-d'alsácia que o olha por trás do vidro duma montra, ao lado de caixas de cartão. O cão não ladra, apenas olha, estará talvez guardando os bens do dono e já percebeu que daqui mal não virá. É uma cidade que tem mistérios, a Guarda. Vejam-se os postigos, ou janelas de dupla vidraça, forrados de papéis floridos, que não deixam olhar para dentro nem para fora: para que servirá a transparência se a ocultam, para onde dará este jardim inacessível?

Aí está, enfim, a Catedral. O viajante começa por vê-la do lado norte, com a larga escadaria e o portal joanino, por cima do qual se desenvolvem os sucessivos planos que correspondem, dentro, à nave lateral e à nave central, os arcobotantes arrestados nos botaréus respetivos. É maciça no seu soco, arejada nas obras altas, mas, quando se encara de frente para a fachada, o que os olhos veem poderia ser uma fortificação militar, com as torres sineiras que são castelos coroados de merlões denticulados. Como todo o edifício, excetuando a cabeceira, está implantado num espaço desafogado, a impressão de grandeza acentua-se. O viajante está a gostar da Guarda.

Entra pela porta e logo o envolve o grande interior gótico. A nave está deserta, o viajante pode passear à vontade, as devotas de S. Vicente não virão aqui persegui-lo com os seus olhos suspicazes e pequeninos, e o mais certo é ter-lhes o santo dado uma boa repreensão. Está aqui o grande retábulo da capela-mor, cerca de cem figuras esculpidas que se distribuem por quatro andares, compondo diversos quadros da história sacra. Diz-se que é também obra de João de Ruão. Fosse esta pedra de Ançã dura pedra, em vez da brandura que é sua natureza, e não teria o nosso século XVI podido prosperar em tanta estátua, em tanto retábulo, em tanta figura e figurinha. Diferente pedra, duríssima, é a do túmulo da Capela dos Pinas, este bispo gótico que repousa a cabeça sobre a mão esquerda enquanto o braço direito assenta ao longo do corpo, em último e já irremediável abandono. O corpo está ligeiramente inclinado para nós, para que possamos ver que é homem quem ali está deitado, e não uma estátua jazente. Faz sua diferença, e não pequena.

O viajante percorre devagar as três naves, fixa duas altas janelas ou frestas cuja serventia não entende, mas, estando a luz tão a favor, mal parecia desprezá-las. Não lhe apetece sair daqui, talvez por estar sozinho. Senta-se num degrau de pedra, vê em esforço os feixes torcidos das colunas, medita sobre a arte desta construção, as nervuras das abóbadas, a descarga calculada das partes altas, enfim, toma ali a sua lição sem mestre. Não se avantaja a Sé da Guarda particularmente a outras construções deste tipo, mas, como aqui estava o tempo certo com o lugar, o viajante aproveitou melhor.

Dali foi à Torre dos Ferreiros. Quer ver lá do alto a paisagem, ter a sensação de se encontrar a mais de mil metros de altitude. O dia continua luminoso, mas no horizonte há uma neblina, ténue, contudo suficiente para ocultar o que deste sítio se pode ver tão longe. O viajante sabe que além é a serra da Estrela, além a serra da Marofa, além a Malcata.

Não as vê, mas sabe que estão à sua espera: as montanhas têm isto que as distingue: nunca vão a Maomé. A tarde vai-se aproximando, o Sol desceu muito, são horas de recolher. Dormiu pouquíssimo de manhã, depois da já relatada fria madrugada, e anseia por estender o corpo fatigado. Dormitou o viajante no seu quarto e, chegando a hora, foi jantar. Aliviado da invasão espanhola o hotel, regressados aos lares os excursionistas lusos, está a sala de jantar em admirável sossego, reduzida no seu tamanho por um espesso cortinado que a aconchega. A temperatura, lá fora, desceu muito, treme o viajante de pensar como estaria agora sem quarto garantido e banho quente, essas coisas só acontecem a viajantes imprevidentes ou em princípio de curso, não a este, que é veterano. Está neste troçar de si próprio quando o chefe de mesa se aproxima com a lista e um sorriso. É um homem baixo, de tronco sólido. Trocam-se as palavras costumadas nestas ocasiões, parece que não vai acontecer mais nada que vir a comida e o vinho, café para terminar. Duas coisas acontecem. A primeira é a excelente comida. O viajante já o pressentira ao almoço, mas ainda devia estar sob a impressão gélida da noite, mal reparou. Porém, agora, sem pressa, ativado o paladar, que entretanto se purificara do gosto enjoativo das bolachas comidas na solidão do Polo Norte, pode confirmar que a cozinha é de mestre. Boa nota. A segunda coisa que está acontecendo é a conversa que já vai larga entre o viajante e o chefe de mesa. Em duas palavras diz aquele quem é e ao que anda, em outras duas fala de si, no essencial, o chefe de mesa, e depois vão ser precisas muitas outras para as histórias que serão contadas.

    Diz o Sr. Guerra (é este o nome): "Sou natural de Cidadelhe, uma aldeia do concelho de Pinhel. Também pensa lá ir?". Responde o viajante, sem mentir: "Tinha essa intenção. Gostaria de ver. Como está a estrada?". "A estrada está má. Aquilo é o fim do mundo. Mas já foi pior." Fez uma pausa e repetiu: "Muito pior". Ninguém se pode intitular viajante se não tiver intuições. Aqui adivinhou este viajante que havia mais para ouvir, e lançou um simples fio que nem de anzol precisa: "Faço ideia". "Talvez faça. O que eu não posso é ficar indiferente quando me dizem que terras como a minha estão condenadas a desaparecer." "Quem foi que lhe disse isso?" "O presidente da Câmara de Pinhel, aqui há anos. São terras condenadas, dizia ele." "Gosta da sua terra?" "Gosto muito." "Ainda lá tem família?" "Só uma irmã. Tive outra, mas morreu."

O viajante sente que está a aproximar-se, e procura a pergunta que melhor sirva para abrir a arca que adivinha, mas afinal a arca abre-se por si própria e mostra o que tem dentro, um caso vulgar em terras condenadas como Cidadelhe: "A minha irmã morreu aos sete anos. Tinha eu nove. Deu-lhe o garrotilho, e esteve assim, cada vez pior. De Cidadelhe a Pinhel são vinte e cinco quilómetros, nessa altura era carreiro, tudo pedras. O médico não ia lá. Então a minha mãe pediu um burro emprestado e viemos os três, por aqueles montes". "E conseguiram?" "Nem meio caminho andámos. A minha irmãzinha morreu. Voltámos para casa, com ela em cima do burro, ao colo da minha mãe. Eu ia atrás, a chorar." O viajante tem um nó na garganta. Está numa sala de jantar de hotel, este homem é o chefe de mesa e conta uma história da sua vida. Há mais dois empregados perto, a ouvir. Diz o viajante: "Pobre menina. Morrer assim, por falta de assistência médica". "A minha irmã morreu por não haver médico nem haver estrada." Então o viajante compreende: "Nunca conseguiu esquecer isso, pois não?". "Enquanto viver, não esqueço." Houve uma pausa, está o jantar no fim, e o viajante diz: "Amanhã irei a Cidadelhe. Quer acompanhar-me o Sr. Guerra? Pode vir comigo? Mostra-me a sua terra". Os olhos ainda estão húmidos: "Terei um grande prazer". "Então, está combinado. Vou de manhã a Belmonte e a Sortelha, depois do almoço seguimos, se lhe convém."

O viajante regressa ao quarto. Estende em cima da cama o seu grande mapa, procura Pinhel, cá está, e a estrada que entra pelas terras dentro, num ponto qualquer deste espaço morreu uma menina de sete anos, e então o viajante encontra Cidadelhe, lá em cima, entre o rio Coa e a ribeira de Massueime, é o cabo do mundo, será o cabo da vida. Se não houver quem se lembre.

PÃO, QUEIJO E VINHO EM CIDADELHE

Prima donna assoluta é a cantora de ópera que apenas faz principalíssimos papéis, aquela que nos cartazes ocupa sempre o primeiro lugar. Em geral, é caprichosa, impulsiva, inconstante. Desta também absoluta Primavera que adiantada veio, confia o viajante que não traga tais defeitos, ou tarde os mostre. De vantagem já leva dois magníficos e luminosos dias, o de ontem e o de hoje. Desce ao longo do vale que começa logo à saída da Guarda para sul e depois segue a par da ribeira da Gaia. É uma paisagem larga, de terras cultivadas, verdejando, em verdade o Inverno despede-se.

Perto de Belmonte está Centum Cellas ou Centum Coeli, o mais enigmático edifício destas paragens portuguesas. Ninguém sabe para que servia esta alta estrutura de mais de vinte metros: há quem afirme que terá sido templo, outros que foi prisão, ou estalagem, ou torre de acampamento, ou vigia. Para estalagem não se lhe vê o motivo, para vigia bastaria coisa mais simples, prisão só por avançadas pedagogias, tão desafogadas são estas portas e janelas, e templo, talvez, mas o vício está em facilmente darmos o nome de templo a quanto nos aparece. Pressente o viajante que a solução estará nos terrenos em redor, por que não é crível que este edifício aqui tenha surgido isoladamente, por uma espécie de capricho. Sob as terras lavradas se encontrará talvez a resposta, mas enquanto não for possível garantir trabalho sério e metódico, dinheiro pronto e proteção suficiente, é melhor deixar em paz Centum Cellas. Já se estragou demasiado em

Portugal, por incúria, por falta de espírito de perseverança, por desrespeito. Belmonte é a terra de Pedro Álvares Cabral, aquele que em 1500 chegou ao Brasil e cujo retrato, em medalhão, se diz estar no claustro dos Jerónimos. Estará ou não, que nisto de retratos de barba e elmo não há muito que fiar, mas aqui no Castelo de Belmonte deve ter Pedro Álvares brincado e aprendido suas primeiras habilidades de homem, pois neste lugar estão as ruínas do solar que foi de seu pai, Fernão Cabral. Não deve ter tido má vida Pedro Álvares: a julgar pelo que resta, o solar era magnífico. O mesmo qualificativo merece a janela manuelina geminada nas muralhas que viram a poente. E a cintura dos muros é extensa, protegendo um grande espaço interior que o viajante estima ver limpo e varrido. Em alegre brincadeira andam ali crianças da escola primária, e tanto brincam elas como as duas professoras, quase da mesma idade. O viajante gosta de ver estes quadros felizes e sai a fazer votos por que se não zangue a professora morena nem se enfureça a professora loura quando uma daquelas crianças não souber quantos são nove vezes sete.

Mesmo ao lado, num pequeno adro, é a antiga igreja matriz. O viajante entra, desprevenido, e, dados três passos, para sufocado. Esta é uma das mais belas construções que já viu. Dizer que é românica e também gótica, de transição, será dizer tudo e nada dizer. Porque, aqui, o que impressiona é o equilíbrio das massas, e logo depois a nudez da pedra, sem aparelho, apenas ligadas as juntas irregulares. É um corpo visto por dentro e mais belo do que esperava ao entrar. Vão-se logo os olhos para a capela formada por quatro arcos, avançada em relação ao arco triunfal, sem cobertura, e dentro, encostado à parede, um grupo escultórico representando a Virgem e o Cristo morto, ele deitado sobre os joelhos dela, virando para nós a cabeça barbada, a chaga entre as costelas, e ela não o olhando já, nem sequer a nós. Estão decerto muito repintadas as cabeças, mas a beleza do corpo, talhado em duro granito, atinge um grau supremo. O viajante tem em Belmonte um dos mais profundos abalos estéticos da sua vida. A *Pietà* é a mais magnífica peça que aqui existe. Mas não podem escapar sem atenção os capitéis das colunas próximas, nem o arco da capela-mor, nem os frescos que ao fundo estão. E se o viajante aturar o menor depois de ter contemplado o maior, tem na sacristia uma Santíssima Trindade com um Padre Eterno de olhos assustadoramente arregalados, e na nave uns túmulos renascentistas, mas frios, e um S. Sebastião atlético e feminino, de longos cabelos caídos sobre os ombros e gesto de afetada elegância. Veja tudo isto, mas antes de sair coloque-se outra vez diante da *Pietà*, guarde-a bem nos olhos e na memória, porque obras assim não as vê todos os dias.

De Belmonte vai o viajante a Sortelha por estradas que não são boas e paisagens que são de admirar. Entrar em Sortelha é entrar na Idade Média, e quando isto o viajante declara não é naquele sentido que o faria dizer o mesmo entrando, por exemplo, na Igreja de Belmonte, donde vem. O que dá carácter medieval a este aglomerado é a enormidade das muralhas que o rodeiam, a espessura delas, e também a dureza da calçada, as ruas íngremes, e, empoleirada sobre pedras gigantescas, a cidadela, último refúgio de sitiados, derradeira e talvez inútil esperança. Se alguém venceu as ciclópicas muralhas de fora, não há de ter sido rendido por este castelinho que parece de brincar.

O que não é brincadeira nenhuma é a acusação, em boa letra e ortografia, pintada na entrada duma fonte: ATENÇÃO! ÁGUA IMPRÓPRIA PARA BEBER POR DESLEIXO DAS AUTORIDADES MUNICIPAIS E DELEGAÇÃO DE SAÚDE. O viajante ficou satisfeito, não, claro está, por ver a população de Sortelha assim reduzida em águas, mas porque alguém se dispôs a pegar numa lata de tinta e num pincel para escrever, e para o saber quem passe, que as autoridades não fazem o que devem, quando devem e onde devem. Em Sortelha não fizeram, como testemunha o viajante, que daquela fonte quis beber e não pôde.

A Sabugal ia o viajante na mira dos ex-votos populares do século XVIII, mas não deu sequer com um. Onde os meteram não o soube dizer o ancião que veio com a chave da Ermida de Nossa Senhora da Graça, onde era suposto estarem. A igreja, agora, é nova e de espetacular mau gosto. Salva-se o *Pentecostes* de madeira talhada que está na sacristia. As figuras da Virgem e dos apóstolos, pintadas com vivacidade, são de admirável expressão. Leva o viajante, em todo o caso, uma dúvida: se isto é um Pentecostes, por que são os apóstolos dez?, estará Judas aqui representado apenas por razões de equilíbrio de volumes?, ou o entalhador popular decidiu, por sua conta e risco, exercer o direito de perdão que só aos artistas compete?

O viajante tem um compromisso para esta tarde. Irá a Cidadelhe. Para ganhar tempo almoça em Sabugal, e, para o não perder, nada mais viu que o geral aspeto duma vila ruidosa que ou vai para a feira ou vem de feirar. Segue depois a direito para a Guarda, deixa no caminho Pousafoles do Bispo aonde tencionara ir para saber o que poderá restar duma terra de ferreiros e ver a janela manuelina que ainda dizem lá existir. Enfim, não se pode ver tudo, era o que faltava, ter este viajante mais privilégios que outros que nunca tão longe puderam ir. Fique Pousafoles do Bispo como símbolo do incansável que a todos escapa. Mas o viajante envergonha-se destas metafísicas quando a si mesmo decide perguntar que coisas alcançarão ou não os descendentes dos ferreiros de Pousafoles. Envergonhou-se, calou-se, e foi buscar ao hotel o Sr. Guerra, de Cidadelhe, que já o esperava.

Foi dito que entre Pinhel e Cidadelhe são vinte e cinco quilómetros. Juntem-se-lhes mais quarenta entre Guarda e Pinhel. Dá para conversar muito e é sabido que ninguém conversa mais do que duas pessoas que, mal se conhecendo, têm de viajar juntas. Às tantas já se trocam confidências, já se confiam vidas para além do que é geralmente contado, e então se descobre como é fácil entenderem-se pessoas no simples ato de falar, quando não se quer que no espírito do outro fiquem suspeitas de pouca sinceridade, insuportáveis quando se vai de companhia. O viajante ficou amigo do chefe de mesa, ouviu e falou, perguntou e respondeu, fizeram ambos uma excelente viagem. Em Pera do Moço há um dólmen, e Guerra, sabendo ao que anda o viajante, apontou-o. Mas este dólmen não é dos que o viajante aprecia, não tem segredos nem mistério, está ali à beira da estrada, no meio do campo cultivado, nem lá se chega nem apetece. Dólmenes tem visto, porém nem já deles fala, para não confundir nas suas recordações aquela mamoa da Queimada onde ouviu bater um coração. Então julgou que era o seu próprio. Hoje, a tão grande distância e tantos dias passados, não tem a certeza.

Já Pinhel ficou para trás, agora as estradas são caminhos de mal andar, e depois do Azevo o que se vê é um grande deserto de montes, com terras tratadas onde foi possível. Há searas, breves, as de mais intenso verde são de centeio, as outras de trigo. E nas terras baixas cultiva-se a batata, o geral legume. Pratica-se uma economia de subsistência, come-se do que se semeia e planta.

Cidadelhe, calcanhar do mundo. Eis a aldeia, quase na ponta de um bico rochoso entalado entre os dois rios. O viajante para o automóvel, sai com o seu companheiro. Em dois minutos juntou-se meia dúzia de crianças, e o viajante descobre, surpreendido, que todas são lindas, uma humanidade pequena de rosto redondo, que é maravilha ver. Ali perto está a Ermida de São Sebastião, e mesmo ao lado a escola. Entrega-se ao guia, e se a primeira visita deve ser a escola, pois que seja. São poucos os alunos. A professora explica o que o viajante já sabe: a população da aldeia tem vindo a diminuir, poucos mais há que uma centena de habitantes. Uma das meninas olha muito o viajante: não é bonita, mas tem o olhar mais doce do mundo. E o viajante descobre que para aqui vieram as velhas carteiras escolares da sua infância, são restos e sobras vindas da cidade para Cidadelhe.

A ermida estava fechada, e agora está aberta. Por cima da porta, sob o alpendre que defende a entrada, há uma pintura maneirista provincial que representa o Calvário. Defendida da chuva e do sol, não a poupam, em todo o caso, o vento e o frio: milagre é estar em tão bom estado. Guerra conversa com duas mulheres idosas, pede notícias da terra e dá-as de si próprio e da família, e diz depois: "Este senhor gostaria de ver o pálio". O viajante está atento à pintura, mas sente, no silêncio seguinte, uma tensão. Uma das mulheres responde: "O pálio não pode ser. Nem cá está. Foi para arranjar". O resto foram murmúrios, um conciliábulo arredado, sem gestos, que nestes lugares mal se usam.

Entrou o viajante no pequeno templo e dá, de frente, com o S. Sebastião mais singular que os seus olhos encontraram. Vê-se que foi encarnado há pouco tempo, com a pintura envernizada, o tom róseo geral, a sombra cinzenta da barba escanhoada. Tem um dardo cravado em cheio no coração, e apesar disso sorri. Mas o que causa espanto são as enormes orelhas que este santo tem, verdadeiros abanos, para usar a expressiva comparação popular. Grande é o poder da fé, se diante deste santo, em verdade patusco, o crente consegue conservar a seriedade. E é grande esse poder, porque tendo-se aberto a porta da ermida já quatro mulheres estão fazendo oração. O único sorriso continua a ser do santo.

Os caixotões do teto mostram passos da vida de Cristo, de excelente composição rústica. Se se descontarem os efeitos da velhice, mais visíveis em algumas molduras, o estado geral das pinturas é bom. Apenas requerem consolidação, tratamento que as defenda. À saída, Guerra aproxima-se e o viajante pergunta: "Então, amigo Guerra, que há a respeito do pálio?". "O pálio", responde Guerra, embaraçado, "o pálio está a arranjar." E as mulheres idosas, cujo número o viajante já desistiu de contar, respondem em coro: "Sim senhor. Está a arranjar". "Então não se pode ver?" "Não senhor. Não pode."

O pálio (sabia-o já o viajante e teve confirmação pela boca do seu companheiro) é a glória de Cidadelhe. Ir a Cidadelhe e não ver o pálio, seria o mesmo que ir a Roma e não ver o papa. O viajante já foi a Roma, não viu o papa e não se importou com isso. Mas está a importar-se muito em Cidadelhe. Porém, o que não tem remédio, remediado foi. Coração ao alto. A aldeia é toda pedra. Pedra são as casas, pedra as ruas. A paisagem é pedra. Muitas destas moradas estão vazias, há paredes derruídas. Onde viveram pessoas, bravejam ervas. Guerra mostra a casa onde nasceu, a soleira onde a mãe teve as dores, e uma outra casa onde viveu mais tarde, entalada sob um enorme barroco, que é este o nome beirão dos pedregulhos que por esses montes se amontoam e encavalam. O viajante maravilha-se diante de algumas padieiras insculpidas ou com baixos-relevos decorativos: uma ave pousada sobre uma cabeça de anjo alada, entre dois animais que podem ser leões, cães ou grifos sem asas, uma árvore cobrindo dois castelos, sobre uma composição esquemática de lises e festões. O viajante está maravilhado. É neste momento que Guerra diz: "Agora vamos ver o Cidadão". "Que é isso?", pergunta o viajante. Guerra não quer explicar já: "Venha comigo".

Vão por quelhas pedregosas, aqui nesta casa que em caminho fica mora uma irmã de Guerra, de seu nome Laura, e está também o cunhado, a limpar a corte do gado, tem as mãos sujas, por isso não se aproxima e saúda com palavras e sorrisos. Pergunta Laura: "Já viu o pálio?". Manifestamente contrafeito, Guerra responde: "Está a arranjar. Não se pode ver". Afastam-se ambos para um lado, é outro debate secreto. O viajante sorri e pensa: "Isto há de querer significar alguma coisa". E, enquanto vai subindo na direção de um campanário que de longe se avista por cima dos telhados, nota que Laura se afasta rapidamente por outra rua, como quem vai em missão. Curioso caso.

"Cá está o Cidadão", diz Guerra. O viajante vê um pequeno arco armado ao lado do campanário, e, grosseiramente esculpida em relevo, uma figura de homem tendo por baixo meia esfera. No outro pilar do arco, em grandes letras, lê-se: "Ano de 1656". O viajante quer saber mais e pergunta: "Que figura é esta?". Não se sabe. De memória de gerações sempre o Cidadão pertenceu a Cidadelhe, é uma espécie de patrono laico, um deus tutelar, disputado acesamente entre o povo de baixo (onde agora está) e as Eiras, que é o povo de cima, onde o viajante desembarcou. Houve um tempo em que as disputas verbais chegaram a aberta luta, mas acabaram por prevalecer as razões históricas, pois o Cidadão tem as suas raízes neste lado da aldeia. O viajante medita no singular amor que liga um povo tão carecido de bens materiais a uma simples pedra, mal talhada, roída pelo tempo, uma tosca figura humana em que já mal se distinguem os braços, e confunde-se em pensamentos, vendo como é tão fácil entender tudo se nos deixarmos ir pelos caminhos essenciais, esta pedra, este homem, esta paisagem duríssima. E mais pensa como há de ser melindroso bulir nestas coisas simples, deixá-las serem e transformarem-se por si, não as empurrar, estar simplesmente com elas, olhando este Cidadão é a felicidade que está no rosto do amigo novo que se chama José António Guerra, homem que decidiu guardar memória de tudo. "Que se sabe da história do Cidadão?", perguntou o viajante. "Pouco. Foi encontrado não se sabe quando, numas pedras de além" (faz um gesto que aponta para a invisível margem do Coa) "e ficou sempre a pertencer ao povo." "Por que é que lhe chamam Cidadão?" "Não sei. Talvez por ser a terra Cidadelhe."

É um bom motivo, pensa o viajante. E vai entrar na igreja matriz, ali mesmo, quando repara que já não está sozinho com José António Guerra. Vindas não sei donde, estão ali três das idosas mulheres que fizeram o coro na Ermida de São Sebastião, e embora seja a idade muita, e castigada, agora sorriem. O melhor da igreja de Cidadelhe é o teto, armado em caixotões, uma festa edificante de pinturas representando santos, de tratamento mais erudito que aos do teto de São Sebastião. Desespera-se o viajante de não saber quem isto pintou, que imaginário viveu dentro desta igreja, que palavras se disseram entre ele e o cura, que olhares foram os do povo que vinha espreitar o adiantamento do trabalho, que orações foram ditas a esta corte celestial, e para quê. Vai lendo os nomes dos santos e as idosas mulheres acompanham-no, e, como não sabem ler, ficam algumas vezes espantadas por ser aquele o santo do nome que conheciam: "S. Mathias, S. Ilena, S. João, S. Jeronimo, S. Ant.º, S. Thereza de Jesus, S. Apolonia, S. Joze". São quinhentistas estas pinturas, precioso catálogo hagiológico, oxalá sejam os santos bastante poderosos para a si mesmos se protegerem.

Assim devia ser a viagem. Estar, ficar. O viajante está muito perturbado, vê-se-lhe na cara. Sai com José António Guerra, sobe com ele até uma elevação que é o ponto mais alto de Cidadelhe. Ouvem-se cantar os pássaros, os olhos vão indo por cima dos montes, quanto mundo se pode ver daqui. "Gosto disto desde pequeno", diz o companheiro. O viajante não responde. Está a pensar na sua própria infância, nesta sua madura idade, neste povo e nestes povos, e afasta-se. Está cada um consigo mesmo e ambos com tudo.

"São horas de merendar", diz Guerra. "Vamos a casa de minha irmã." Descem pelo caminho que trouxeram, lá está o Cidadão de sentinela, e vão primeiro a uma adega beber um copo de tinto claro, ácido, mas de uva franca, e depois sobem os degraus da casa, vem Laura ao limiar: "Entre, esteja na sua casa". A voz é branda, o rosto sossegado, e não é possível que haja no mundo mais límpidos olhos. Está na mesa o pão, o vinho e o queijo. O pão é grande, redondo, para o cortar é preciso apertá-lo contra o peito, e nesse gesto fica a farinha agarrada à roupa, à blusa escura da dona da casa, e ela sacode-a, sem pensar nisso. O viajante repara em tudo, é a sua obrigação, mesmo quando não entender tem de reparar e dizer. Pergunta Guerra. "Conhece o ditado do pão, do queijo e do vinho?" "Não conheço." "É assim: pão com olhos, queijo sem olhos, vinho que salte aos olhos. É o gosto a terra." O viajante não crê que as três condições sejam universais, mas em Cidadelhe aceita-as, nem é capaz de conceber que possam ser diferentes.

Acabou a merenda, são horas de partir. Despede-se o viajante com afeto, desce para a rua, Guerra ainda ficou a conversar com a irmã, que lhe diz: "Estão à espera nas Eiras". Que será, pergunta a si mesmo. Não vai tardar a saber. Quando se aproxima da Ermida de São Sebastião vê, em ar de quem espera, aquelas mesmas idosas mulheres e outras mais novas. "É o pálio", diz Guerra. As mulheres abrem devagar uma caixa, tiram de dentro qualquer coisa envolvida numa toalha branca, e todas juntas, cada qual fazendo seu movimento, como se estivessem executando um ritual, desdobram, e é como se a não acabassem de desdobrar, a grande peça de veludo carmesim bordada a ouro, a prata e a seda, com o largo motivo central, opulenta cercadura que rodeia a custódia erguida por dois anjos, e ao redor flores, fios entrelaçados, esferazinhas de estanho, um esplendor que nenhumas palavras podem descrever. O viajante fica assombrado. Quer ver melhor, põe as mãos na macieza incomparável do veludo, e numa cartela bordada lê uma palavra e uma data: "Cidadelhe, 1707". Este é, em verdade, o tesouro que as mulheres de preto ciosamente guardam e defendem, quando já lhes custa guardar e defender a vida.

No regresso à Guarda, caía a noite, disse o viajante: "Então o pálio não estava a arranjar". "Não. Quiseram convencer-se primeiro de que o senhor era boa pessoa." O viajante ficou contente por o acharem boa pessoa em Cidadelhe, e nessa noite sonhou com o pálio.

MALVA, SEU NOME ANTIGO

Pelo tempo de visitar estas paragens, assentou o viajante arraiais na Guarda. Hoje tomará a estrada de Viseu até Celorico da Beira e daí fará suas derivações, para voltar ao ponto de partida. O dia está como os seus manos mais chegados: formoso. Merece-os o viajante, que de chuva e nevoeiro tem tido mais do que a conta, embora não se queixe e algumas vezes estime. Porém, estivesse mau tempo, hoje seria pena, não poderia apreciar este largo, extenso e fundo vale onde o Mondego passa, ainda no lançamento da larga curva que o fará contornar os contrafortes da serra da Estrela pelo norte para depois se alongar por mais baixas terras, até ao mar. Este rio parecia fadado para ir desaguar no Douro, mas encontrou no caminho as alturas de Açores e Velosa, o monte de Celorico, e deixou-se ser o maior dos que em terra portuguesa nascem. Alguns destinos humanos são assim.

O viajante vai primeiro a Aldeia Viçosa, nome recente, porque os habitantes se envergonhavam de se chamar a sua terra Porco e requereram o crisma. Mal fizeram. Aldeia Viçosa é designação de complexo turístico, Porco era herança de gerações, do tempo em que nestes montes reinava o porco-bravo e matá-lo era ocasião de regozijo e alimento melhorado. Mudar o nome à aldeia foi um ato de ingratidão. Enfim, meta-se o viajante na sua vida, olhe esta viçosa paisagem das margens do rio, veja como de tão alto desceu. E agora, tornando a subir, repara nas casas dos lavradores dispersas pelo vale, muito trabalho aqui se fez para tornar isto um jardim. A estrada é muito estreita, sombreada de altas árvores, há portões de quintas, frontarias apalaçadas. De repente uma curva, aí está Aldeia Viçosa.

A igreja matriz, à primeira vista, desconcerta o viajante. Em terras que abundam em românico e barroco, ver aqui, na antiga aldeia de Porco, um exemplar neoclássico, é caso. Lá dentro, porém, encontram-se peças de maior antiguidade, como o túmulo quinhentista de Estêvão de Matos, falecido em 1562, e sua mulher Isabel Gil, que veio juntar-se ao marido em data que ninguém achou necessário acrescentar. A igreja tem que ver: a bela tábua, também do século XVI, representando a Virgem e o Menino com anjos músicos, e, no teto curvo da capela-mor, as pinturas que figuram os quatro doutores da Igreja, dois de cada lado, de grandes proporções, sobre um fundo ornamental de folhagens e volutas vegetais. Depois da fachada neoclássica, Aldeia Viçosa tem mais esta surpresa para mostrar. Mas também não falta a boa estatuária, com saliência para o belíssimo *S. Lourenço* seiscentista de madeira.

Retoma o viajante a estrada principal que adiante tornará a deixar para se meter por um caminho campestre, que é, diz o mapa, a estrada que vai a Açores. Se isto é estrada, o viajante é falcão, e se agora, com tempo seco, os cuidados têm de ser tantos, que fará havendo chuva e lama. A entrada em Açores faz-se pelo campo da feira, terreiro largo e extenso que logo se vê ser desproporcionado em relação à importância atual da povoação. Açores foi município em tempos idos, e isto, que o viajante diz ser largo de feira, seria também o acampamento dos romeiros de Nossa Senhora dos Açores, que é o orago. Aquele edifício ali, com o pelourinho à frente, foi a câmara. Está adulterado, abriram-lhe portas onde deviam estar panos de muro, mas é mesmo assim um afago para os olhos. Açores dá uma impressão de grande abandono, lembra, de alguma maneira, Tentúgal: o mesmo silêncio, o mesmo vazio, e até a dimensão urbana tem certa semelhança. O viajante cuida que, em seus tempos, a vila devia ser afamada neste lado da Beira.

O portal da igreja é barroco, mas lá dentro há provas de maior antiguidade, como a inscrição referente a uma princesa visigoda, morta no século VII. Mas a grande fascinação da igreja, pela novidade em templos portugueses, são as pinturas que representam factos e lendas locais. O viajante tem já duas mulheres da aldeia a acompanhá-lo, e são elas que, roubando a palavra uma à outra, querem ser relatoras dos fastos e milagres de Nossa Senhora dos Açores. Primeiramente, o nome. Não é ilha do Atlântico, é terra beirã, tão firme que fez afastar o Mondego, e contudo chama-se Açores. Pois isso vem do milagre obrado naquela terrível ocasião em que o pajem de um rei leonês, tendo deixado fugir o açor real, foi condenado a ficar sem a mão, e na sua aflição apelou para a Virgem, que logo fez regressar a ave. As mulheres já vão lançadas no milagre segundo, que é o da intervenção da Virgem numa batalha entre portugueses e leoneses, no terceiro, que é o da ressurreição do filho de um rei que veio aqui peregrinar, e no quarto, e final, que foi o salvamento da vaca que em perigo estava, com grande aflição e risco de prejuízo do seu dono. Decerto fez Nossa Senhora dos Açores outras obras, mas estas tiveram quem ingenuamente as ilustrasse para lição das idades futuras. Queixam-se as mulheres do abandono em que tudo está, queixa-se o viajante de terem elas razão para assim se queixarem.

Ainda tentou ir a Velosa, que fica a dois quilómetros, levava na ideia ver o túmulo duma princesa goda, Suintiliuba, já se viu mais maravilhoso nome? Mas receou-se da estrada, enfim, não foi um viajante corajoso. Voltou ao caminho de toda a gente, direção de Celorico da Beira, onde não para. O seu fito é Linhares, na estrada para Coimbra. Enquanto a estrada não tem que errar, o viajante não erra. Mas tendo que voltar para Linhares, vira onde não deve, e não tarda que se veja a subir por caminhos inverosímeis, que talvez cabras se recusassem a pisar. Vai trepando, volta para um lado, volta para outro, cada vez pior. Enfim chega a uma bifurcação, agora como será, e decide ir à aventura. Para a direita, o caminho mergulha na direção de um pinhal negríssimo e parece perder-se nele. Para a esquerda, talvez melhor, porém o viajante não quer arriscar. Avança a pé, e então, obra certamente de Nossa Senhora dos Açores (anda neste céu um milhafre), aparece um homem. Mas, antes, deve o viajante explicar que deste sítio se avista perfeitamente Linhares, com o seu gigantesco castelo, que, sem nenhuma razão plausível, lhe recorda Micenas. Linhares está ali, mas quem lhe chega?, como? Responde o homem: "Siga por este caminho. Em vendo lá à frente umas estevas está na estrada". "Na estrada? Qual estrada?" "A de Linhares. Não é o que o senhor quer?" "Mas eu vim por outro caminho." "Veio pelas Quintãs. O que me admira foi ter conseguido cá chegar."

Também o viajante pasma, mas não é proeza de que deva orgulhar-se. Viajante competente é aquele que só vai por maus caminhos quando não tem outros, ou razão superior lhe manda que abandone os bons. Não é enfiar pelo primeiro carreiro que lhe apareça, sem verificação nem cautela. Linhares é boa terra. Mal desembarcou, logo o viajante criou amizade com o encarregado das obras que se faziam na Igreja da Misericórdia, pedreiro-mor da vila e abridor benévolo de todas as portas. O viajante teve em Linhares um guia de primeira ordem. Estas são as bandeiras da Misericórdia, uma muito bela, representando a Ascensão da Virgem, e aqui, a meio da calçada, está uma tribuna de pedra que antigamente tinha cobertura e agora não, e era onde se reunia a câmara: sentavam-se nestes bancos e em voz alta discutiam os assuntos municipais, à vista do povo, que ouvia de fora e das janelas. Eram rústicos tempos, mas, por esta prática, acha o viajante que bons tempos seriam: não havia portas maciças nem reposteiros de veludo, e, chovendo, talvez se interrompesse a sessão para se abrigarem debaixo do alpendre os assistentes e passantes.

O século XVI foi grande construtor. Tem o viajante observado que, por estas paragens, e também em outras donde vem, o mais de edifícios civis antigos são quinhentistas. É o caso deste solar, a magnífica janela virada para a rua, com as suas airosas pilastras laterais, a padieira recortada. Nunca viverá nesta casa, mas compraz-se a imaginar que deve ser bom ver dali a paisagem que rodeia Linhares, a Cabeça Alta, a mais de mil e duzentos metros de altitude. O guia espera pacientemente que o viajante chegue ao fim das reflexões e depois leva-o à igreja matriz, onde estão as esplêndidas tábuas atribuídas a Vasco Fernandes e que representam uma *Anunciação*, uma *Adoração dos Magos* e um *Descimento da Cruz*. Porém, tão belo como elas é o arco da porta lateral de duas esplêndidas arquivoltas, decorada a exterior com motivos geométricos e a interior com representações mistas que evidenciam a origem românica. Da esquerda para a direita veem-se uma estrela de seis pontas talhadas em folha no interior de um círculo, uma cruz, um motivo de enxadrezado, uma espada sobre a qual parece pousada uma ave (teria vindo recolher-se aqui o açor do milagre?), e, enfim, uma figura humana de braço levantado. É liso o tímpano. O castelo deve ter sido enorme. Estão a dizê-lo as duas gigantescas torres de granito, a altura das muralhas, toda a atmosfera de fortaleza que dentro se respira. Bem estaria assim, porque no tempo das guerras contra os sarracenos foi guarda avançada portuguesa. Reinava o senhor D. Dinis de quem, daqui a pouco, o viajante terá de voltar a falar. Quem sabe se neste castelo não foi que desceu sobre o rei-poeta a inspiração, vendo lá em baixo os pinhais. "Ai flores, ai flores do verde pino." Enfim, o viajante está hoje muito imaginativo, mas não pode abusar, que a visita está a ser feita na hora do almoço do pedreiro que lhe faz companhia, é tempo de partir, deixar Linhares que de longe tanto se parece com a grega Micenas e aonde custou tanto a chegar como se Micenas fosse.

Regressa à estrada principal, agora pelo caminho certo, e quando segue na direção de Celorico da Beira vê de relance o atalho das Quintãs e torna a repreender-se do erro. Em Celorico outra vez não parou, vai na ideia de chegar a Trancoso a boas horas de almoçar. A estrada atravessa uma região de meia altitude, coberta por aquelas grandes pedras de granito chamadas barrocos, isoladas ou em grupos, postas umas sobre as outras em equilíbrio que parece instável, mas que só uma potente carga de explosivos poderia, talvez, alterar. São toneladas sobre toneladas, e o viajante faz a costumada e ingénua reflexão: "Como foi que estas pedras apareceram assim?".

Trancoso não é bem como esperava. Ia a contar com uma vila de arquitetura ainda medieva, cercada de muralhas, uma atmosfera de antiga história. As muralhas estão lá, a história é antiga, mas o viajante sente-se rejeitado. Almoçou nem bem nem mal, viu os monumentos, e alguns estimou ver, porém no fim ficou-lhe uma impressão de frustração que resumiu desta maneira aproximativa: "Um de nós não entendeu o outro". Em consciência, o viajante acha que não entendeu Trancoso. Mas gostou da Igreja de São Pedro, com a pedra tumular do Bandarra, o sapateiro profeta, e como antes aprendera que no local da Capela de São Bartolomeu, à entrada da vila, em um templo que já não existe hoje, casara D. Dinis e D. Isabel de Aragão, achou que a história, sobretudo a imaginada, aproxima bem os casos, como este de fazer viver e passar pela mesma terra um sapateiro anunciador de futuros e uma rainha que de pão fazia rosas. Também gostou o viajante de ver a Igreja da Nossa Senhora da Fresta, as mal conservadas pinturas murais que lá estão dentro. Quis o viajante ir à Igreja de Santa Luzia, e foi, mas não viu mais que tapumes, poeira e pedras espalhadas: havia, de cima a baixo, obras de restauro. Era a altura de partir.

A Moreira de Rei, sete quilómetros a norte de Trancoso, foi o viajante por uma razão só: ver com os seus olhos as medidas insculpidas nos colunelos da porta da igreja, o côvado, a braça, o pé. Era bom sistema este: quem quisesse ter medidas certas para não enganar nem ser enganado, vinha aqui e entalhava na vara ou ripa a sua arma de defesa mercantil. Podia ir à feira, comprar o pano ou a soga, e regressar a casa seguro da boa mercancia. Mas Moreira é de Rei porque cá veio ter D. Sancho II quando em 1246 ia para o exílio em Toledo: de tantas terras em redor, e mais importantes, esta foi que lhe deu abrigo, talvez por uma só noite, assim acabam as glórias do mundo. Também se acabaram as glórias e as misérias do mesmo mundo para quem em redor desta igreja foi enterrado, em sepulturas abertas a picão na rocha dura, um pouco a esmo, mas todas com a cabeça virada para os muros da igreja, como quem se entrega à última bênção.

Vai o viajante continuar para norte, pela estrada a nascente da ribeira de Teja, nome que espanta encontrar aqui, pois estas não são as terras que o Tejo banha e onde Teja deveria estar, como mulher de seu marido. Passa em Pai Penela, e, dando a volta por Meda e Longroiva, sem casos ou vistas que mereçam particular registo, apanha a estrada que vem de Vila Nova de Foz Coa e torna para sul. O caminho agora é de planície, ou, com rigor maior, de planalto, os olhos podem alongar--se à vontade, e mais se alongarão lá de cima, de Marialva, a velha, que esta fundeira não tem motivos de luzimento que excedam os legítimos de qualquer terra habitada e de trabalho. O viajante não se confunde com o turista de leva-e-traz, mas nesta sua viagem não lhe cabe tempo para mais indagações que as da arte e da história, ciente de que, se souber encontrar as pontes e tornar claras as palavras, ficará entendido que é sempre de homens que fala, os que ontem levantaram, em novas, pedras que hoje são velhas, os que hoje repetem os gestos da construção e aprendem a construir gestos novos. Se o viajante não for claro no que escreve aclare quem o ler, que é também sua obrigação.

Marialva foi chamada, em antigos tempos, Malva. Antes de o saber, o viajante julgou que seria contração de um nome composto, Maria Alva, nome de mulher. E ainda agora não se resigna a aceitar que o primeiro batismo venha do rei de Leão, Fernando Magno, como dizem certos autores. Sua Mercê não veio, evidentemente, de Leão aqui para ver se a esta montanha quadrava bem o nome de Malva. Curou por informações, algum frade que por cá passou e tendo visto malvas julgou que era a terra delas, sem reparar, em seu recato de frade preceituado, que naquela casa hoje arruinada vivia a mais bela rapariga do monte, precisamente chamada Maria Alva, como ao viajante convém para justificar e defender a sua tese. A quem viaja hão de ser perdoadas estas imaginações, ai de quem as evitar, não verá mais do que pedras caladas e paisagens indiferentes.

De indiferente e calado se não pode acusar o castelo. Nem a vila velha, as ruas que trepam a encosta, nem quem aqui mora. O viajante sobe e dão-lhe as boas-tardes com tranquila voz. Estão mulheres costurando às portas, brincam algumas crianças. O Sol está deste lado do monte, bate nas muralhas do castelo com clara luz. A tarde vai em meio, não há vento. O viajante entra no castelo, daqui a bocado virá o velho Brígida dizer onde está a arca da pólvora, mas agora é um solitário que vai à descoberta do que, a partir deste dia, ficará sendo, no seu espírito, o castelo da atmosfera perfeita, o mais habitado de invisíveis presenças, o lugar bruxo, para dizer tudo em duas palavras. Neste largo onde está a cisterna, onde o pelourinho está, dividido entre a luz e a sombra, adeja um silêncio sussurrante. Há restos de casas, a alcáçova, o tribunal, a cadeia, outros que não se distinguem já, e é este conjunto de edificações em ruínas, o elo misterioso que as liga, a memória presente dos que viveram aqui, que subitamente comove o viajante, lhe aperta a garganta e faz subir lágrimas aos olhos. Não se diga daí que o viajante é um romântico, diga-se antes que é homem de muita sorte: ter vindo neste dia, nesta hora, sozinho entrar e sozinho estar, e ser dotado de sensibilidade capaz de captar e reter esta presença do passado, da história, dos homens e das mulheres que neste castelo viveram, amaram, trabalharam, sofreram, morreram. O viajante sente no Castelo de Marialva uma grande responsabilidade. Por um minuto, e tão intensamente que chegou a tomar-se insuportável, viu-se como ponto mediano entre o que passou e o que virá. Experimente quem o lê ver-se assim, e venha depois dizer como se sentiu.

    Malva, Maria Alva, Marialva. Quase todo o resto da tarde o passou o viajante andando por estas pedras e por aquelas ruas. Veio o velho Alfredo Brígida apontar, como quem revela um segredo, a arca da pólvora, a lápide que está logo à entrada do castelo, a proa de navio que uma das torres faz, e depois levou o viajante à vila, a mostrar-lhe as casas antigas, o rosto das pessoas, a Igreja de Santiago, as sepulturas abertas na rocha viva, como as de Moreira de Rei. O Sol vai baixando. O castelo é luz doirada de um lado, sombra cinzenta do outro. E o viajante tornou sozinho, subiu outra vez as ruas, já é velho conhecido das pessoas: "Então ainda cá volta?", e perde-se outra vez no castelo, nos sítios de mais

funda penumbra, à espera de ouvir não sabe que revelação, que explicação final.
Enfim, partiu. Vai andando pela planície, o Sol está-lhe à altura dos olhos, alguma coisa o viajante cresceu depois de ir ao Castelo de Marialva. Ou é o Castelo de Marialva que vai com o viajante e o torna maior. Tudo pode acontecer em viagens como esta.
Longamente regressa. Passa na Póvoa do Concelho com a última luz do dia, ainda vê a Casa do Alpendre, e é noite quando chega à Guarda. Jantará. E como nem só de castelos vive o homem nem das lágrimas que lá lhe subiram aos olhos, nem das responsabilidades de ser arco ou ponte de passagem entre passado e futuro, aqui deixa registo da opulenta Chouriçada à Moda da Guarda que comeu. Embora com um protesto e um voto: que esta Chouriçada passe a ser conhecida e declarada Ao Modo da Guarda, como em português de gente portuguesa se deve dizer. Aceita o viajante que se transforme Malva em Marialva, não pode aceitar que se diga Moda em vez de Modo. As modas são de vestir, os modos são de entender. Entendamo-nos, pois.

POR UM GRÃO DE TRIGO NÃO FOI LISBOA

O viajante é um salta-rios. Apenas neste lance que o levará a perto de Vilar Formoso, só nele, sem contar com o resto do caminho, passa um ribeiro afluente do rio Noemi, a ribeira das Cabras, a ribeira de Pínzio, outra vez a ribeira das Cabras (que é empurrada para o norte, como o Mondego foi empurrado para o sul), errou por pouco a ribeira dos Gaiteiros, o rio Coa, e isto sem falar de mil regatinhos que, conforme o tempo, estão secos ou molhados. Sendo Março, tudo isto leva água, vicejam as margens, hoje há mais nuvens no céu, mas vão altas e leves, não há que temer.
A primeira paragem do dia é em Castelo Mendo. Vista de largo é uma fortaleza, vila toda rodeada de muralhas,

com dois torreões na entrada principal. Vista de perto é tudo isto ainda, mais um grande abandono, uma melancolia de cidade morta. Vila, cidade, aldeia. Não se sabe bem como classificar uma povoação que de tudo isto tem e conserva. O viajante deu uma rápida volta, foi ao antigo tribunal, que está em restauro e só tem para mostrar as barrigudas colunas do alpendre, entrou na igreja e saiu, viu o alto pelourinho, e desta vez não foi capaz de dirigir a palavra a alguém. Havia velhos sentados às portas, mas em tão grande tristeza que o viajante deu em sentir embaraços na consciência. Retirou-se, olhou os arruinados berrões que guardam a entrada grande da muralha, e seguiu caminho. Nem pôde entrar em Castelo Bom, pouco adiante, como projetara. Há ocasiões em que tem a lucidez a apertá-lo: vê-se a si mesmo de fora a criticar-se, por aqui em viagem e as vidas tão difíceis.

Entre Vilar Formoso e Almeida não há que ver. Terras planas que dão uma impressão certamente errada de abandono, pois não é crível que se deixem sem cultivo tão grandes extensões. Mas este lado da Beira parece desértico, quem sabe se por ter sido terra de invasões.

Almeida é o forte. Do céu se apreciaria melhor o desenho poligonal das fortificações, o traçado dos baluartes, o leito dos fossos. Em todo o caso, o viajante pode ter uma boa noção do dispositivo circulando pelas muralhas, medindo-lhes com o olhar a altura. Esta construção é doutro tempo e doutras guerras. Lutava-se rentinho ao chão, pelo ar só vinham arremessadas bombas que não eram bastante potentes para arrombar as abóbadas das portas, enfim, uma guerra de formigas. Hoje, Almeida é uma relíquia histórica como o seria uma alabarda ou um arcabuz. Mas a vila civil, com o seu ar recatado e quieto, acentua ainda mais o alheamento que em tudo se sente.

Vai agora o viajante a Vermiosa, quer chegar-se à fronteira, ver como é aquilo por lá. Os campos são largos, mais coloridos de verde e húmus, deixam-se ver até longe. Vermiosa não mostra boa cara a quem chega: as ruas sujas, raras pessoas, fica a impressão de que por trás destas portas e janelas não habita ninguém. Salvou Vermiosa o perfume de entontecer que naquela ladeira desprendia uma mimosa, assim como um hálito da árvore. O viajante subiu até à igreja, e lá em cima não veio adulto ou criança a saber novidades do mundo nem a dá-las dali. Viu com seu sossego o interior do edifício, armado sobre arcos que se assemelham a gigantescas costelas de baleia, foi à sacristia apreciar as pinturas do teto, singular pela forma octogonal.

Por erro de orientação, não foi primeiramente a Escarigo, que mais perto estava. Deu uma volta grande, escusada, passou por Almofala, que não tinha muito para mostrar, salvo o cruzeiro, a pequena distância, no antigo caminho que os peregrinos tomavam para ir a Santiago de Compostela. É este cruzeiro um caminho de cruzes alçadas, adornadas com a vieira, símbolo de peregrinação, e motivos da liturgia. E também lá está, mas longe da estrada, sobre um cabeço aonde o viajante não quis ir, o que resta dum templo romano, mais tarde modificado e habitado por frades. É isto antes de chegar a Almofala, pouco adiante da ponte que cruza a ribeira de Aguiar. O viajante depois arrependeu-se de não ter desviado o caminho: foi contra o costume de pôr a mão em cima da pedra para saber o que a pedra é. Os olhos valem muito, mas não podem alcançar tudo.

Quando chegou a Escarigo, teve de lutar muito. Não para entrar, claro está. Não havia barricadas, e se as houvesse mais justo seria que estivessem do outro lado, do lado espanhol, nem lhe foi pedido salvo-conduto. Aliás, bem se via que a terra era internacional. Andavam por ali três espanhóis das aldeias de La Bouza, falando com portugueses numa língua que não era deles nem nossa, um dialeto fronteiriço, que para o viajante equivalia a linguagem cifrada para irrisão de forasteiros. E também não houve luta quando fez a pergunta sacramental, embora não sacramentada: "Pode informar-me onde é a igreja?". Às vezes, não é preciso perguntar, vê-se logo o campanário, a torre sineira, a empena, a cumeeira, enfim, o que alto está sobre o que baixo mora. Em Escarigo, que tem altos e baixos, convém indagar, se não se quiser perder tempo.

Igreja fechada. Não há motivo para espanto, tem acontecido outras vezes. Vai bater a uma porta perto, diz o que pretende, apontam-lhe outra casa. Nesta não há vivalma que responda. Volta o viajante à primeira: quem lá estivera, já não está, chega a pensar que tinha sonhado. Está nesta indecisão quando passa a criança providencial e inocente que não sabe esconder a verdade. O viajante pergunta e enfim quase acerta, isto é, não acerta primeiro mas acerta depois. Quem achar isto complicado, siga o diálogo: "Faz favor. É aqui que têm a chave da igreja?". "É, sim senhor, mas agora não está cá", responde a mulher que veio à porta. O viajante faz cara de catástrofe e torna à carga: "Se não está aqui, onde está? Venho de longe, ouvi falar das belezas da Igreja de Escarigo, e agora terei de me ir embora sem ver o que queria?". Torna a mulher: "Pois é, mas a chave não está cá. Onde há outra é naquela casa, além". O viajante olha obedientemente para onde lhe apontam, vê uma casa alta, de dois pisos, aí uns duzentos metros afastada. Para lá chegar é preciso descer uma rua e subir outra, mas o viajante não vira a cara a tais acidentes. E já vai a meio da rua que desce quando ouve gritar atrás de si. É a mesma mulher: "Ó senhor, ó senhor, venha cá". Sobe o que desceu, julga que vai receber uma informação complementar, mas o que vê é que a mulher tem a chave na mão e já vem descendo os degraus para ir mostrar a igreja. Há ocasiões em que o viajante tem de aceitar o mundo tal qual é. Aqui está uma mulher que sabia desde o primeiro instante que tinha a chave, e não obstante negou e mandou ir buscar outra que estaria, se estivesse, a duzentos metros, e depois chamou, como se nada se tivesse passado, como se o viajante tivesse acabado mesmo agora de chegar: "Tem a chave da igreja?". "Tenho, sim senhor." Vá lá um homem entender esta mulher.

Agora são duas. Fizeram-se as pazes sem se terem declarado os motivos da guerra, nunca se viram tão bons amigos. A igreja tem um retábulo barroco dos mais belos que o viajante viu até agora. Se tudo isto tivesse o vulgar e banal dourado uniforme, não mereceria mais do que um olhar a quem não fosse especialista. Mas a policromia da talha é tão harmoniosa nos seus tons de vermelho, azul e ouro, com toques de verde e róseo, que se pode estar uma hora a examiná--la sem fadiga. Quatro pelicanos sustentam o trono, e a porta do sacrário mostra um Cristo triunfante, numa moldura de anjos e volutas. E os anjos tocheiros ajoelhados que ladeiam o altar, vestidos de grandes flores e palmas, são uma admirável expressão de arte popular. Uma das imagens do retábulo é um *S. Jorge* famosíssimo que, sem espada nem lança, calca aos pés um dragão com cabeça de víbora. Num altar lateral há colunas de talha quase já sem pintura, com duas cabeças de anjos em alto-relevo, que são preciosa coisa. Não esquece o viajante o teto da capela-mor, de alfarge, mas os seus olhos vão ficar em duas pequenas tábuas esculpidas, predelas de um retábulo, mostrando uma *Anunciação* e uma *Visita da Virgem a Santa Ana*, de tão puro desenho, de composição tão sábia, ainda que ingénua, que ficou contente de ter vindo de tão longe, lutando por uma chave que se esquivava, mas isso já lá vai, agora está em boa conversa diante deste *S. Sebastião* mutilado da sacristia, talvez o primeiro por quem o viajante se toma de afeição.

   Foram as mulheres à sua vida. O viajante atravessa a aldeia e encontra uma rapariga a quem dá as boas-tardes. Ela responde, responde uma velha que estava com ela, e ali se arma uma conversa sobre tesouros escondidos. Dizia a velha que nos tempos de antigamente, quando havia guerras com os Espanhóis, as pessoas abastadas de Escarigo escondiam o dinheiro em covas, no meio dos penedos, e punham marcas, sinais, por exemplo o desenho de um gato: "Mas se os Espanhóis estavam por cá muito tempo, o mato crescia, e quando as pessoas iam à procura do dinheiro escondido, estava escondido o gato. Aí em redor são tudo tesouros". A rapariga sorria como quem duvida, sempre é doutra geração. Mas a velha insistia: "Isto hoje é uma terra pequena. Mas olhe, senhor, que Escarigo chegou a ser uma cidade, foi capital aqui destes sítios". Então a rapariga entrou na conversa, sorrindo ainda, mas doutra maneira, como quem saboreia o efeito que vai causar: "Até se diz por cá que Escarigo só por um grão de trigo não foi Lisboa". Sorriu o viajante e despediu-se, pensando na importância de um grão de trigo, tão pequena diferença no peso, tão insignificante na contagem, e afinal por causa dele é Escarigo Escarigo.

Tornou a passar por Almofala, adiante viu um marco que assinalava a morte de um guarda-fiscal, decerto uma história de contrabandistas, que estas terras são muito dessa fruta. Pouco falta para chegar a Figueira de Castelo Rodrigo, mas primeiro há de o viajante visitar o Convento de Nossa Senhora de Aguiar, ou a igreja, que é o que dele resta. Tem a frieza que sempre têm os edifícios muito restaurados, agravada neste caso pela total nudez interior. Vê-se depressa este gótico simples, mas na sacristia há uma *Nossa Senhora de Aguiar*, de mármore, ainda com vestígios de pintura dourada, azul e vermelha, que é gostosa de ver. A imagem está coroada e segura na mão esquerda uma roda partida a que o guarda, pouco firme em identificações, chama metralhadora, arma com a qual a Senhora de Aguiar teria ajudado a desbaratar Espanhóis em batalha que não há de ter sido certamente a de Aljubarrota. Aliás, custa muito a crer que senhora de tão suave rosto, tão branda de gesto, fosse capaz de disparar rajadas mortíferas contra gente que em matéria de devoção à Virgem nunca ficou atrás dos Portugueses.

Em Figueira de Castelo Rodrigo almoça o viajante. Depois foi ver a igreja matriz, merecedora pelos anjos músicos do altar-mor, e, especialmente, pelo arco que sustenta o coro, constituído por elementos de pedra em forma de S e considerado único no País. É, em verdade, o ovo de Colombo: cada elemento encaixa e trava o seguinte, de tal maneira que a simples força da gravidade basta para manter o arco

firme e estável. Sem dúvida assentam também neste princípio os elementos em forma de cunha, mas aqui o arco dá uma impressão de consistência que a outros falta. Estranho é não se ter espalhado a técnica.
Perto está Castelo Rodrigo, naquele alto, mas o viajante irá primeiro a Escalhão, na estrada de Barca de Alva. Vai a contar com uma aldeia perdida e sai-lhe uma vila de bom tamanho, desafogada de ruas e com grandes árvores na praça. A chave da matriz está em casa do prior e é entregue sem resistências: nada que se compare com os trabalhos de Hércules cometidos em Escarigo. Não pôde o viajante entrar na sacristia onde se diz haver boas pinturas a fresco no teto, mas viu com vagar a igreja, que justifica a jornada. É quinhentista o edifício, de amplo traçado, e não lhe faltam peças de alto valor artístico. Há um pequeno grupo escultórico barroco em que cabeças de anjos fazem supedâneo à Virgem e a Santa Ana, representadas como duas boas vizinhas conversando, cada qual em seu banquinho, envolvidas em decorativas e arrebatadas roupagens. E aquele S. Pedro, cujo rosto aflito mostra quanto remorso lhe vai na alma, tem aos pés o galo avisador, em atitude esgargalada de cantar, naturalismo diante do qual não se pode evitar o sorriso. Mas o que de magnífico a Igreja de Escalhão tem é estes dois baixos-relevos flamengos ou de flamenga inspiração, numa policromia de tons profundos, representando a Subida ao Calvário (tendo em segundo plano outra representação de Cristo a ser açoitado) e o Enterro. Neste é admirável o tratamento das pregas do sudário, e em ambos a composição das figuras, a serena e concentrada expressão dos rostos. Três medalhões na parede lateral do túmulo exibem rostos humanos, barbados os dos extremos, de criança ou mulher o do meio. E como o viajante dá sempre pelos enigmas, mesmo quando os não pode resolver, sai a interrogar-se sobre a razão por que aparece este rosto meio escondido pelo lençol em que Cristo é baixado ao túmulo. Descido o corpo,

saberíamos que rosto é este. Mas, para isso, chegámos cedo de mais.
 Desanda o viajante por onde veio e enfim sobe a Castelo Rodrigo. Enquanto vai subindo, monte acima, vê, quase ao alcance da mão, a serra da Marofa, toda a agreste paisagem em redor. Castelo Rodrigo, visto de largo, com as suas fortíssimas torres cilíndricas, recorda a cidade espanhola de Ávila, e o viajante, que de Ávila encontra fotografias e cartazes em toda a parte que de turismo espanhol cuide, pasma de não ver tratadas de igual maneira, pelas burocracias de cá, as muralhas desta vila. Há de pensar isto, e pior, quando entrar no burgo e o percorrer, as melancólicas ruas, de casas arruinadas ou fechadas por abandono de quem cá viveu: é certo que o destino das vilas altas é esmorecerem com o tempo, verem os filhos descer ao vale onde a vida é mais fácil e o trabalho melhor se alcança, mas o que não se pode entender é que se assista de coração indiferente à morte do que apenas esmorecido está, em vez de se lhe encontrarem novos estímulos e energias novas. Um dia equilibraremos a vida, mas já não iremos a tempo de recuperar o que entretanto se perdeu.
 A esta hora, neste dia de Março, Castelo Rodrigo é um deserto. O viajante não viu mais do que meia dúzia de pessoas, todas de idade avançada, mulheres costurando à porta, homens olhando em frente, como quem se descobre perdido. Aquele que vai custodiar arrasta dolorosamente uma perna e repete um recado que não foi capaz de entender, é o seu último instrumento de trabalho e não sabe como lhe há de pegar. O viajante anda a viajar, não procura pensamentos negros, mas eles vêm, pairam sobre Castelo Rodrigo, desolação, tristeza infinita.
 Esta é a Igreja do Reclamador, que, ao contrário do que parece, não é nome de santo protestatário. Reclamador é apenas deturpação de Rocamadour, terra francesa de peregrinação, em cuja abadia, ou nas ruínas dela, se diz estarem as relíquias de Santo Amadour, e onde há também uma igreja que guarda, é o que se diz, a famosa Durandal, a espada do

paladino e par de França Roldão. São velhas histórias. Foi a Igreja do Reclamador fundada na passagem do século XII para o século XIII, e, se desse tempo não resta muito, ficou-lhe no entanto a atmosfera românica, aqui tão viva, talvez mais ainda, como a que o viajante sentiu em Belmonte. Esta igreja baixa, atarracada como uma cripta e como ela misteriosa, resiste a tudo quanto se lhe acrescentou depois e a desvirtuou. E se a igreja estivesse nua de ornamentos e conservasse apenas aquele *S. Sebastião* de calcário e este ingénuo e popular *Santo Iago* de madeira, ainda assim valeria a pena subir a Castelo Rodrigo. Parece que uma praga caiu sobre a vila. Ali está o brasão, com as armas reais invertidas, por castigo, diz--se, de ter o povo tomado partido por D. Beatriz de Castela contra D. João I. E nem terem deitado fogo os descendentes ao Palácio de Cristóvão de Moura, em 1640, como prova de patriotismo, pôde emendar o erro antigo: invertidas estavam as armas reais, invertidas ficaram. Castelo Rodrigo tem de fazer o inventário das suas armas próprias e lutar pela vida: é o conselho deixado pelo viajante, que nada mais pode.

Já quando saiu de Marialva acontecera o mesmo. As grandes impressões põem uma pessoa a olhar para dentro de si, mal vê a paisagem e o que a mais se mostre. Ainda foi a Vilar Turpim ver a igreja gótica e a capela funerária de D. António de Aguilar. Melhor a veria se não fosse a enorme imagem de um Senhor dos Passos que estava à frente e que o obrigou a altas acrobacias para achar passagem e distância de visão. Bem poderia a irmandade acomodar o andor em lugar de honra sem atentar contra a honra particular do lugar. Não importa o D. António que está dentro. Importa a dignidade do que está fora.

NOVAS TENTAÇÕES DO DEMÓNIO

Sem desdouro para Fornos de Algodres e Mangualde, não teve história a jornada para Viseu. Calhando, voltará o viajante um dia a essas e a outras portas que ficaram pelo caminho: só espera que então não lhe peçam contas do despacho de hoje. De memória antiga, levava pronto o apetite para um arroz de carqueja, tanto mais que ia chegar a boas horas de comer. Almoçou já não recorda o quê, e prefere não dizer onde. São acidentes a que está sujeito quem viaja, e por isso não se há de ficar a querer mal às terras onde acontecem. Mas foi azar supremo e acumulado ter ido depois ao Museu Grão-Vasco e vê-lo em intermitências de luz e sombra, porque ora se aguentava a corrente elétrica ora desfalecia, e mais desfalecia do que se aguentava. Havia obras, arranjos, reparações no primeiro andar, e ainda assim valeu a boa vontade da guarda acompanhante que ia à frente acender e atrás apagar, para que não fosse sobrecarregada a instalação elétrica em ponto de rebentarem fusíveis, como apesar de todos os cuidados algumas vezes rebentaram. Depois de mal almoçar, mal ver, tem desculpa o viajante de sentir-se tão enfadado.

Está o Museu instalado no antigo Paço Episcopal dos Três Escalões, e isto não é referido por simples escrúpulo de topografia, mas sim porque é de bom critério saber o nome das belas coisas, como este edifício, tanto por fora, em sua maciça construção, como por dentro, na decoração eclesial das salas inferiores. Os decoradores do tempo setecentista tinham um bom sentido da cor e do desenho, mesmo aceitando e praticando as convenções rígidas impostas pela Igreja. Em todo o caso, os floreados barrocos e rococós arranjaram maneira de se introduzirem e espalharem por estes tetos, que são, para os olhos, notável alegria.

Se o museu se diz de Grão-Vasco, veja-se o Grão Vasco. Toda a gente vai ao *S. Pedro,* e o viajante também. Declara, no entanto, que nunca entendeu plenamente, e continua a não entender, o coro de louvores que tem rodeado esta pintura. Decerto é um imponente painel, decerto as roupagens do apóstolo são representadas com uma magnificência que é do pincel e da matéria, mas para o viajante estas coisas permanecem exteriores à pintura, em verdade reencontrada nas duas cenas laterais e nas predelas. Dir-se-á que já não é pouco; responderá que o melhor do S. Pedro não está onde geralmente se procura, e deixa aqui o aviso, se alguma coisa vale.

Quer, no entanto, deixar afirmado que não querela com o Vasco Fernandes, e a prova está na rendida estima que tem por todas as tábuas do chamado *Retábulo da Sé*, também no museu. São catorze admiráveis tábuas com passos da vida de Cristo, representados com uma sinceridade pictórica e uma capacidade expressiva raras na pintura do tempo. Vasco Fernandes é aqui, e não perde nenhuma oportunidade de o ser, um paisagista. É patente que sabia olhar as distâncias e integrá-las na composição geral do quadro, mas não custa ao observador isolar a paisagem entremostrada e reconhecer como por si mesma picturalmente se justifica.

O viajante, para ver os painéis, teve de alçar a perna e passar por cima de crianças sentadas no chão que estavam recebendo a lição da matéria religiosa contida neles, mas dada por uma professora que não ocultava a qualidade da pintura sob o objetivo da catequese. E como esta não é raro servir-se de péssimos exemplos artísticos, fique este episódio de Viseu como sinal de boa pedagogia.

O mais do museu requereria explicação demorada. Nota o viajante, apenas, a excelente coleção de pinturas de Columbano, o muito que há de aguarelistas e pintores naturalistas e de ar livre, dois quadros de Eduardo Viana, além de peças antigas de escultura, tábuas diversas do século XVI e XVII, enfim, não falta que ver. Desde que, como é óbvio, não falte a luz.

Para chegar à Sé, basta atravessar o largo, mas o viajante precisa descansar um pouco os olhos, dá-los às coisas comuns, as casas, as poucas pessoas que passam, as ruas com os seus nomes saborosos, a da Árvore, a do Chão do Mestre, a Escura e a Direita, a Formosa, a do Gonçalinho, a da Paz, que, por isso mesmo, é a que leva a bandeira. Esta é a parte velha de Viseu, que o viajante percorre devagar, com a estranha impressão de não estar neste século. Impressão subjetiva há de ser, uma vez que a cidade não conserva tanto dos velhos tempos que alimente a ilusão de ter caído no reinado de D. Duarte, que ali está na estátua, e muito menos de Viriato, que de bronze guarda a cava que foi romana. O viajante, se não se acautela, acaba visigodo.

Enfim, esta é a abóbada dos nós, uma extravagância do arquiteto que a propôs ou do bispo que a exigiu: o viajante não está interessado em averiguar quem foi o da ideia. Em seu gosto de linhas que a necessidade justifique, não entende a intenção destas imitações de nós. Foi levar longe de mais, se não ao absurdo, o aproveitamento quinhentista dos calabres como decoração do manuelino. Não duvida o viajante de que o turista embasbaque, permite-se perguntar aos seus botões por que motivo embasbacará o turista. E como já outras vezes aconteceu não aprenderam os botões a responder.

Chegou agora alguém a quem poderia perguntar. É o guia da Sé, volúvel criatura que se agita, dá corridinhas, não permite dúvidas nem questões, e leva o viajante a toque de caixa da igreja ao claustro, do claustro à sacristia, da sacristia ao tesouro, do tesouro à igreja, da igreja à rua, e enquanto vai andando vai fazendo trocadilhos, abre uma janela e diz Alfama, abre outra e diz sabe-se lá o quê, e com isto pretende apontar semelhanças com outros lugares portugueses e do resto do mundo, que guia vem a ser este, justos céus. Está visto que o viajante não perguntou, está visto que do que ouviu não pode lembrar-se. Puxa pela memória, sacode-se da poeira, e, vá lá, recorda os silhares de azulejos setecentistas do corredor que leva à sacristia, os outros que a revestem, o coro alto e as suas talhas, o andar renascentista do claustro, a porta romano-gótica há pouco tempo descoberta, o teto mudéjar da Capela do Calvário. Pode muito a memória para ter resistido a tal guia.

O Tesouro da Sé foi o lugar predileto da mania trocadilhadora do acompanhante. Quer o viajante não guardar rancores, mas um dia terá de voltar para ver o que mal deixaram

olhar, não por impedimento físico, mas por aturdimento de inútil palavreado: espera que o guia seja outro, ou, sendo o mesmo, não abra a boca. Outra vez recorrendo à agredida memória, recorda, confusamente, algumas belas imagens de presépio, o *S. Rafael e Tobias,* que dizem ser de Machado de Castro, os preciosíssimos cofres de Limoges, e, como impressão geral, a ideia de que o Tesouro da Sé guarda um conjunto de peças de valor, muito harmoniosas na sua arrumação. O viajante não se importaria, tendo primeiramente aprendido o necessário recado, de ser guia deste museu durante um mês. Pelo menos, teria uma virtude, mesmo faltando-lhe outras mais canónicas: não faria trocadilhos.
O viajante saiu no dia seguinte de Viseu. Ia de mau humor. Dormiu mal porque a cama era má, teve frio porque o aquecimento não funcionava, e pagou como se tudo isto fosse bom e funcionasse. Ter nome de Grão-Vasco só é bastante quando se sabe pintar.

Mas a estrada que vai a Castro Daire é muito bela. O viajante sente-se reconciliado com o mundo, entre montes e florestas, aqui não chegará o guia da Sé, que o viajante teve o cuidado de não deixar dito para onde vinha. Está agora descendo para o Vouga, claras águas que também vão descendo a caminho do mar, que antes dele se alargarão naquela ria imensa que o viajante recorda com a vaga impressão de que lá deixou qualquer coisa, quem sabe o quê, talvez um remanso de barco, outro voo de gaivota, um leve traço de neblina na distância. Mas esta terra daqui, foi dito já, é de florestas. A estrada vai fazendo curvas, sobe não muito, desce não tanto, e por virtude desta orografia o viajante repara que não é comum a impressão de estar, como aqui, entre montes; não estão perto de mais, não estão longe de mais, vemo-los nós, veem-nos eles.

Vai o viajante fazendo estas descobertas, e de repente repara que leva um rio ao lado. É o rio Mel, torrente que lá ao fundo corre e espuma nas pedras, apertado entre encostas de socalcos verdes, casas trepadoras, árvores que chegam mais longe na subida, pedras que rematam e bordam o céu azul. Este rio Mel é um formoso lugar da Beira, um formoso lugar do mundo. Julga o viajante que sabe de rios, Tejo para aqui, Douro para acolá, Mondego banha Coimbra, o Sena atravessa Paris, Tibre é romano, e afinal há um rio de nome doce, uma beleza de água correndo, uma frescura do ar, verdes canteiros amparados por muros de xisto, pudesse o viajante e ficaria aqui sentado até a noite chegar.

Mas esta região abusa. Tinha aqui o Mel, tem logo adiante o Paiva, mais cavado ainda, entre uma roda de montes que vão amparando a estrada até Castro Daire, lá em cima. Pode aos habitantes da vila faltar muito do que a vida quer, beleza para os olhos é que não faltará enquanto este rio correr, enquanto puderem defrontar-se com os montes do outro lado. O viajante pergunta onde é Ermida de Paiva, e aí vai, estrada abaixo, até à margem do rio, ao longo dele, e tão distraído que ultrapassa o que procura. Em Pinheiro lhe dizem: "É além, atrás", e com as curvas que o rio desenha parece até que a ermida está na margem oposta. Dá meia volta, encontra a rampa abrupta que leva a um pequeno terreiro, e daí para a frente segue a pé.

Voltam a cantar águas correntes. O viajante vai liricamente andando, ouve os seus próprios passos, tem à direita uma encosta quase a pique, de que não alcança o cimo, e à esquerda o terreno descai suavemente, até ao rio que daqui se não pode ver. A ermida é primeiramente vista do lado da cabeceira. É uma pequena construção, de longe se diria ser casa de viver gente. O que o viajante sabe dela é que foi fundada no século XII por um frade da Ordem Premonstratense, de Santo Agostinho. Chamava-se ele frei Roberto. O viajante, que averiguou ser austera a ordem nos seus princípios, nem carne podiam comer os frades, imagina quanto seria duro neste lugar apartado do mundo guardar tais abstinências e sofrer os frios mal agasalhado. Passaram oito séculos, e, sem promessa de ganhar o céu, não falta hoje ainda quem frio sofra e em carne não meta o dente.

Nas cantarias das igrejas sempre os pedreiros da Idade Média deixavam as suas marcas, siglas distintas, hoje impossíveis de identificar. Em geral, vê-se uma aqui outra além, e viajante com alguma imaginação tem pasto para ela: verá o pedreiro traçando o seu sinal pessoal, suavemente, batendo no escropo a jeito de não torcer o risco, nada mais fácil. Mas a Ermida de Paiva está literalmente coberta de siglas, e isso levanta a este viajante uma questão: serão elas apenas designativas do obreiro que as afeiçoou?, se o são, foram assim tantos os pedreiros que vieram aqui trabalhar em obra que não se distingue por descomunal tamanho?, não serão outras linguagens, outro dizer, outro comunicar? Provavelmente estas perguntas são fantasiosas, falsas questões, mas não seria a primeira vez que um modesto viajante, no acaso de olhar e ver, encontraria a ponta duma meada escondida. Teria sua graça.

Voltou a Castro Daire, sobe o que desceu, e agora vai atravessar este lado da serra de Montemuro, paisagem tão diferente, árida, outra vez barrocos, o mato bravio, o osso cinzento da montanha posto à vista. Em meia dúzia de quilómetros ficou mudada a face do mundo.

Às vezes vêm ao viajante tentações, benignas elas são, de fazer a viagem a pé, com a mochila às costas, o bordão, o cantil. São lembranças do passado, não se deve dar importância. Mas, se o fizesse, teria outros nomes para escrever, e diria que de Ermida subiu ao Picão, depois a Moura Morta, ou a Gralheira e Panchorra, ou a Bustelo, Alhões e Tendais, terras aonde afinal não irá. Enfim, mesmo por esta banda não sai mal servido de nomes: Mezio, Bigorne, Magueija, Penude, e no remate primeiro desta estrada estará São Martinho de Mouros.

O viajante procura a igreja matriz da terra. Fica a um lado, virada para o vale, e, assim implantada, dando a face aos ventos, percebe-se que mais a tenham feito fortaleza do que templo. Com uma porta sólida, trancas robustas, mouros que viessem teriam sido vencidos como os venceu aqui Fernando Magno, rei de Leão, no ano de 1057, ainda faltavam quase cem anos para Portugal nascer. A prova de que esta igreja foi concebida para fortim, tanto, vá lá, como casa de oração, está nas paredes grossas e lisas, contrafortadas, de poucas frestas. E o torreão, recolhido em relação à vertical da fachada, seria posto de vigia, aberto aos quatro pontos cardeais. Para poder vê-lo, e ainda assim incompletamente, teve o viajante de recuar muito, ir colocar-se no extremo do terreiro. Não estava ali para brincadeiras o torreão.

Nunca viu igreja assim. Afinal, a proclamada rigidez das propostas românicas ainda deixava bastante campo à invenção. Colocar lá em cima aquela torre, resolver os problemas de estrutura que a opção implicava, conciliar as soluções particulares com o plano geral, unificar esteticamente o conjunto (para que hoje se possa achar tudo isto magnífico), significa que este mestre de obra tinha muito mais trunfos na manga do que o comum dos traçadores de risco da época. E quando o viajante estiver lá dentro verá, com espantados olhos, como foi encontrada a maneira de sustentar a torre: assenta ela em pilares que se erguem logo depois da entrada, formando uma espécie de galilé voltada para dentro, de efeito plástico único. A igreja não abunda em qualificadas obras de arte. Duas tábuas com passos da vida de S. Martinho, um Cristo enorme, e pouco mais, se não contarmos as imagens sacras populares que, sobre uma alta parede interior, se vão cobrindo de pó e teias de aranha. O viajante indigna-se diante de tal abandono. Se em São Martinho de Mouros não sabem estimar tão belas peças da imaginária rústica, entreguem-nas a um museu, que as saberá agradecer. Quando o viajante sair, dirá a uma mulher, que por acaso vai passando naqueles desertos, estas e outras suas indignações, envolvendo-as em conselhos de cautela, porque, ali, desamparadas, estão as imagens muito a jeito de mãos cobiçosas. Só o viajante sabe quanto lhe custou resistir ao demónio que outra vez o veio tentar, na igreja erma. Tal susto meteu à perplexa mulher que hoje em redor da igreja deve haver um campo fortificado onde só se entra com prévio exame da consciência e donde apenas se sai depois de mostrar o que vai nos alforges.

Mas há outras tentações em São Martinho de Mouros. Não couberam todas em Ermida de Paiva, vieram instalar-se aqui, empurradas pelas orações dos frades de além, materialização dos sonhos terrenos dos agostinhos que lá pregaram, nas margens do rio formoso, a privação da carne. Nas talhas dos retábulos o corpo feminino é apresentado com opulência atlética, quase rubensiana. Aqui não se ocultam ou espalmam os seios da mulher: são claramente lançados para a frente, moldados, contornados, coloridos, para que não fiquem dúvidas sobre as moralidades do céu: enfim se vê que há anjos dos dois sexos, terminou a velha e absurda questão. Gloriosamente o corpo neste lugar se mostra. Meio corpo é, mas tentação inteira.

Contadas estas coisas, tem o viajante muita razão para ir digerindo melancolia enquanto se aproxima de Lamego. E tanta razão lhe assiste que o céu decide acompanhá-lo cobrindo-se de nuvens cinzentas, húmidas. Em pouco tempo começa a peneirar uma morrinha leve que mal chega ao chão, um véu de gaze finíssima que se vai arrastando pelos montes, nem escondendo, nem mostrando. Lavra grande confusão nos astros, porque adiante tornou a haver sol e em Lamego não se viam sinais de chuva passada ou próxima. O viajante foi reservar alojamento e tornou à rua.

Lamego é uma cidade-vila, calma, sossegada, com gente suave, agradável no falar, solícita. Quer o viajante saber onde fica a Igreja de Almacave, e em vez de um informante aparecem-lhe três, felizmente coincidentes nas indicações que dão. Uma já o viajante recebeu, que o deixou tristíssimo: o museu não está aberto ao público, andam nele obras há mais de um ano. E neste desgosto em que cai, decide deixar a Sé para amanhã e desanuviar o espírito subindo à cidade alta, a Almacave, uma vez que lhe ficava no caminho. Boa ideia foi, não tanto por maravilhas de arte que não excederam a mediania, mas pela humana maravilha de se lhe dirigir um homem de meia-idade, obviamente toldado de vinho, ainda que de perna firme, a perguntar: "O senhor é de cá?". O viajante viu logo com quem falava, pelo menos assim julgou, e respondeu paciente: "Não senhor, estou de visita". "A mim me quis parecer. Diga-me cá, o senhor já tem hotel? Vi-o vir tão de cara pendurada que pensei se andaria à procura de quarto." Respondeu o viajante: "Já tenho hotel, já. Isto da cara pendurada são outras histórias". "Então por que não vai dormir a minha casa? O quarto é limpo, a cama asseada, nessas coisas não há como a minha mulher." "Muito obrigado pelo convite, mas, como lhe disse, já tenho quarto." "Faz mal. Poupava dinheiro e ficava em casa de amigos." O homem, neste ponto, faz uma pausa, olha o viajante e declara: "Eu sei que estou bêbado, é o vinho que me faz falar, mas olhe que a oferta é sincera". "Não duvido", respondeu o viajante, "e estou-lhe muito grato. Vir a Lamego e encontrar quem me ofereça teto sem me conhecer, nunca contei que tal acontecesse." O homem segura-se a um poste de sinalização e diz simplesmente: "Eu acredito em Deus". Considera o viajante a importância da declaração e responde: "Uns acreditam, outros não, e isso é o menos, desde que possam entender-se como pessoas". "Desde que possam", repetiu o homem. E tendo meditado um pouco sobre isto, acrescentou: "Deixe lá. Há alguns que não acreditam e são melhores do que outros que acreditam". Estendeu a mão ao viajante, em Lamego foi que isto aconteceu, e seguiu rua abaixo, bêbado. Quanto ao viajante, continuou a subi-la, tão lúcido quanto possível.

O REI DA QUINTA

Choveu durante a noite, não a água peneirada da tarde, mas a boa chuva que não engana ninguém. A manhã veio descoberta, cheia de sol. Talvez por isso, o viajante demorou-se pouco na Sé. Gostou da fachada com o seu manuelino pouco exuberante, a disposição dos pórticos, o modo de ser grande sem assombro, mas lá dentro a arquitetura pareceu-lhe fria. Se foi o Nasoni quem esta obra projetou, como se diz, estaria em hora de pouca inspiração. O que vale, essa é a opinião do viajante, é a sumptuosa decoração das abóbadas, em arquiteturas perspetivadas e rompimentos, de policromia realmente magnífica as cenas bíblicas representadas. O claustro é pequeno, recolhido, mais parece lugar para murmúrio de donzelas do que para dramáticas meditações religiosas.

O viajante foi depois ao Santuário da Senhora dos Remédios. O sítio lembra o Bom Jesus de Braga, ainda que muitas sejam as diferenças. Mas, como ele, tem uma longa e alta escadaria e, ao cabo, a promessa da salvação, ou a esperança. A igreja mostra uma boa fachada *rocaille*, mas o interior, todo em estuques azuis e brancos, em dois minutos cansa quem não vá à procura dos remédios desta Nossa Senhora. O que o viajante muito estimou ver foi a cenográfica ordenação dos pórticos do patamar inferior, com grandes estátuas de fantasiosos reis no alto de pedestais, que, pelo recorte, lembram as figuras dos profetas do Aleijadinho, em Congonhas do Campo, no Brasil. Não que o viajante lá tivesse ido vê-las, disso não se pode gabar, mas correm mundo fotografias, só as não vê quem não quer.

Leva a mágoa de não ter podido olhar, por um minuto que fosse, *A Criação dos Animais* de Vasco Fernandes, que no Museu de Lamego se guarda. Quereria ver aquele maravilhoso cavalo branco a que só falta o chifre agudo e espiralado para ser unicórnio. É bem possível que o Padre Eterno, quando não estivermos a olhar para ele, conclua a obra. Enquanto se encaminha para Ferreirim, promete o viajante que voltará um dia a Lamego: se ali encontrou um homem que lhe ofereceu abrigo para a noite, decerto encontrará o unicórnio. Não é mais difícil uma coisa do que outra.

Ferreirim fica num vale que é a bacia do rio Varosa. O sítio é duma beleza suavíssima, sucedem-se as cortinas de árvores, por toda a parte se esgueiram estreitos caminhos, é como se a paisagem fosse feita de sucessivas transparências, mutáveis à medida que o viajante se desloca. E assim será em todo este percurso de pé-coxinho que o levará a Ucanha, a Salzedas, a Tarouca e a São João de Tarouca, sem dúvida alguma uma das belas regiões que o viajante tem encontrado, por todo um equilíbrio raro, de espaço e cultivo, de habitação de homens e morada natural. Todas as razões são boas para ir a Ferreirim. Em geral, uma é suficiente: ver as pinturas que estão na igreja matriz, os oito painéis que Cristóvão de Figueiredo pintou, ajudado por Gregório Lopes e Garcia Fernandes, todos reunidos na designação comum de Mestres de Ferreirim. A isto veio o viajante. Chegou, viu portas fechadas, buscou uma que se abrisse ali ao lado, e em boa hora. Aparece-lhe um homem, vestindo uma colorida camisola de lã e calças rústicas: "Sim senhor, posso mostrar". Foi dentro, demorou-se de mais para as impaciências do viajante, e enfim vem, de chave em punho. A entrada fez-se por uma porta lateral, sem cerimónias: "Veja à vontade". Dá o viajante a volta à nave, contempla com todo o vagar os admiráveis painéis, infelizmente postos em excessiva altura, e enquanto vai andando conversa com o acompanhante, pessoa claramente bem informada do que ali está dentro. Assim dá gosto encontrar um homem da chave. Às tantas estão dialogando animadamente a propósito de um túmulo renascença e dos vestígios de um arco embebidos na parede. Num a-propósito qualquer, o viajante, que tem vindo a acumular amargas queixas de roubos desde que partiu de Miranda do Douro, e está traumatizado pelas lutas que tem tido que travar contra as suas próprias tentações, faz uma grave acusação: "Às vezes são os padres os culpados. Vendem imagens valiosas, inestimáveis do ponto de vista artístico, para comprarem esses modernos horrores, lambidos e decadentes, que enchem as nossas igrejas". Está na sua razão o viajante quanto aos horrores. Mas no que toca aos padres, diz o homem da chave: "Olhe que não. Aparecem é aí uns sacristães novos, que a troco de quaisquer quinhentos escudos se desfazem das imagens antigas. Quando o padre quer acudir, já é tarde".

Aqui o viajante tem um sobressalto no coração, mas decide não lhe dar importância. Acaba a visita, e o homem da chave quer mostrar do lado de fora da igreja os vestígios do tal arco que fora motivo de debate. E quando ambos estão novamente conversando, diz ele: "Eu sempre desconfiei de que isto era uma passagem. No outro dia esteve cá o senhor bispo do Porto, que tinha dúvidas, mas quando lhe expliquei, disse-me: olhe, senhor padre...". O viajante não ouviu o resto. O sobressalto do coração estava justificado. O homem da chave era o padre de Ferreirim, que assim tivera de ouvir, com evangélica paciência, a acusação irada do viajante sobre desvios de imagens, supostos ou verdadeiros. Estava explicada a ciência artística do guia. Tudo estava explicado, mas nada foi comentado. Despediu-se o viajante depois de ter deixado esmola para a igreja, assim tentando apagar da memória do padre a inconveniência, e levando a sugestão de visitar Ucanha, ali bem perto. Imagine-se: nem tonsura, nem vestígio sacerdotal indumentário. Se assim continua, o viajante ainda acabará por encontrar numa destas igrejas S. Pedro com a chave, e não o reconhece.

Num salto se chega a Ucanha. Está situada na margem direita do Varosa, já alastrando para o lado de lá, e precisamente junto ao rio está a torre que lhe deu fama. Diga-se logo que é uma construção inesperada no nosso país. O telhado de quatro águas, as altas varandas de pedra assentes em modilhões, a janela de mainel, o arco abatido de passagem, a robustez do conjunto são características que reunidas se não encontram em construções medievais portuguesas. Quem por Itália viajou, não se surpreendia se lá encontrasse esta torre. Em Portugal, é total surpresa. O viajante namora cá de baixo a preciosa imagem da Virgem coroada, com o Menino ao colo, acomodada numa edícula e protegida por um varandim de ferro, e fica cheio de gratidão para com o maltratado padre de Ferreirim que aqui lhe disse que viesse. E é terra que estima os seus filhos, como se vê por esta lápide que regista ter cá nascido Leite de Vasconcelos, etnógrafo, filósofo e arqueólogo dos melhores, autor de obras ainda hoje fundamentais. Quando ele daqui foi, não fizera ainda dezoito anos, levava a instrução primária e algum francês e latim. Levava também, isto é uma ideia do viajante, o recado que ouviu à sombra desta torre, debaixo do sonoro arco que dá para o rio, pondo as mãos adolescentes na pedra rugosa: procurar as raízes.

Entra-se em Salzedas à procura do convento, e é ele que nos corta o passo. O viajante para à sombra de uma enorme construção que sobe pelo céu acima, é pelo menos a impressão que lhe fica, parece-lhe nunca ter visto igreja tão alta. É provável que seja isto uma reação de olhos que vêm de gozar o invulgar equilíbrio da torre de Ucanha, apesar da sua pesada massa, mas é dever do viajante aceitar o que lhe é dado, aproximar-se com vontade de entender. É o que faz em Salzedas, onde afinal pouco viu, nem há muito para ver, tirando os supostos Vascos Fernandes, mas onde algum tempo se demorou. Havia casamento, os noivos, o padre que os casava, os convidados, e, como a nave da igreja é vasta, faziam, mesmo todos juntos, pequeno grupo. Os passos do viajante mal acordavam os ecos da igreja, o padre sussurrava, e o mais que se ouvia eram os gritos das crianças que brincavam lá fora.

Já se viu como o viajante é dado a devaneios. Estavam aqueles casando-se, e ele pôs-se a imaginar um diferente casamento, dois que aqui entrassem sozinhos, percorressem todo o comprimento da nave sem falar, não procuram padre nem bênção, foi só este grande espaço coberto de abóbadas que os chamou, e depois ajoelharam ou não, oraram ou não, e dando as mãos um ao outro saíram casados. E isto seria o mesmo que subirem ao alto de um monte e virem de lá casados, ou passarem por baixo da torre de Ucanha e casados serem por isso. O viajante é tonto, pensa nestas coisas, por isso perde a cerimónia e quando dá por si está sozinho. Lá de fora vem o barulho dos motores, redobram os gritos das crianças, deve haver chuva de rebuçados, e o viajante está triste, ninguém o convidou para a boda, ele que tão boas ideias tem.

Quando sai, o terreiro está deserto. Foram-se os noivos, foram-se os garotos, nada há a esperar de Salzedas. É nisto que se engana. Vai voltar à estrada, ladeia o comprido edifício que resta do mosteiro, e, quando passa rapidamente ao lado de um arco que dá para terreno aberto, apanha de relance uma imagem fugidia de estátua ou pessoa empoleirada num muro. Para e volta atrás, espreita discretamente, não vá perguntar-lhe a pessoa, se pessoa for: "Que é que quer?", e vê que afinal é estátua. Estátua de rei, como se vê pela coroa, rei português como se prova pelo escudo das quinas que tem à ilharga direita, ainda que mutilado. Está este nosso não sabido rei de armadura completa, grevas e joelheiras, peitoral, cota de malha, mas leva gola de renda e manga de fole. Pôs-se de gala para tirar o retrato, e do alto onde o puseram olha o viajante com ar bonacheirão, contente por, depois de alguma coisa ter reinado, aqui estar agora, para sempre, porque, tendo perdido os pés em andanças, o fixaram na alvenaria pelos cotos. Parece um rei de baralho, é afinal o rei da quinta. O viajante pergunta a umas mulheres que passam, e que também não foram ao casamento, desde quando está ali esta figura real. "Desde sempre", é a resposta que esperava e lhe deram. Bem está assim. Para a borboleta que nasce de manhã e morre à tarde, a noite não existe; para quem já cá achou o rei da quinta, a resposta honrada é – sempre.

O viajante não mostra grande vontade de sair destes lugares. Cruza e recruza estradas, lá está Ucanha outra vez, e agora vai a Tarouca, povoação onde perde um pouco o norte, tem de andar para trás e para diante, quem sabe se distraído pela alta montanha que diante dos seus olhos cresce, não lhe dizem o nome os mapas, será ainda a serra de Montemuro, será já a serra de Leomil. Enfim deu com o que procurava, a

Igreja de São Pedro, foi ver o túmulo manuelino, rendilhado, filigrana de pedra no seu desenvolvimento de arcossólio e colunelos, mas sem estátua jazente, o que de algum modo surpreende, pois estes defuntos faziam muita questão de mostrar com que cara tinham gasto o seu dinheiro ou algum por eles. Esta Igreja de São Pedro é românica, mas não do melhor que o viajante tem visto. Também é certo que as viagens educam o espírito e o tornam exigente. Ou estará o viajante apenas cansado.
Se o estava, passou-lhe em São João de Tarouca. Porém, antes de ir ver as artes, há de o viajante explicar o que lhe aconteceu quando, passada a última curva da estrada, deu de frente com um tempo anterior da sua vida. São falsas memórias, diz-se, já aqui esteve e não se lembra, sugere-se. Primeiro, o viajante não sabe o que são falsas memórias. Tem-se memória de alguma coisa vista e fixada pelo cérebro. Pode ficar fora da consciência, pode resistir a esforços de recordação, mas no dia em que a imagem voltar a poder ser "lida", vê-la-emos, com precisão maior ou menor, e o que estivermos vendo é o que vimos já. Toda a memória é verdadeira, nenhuma é falsa. Confundida poderá estar, será como um *puzzle* desmanchado, que, potencialmente, é reconstituível até ao último fragmento, à mais breve linha, ao mais apagado tom. Quando os homens forem capazes de percorrer todos os registos da memória e ordená-los, deixarão de falar de falsas memórias, embora seja bem possível que então se defendam dessa capacidade memorizante total, cultivando falsos esquecimentos.
 Em segundo lugar, o viajante sabe que nunca esteve neste sítio, nunca veio a São João de Tarouca, nunca passou esta pequena ponte, nunca viu estas duas côncavas margens cobertas de ervas verdes, nunca viu aquele edifício em ruínas, os arcos do aqueduto (e agora nem tem a certeza de os ter visto desta vez), esta curta rampa que leva ao portão da igreja e, descendo para o outro lado, à vila.
 Se as falsas memórias não existem, se o viajante afirma

solenemente que nunca veio aqui, então sempre é verdade que as almas transmigram, que a metempsicose existe. O viajante, este aqui, sim senhor, mas noutro corpo e hoje, além das suas próprias memórias, teria esta que herdou de um corpo desaparecido. O viajante responderá que tudo isso são histórias da carochinha, que um cérebro morto é um cérebro apagado, que as memórias não se dispersam ao vento para ver quem mais memórias recolhe, que até o inconsciente coletivo se compõe de dados de consciência, etc., etc. Mas, sabendo muito bem a que há de dizer "não", não é capaz de descobrir aquilo a que poderia dizer "sim". O que sabe, sem discutir comos e porquês, é que já viu este recanto de São João de Tarouca: alguma vez o terá sonhado, como sonhou com tantas outras paisagens para as quais, até hoje, não encontrou correspondência real, talvez, quem sabe, só por não ter viajado a todos os lugares. Afirmar isto será o mesmo que dizer que o sono, a imaginação solta, o discorrer inconsciente de imagens no cérebro podem prever o mundo exterior. É um caminho arriscado por onde o viajante teme meter-se. Em todo o caso, bem poderia acontecer sonhar com o motor de explosão o servente de artilharia encarregado de escovilhar os canhões: aí está o cilindro, aí está o êmbolo.

Divagou muito o viajante, e escusadamente. Mal foi terem-lhe dado tempo para isso. O portão exterior está fechado, foi um garoto buscar a chave, e não levava pressa. Procura não pensar na obsidiante convicção de que já viu este sítio, e conversa com uma menina de doze anos que o irá acompanhar. Fica a saber de tentativas de roubo que ali se fizeram, de toques a rebate para reunir o povo e caçar o gatuno, são histórias empolgantes e verdadeiras. Chega-se à fala o tonto da aldeia, é a primeira vez em tão longa viagem, pede dinheiro, e o viajante dá-lhe algum. A menina diz que o tonto o vai gastar em vinho, e conta que ele bate na mãe, e esta o põe fora de casa, levam a vida nisto. Anda o viajante no seu afã de ver belas artes, tudo são pinturas, tudo imagens, e maviosas pedras, e de repente deita-lhe a vida a mão ao braço e diz-lhe: "Não te esqueças de mim". Responde o viajante, envergonhado: "Mas olha que isto também és tu". E ela: "Pois sou. Mas não te esqueças do tonto". Aí vem o garoto com a chave. Entra toda a companhia, o viajante, a menina de doze anos, três crianças mais. Teme o viajante que a visita seja de algazarra, mas engana-se. Esta infância segue composta, vai acolitando, ou talvez esteja a vigiar, pronta a saltar à corda do sino e chamar o povo. Será ou não, nunca se viram mais gentis meninos que estes de São João de Tarouca.

Nestes lugares, as idades são como largas marés. Veio o românico e construiu, depois o gótico acrescentou, se renascença houve deixou sinal, o barroco apartou para o lado e fez alguns estragos, enfim, entre ir e vir, se para isso houve força bastante e poder de sedução, aonde a onda mais alta chegou, deixou bandeira. Aqui temos o cadeiral e a talha dourada, os painéis de azulejos com a lenda da fundação do mosteiro, as pinturas de Gaspar Vaz, talvez de Vasco Fernandes, talvez de Cristóvão de Figueiredo. Aqui temos um anjo do século XIV, e uma Virgem de granito pintado, com o Menino ao colo, da mesma época. Aqui temos, na sacristia, pequenas imagens de madeira, delidas pelo tempo e pelo uso.

As marés vieram e deixaram os seus salvados. Para tudo olha o viajante nestas três claras naves, ouve o refluir das vagas do tempo, as vozes dos homens que vêm com ele, o bater da pedra, o serrar e pregar da madeira. Viaja na alta crista dos séculos, e, sendo agora a sua vez de dar à praia, para diante do sarcófago de D. Pedro de Barcelos, assombrado. É uma imensa arca tumular, e a estátua jazente poderia ser a de um S. Cristóvão gigantesco que se cansasse de transportar o mundo às costas e se deitasse a descansar. De granito toscamente lavrado, o túmulo do filho bastardo de D. Dinis é das mais impressionantes coisas que o viajante tem visto e sentido: lá dentro, um corpo humano, em sua real dimensão, estará como um barco no mar ou uma ave no espaço. Mostra o sarcófago, numa das suas faces, em baixo-

-relevo, uma cena de caçada ao javali. Estranha ilustração. Como todos os nobres do seu tempo, D. Pedro de Barcelos terá andado em montarias atrás das feras, cavalgando por montes e vales, dando às matilhas de cães a carniça. Mas os trabalhos do conde, nesta Beira onde viveu a última parte da sua vida, foram bem diversos, e por eles é que se ilustrou. Foi ele quem compilou o *Livro de Linhagens,* talvez um cancioneiro, provavelmente uma crónica geral de Espanha, e, em vez do letrado que esperava, o que o viajante vê é um gigante truculento e um caçador sanguinário. Há aqui basta matéria para dissertar sobre incongruências, e, quando já o dedo vai em riste para apontar a primeira, descobre o viajante que deve começar por si mesmo: mau mundo é esse para quem o poeta é poeta só, e cada um de nós nada mais do que pareça. Quanto maior razão não teve D. Pedro de Barcelos, que quis levar, entre as lembranças da vida, aquelas frescas manhãs em que caçava os javalis nas suas terras dos Paços de Lalim.

O viajante acabou a visita. Quer dar uma recompensa à menina de doze anos que o acompanhou, mas ela recusa e responde que a dê aos mais pequenos. Este dia é cheio de lições. O viajante agradece como a uma pessoa crescida, olha uma vez mais a paisagem para ter a certeza de que já a viu antes, e aqui entra no seu espírito a primeira dúvida: realmente, não se lembra desta menina.

Quando chega a Moimenta da Beira, seria já tarde para almoçar se não fosse a boa vontade de quem o atende. Comeu um excelente bife de cebolada, que é prato hoje em geral mal servido nas nossas terras, e se mais não procurou na vila foi porque vinha ainda com os olhos cheios de São João de Tarouca. Vai enchê-los outra vez no caminho de Moimenta a São Pedro das Águias. Deslumbramento seria a palavra, se não fosse tão pouca. E afinal todas o seriam para dizer destes montes e socalcos o inexprimível, da suavidade e da transparência do ar, e, depois de Paço, quando a estrada começa a aproximar-se do rio Távora, o que se vai vendo das

abruptas encostas cobertas de mato, donde irrompem espigões rochosos, e na Granjinha fica o viajante desnorteado, porque o nome São Pedro das Águias estava-lhe sugerindo alturas onde Águias vivem, e afinal eis uma descida que parece não ter fim, fundo, cada vez mais fundo, atravessando pequenos povoados, vai o viajante aturdido com tanta beleza, e quando enfim para ouve no grande silêncio o rumor das águas invisíveis correndo sobre as pedras, e ali adiante está, enfim, a Capela de São Pedro, realmente das águias, porque só elas poderiam dominar a vertigem dos altos penhascos que de um lado e do outro se levantam.
O viajante aproxima-se da capela. O primeiro enigma seria a razão por que neste lugar fora do mundo, entre fragas, alguém conseguiu construir um templo. Hoje há uma estrada, sim senhores, e no século XII como seriam os caminhos?, a pedra, como foi transportada?, ou serviu a que da escarpa foi retirada brutamente para abrir a plataforma onde se cavaram os alicerces? Porque este é o segundo enigma: que foi que determinou D. Gosendo Alvariz, se realmente foi ele o fundador, a dispor a capela em jeito de pouco espaço haver entre a escarpa e a fachada, tão pouco que um simples arco serve de apoio, não sabe o viajante a quê, se à igreja, que dele não parece precisar, se à encosta a pique, que em oito séculos se não deixou desagregar? Teve assim tanta força o costume de então que mandava orientar a fachada dos templos a poente? São Pedro das Águias é uma joia que o tempo mordeu e roeu por todos os lados. Não faltaram aqui mãos ofensoras, mas o grande destruidor foi realmente o tempo, o vento que por estas gargantas deve assobiar, a chuva fustigante, o sol calcinador. Mais duzentos anos sobre esta dolorida ruína, e aqui se encontrará um amontoado de pedras soltas, vagas inscrições, vagas formas esculpidas, ténues relevos que os futuros viajantes já não conseguirão identificar. A este não têm faltado grandes emoções: Rates, Rio Mau, Real, e outros lugares neste relato assinalados. São Pedro das Águias provoca uma onda

de ternura, um desejo de abraçar estes muros, a vontade de apoiar neles o rosto, e assim ficar, como se a carne pudesse defender a pedra e vencer o tempo. Está a tarde em meio, tempo não falta. Porém, hoje, o viajante decide que tem a sua conta de beleza. Nenhuma imagem deverá sobrepor-se a São Pedro das Águias. Pudesse o viajante e faria todo o caminho de olhos fechados, daqui até à Guarda, onde vai ficar. Veio de olhos abertos, mas, por mais que se esforce, de nada se lembram. Aí está outro enigma para resolver.

ALTA ESTÁ, ALTA MORA

O viajante vai à serra, que é, por antonomásia, a Estrela. O tempo mudou. Ainda ontem a atmosfera estava límpida, o Sol claro, e hoje o céu aparece coberto de nuvens baixas, que os entendidos afirmam ser para o dia todo. Apesar disso, decide que não passará de largo. Se em Trás-os-Montes viajou com bruma cerrada e chuva de cordas, aqui, demais Primavera sendo, não o fará desistir um simples céu tapado. É certo que se arrisca a estar na serra e não ver a serra, mas confia que algum deus hermínio, desses que na Lusitânia se veneravam e agora estão adormecidos, como o louvado Endovélico, acorde do pesado sono secular para abrir umas nesgas de céu e mostrar ao viajante os seus antigos impérios.

Desdenha o viajante a comodidade da estrada que passa por Belmonte, e uma vez que comete empresas altas, melhor é que se habitue à elas desde já. Segue pois por Vale de Estrela até Valhelhas, sempre com o horizonte à vista. Salvo se vai o caminho apertado, como não poucas vezes acontece. Por estes sítios, a estrada é um grande deserto. E é realmente verdade que as nuvens estão baixas. Lá em cima, depois daquela curva, há uma fila de pinheiros cujos troncos parecem cortados: as copas são um borrão confuso, e se o viajante não tem cuidado entra-lhe uma nuvem pela janela.

Mas o hermínio deus invocado meteu-se obviamente em brios e, quando o viajante chega à curva, não há nenhuma nuvem e a estrada está aberta. O lucro, no entanto, não é grande. A nuvem, ou névoa, ou nevoeiro apenas foram empurrados para diante e estão à espera, empoleirados numa alta penha, para saltarem ao caminho e confundirem as distâncias. O viajante começa a duvidar que lhe valha a pena fazer a volta da serra como a tinha sonhado, indo por Sabugueiro, Seia, São Romão, Lagoa Comprida, até à Torre, e depois descendo pelas Penhas da Saúde, rematando na Covilhã. E quando chega a Manteigas decide procurar novas informações. Logo lhe dizem: "Não aconselhamos. Perigo, não há. Mas se o senhor quer ver a serra, não a verá. A visibilidade na estrada garante a segurança, mas a vista da paisagem é praticamente impossível". O viajante agradece educadamente a informação, é o que têm as regras da urbanidade, temos de agradecer até o que nos desagrada, e vai consultar os seus mapas e guias. Calculou distâncias, observou desníveis, e resolveu seguir ao longo do Zêzere, ir antes ao Poço do Inferno, que esse, por próximo dos olhos estar, não o esconderá a névoa, e depois seguir por aí acima até às Penhas da Saúde. É o que pode fazer um viajante quando o poder dos deuses falha.

 Se este é o Poço do Inferno, e se no inferno são assim os poços, devemos rever severamente alguns conceitos que herdámos da tradição. É verdade que estas rugidoras águas, caindo de alto, podem assemelhar-se a algumas das alegadas incomodidades infernais, mas se por lá não houver mais névoas do que estas que se agarram aos picos rochosos, não vê o viajante por que não há de ficar uma condenada alma olhando eternamente a fulgurante cascata, talvez com a esperança simples de que uma réstia de Sol, de século a século, ilumine de transparência a água e a espuma e afague a cabeça do contemplador, como uma espécie de perdão. E se enfim for perdoada a alma em pena, deem-lhe no céu um poço igual e mudem-lhe apenas o nome. Não é preciso mais nada. O viajante sobe a estrada que ladeia o rio. Vai devagar. Tinha destinado o dia a uma volta inteira, não chega a fazer metade dela. Todas as viagens têm as suas contrariedades. E também as suas negaças, como esta de chegar à Nave de Santo António e estar todo o céu limpo para cima. Em verdade, os deuses varrem bem as suas altas moradas, mas deixam os humanos cá em baixo às apalpadelas, quando estes, inocentes, mais não pedem que ver a paisagem. O viajante está queixoso. Aponta à Covilhã, mergulha uma vez mais nas nuvens, e, não tendo o caso remédio, resolve tirar proveito da situação: nenhum viajante olhou com mais interesse estas suspensas, levíssimas massas brancas, nenhum outro; decerto, parou à beira da estrada para sentir-se banhado por elas, nenhum desceu a encosta para se sentar debaixo duns pinheiros e contemplar o invisível vale, o grande mar branco. Eis a boa filosofia: tudo é viagem. É viagem o que está à vista e o que se esconde, é viagem o que se toca e o que se adivinha, é viagem o estrondo das águas caindo e esta subtil dormência que envolve os montes. O viajante já não se queixa. Torna pacificado à estrada, e das subidas paragens onde tem estado regressa à Covilhã. Alta mora a serra, mas hoje não recebia visitas.

O POVO DAS PEDRAS

Nos tempos da sua juventude, o viajante tinha um dom que depois veio a perder: voava. Porém, sendo prenda que radicalmente o distinguia da restante humanidade, guardava-a para as secretas horas do sonho. Saía de madrugada pela janela e voava por cima de casas e quintais, e, como se tratava de um voo mágico, a noite tornava-se dia claro, assim se emendando o único defeito de tal navegação. Teve o viajante de esperar todos estes anos para reaver o dom perdido, quem sabe se por uma só noite, e ainda assim o estará devendo a uma derradeira compensação de Endovélico, que, não podendo fazer o milagre físico de dissipar as brumas, as reconstituiu no sonho para satisfação do viajante. Ao acordar, o viajante lembra-se de que voou por cima da serra da Estrela, mas, não havendo, como é costume dizer-se, firmeza em sonhos, prefere não contar o que viu para não passar pelo vexame de não encontrar quem acredite.

Abriu a janela do quarto, isto é, afastou a cortina, limpou o vapor de água que se condensara durante a noite na vidraça, e espreitou para fora. A serra continuava encapuchada de nuvens, ainda mais baixas que ontem: nada a fazer. O viajante não pode ir tirar a prova dos noves à realidade, saber se ela corresponde à realidade do que sonhou. Resigna-se, portanto, hoje, a viajar por terras baixas, e, para começar, dá uma volta pela Covilhã, que é cidade de meia altitude. Foi à Igreja de São Francisco, que tem um magnífico pórtico, e pouco mais de interesse: os dois portais em ogiva e as capelas tumulares quinhentistas.

As estátuas jacentes são corretas, um pouco frias, mas o conjunto ganha valor plástico com a penumbra que envolve o recanto. Dali foi o viajante à Capela de São Martinho, conformado com vê-la apenas pelo lado de fora. Restaurada de fresco, ainda o tempo não pôde adoçar as pedras, uni--las a outras mais antigas do mesmo tom da pele batida por muito sol e muito vento. É um edifício românico, de extrema simplicidade, uma casa para congregar fiéis sem grandes exigências estéticas. Mas quem concebeu a fresta que se abre por cima do portal conhecia o valor dos passos e os modos de o organizar.

Da Covilhã o viajante decidiu ir a Capinha. Não o levam lá especiais razões, salvo a estrada romana que seria um ramal da que, vinda de Egitânia, seguia para Centum Cellae. Nesse tempo, Capinha chamava-se Talabara, nome que deve ser próximo parente das Talaveras castelhanas, se isto não são imaginações linguísticas do viajante, pessoa bem menos erudita do que possa parecer às vezes. Capinha é uma aldeia agradável e onde facilmente se encontra o que se procura.

Põe o viajante pé em terra, pergunta ao primeiro passante onde fica a estrada romana e logo ele o vai acompanhar, dá-lhe as indicações, subir esta calçada, atravessar uns campos, é aí. Este passante era o padre do lugar, homem novo e desafrontado com quem o viajante virá a ter largas e debatidas conversas, caso que não é para aqui, mas aqui começou. Veio o viajante de ver a estrada romana e fez novo conhecimento, um antigo motorista de praça de Lisboa que lhe quis mostrar as fontes de Capinha, provavelmente setecentistas. É um entusiasta político este homem e muito amante da sua terra, esta onde vive e a outra geral de todos nós. O viajante é um homem rico: aonde chega, arranja amigos.

Passa o viajante a ribeira da Meimoa e segue direito a Penamacor por terras que parecem desabitadas, largos horizontes de colinas ondulosas, de vegetação dispersa. É uma paisagem melancólica, ou nem isso, apenas indiferente, nem a brava natureza que resiste aos homens, nem a benevolência daquela que a eles já se entregou. Em Penamacor o viajante almoçará ao som de música "discô" (leva acento para não haver confusão) num restaurante decorado segundo os princípios do envernizado rústico. Nem a música nem o rústico dão certo com quem lá come, mas ninguém estranha. O batimento obsessivo que caracteriza o "discô" não ofende os ouvidos daquela família de Benquerença que ali está almoçando (as duas mulheres mais velhas têm rostos duma surpreendente beleza) e o viajante habituou-se em terras de ainda maior consumo musical. Quanto ao almoço, nem sim, nem não.

Nunca como na Igreja da Misericórdia de Penamacor o manuelino deu tanto a impressão de mera aplicação decorativa. A praticamente nula profundidade do pórtico, tal como o prolongamento dos colunelos exteriores, começando por lançar a arquivolta e desenhando acima do seu remate lógico uma forma cupular um pouco orientalizante, acentuam, dão corpo a essa impressão. No entanto, é inegável a harmonia dos diferentes elementos do portal: gregas, ramagens, rosetas, tem de reconhecer-se que há aqui uma originalidade particular. Lá para cima, o castelo joga um pouco às escondidas com o viajante, que acaba por desistir de lhe chegar perto, tanto mais que um cão de porte leonino e ladrar estentório resolveu tomá-lo de ponta, a ele, que não andava a fazer mal a ninguém. Ainda observou com atenção os Paços do Concelho, mas preferiu descer à parte baixa da vila. Apreciou os arabescos que decoram as colunas das naves da igreja matriz, e partiu.

O caminho, agora, é para Monsanto. Não difere a paisagem muito, só lá mais para diante, passado Aranhas e Salvador, se levantam as alturas de Penha Garcia e, para sueste, na mesma linha orográfica, Monfortinho. O viajante inflete para sul, leva o seu fito e ninguém dele o fará arredar. Há lugares por onde se passa, há outros aonde se vai. Monsanto é destes. Mito nacional, modelo inocente de um portugalismo envenenado por objetivos de ruralismo paternalista e conservador (o viajante detesta adjetivos, mas usa-os quando não se pode passar sem eles), Monsanto é menos e mais do que se espera. Conta-se com telhados de lousa, e abunda a resguardante telha-marselha; imaginam-se tortuosas e escuríssimas quelhas, escorregadias neste tempo húmido, e o que é tortuoso não é escuro, e, quando escuro não consegue deixar de ser, tenta disfarçar-se com o pitoresco. O turismo passou por aqui e recomendou: "Compõe-te". Monsanto fez o possível. Ao pé de tantas aldeias transmontanas ou da Beira superior, Monsanto faz figura de terra espanejada, se contarmos apenas, claro está, com o que os olhos veem. O viajante já o disse e repete: viajar deveria ser ficar. Em Coimbra, e Coimbra era, desejou entrar nas casas e dizer: "Não falemos da Universidade". Aqui, de uma certa e diferente maneira, diria: "Não falemos de Monsanto".

Desta vez, está pouco interessado em igrejas. Se alguma lhe aparecer pelo caminho, não a recusará, mas não vai torcer os passos para enumerar imagens, arquivoltas, naves ou capitéis. Procura pedras, mas as outras, as que nenhum

escopro bateu, ou, tendo batido, nelas deixou intacta a brutalidade. Não vai estar em Monsanto tempo bastante para saber o que há da pedra nas pessoas; confia que lhe será possível entender o que das pessoas passou à pedra. Num caso, ficaria na aldeia; no outro, deverá sair dela.
O caminho é para cima. Entre a última casa e a cerca do castelo, é o reino quase intocado das penedias, dos gigantescos barrocos amontoados, enormes vãos onde caberiam prédios da cidade, quatro enormes prédios, uma delas quase totalmente enterrada, servindo de chão, duas dos lados, altíssimas, e por cima, tocando-as em mínima superfície, uma esfera quase perfeita, como um satélite que dos céus tivesse caído e, intacto, pousasse. De pedras julgava o viajante ter visto tudo. Não o diga quem nunca veio a Monsanto.
É estranho. Não há casas aqui, e no entanto apostaria que ouviu rumores de vida, suspiros, uns resfolgos. Noite fosse e seria grande o susto, mas a luz do dia é boa conselheira, animadora de coragens falsas. Estes barulhos não são de gente. Por trás das pedras há pocilgas armadas de pedras, também os porcos têm aqui os seus castelos, infelizmente para eles não inexpugnáveis, porque, em vindo o dia da matança, não os salvam fossos nem barbacãs.
São feitas para durar, estas pocilgas. Construídas sabe--se lá quando, com a sua cerca de esteios, o abrigo circular coberto de terra onde a erva cresce, como as fortificações dos homens, olha-as o viajante e pensa que, lavado o interior, refrescada a palha, cada pocilga destas é um palácio comparada com milhares de barracas que cercam as grandes cidades. E mesmo em Monsanto terá havido um tempo em que o conforto do homem não terá sido muito maior que o conforto do porco.
Disse o viajante que não andava à procura de igrejas. Mas aqui está uma que se lhe veio meter ao caminho e nada mais tem para mostrar que quatro paredes levantadas, nuas por dentro e por fora, sem teto. É a Capela de São Miguel. Está num rebaixo, quase oculta entre pedras que têm a mes-

ma cor e armam as suas próprias capelas. O viajante hesita: irá primeiro ao castelo, que lhe está à direita, ou ao templo arruinado, que à esquerda está? Decide-se por este lado. Desce por um caminho pedregoso. O pórtico é fundo, sem ornatos, e o nível da capela é inferior ao da soleira. Entrava--se aqui como numa cripta, e a sensação seria ainda mais pungente quando a capela estava coberta, quando a única luz fosse a dos círios e da estreita fresta da cabeceira. Agora a nave está toda aberta para o céu. Lá dentro as ervas crescem sobre as pedras de chão natural e os fragmentos de obra talhada. O viajante tem um bom catálogo de ruínas, mas esta, que sem dúvida o é também, resiste a deixar-se condenar como tal. Dir-se-ia que a Capela de São Miguel não precisa de nada. Construíram-na para lugar de culto, e foi-o enquanto isso lhe impuseram, mas o seu verdadeiro destino era este, quatro paredes levantadas à chuva e ao sol, musgo e líquenes, silêncio e solidão. Na parede norte, há dois arcossólios vazios, e pelo chão espalham-se arcas tumulares sem tampa, apenas cheias de água. Para leste, é a vertente do monte, e, até onde os olhos chegam, o vale do rio Pônsul e as encostas de Monfortinho. O viajante está feliz. Nunca na vida teve tão pouca pressa. Senta-se na beira de um destes túmulos, afaga com as pontas dos dedos a superfície da água, tão fria e tão viva, e, por um momento, acredita que vai decifrar todos os segredos do mundo. É uma ilusão que o assalta de longe em longe, não lho levem a mal.

Vai agora ao castelo. A porta fica num recanto, entre muralhas altíssimas abertas de seteiras orientadas de modo a cobrirem a passagem. Para cima das muralhas, muralhas há: são as pedras, a couraça própria do monte, os ombros indestrutíveis da fortaleza a que os homens apenas tiveram de encostar panos de muro.

Dentro é o assombro. Não tem mais sumo a velha comparação com os ciclopes que andaram amontoando pedregulhos para seu prazer de construtores ou para afundar o barco de Ulisses. Barco não há, prazer não se vê qual, fica o viajante sem poder fazer comparações, apenas com a medida da sua própria comoção, agora insuportável, dentro deste castelo onde as pedras rompem do chão como ossos, grandes calotes cranianas, nodosas articulações. Vai ao ponto mais alto das muralhas, e só então sente o vento arrebatado que vem do largo, vento norte, frio, talvez seja por causa dele que os olhos se enchem de lágrimas. Que gente viveu dentro deste castelo? Que homens e que mulheres suportaram o peso das muralhas, que palavras foram gritadas de uma torre a outra torre, que outras murmuradas nestes degraus ou à boca da cisterna? Aqui andou Gualdim Pais, com os seus pés de ferro e o seu orgulho de mestre dos Templários. Aqui humilde gente segurou, com os braços e o peito sangrando, as pedras assaltadas. O viajante quer entender razões e encontra perguntas: por que foi?, para que foi?, terá sido apenas para que eu, viajante, aqui estivesse hoje?, têm as coisas esse tão pouco sentido?, ou será esse o único sentido que as coisas podem ter?

Sai do castelo, desce a vertente para a aldeia. Às portas estão sentados velhos e velhas, o costume português. Estas velhas e estes velhos são partes do sentido. Junta-se um homem, junta-se uma pedra, homem, pedra, pedra, homem, se houvesse tempo para juntar e contar, para contar e ouvir, para ouvir e dizer, depois de primeiramente ter aprendido a linguagem comum, o eu essencial, o essencial tu, debaixo de toneladas de história, de cultura, enfim, como no castelo os ossos aparecendo, até à formação do inteiro corpo português. Ah, o viajante sonha, sonha, mas não passa de sonhos, esquecidos não tarda, agora que já vai descendo para a planície, e Monsanto lá fica, solidão, vento e silêncio.

Quando a paisagem é bela, apetece andar devagar. Esta, vista ao raso do que é, não faria parar o mais citadino dos viajantes. Contudo, este, que não é dos mais citadinos, vai seguindo como se levasse atrelada uma das grandes pedras de Monsanto ou o prendessem as memórias que lá em cima evocou. Atravessa Medelim com grande dificuldade, vêm as pessoas à estrada perguntar que carrego é aquele, enfim, passa-se tudo isto dentro da cabeça, mas podia bem ser verdade, pois também é certo que, sonhando, voou. Aqui foi Egitânia, Idanha-a-Velha se chama hoje. Egitânia parece ser a forma visigótica, portanto posterior, da latina Igaeditania, o que ao viajante não importa assim tanto, são apenas maneiras de não esquecer como o passado das terras é mais comprido do que o caminho para elas. Esta aldeia vem de tão longe que se perdeu em viagem, talvez por seu mal ainda se regule pelo relógio de sol que no ano 16 antes de Cristo lhe ofereceu Q. Jálio Augurino, de quem nada mais se sabe. São largas as ruas de Idanha-a-Velha, mas tão nuas, tão abandonadas, que o viajante cuida estar em terrenos lunares. Procura a basílica paleocristã ou catedral visigótica, como se lhe queira chamar, e encontra uma rede de arame a rodear uma ruína, é ali.

Busca uma nesga, encontra-a um pouco adiante, onde a rede deveria ajustar-se ao muro que cinge por esse lado o abandonado lugar. Há sinais de terem sido feitas aqui escavações, veem-se grossos alicerces, mas as ervas invadiram tudo, e a própria basílica, fechada, emerge dum matagal, de mistura com pedras que não significam nada e outras que talvez signifiquem muito. Pelas frestas, tenta ver o que lá está dentro: distingue meia coluna, nada mais. Para quem de tão longe vem, é encontrar pouco. Mas, do lado de fora, a um nível mais baixo, um pouco para a esquerda da porta principal, debaixo duma tosca barraca de madeira, sem porta nem cadeado, está o batistério.

Quem acode a esta miséria? A humidade e o musgo limoso corroem a madeira friável dos tanques, aquele maior, provavelmente para gente adulta, e estes dois, tão pequenos, com uns lóbulos que parecem cadeirinhas, e que se destinariam às crianças. O viajante sente-se amarrotado como um jornal velho que tivesse servido de reforço a biqueiras de sapatos. A comparação é complicada, sem dúvida, mas complicado é também o estado de espírito do viajante diante deste crime de abandono, de absurdo desleixo: indigna-se, entristece, envergonha-se, não quer acreditar no que os seus olhos veem. Esta barraca de obras, que não serviria para guardar ferramentas ou sacos de cimento, resguarda, tão mal como acaba de ser explicado, um precioso vestígio de catorze ou quinze séculos. Assim cuida Portugal do que é seu. O viajante quase se fere ao sair de repelão pela abertura do arame. Vai ver a porta romana, que dá para a margem do rio Pônsul, e vê-a tão bem reconstituída, tão sólida nas suas pedras travadas, que não entende estes cuidados daqui e aqueles desmazelos de além.

Olha o viajante a altura do Sol, considera que vão sendo horas de recolher. Desce por Alcafozes, e depois para poente, a caminho de Idanha-a-Nova, terra também antiga, embora o nome esteja a querer negá-lo. Porém, comparada com a irmã, é uma criança: fundou-a Gualdim Pais no ano de 1187, sendo rei D. Sancho I. Do castelo de então só há ruínas que o viajante não foi ver. Era o que faltava, depois de Monsanto. Ficaram-lhe de lembrança, à entrada da vila, as casas construídas sobre uma ravina, adiante o palácio do marquês da Graciosa, que gracioso é, e pouco mais. Já o viajante ia saindo, salta-lhe ao caminho um muro, não teve remédio senão parar. É um murito baixo, que duas vezes diz quem é, primeiro com um coração que fendora seta atravessa, depois, mais explicitamente, declarando, por inteiro: "Muro dos Apaixonados". Estão os namorados de Idanha-a-Nova bem servidos: quando andarem sem sorte nem norte, basta que a este muro encaminhem os passos: nunca faltam as almas gémeas se nos roteiros sentimentais estiverem assinalados os locais de encontro.

Ficando-lhe em caminho, o viajante foi por Proença-a-
-Velha. Não esperava ver muito. Esteve de conversa com umas mulheres que em cadeirinhas baixas faziam malha ao resguardo de uma parede, e foi adiante apreciar as vistas. O adro de Proença-a-Velha é amplo, capaz de acolher bailaricos, se nesta terra é admitido conviverem o sagrado

e o profano. Isso não perguntou o viajante. Decidiu tomar o gosto ao cair da tarde, olhando o vale do rio Torto que dali não se vê, o rio, mas sabendo-se se adivinha, e depois ficou por muito tempo encostado a um muro, que melhor mereceria o nome do outro, porque detrás dele vinha o mais rescendente perfume de flores que já tocou nariz de viajante. Comparado com isto, a acácia de Vermiosa é um banal vidrinho de cheiro.

Até ao Fundão, não voltará a parar. O dia vai chegando ao fim. Depois de Vale de Prazeres começa a ver-se a Cova da Beira. É terra de grande fertilidade, e, a esta hora, de grande beleza. Cai sobre ela uma neblina que não impede a visibilidade, apenas a dilui, vagos vapores que descem do céu ou da planície sobem. Em sucessivos planos, os renques de árvores, as áreas cultivadas abrem-se para um lado e para outro. É uma paisagem de pintura antiga, quem sabe se foi daqui que Vasco Fernandes levou as cores, a bruma, e esta suavidade feminina que fez espreguiçar-se o viajante, neste momento esquecido de Monsanto.

O FANTASMA DE JOSÉ JÚNIOR

Neste fundão em que Fundão está, a noite é fria. Mas não foi só por isso que o viajante dormiu mal. Por estes lados, não tão perto assim, mas, já por aqui se pressente, anda o fantasma de José Júnior. É, aliás, o único em que o viajante acredita. Por causa dele irá a São Jorge da Beira, terra que fica lá para os contrafortes da serra da Estrela, plena serra já. Não conheceu José Júnior, nunca lhe viu a cara, mas um dia, passaram muitos anos, escreveu algumas linhas sobre ele. Motivou-as uma notícia de jornal, o relato duma situação pungente, mas não rara nestas nossas terras, de um homem vítima daquela forma particular de ferocidade que se dirige contra os tontos de aldeia, os bêbados, os desgraçados sem defesa. Nessa época escrevia para o jornal que nesta mesma vila de Fundão se publica, e então, movido por indignações talvez mais líricas do que racionais, escreveu um artigo, uma crónica que veio a ser publicada. Nela começava por evocar um verso do poeta brasileiro Carlos Drummond de Andrade e depois fazia algumas considerações morais sobre a sorte de tantos Josés deste mundo, os "que chegaram ao limite das forças, acuados a um canto pela matilha, sem coragem para o último ainda que mortal arranco". E continuava: "Um outro José está diante da mesa onde escrevo. Não tem rosto, é um vulto apenas, uma superfície que treme como uma dor contínua. Sei que se chama José Júnior, sem mais riqueza de apelidos e genealogias, e vive em São Jorge da Beira. É novo, embriaga-se, e tratam-no como se fosse uma espécie de bobo. Divertem-se à sua custa alguns adultos, e as crianças fazem-lhe as suadas, talvez o apedrejem de longe. E se isto não fizeram, empurraram-no com aquela súbita crueldade das crianças, ao mesmo tempo feroz e cobarde, e o José Júnior, perdido de bêbedo, caiu e partiu uma perna, ou talvez não, e foi para o hospital". E prosseguia: "Escrevo estas palavras a muitos quilómetros de distância, não sei quem é José Júnior, e teria dificuldade em encontrar no mapa São Jorge da Beira. Mas estes nomes apenas designam casos particulares de um fenómeno geral: o desprezo pelo próximo, quando não o ódio, tão constantes ali como aqui mesmo, em toda a parte, loucura epidémica que prefere as vítimas fáceis. Escrevo estas palavras num fim de tarde cor de madrugada com espumas no céu, tendo diante dos olhos uma nesga do Tejo, onde há barcos vagarosos que vão de margem a margem levando pessoas e recados. E tudo isto parece pacífico e harmonioso como os dois pombos que pousam na varanda e sussurram confidencialmente. Ah, esta vida preciosa que vai fugindo, tarde mansa que não serás igual amanhã, que não serás, sobretudo, o que és agora! Entretanto, José Júnior

está no hospital, ou saiu já e arrasta a perna coxa pelas ruas frias de São Jorge da Beira. Há uma taberna, o vinho ardente e exterminador, o esquecimento de tudo no fundo da garrafa, como um diamante, a embriaguez vitoriosa enquanto dura. A vida vai voltar ao princípio. Será possível que a vida volte ao princípio? Será possível que os homens matem José Júnior? Será possível?".
Assim acabava a crónica, mas a vida não voltou ao princípio: José Júnior morreu no hospital. Agora o viajante sente-se chamado por um fantasma. Iria a São Jorge da Beira, já os mapas lhe disseram onde é, não leva recriminações nem saberia a quem dirigi-las. Quer, apenas, percorrer as ruas onde aqueles casos aconteceram, ser, ele próprio, por um rápido segundo, José Júnior. Sabe que tudo isto são idealizações do sofrimento alheio, mas vai sinceramente, e mais não se lhe pode pedir.
Daqui até lá, o caminho é grande. Cada terra tem o seu lugar e terá o seu tempo. Vejamos antes Fundão, onde estamos, ou melhor, vejamos do Fundão o que o tempo disponível consente, o altar-mor da igreja matriz, com a sua talha dourada, particularmente os painéis pintados do teto, de fatura popular ou oficina secundária. Entende o viajante que já são horas de dar atenção a estas pinturas menores, procurar nelas as notas de mínima ou ousada originalidade, que de umas e outras há. Ao lado dos grandes pintores, identificados ou não, devem ser colocados estes pequenos artífices, nem sempre epigonais, nem sempre obedientes copistas. Está Portugal cheio de pintura menor que requer estudo maior: aceite-se a modesta proposta do viajante. De ver é o cruzeiro da Capela de Nossa Senhora da Luz, a que se poderia chamar o Crucifixo das Duas Dores: de um lado está Jesus crucificado, do outro sua mãe.
Vai agora a caminho do Paul, para depois descer até Ourondo, donde apontará à serra. Paul tem para mostrar, em pontos de arte, o teto pintado da igreja matriz. É um *trompe-l'oeil* convencional, como costuma sê-lo este género de

pintura, mas vir encontrá-lo aqui, no coração da Beira, é tão insólito como o encontro surrealista da máquina de costura e do guarda-chuva na mesa de anatomia. Estes raptos de falsas arquiteturas usam-se em palácios, não em modestas igrejas, como esta, onde neste momento uma catequista apascenta uma molhada de crianças, que vão de estação em estação, dizendo as orações da circunstância. A entrada do viajante, o seu vagaroso mirar, distraem a lição prática de catequese: o rancho olha cheio de curiosidade o intruso e dá com atraso e desatenção as respostas devidas. Antes que o desastre vá a mais, o viajante retira-se.

Em Ourondo ficaria por muito tempo se tivessem confirmação moderna as antigas histórias de ser terra onde o ouro se apanhava às mãos cheias, daí lhe ficando o nome. Não que ande a sonhar com riquezas, mas, como nunca lhe aconteceu dar um pontapé numa pepita, fosse esta a mina ou jazigo a céu aberto, e aqui se veria com que donaire de prospetor apuraria estes cabeços ou sondaria estas ribeiras. É bom que o viajante se não distraia: o caminho sobe sem pedir licença, ladeia altas e penhascosas vertentes. São grandes florestas de pinheiros e sobre elas o céu está branco, é só nuvem sem princípio nem fim. Não chove. Lá em baixo, muito ao fundo, passa a ribeira de Porsim. Se cada coisa nascesse com seu par, deveria haver também por aí a ribeira de Pornão. Não há, que o diga o mapa, talvez para confirmar o nome. Começava o viajante a lembrar-se mais gravemente do José Júnior, quando, de súbito, lhe aparecem, assomando por cima das elevações naturais, duas montanhas, cada qual com sua cor, cinzento e amarelo-queimado, sem um fio de erva nelas, sem um galho de árvore, nem sequer uma rocha, destas que por todo o lado surgem e se inclinam sobre a estrada. São os montes de detritos das minas da Panasqueira, apartados segundo a sua composição e cor, duas massas gigantescas que avançam sobre a paisagem e a comem por fora, na mesma proporção em que foi sendo roída a terra por dentro. Para quem não espera, o surgimento súbito destes montes causa

um choque, sobretudo porque nada, à distância, os liga aos trabalhos da mina. É mais adiante, perto da povoação, que na encosta se veem as entradas para o interior da montanha. Cá fora uma lama esbranquiçada, quase fluida, escorre para outra vertente. O viajante não entrará na mina, mas dela fica-lhe a imagem exterior de um inferno húmido e viscoso, onde os condenados vivem enterrados até aos joelhos. Não é certamente isto, não será melhor do que isto.
Daqui a São Jorge da Beira são três quilómetros. Faz a estrada uma curva, outra já nas primeiras casas, e a aldeia aparece subitamente inteira, lançada pela encosta acima como se houvesse tido grandes projetos de ascensão e lhe faltassem as forças logo ao primeiro impulso. Foi aqui que viveu José Júnior. É uma terra sossegada, tão longe do mundo que a estrada que até aqui conseguiu chegar não leva a mais parte alguma. Ao viajante parecia impossível que por estas empedradas calçadas, de cambulhão por estes degraus de xisto, roçando as ásperas empenas, tivesse andado um homem agredido de palavras e pancadas, perdido de bêbedo, ou bêbedo perdido, que são perdições diferentes, sem que alguém viesse apartar o fraco dos fortes, o perseguido dos perseguidores. Ou alguém veio e não bastou que viesse. A mão que ajuda, desajuda, se depois se retira. Não terá faltado quem desse bons conselhos a José Júnior e advertisse os seus carrascos. Também não terá faltado quem pagasse vinho a José Júnior para depois se divertir à custa dele. Em terra tão desprovida de tudo, seria estúpido perder a distração gratuita, o bobo coletivo. Mas o esquecimento voluntário é uma grande ajuda: a três pessoas perguntou o viajante se tinham conhecido José Júnior, e ninguém se lembrava. Não devemos estranhar. Quando não conseguimos viver com os remorsos, esquecemo-los. E é por isso que o viajante sugere que na esquina duma destas belíssimas ruas, ou mesmo em qualquer escura travessa, se ponha o letreiro, meia dúzia de palavras nada dramáticas, por exemplo: Rua José Júnior,

filho desta terra. Quando aqui voltassem outros viajantes, a Junta de Freguesia mandaria alguém explicar quem foi José Júnior e por que está ali o nome.
Este viajante não encontrou o fantasma. São Jorge da Beira tratava da sua vida, rodeado de pinheirais e ravinas, coberto por um céu branco que não começa nem acaba. Amanhã talvez neve por estes lados, ou lá mais para o interior da serra, aonde o viajante não pôde ir. Também daqui não terá ido nunca para muito longe o José Júnior. E talvez seja por isso que não se encontrou o fantasma dele. Sendo fantasma, aproveita. Além disso, está provado que os fantasmas não bebem. E, existindo, por força riem-se de nós.
Pelo caminho que foi, voltou o viajante. Almoçou no Fundão, foi ver o Chafariz das Oito Bicas e seguiu para Donas, ali perto. Aqui, o mais de importância que há para ver arrumou-se a um canto, e assim fica facilitada a visita. Na igreja matriz andavam mulheres em grandes lavagens de chão e não devem ter gostado de ver aparecer o intruso. Olharam-no desconfiadas, como se fosse da inspeção do trabalho e quisesse conferir a folha de salários. O viajante sabe que estas obras são gratuitas, fazem-se para maior glória da igreja e salvação de alma. Não tendo o local muito para mostrar, passou à lateral Capela do Pancas, de boa ornamentação manuelina. Manuelina também é, e sumamente elegante, a Casa do Paço. Pertenceu à família do cardeal Jorge da Costa, o célebre Alpedrinha que viveu mais de cem anos e está sepultado em Roma, em magnífico túmulo. Era ambicioso o cardeal. Gostava de dinheiro, de luxo e de poder. Teve tudo. Foi prelado em Évora, arcebispo de Lisboa, cardeal de *nomine,* e tendo passado a Roma em 1479, donde nunca mais voltou e onde morreu em 1508, recebeu ali os títulos de bispo albanense, de bispo tusculano, e de bispo portuense e de Santa Rufina. E foi arcebispo de Braga sem sair de Roma. O viajante está pasmado, perguntando a si mesmo como foi possível dar a evangélica árvore frutos destes, e leva por consolação que não foram as mãos do Alpedrinha nem dos

seus orgulhosos parentes que levantaram do chão de Donas a formosa Casa do Paço. Desconfia o viajante que as mulheres que andavam a lavar a igreja são descendentes dos alvanéis que ergueram aquelas paredes e lavraram as pedrarias da porta e das janelas. É preciso que alguém lhes vá dizer. De Donas a Alcaide é um salto, que em pouco se dá. A beleza do caminho fá-lo parecer ainda mais curto, apesar dos acidentes de percurso que incluem duas passagens de nível e uma ponte. Estava fechada a Igreja de São Pedro, mas o sacristão, homem velho e urbaníssimo, veio abri-la aprimoradamente, parece o viajante que está brincando, e não, fala muito a sério, vá quem quiser a Alcaide e veja como este homem abre uma porta, fica uma pessoa com muito respeito por um ato tão simples como esse parece ser. A igreja é ampla, e os oito pilares de granito tornam-na um pouco severa, embora não fria. Esplêndido o arco românico da capela-mor, tapado desde o século XVII, quando das obras de reedificação, e recentemente posto a descoberto. Dessa mesma época deve ser uma imagem de Santa Ana tendo ao colo a Virgem, ainda menina, a quem está ensinando a ler. Não é obra de particular valor artístico, e passaria sem maior referência, ou não a teria sequer, se toda a composição da figura central não fizesse recordar ao viajante a profana figura da ama de Julieta, a do drama de Shakespeare. Haverá tantas amas de Julieta quantas as intérpretes, serão magras ou gordas, altas ou baixas, louras ou morenas: para o viajante, a ama que trouxe ao colo Julieta Capuleto, e depois se viu metida naqueles trabalhos todos, é esta figura roliça, tão maternal e simples, a quem a sua menina parece querer desmanchar a touca enquanto aponta o livro do futuro e naturalmente se assusta com o que vê. Terá Santa Ana de contar a Julieta Capuleto, depois de sair o viajante, uma história que a distraia, era uma vez.

    Por este lado, é a serra da Gardunha, que remata a Cova da Beira. O viajante tem de contorná-la, subindo, e de repente aparece-lhe a nuvem da serra da Estrela transportada para

aqui, e pior, é nuvem, nevoeiro e chuva, tudo junto, como foi que este tempo se armou se lá em baixo não havia mais do que céu baço. Devem ser efeitos locais, a prova é que ainda antes de Alpedrinha se dissipou o nevoeiro, quebrou a nuvem, passou a chuva. Em Alpedrinha nasceu o cardeal. Ali estão as suas armas, no frontão da Capela do Leão, também chamada de Santa Catarina. Ao viajante conviria ter chegado mais cedo. Embora afastado, o temporal que estava na passagem da serra apagou parte da luz do dia. Claramente se vê, mas há mais para andar, e por isso, também porque Alpedrinha parece um deserto, o viajante apenas passeará pelas ruas, para sentir o fascínio particular de uma decadência que se recusa a contemporizar com outros modos de viver. É uma impressão apenas subjetiva, talvez a que podem dar ruas onde ninguém passa, portas fechadas, janelas que não se entreabrem, cortinas que não se movem. Porém, em frente da igreja matriz há um grupo de raparigas que têm livros escolares, devem ter saído da última aula do dia, juntaram-se aqui, olham o viajante com curiosidade e ironia, é uma sensação estranha ser observado assim.
    Lá para cima é o Chafariz de D. João v. O viajante, ao menos, quer ver o joanino fontanário, se não é pecado de lesa-majestade designá-lo assim, e, tendo-lhe chegado ao pé, confessa que é uma imponente construção, chega a parecer impossível como um simples fio de água veio a requerer tanta pedra talhada e esculpida. Nem todas as águas nascem com a mesma sorte. Esta é recolhida nos altos da serra, entre matos e penedos, vem descendo de toalha em toalha, e, onde antes corria derramada até à ribeira de Alpreade, puseram-lhe os arquitetos reais um jogo de tanques, bicas e escadórios, em que menos importância tem a linfa do que a imperial coroa que domina o conjunto. O viajante olha tudo isto de cima e sorri com a irreverência de uns garotos que por aquelas pedras saltam, enquanto uma voz de mulher grita: "Tenham cuidado". Mas devia haver um tempo para

tudo. Estava o viajante sorrindo, e agora impacienta-se porque precisa de que haja um silêncio sobre esta adormecida vila, que não acorda por brincarem uns garotos e gritar a mãe deles, mas só em expectativa total se entregará a quem nela entre. A brincadeira não acabava, a mãe não se calou com a monótona recomendação, e o viajante teve de retirar-se, foi apenas ver as ruínas do palácio, os fogaréus e urnas da entrada, as janelas entaipadas umas, outras abertas para o céu cor de leite. Veio descendo até à estrada e, quando lá chegou, olhou para trás. Estranha terra esta. A estrada passa-lhe ao pé, corta-a pelo meio, e contudo é como se passasse entre dois muros que nada deixassem ver. Não faltam povoações escondidas, mas esta Alpedrinha é secreta.

Cai cinza húmida do céu. Toda a paisagem se tornou misteriosa. Parece que vai anoitecer rapidamente, mas não, ainda há bastante luz do dia, é uma luz suspensa, como se o transportador dela tivesse parado para dar tempo de chegar a Castelo Novo. É um favor que o viajante vai ficar a dever até ao fim da vida. A esta hora do dia, sob a luz miraculosa, não pode haver paisagem que se compare. A estrada, abandonada já a que segue para Castelo Branco, faz uma larga curva, atravessa toda a baixa da ribeira de Alpreade, e isto dito assim não é nada, não pode representar a bruma que paira sobre os campos, as árvores, ao fundo as vertentes da Gardunha, e sobretudo a luz, a luz indefinível que é quase só o que resta da passagem dela, não sabe o viajante como explicar. Declare que não sabe, confesse que não pode.

Castelo Novo é uma das mais comovedoras lembranças do viajante. Talvez um dia volte, talvez não volte nunca, talvez até evite voltar, apenas porque há experiências que não se repetem. Como Alpedrinha, está Castelo Novo construído na falda do monte. Daí para cima, cortando a direito, chegar-se-ia ao ponto mais alto da Gardunha. O viajante não tornará a falar da hora, da luz, da atmosfera húmida. Pede apenas que nada disto seja esquecido enquanto pelas íngremes ruas sobe, entre as rústicas casas, e outras que são palácios, como este, seiscentista, com o seu alpendre, a sua varanda de canto, o arco profundo de acesso aos baixos, é difícil encontrar construção mais harmoniosa. Fiquem pois a luz e a hora, aí paradas no tempo e no céu, que o viajante vai ver Castelo Novo. Esta é a Casa da Câmara, românica, construída no tempo de D. Dinis. O viajante prepara-se para protestar contra o chafariz que ali foi posto por D. João V, mas emenda o rompante, vê como o românico digeriu e absorveu este barroco, ou como o barroco se deixou sujeitar ao românico que tinha chegado primeiro. Junte-se o pelourinho manuelino e estão aqui três épocas: os séculos XIII, XVI e XVIII. Sabiam trabalhar a pedra esses homens, e respeitar o espaço, quer o próximo quer o distante: não fosse assim e teríamos aqui grandes e inconciliáveis brigas arquitetónicas.

A uma velhinha que à sua porta aparece, pergunta o viajante onde fica a lagariça. É surda a velhinha, mas percebe se lhe falarem alto e puder olhar de frente. Quando entendeu a pergunta, sorriu, e o viajante ficou deslumbrado, porque os dentes dela são postiços, e contudo o sorriso é tão verdadeiro, e tão contente de sorrir, que dá vontade de a abraçar e pedir-lhe que sorria outra vez. Ouviu a explicação, mas terá entendido mal, porque entretanto se perdeu no itinerário. Perguntou a uns garotos, não sabiam, é o costume das gerações novas, sabem outras coisas. Tornou a perguntar adiante, disseram-lhe: "Desça essa rua, há aí um largo, na esquina está um comércio, pergunte que logo lhe indicam". Desceu o viajante a rua, viu o largo, foi ao comércio, e ao lojista deu as boas-tardes e fez a pergunta. É um homem baixo, com pouco mais cabelo que o viajante, mais adiantado na idade. Vem, solícito, é a bondade que sai de detrás do balcão e se aproxima, e ambos saem ao largo conversando sobre Castelo Novo, enchem-se os olhos de lágrimas a este homem ao falar da sua terra, e, virando uma rua para cima, a lagariça é logo ali, bastaria uma simples indicação sem sair da loja, se a terra fosse diferente e o homem outro. No alto da pedra, olhando o tanque pouco profundo, concha aberta a picão na rocha viva, o viajante ouve explicações: "Servia em antigos tempos para a pisa das uvas, tem aqui um buraco que dá para aquela pia, em baixo". O viajante põe-se logo a imaginar os homens do lugar, descalços, arregaçados até ao joelho, pisando as uvas, dizendo graças às mulheres que passassem, com o jovial desafogo que o vinho dá, mesmo quando é apenas mosto. Se há outra lagariça assim no País, o viajante não conhece, mas acredita que sim: ainda vem longe o dia em que saibamos tudo o que temos.

Nesta altura já o viajante disse quem era, e o guia declarou quem é: José Pereira Duarte. Tem os olhos claros, é um homem sensível, que lê. Mais baixo que o viajante, olha-o como quem mira um amigo que já ali não aparecesse há muitos anos, e toda a sua pena, diz, é que a mulher esteja doente, de cama: "Senão, gostava que estivesse um bocadinho na minha casa". Também o viajante gostaria de ficar em Castelo Novo, mas não pode ser. Descem os degraus da lagariça, despedem-se no largo, é um abraço verdadeiro, como o sorriso da velhinha, que parece ter ficado à espera, na sua soleira, para dizer adeus ao viajante. Será isto outro sonho, não é possível haver bondade assim: vá então a Castelo Novo quem nestes casos não acreditar.

Bruma, cinza sobre verde, hora parda que se despede, enfim. Quando o viajante entra na estrada para Castelo Branco, anoitece. Compreende-se: a luz já não era precisa.

"HIC EST CHORUS"

Em Castelo Branco todos os caminhos vão dar ao jardim do Paço Episcopal. O viajante pode, portanto, sem qualquer risco, demorar-se e perder-se por outros lugares, ir, por exemplo, ao castelo, que é uma escassa ruína, e ter aí o primeiro desgosto: está fechada, cercada e vedada a Igreja de Santa Maria, onde jaz o poeta João Ruiz de Castelo Branco, a quem levantaram estátua lá em baixo, no Largo do Município. Queria o viajante, que tem muito destas fraquezas sentimentais, dizer à beira da pedra tumular aqueles maravilhosos versos que desde o século XVI têm vindo soando e de cada vez exprimindo, indiferentes ao tempo, a grande mágoa da separação amorosa: *Senhora, partem tão tristes/ Meus olhos, por vós, meu bem,/ Que nunca tão tristes vistes/ Outros nenhuns por ninguém...* Queria o viajante praticar este ato sentimental, mas não lho consente a rede de fortíssimo arame que rodeia um grande espaço em redor da igreja. Parece que aqui foram encontrados quaisquer vestígios arqueológicos e, enquanto se escava e não escava, fiquem de fora os visitantes. Não tem esta rede fraquezas como a de Idanha-a-Velha, e que as tivesse, onde é que estava o ganho, cerradas a sete chaves as portas.

O viajante desce pela cidade velha, Rua dos Peleteiros abaixo, e, para se consolar da deceção, vai murmurando: *Tão cansados, tão chorosos,/ Tão doentes da partida,/ Da morte mais desejosos/ Cem mil vezes que da vida.* Há fortunas literárias que em pouca abundância numeral assentam, como é o caso deste João Ruiz (ou Rodrigues) de Castelo Branco, que, pouco mais tendo feito que estes sublimes versos, há de ser lembrado e repetido enquanto houver língua portuguesa. Um homem vem a este mundo, dá duas voltas e vai-se embora, foi quanto bastou para modelar e dar corpo a uma expressão de sensibilidade que depois se incorpora em comportamentos coletivos.

Neste refletir se achou o viajante defrontado com a Sé, que não sabe o que há de fazer da inexpressiva fachada que lhe deram. Dentro se vê que não se aprimoraram particularmente os que tiveram por missão enriquecer de arte o templo a S. Miguel consagrado: confiemos que a magnanimidade do arcanjo lhes perdoará o pouco caso. Muitos outros perdões vão ser necessários, e do pecado da soberba não se livra o bispo D. Vicente, que sobre a porta da sacristia mandou colocar o seu brasão, que é, para tudo dizer em três palavras, um delírio de pedra. Cristo teve como único emblema uma bruta cruz, mas os seus bispos vão atravancar o céu com quebra-cabeças heráldicos que darão que fazer para toda a eternidade.

Este lado da cidade é tão provinciano, ou provincial, para retirar o que possa ser entendido como pejorativo na primeira palavra, que o viajante tem dificuldade em admitir que ao redor destas ruas e pequenos largos, haja sinais de vida moderna, febril e agitada, como se diz. É uma impressão que lhe fica e em toda a visita não se modificará. Aos poucos vai-se aproximando do jardim do paço. Está aqui o cruzeiro de S. João, pedra rendilhada, vazada como uma filigrana, onde, por mais que se procure, não se encontrará uma superfície lisa. E o triunfo da curva, do enrolamento, da eflorescência. Mas este cruzeiro, desamparado numa larga praça de passagem lateral, aparece alheio ao espaço que o circunda, como se tivesse sido vítima de transplantação mal pensada. Supõe o viajante que sempre ali esteve. Porém, num momento qualquer, o cruzeiro desligou--se da praça, desdenhou ou foi desdenhado.

O viajante passa ao lado do jardim, mas ainda não entrará. Vai primeiro ao museu, onde estima ver a boa mostra arqueológica, a reconstituição da arte rupestre do vale do Tejo com o hercúleo caçador que transporta aos ombros um veado, e, muito mais próxima, a delicada estatueta romana. Enternece-se o viajante diante da evocação à deusa Trebaruna, a quem Leite de Vasconcelos dedica tão maus versos e tão sincero amor, e regista o documentado caso de gémeos siameses, ilustrado realisticamente nesta pedra tumular, infelizmente mutilada. Não é um grande museu, este de Castelo Branco, mas vê-se com prazer. Magnífico aquele *Santo António*, atribuído a Francisco Henriques, com o seu rosto de homem simples, segurando o livro em que o Menino se senta, a quem não ousa tocar. O seu rosto, de dura barba mal rapada, está rendido, as pálpebras baixam--se, e é mais do que manifesto que este frade rústico não é o magnífico orador que evangelizou os peixes nem lhe toca a humildade o fundo sumptuoso do painel, com a sua coluna de pórfiro e a enramada tapeçaria. O viajante observa, naquela pintura também do século XVI, o anjo anunciador que entra pela janela feita à sua medida, mais colibri do que mensageiro, e compraz-se em dois pensamentos, cada qual de seu caminho. O primeiro é o do interesse que teria um estudo dos mosaicos que surgem nestas pinturas quinhentistas, e também antes e depois desse áureo século das nossas artes: cuida que daí se extrairiam dados de cronologia, de proximidade de motivos, de influência recíproca entre as oficinas de pintura e as oficinas de mosaicos. Decerto o potencial informativo destes elementos estruturais e de decoração não se esgotou com a descoberta de Almada Negreiros sobre a disposição dos painéis de São Vicente de Fora. Quanto ao segundo pensamento, é possível que desagrade a gente de feitio miudinho em pontos de ortodoxia religiosa. Vem a ser a frequência com que nestas Anunciações o pintor insiste em mostrar a alcova de dormir, enquadrando-a sob um arco abatido, como neste caso, afastando pesados reposteiros, como em outros casos acontece. É verdade que nesta altura estava já Maria casada com José, mas sendo a descida do Espírito Santo incorpórea, está o leito a mais, salvo se, como ao viajante parece, não pudesse o pintor esquecer, e assim o denunciasse, que naquele lugar, em geral, são concebidos os filhos dos homens. Tendo assim produzido dois pensamentos originais, foi o viajante ver a secção de etnografia, onde notou a vetustez das urnas eleitorais, a delirante máquina para extração de números nas sortes militares, e os utensílios de lavoura, o tear primitivo. Ao lado há magníficas colchas regionais, ouvem-se por trás duma cortina as vozes das alunas bordadeiras, a esta hora está o viajante arrependido de não a ter afastado e dado os "bons-dias" para dentro. Numa outra sala há bandeiras da Misericórdia, mas tão repintadas que não chega a saber-se como seriam na primitiva.

    O viajante entrou pelo rés do chão, sai pela escadaria do

primeiro andar, que faz por descer o mais episcopalmente possível. E agora, sim, vai ao jardim passear. Em Monsanto vive o povo das pedras, aqui é uma galeria de ilustradas figuras, angélicas, apostólicas, reais, simbólicas, mas todas familiares, ao alcance da mão, na franja dos buxos aparados. Não sabe o viajante se no mundo existe outro jardim assim. Se existe, copiámos bem; se é este o único, devia como tal ser louvado. Um único senão nele encontra: não é jardim para descansar, para ler um livro, quem entra tem de saber isso mesmo. Quando os antigos bispos aqui vinham, certamente trariam os fâmulos a cadeirinha para o repouso e a oração, apertando a respetiva necessidade, mas o visitante comum entra, dá todas as voltas que quiser, pelo tempo que quiser, mas sentar-se só no chão ou nos degraus dos escadórios. Estas estátuas são magníficas, não pelo valor artístico, certamente discutível, mas pela ingenuidade da representação transmitida por um vocabulário plástico erudito. Aqui estão os reis de Portugal, todos reis de baralho que lembram o reizinho de Salzedas, e aqui está a patriótica desforra que consistiu em representar os reis espanhóis em escala reduzida: não podendo ser ignorados, apoucaram-se. E agora temos as estátuas simbólicas: a Fé, a Caridade, a Esperança, a Primavera e as outras estações, e aqui, neste canto, obrigada a virar-se para a parede, a Morte. Os visitantes, claro está, não gostam dela. Metem-lhe nas órbitas vazias bolas mastigadas de pastilha elástica, colam-lhe no esgar das mandíbulas pontas de cigarro. É de supor que a Morte não ligue importância aos insultos. Ela bem sabe que cada coisa tem seu tempo.

 O viajante concluiu o seu passeio, contou os apóstolos, viu o pequeno tanque do jardim alagado, desenhado como uma toalha de altar, e, tendo regressado à Praça do Município, não encontrou parecenças nenhumas entre a estátua de João Ruiz e os seus versos: o que ali está é um manequim a mostrar como se vestiam fidalgos na época, e não um homem que soube escrever: *Partem tão tristes os tristes,/ Tão fora de esperar bem,/ Que nunca tão tristes vistes/ Outros nenhuns por ninguém.* Parte também o viajante, não vai triste nem alegre, apenas preocupado com as grandes nuvens que do norte estão vindo. Vai ser molhada a viagem. Eis senão quando a mão severa da História sacode o viajante pelo ombro, acorda-o do devaneio em que caiu desde que entrou em Castelo Branco: "Quem os ossos deixou na Igreja de Santa Maria, quem na praça está em efígie, não é o poeta, meu caro senhor, mas sim Amato Lusitano, médico, que o mesmo nome teve, mas não fez versos". Despeitado, o viajante para o carro, atira à estrada a importuna autoridade, e prossegue a viagem, continuando a murmurar as palavras imortais de João Ruiz de Castelo Branco, ossos que são e estátua de poesia.

Tem de dizer-se por amor da verdade que o viajante escolheu os piores caminhos. Havendo aí à mão a estrada que direitamente o levaria a Abrantes, preferiu meter-se pelas alturas do Moradal e da serra Vermelha, onde tinham combinado encontro todas as nuvens e chuvas desta inconstante Primavera. Até perto de Foz Giraldo, o tempo apenas ameaçou. Porém, por todo o caminho que vai daqui a Oleiros a chuva caiu em torrentes, e no alto da serra do Moradal podia jurar-se que ela caía diretamente da nuvem, sem aquela desamparada queda que sempre tem de dar. É um caminho de grande solidão: são dezenas de quilómetros sem vivalma, montes em cima de montes, como pode ser tão grande tão pequeno país.

Em Oleiros gostou o viajante de ver as imagens que estão na igreja matriz, ainda que algumas indecorosamente repintadas, como aquela Virgem de pedra que na mão direita segura um ramo de flores, as quais, em vez da sua cor simples e natural, aparecem por igual cobertas de tinta de ouro. Aliás é também assim que se mostram as talhas. Mas a igreja de Oleiros merece largamente a visita, haja vista não só as imagens menos agredidas pela fúria retocadora, mas também o teto pintado e os azulejos da capela-mor.

Oleiros está entre duas serras: a de Alvelos, a sudeste, a Vermelha, a noroeste. Ao meio corre a ribeira da Sertã, agora de tumultuosas águas. O viajante tem o seu fito: quer ir a Álvaro, terra aonde só por este lado se chega, e para isso tem de subir a serra Vermelha. Não é muito alta a serra, nem extensa, se se for comparar. Mas tem uma particular grandeza feita de severidade, de solidão quase angustiosa, com os seus fundos barrancos, as encostas cobertas de urze, a que talvez deva o nome que tem. As nuvens baixas ajudam a criar uma atmosfera de mundo intocado, onde todos os elementos ainda andassem misturados, e onde o homem só pudesse entrar em lentos e calculados passos, para não perturbar a formação primeira.

Depois de começar a descer para Álvaro, o viajante não foi longe. A estrada, em arranjo, era mais um rio de lama do que caminho de carros. A chuva não parava de cair, agora menos forte, pelo menos o viajante queria convencer-se disso. Mas um condutor de escavadora que ali estava, abrigado na cabina, avisou: "Se continua, vai-se meter em trabalhos". Tivesse o viajante ali um pombo-correio e teria mandado um recado a Álvaro, assim não houve mais remédio que voltar para trás, seguir ao longo da crista da serra, outra vez a urze cobrindo tudo, negros e fundos barrocais, olha se houvesse por aqui salteadores.

Na Sertã, já não chove. As estradas, cá para baixo, são estreitas e toscas como carreiritos de formiga. É certo que à escala do mundo, o viajante não passa também de uma formiga, mas preferia outro desafogo, menos pedra solta, menos buracos, quem por aqui viaje não acreditará que o asfalto e o betão existam. E como todas as desgraças trazem companhia, enganou-se o viajante no caminho e passou ao largo do Sardoal, sem particular proveito que lhe servisse de compensação. Enfim, andando, andando, sem mais ar de dia, chegou a Abrantes.

Já são terras do Sul. Da janela do seu quarto, o viajante vê o Tejo, reconhece o largo fluxo que, mais aqui, mais além, o acompanha desde a infância e teme não saber dizer dele e das terras que de perto banha o bem que lhes quer. Mas isto serão cuidados para mais tarde. Primeiro há de regressar às terras litorais que para trás lhe ficaram e o estão chamando. Agora contenta-se com este findar do dia, quase sem nuvens, e olha, pensativo, as grandes planícies do Sul.

Desta cidade se diz, ou para outras comparações se aproveita o dito, "tudo como dantes, quartel-general em Abrantes". O viajante sabe pouco de quartéis-generais, mas de Abrantes se dirá que, se tudo estivesse como dantes, outro galo lhe cantaria, artisticamente falando. Andaram por aqui assanhados os camartelos, destruíram a esmo e no lugar do que estava nem sempre nasceram boas coisas. São desgraças muito nacionais, mais notórias por ter sido Abrantes ponto de enlaces históricos e deles praticamente se não ver rasto. E há também algumas fadigas de construtor, como faltar uma torre à Igreja de São Vicente e estarem por acabar as duas de São João Batista, o que, afinal, se deverá a exaurimentos de tesouro apenas. Em São Vicente não pôde o viajante entrar, mas deu-lhe atenta volta, apreciou os rústicos arcobotantes que reforçam os muros laterais, sorriu ao minúsculo campanário que substitui a torre faltante, e, não tendo mais que ver, foi à Igreja de São João Batista. Fica numa praça esquinada de planta e de nível, que a afoga, mas a rodeia de alguma intimidade. O viajante não estimou particularmente a arquitetura filipina e pareceram-lhe incongruentes os três púlpitos: filipina se diz por ter sido a reedificação do templo iniciativa de Filipe II, com o inadequado gosto das colunas jónicas, em renascença tardia e nada convincente, e quanto à incongruência dos púlpitos é ela muito óbvia, pois é difícil imaginar o que seria pregarem-se aqui três sermões ao mesmo tempo, quando uma só voz bastará para encher o templo. São mistérios da igreja que o viajante não se atreve a devassar.

Tivesse apenas isto Abrantes, e não haveria prejuízo passando-lhe em baixo, salvo por civil obrigação ou para restaurar-se e repousar o corpo. Porém, é aqui que se encontram, na Igreja da Misericórdia, os admiráveis painéis de Gregório Lopes, ou supostos dele, povoados daquela figuração requintada que distingue o pintor, mesmo quando tem de representar imagens piedosas. Diferentes são os modelos ou o modo de olhar do Mestre de Abrantes, atribuição acautelada da tábua que se encontra na Igreja de Santa Maria do Castelo, onde o viajante acaba de entrar. A Virgem desta *Adoração dos Magos* é claramente uma camponesa que apresenta o seu filho, futuro pastor, a outros camponeses que os trajes reais não sabem disfarçar.

 E aqui está o que abundantemente justifica a vinda a Abrantes: esta Igreja de Santa Maria do Castelo, onde o Museu de D. Lopo de Almeida foi instalado há cinquenta anos. Não é grande a nave, o museu não é grande, mas a coleção é magnífica. O viajante usa conversar sempre, faz perguntas, porém nem sempre colhe na proporção do que semeia. Em Abrantes foi compensado: o guarda do museu ama o que guarda, é a menina dos seus olhos, e de cada peça fala como de parente muito chegado. Por fim já não se distinguem guia e visitante, são parceiro e parceiro, ambos falam da esplêndida escultura que representa a *Santíssima Trindade*, obra de um M. P. imaginário de génio, e destas estátuas romanas, e dos livros iluminados que na sacristia se guardam. É com um jeito de comovedora delicadeza que o guarda mostra uma iluminura deste Livro de Missas, a letra N, se o viajante bem se lembra, e o seu dedo aponta as volutas, os ornamentos, o brilho das cores, como se estivesse apontando o seu próprio coração.

 Há uma passagem que leva ao coro, e por ela entram conversando, mas o viajante estaca e não dá um passo mais enquanto não saborear por completo a maravilha que é aquela tábua com um simples ornato floral à volta, e ao meio, em campo liso e desafogado, três palavras enternecedoramente inúteis: "*Hic est chorus*", aqui é o coro. Estes degraus não levam a outro lugar, não havia perigo de se perderem as almas e os corpos de quem os subisse, e contudo alguém achou que o caminho devia ser assinalado, único entre todos. O guarda acena com a cabeça, sorridente, talvez nunca tivesse pensado nisto, e passe, de futuro, a apontar aqui, como faz ao N. Tudo são letras. É quando lá chega acima que o viajante percebe tudo. Na parede do fundo está o friso superior de um retábulo vindo doutra igreja, e nele dois anjos, de escura madeira, erguem o tronco gloriosamente, o braço, e sem dúvida a voz, por isso *"Hic est chorus"*, como por toda a nave se está ouvindo. Estes anjos fizeram a sua própria viagem, são anjos exultantes. "O júbilo. Estes sim, são anjos jubilosos", murmuraram ao lado do viajante.

    O guarda acompanha até à saída e da porta aponta a pedra onde, segundo a tradição, subiu Nuno Alvares Pereira para montar na mula, a caminho de Aljubarrota. Vai também o viajante para essas bandas, são horas de partir.

Entre Mondego e Sado,
parar em todo o lado

UMA ILHA, DUAS ILHAS

Pela beirinha do Tejo é que o viajante gostaria de seguir, mas a estrada vai por dentro, e só lá adiante, passado Montalvo, se aproxima, para oferecer, em vez de um, dois rios. É Constância a formosa, mais formosa quando vista da outra margem, em seu magnífico anfiteatro, acasteladas as casas encosta acima até à Igreja de Nossa Senhora dos Milagres, que é matriz. Para lá chegar, precisa o viajante de boa perna e largo fôlego. Mas este tempo de clara Primavera enche-lhe a calçada de um perfume absoluto de rosas, nem sente a aspereza da subida.

Esta igreja, pelo tipo de estatuária, lembra certas igrejas barrocas italianas, e, singularmente, o efeito é acentuado pela pintura do teto, obra de José Malhoa que mostra Nossa Senhora da Boa Viagem em gesto de abençoar a união do Zêzere e do Tejo, a qual obra assim se revela muito menos naturalista do que o seu vocabulário de escola prometia. Ao pintar este teto, Malhoa deixou-se influenciar pelo que o envolvia. O viajante apreciou os baixos-relevos seiscentistas de madeira que vieram da Ermida de Santa Ana, em particular, pelo pitoresco da situação, geralmente representada com circunstancial solenidade, o *Batismo de Cristo*, que, aceitando em primeiro plano a representação convencional, mostra, ao fundo, o momento anterior, isto é, S. João Batista sentado a descalçar as botas e Cristo despindo a túnica pela cabeça, nu do torso para baixo, ainda que discretamente rodando o corpo em modo de garantir a conveniente ocultação. É uma maravilha de graça, estes rapazes que vão ao banho numa tarde de calor, assim claramente mostrados na simplicidade do gesto e de um gesto natural de viver. O viajante desceu até ao rio, tentou refrescar-se na Flor do Tejo, casa de pasto ribeirinha sob alpendres de caniçado e folhagens, como nos meloais se usam, mas o menino da casa, infante de quatro meses, não estava bem da barriga e chorava sem remissão, melhor seria deixar o refresco para outra vez e ir à casa de Camões, que logo adiante fica. É o que dizem, e tanto viso tem de ser verdade como de não o ser. Ao viajante, filho deste rio, agrada pensar que por esta margem, entre os avós destes salgueiros, passeou Luís Vaz de Camões, curtindo ou não pesares de Catarina. Afinal, que erro histórico se praticaria levantando estas paredes, reconstituindo aqui uma casa provincial do século XVI, com as obras do poeta, retratos tão duvidosos como a casa continuaria a ser, vistas da antiga vila de Punhete, se as há? Não mais que dizer-se: "Dentro deste túmulo estão os ossos de Luís de Camões", como será levado a acreditar quem ingenuamente nos Jerónimos de Lisboa contemple o funerário monumento. Constância merece tanto ter o seu Camões, como cada um de nós o nosso. E o viajante tem de confessar que, ao contemplar esta ruína, viu, com os seus olhos visto, o vulto de Luís Vaz descendo as Escadinhas do Tem-te Bem, com o ar de quem ia poetar ao rio.

O viajante, quando em Abrantes se declarou pouco sabedor de quartéis-generais, ainda julgava poder esconder que nada entende de artes militares. Mas agora, diante do Castelo de Almourol, vendo-o desta margem onde, à sombra das oliveiras, há soldados refocilando sestas e lendo foto-novelas, considera, em sua definitiva ignorância, que esta fortificação não deve ter servido de muito a Gualdim Pais e a quem veio depois. Que defendia o castelo? A montante ou jusante, se não há vaus praticáveis, passariam os mouros de batel, estando desguarnecida a margem norte; e um cerco em boa e devida forma, impedidos os sitiados de descer à pesca da fataça, em pouco reduziria a resistência, faltando lá dentro a farinha para a bolacha. Mas o castelo está aqui, obra de pedra e força, e a sua presença afirma a sua necessidade.

Então o viajante acabará por ceder, com a mental reserva de que não seria tanto o objetivo militar, mas a precisão de abrigo, que tornava este castelinho alvo de batalhas de montante e virotão. Abundam do lado de lá os descampados, imagine-se o que então não seria. O viajante não atravessou o rio: com raras exceções, os castelos veem-se melhor de fora, e este melhor do que qualquer outro.

Não pôde entrar na Igreja de Tancos, rodeada de casas e muros baixos de gosto arquitetónico rural já ribatejano, mas estimou ver o que resta do espírito renascentista da construção, os nichos da fachada, uma Nossa Senhora da Misericórdia que misericordiosamente se conserva, e as decorativas portas laterais, uma delas datada de 1685 na padieira.

Por este caminho parece o viajante que vai romper direito ao mar, por Torres Novas e a salto das serras de Aire e dos Candeeiros. Tempo havendo, lá chegará, porém, agora, depois de ir a Atalaia, tornará sobre os passos dados, atravessará outra vez a ponte sobre o Zêzere, e depois, pela margem esquerda acima, cruzará o rio em Castelo do Bode. Este vaivém é necessário, não fosse ficar de lado, por fora de mão, a bela igreja de Atalaia, com a sua fachada que terá inspirado São Vicente de Abrantes, é o belo interior de azulejos magníficos. Implantada num extremo da povoação, cujo crescimento felizmente a poupou, a igreja, com os seus três corpos reais e cinco aparentes, é uma construção fascinante. Apetece brincar às escondidas por trás dos arcos extremos, isto sente o viajante, animado pela descoberta de que a arquitetura, só por si, pode tornar feliz um homem.

Não pode anotar tudo quanto lhe agrada. Registará, por isso, apenas de passagem, a beleza da abóbada de nervuras da capela-mor, o imponente túmulo barroco à esquerda, a imagem de Nossa Senhora do século XIV, atribuída a Diogo Pires, o Velho, e, cumprida esta obrigação, só terá olhos para os admiráveis azulejos, sobretudo, ah, sobretudo os painéis policromos que adornam as empenas da nave central, representando cenas bíblicas: *A Criação do Mundo*, *O Pecado Original*, *A Expulsão do Paraíso*, *Abel e Caim*, *O Dilúvio*, *A Entrada dos Animais na Arca*. São quadros de ingénuo e saboroso desenho, em particular o que representa o dilúvio, com a grande arca flutuando nas vagas, tosca e pesada. A cor, azul-profundo e laranja, ilumina toda a parte superior da igreja, para onde os olhos dos fiéis deviam levantar-se muitas vezes, quando todas aquelas lições eram tomadas com inteira seriedade, e hoje os deverão fazer levantar também, por iguais razões, querendo, mas sobretudo porque estes painéis são uma admirável obra de arte popular, de qualidade poucas vezes igualada. Quando o viajante sai, custa-lhe abandonar este singular templo, com a sua fachada de "ombros largos", que escondem os botaréus em que o corpo do edifício se apoia. Mas necessidade pode muito, vamos ao Zêzere.

    A estrada segue a cavaleiro da margem por espaço de três quilómetros. Depois mete-se ao monte, e passada uma légua surge a barragem. É Castelo do Bode. A grande albufeira está no seu máximo enchimento, é uma massa poderosa de água, um mar interior que estende braços por todos os vales. Tanto como de artes militares, o viajante é ignorante de engenharias hidráulicas. Pode portanto, legitimamente, espantar-se que este muro de betão, mesmo gigantesco, mesmo calculadíssimo de estruturas profundas e obras vivas, seja capaz de aguentar um empuxo de água que em linha reta se prolonga por mais de trinta quilómetros, sem diques intermédios. Aliás, o viajante tem esta boa qualidade: admira tudo quanto não é capaz de fazer.

    Daqui a Tomar não é longe, e por isso, estando tão bonito o dia, resolve meter pela Beberriqueira, percorrer as florestas desta margem do Zêzere até alcançar Serra, e mais adiante outra vez a albufeira. É uma volta que dá grande consolo aos olhos, amplas vistas sobre a frescura das árvores, uma luz macia coada através das ramagens, nada mais é preciso para fazer um viajante feliz.

    Quando desce à margem tem diante dos olhos a ilha do

Lombo, um Almourol mais pequeno, sem castelo, apenas uma breve construção entre árvores, um cais acostável que daqui mal se distingue. Em tempos em que a albufeira não existia ainda, supõe o viajante que o rio correria a um lado, e o que hoje é ilha seria então uma colina avançada sobre o leito. Não que o caso tenha importância, mas o viajante gosta de entreter-se com estas e outras observações. Agora vai navegando sobre as límpidas águas, profundamente verdes, e à medida que se afasta da margem, sente-se liberto de cuidados, de horas pontuais, sequer do seu próprio gosto de viajante. Está a retirar-se do mundo, entra no nirvana, este é que é, afinal, o Letes do esquecimento. E quando põe o pé em terra não pode afastar o pensamento de que bom regalo seria ficar ali por dois dias ou vinte, cama, mesa e roupa lavada, até que o mundo de fora ou a inquietação de dentro o agarrassem por uma orelha, para aprender a não fugir às obrigações.

Não esteve duas horas. Esta paisagem de água e montes ao redor, este lago suíço, este remanso estão fora das humanas medidas. É uma paz excessiva. Regressa à Terra, vem agora num velocíssimo barco com motor fora de borda, e isso é também uma experiência agradável, as águas que se apartam para os lados, o rugido da máquina, foi breve esta viagem à ilha do Lombo, mas valeu a pena.

Entra em Tomar pelo lado oposto ao Castelo dos Templários, dá, por via do alojamento, as necessárias voltas, e, não havendo hoje tempo para mais, verá a Igreja de São João Batista e a sinagoga. Tem a igreja um pórtico manuelino cuja beleza a nudez da empena torna mais sensível. A torre sineira é uma pesada massa que se recusa a deixar-se integrar na simplicidade exterior do templo. Vale por si, e está ali para o afirmar.

Esta Igreja de São João Batista é vasta, com as suas três naves de arcos ogivais, bem lançados. A nave central, mais alta, desafoga todo o espaço, mas o óculo e as janelas não bastam para romper a penumbra que a esta hora se vai instalando. Pode no entanto o viajante apreciar, com tempo e atenção, as tábuas de Gregório Lopes. Este pintor régio devia ter sob as suas ordens uma excelente oficina e também ser dotado de grandes qualidades de mestre e de orientador: mostra-o a unidade de fatura destas e doutras tábuas, a finura do gosto decorativo, o fácil trânsito da cor e do desenho de tema para tema. A *Degolação,* de teatral composição de figuras, tem um verdadeiro rapto plástico nas alabardas obliquamente erguidas sobre as cabeças.

O púlpito, que se supõe ser da mesma mão que traçou e executou o pórtico, lembra, tanto pelo lavrado dos elementos como pela composição geral, o de Santa Cruz de Coimbra. É mais trabalho de ourives que de escultor da pedra. O viajante aprecia, mas não fica deslumbrado. Os seus gostos, já o disse, reclamam que se respeite a fronteira invisível, e por isso tantas vezes ultrapassada, por trás da qual a pedra ainda conserva a sua natureza profunda, a densidade, o peso. A pedra, esta é uma simples opinião, não deve ser trabalhada como estuque, mas, não sendo (o viajante) de ideias fixas, está pronto a aceitar todas as exceções e a defendê-las com o mesmo calor que emprega na defesa do esculpido contra o lavrado, de talhe contra o lavor.

Daqui levou a pena de não poder ver o *Batismo de Cristo* que no batistério se encontra. Está a grade fechada, e por muito que se esforce não consegue distinguir mais do que as bilhas de barro do painel da esquerda, o que representa *As Bodas de Canã.* Ficam-lhe fora do alcance dos olhos o batismo e a tentação.

O Sol já vai por trás do castelo. O viajante segue para a sinagoga, onde a porta lhe é aberta por um velho alto que poderia ser judeu, mas não o mostra nas palavras, e que, exibindo uma monografia velha, manuseada e sebenta, conta a história que sabe. A quadra é simples, mas de grande harmonia, com a sua subida abóbada de arestas vivas, assente em quatro colunas delgadas, mas de exata secção, e nas mísulas das paredes. Pormenor curioso é o dos cântaros, um em cada canto, embebidos na alvenaria, e cuja função é beneficiar

a acústica por aumento da ressonância. Fez o viajante as costumadas experiências, também como de costume nada provativas. Os construtores do teatro grego de Epidauro tinham melhor ciência na arte de fazer ouvir.
À noite, foi jantar ao Restaurante Beira-Rio. Comeu um bife magnífico, histórico, com aquele sabor que, depois de ter passado por todas as sublimidades do molho, regressa ao natural da carne, para assim permanecer na memória gustativa. E como um bem também nunca vem só, atendeu--o um empregado de rosto sério que ao sorrir ficava com a cara mais feliz do mundo e sorria muitas vezes. A cidade de Tomar deve colocar ao peito deste homem a mais alta das suas condecorações ou comendas. Em troca contente-se com o sorriso, e vai muito bem servida.

ARTES DA ÁGUA E DO FOGO

Quando o viajante acorda, vai abrir a janela do quarto. Quer sentir a frescura das árvores do Mouchão, os altos choupos, as faias de folhas verde-brancas. Quem transformou o areal que isto era no século passado devia ganhar também uma medalha. O viajante, como se observa, dispõe-se a condecorar toda a gente que o mereça.
O convento está lá no alto, há que ir vê-lo. Mas o viajante reserva a primeira atenção do dia para o minucioso exame desta roda de rega, tão ao alcance que já distraidamente a olha quem por aqui passa, talvez julgando-a, se é visitante de ocasião, forma só decorativa ou brinquedo de crianças, por cautela posto fora de uso. Como trabalho de carpintaria é das mais perfeitas máquinas que tem visto. Chamam-lhe roda dos mouros, o que é costume na nossa terra quando doutra maneira se não sabem explicar as coisas, mas é de conceção romana, segundo afirmam os entendidos. O que o viajante não sabe é quando foi construída, mas tem relutância em acreditar que esta roda seja roda desde os séculos IV

ou v. Muito mais do que saber se é moura ou tardo-romana, importaria averiguar quando se extinguiu, e porquê a arte e a técnica destas construções, que de uma e outra participam. Cada um tem o seu gosto preferido: o viajante tem este dos instrumentos de trabalho, das pequenas obras de arte a que ficaram agarrados sinais das mãos de quem os fez e usou. O caminho para o convento é agradável, com boas árvores de sombra. À direita, uma pequena alameda leva à Igreja de Nossa Senhora da Conceição, que muito gostaria de ver, para tirar a limpo se pode ser tão caloroso quanto se afirma um estilo renascentista tocado por um romanismo que, para este observador, sempre foi sinónimo de frieza. Não será desta vez que a verificação se fará: a igreja só abre aos domingos, e o viajante não pode ficar acampado em frente da porta, à espera de que domingo seja.

A entrada na cerca do castelo faz-se por uma calçada que contorna a elevação em que assenta a muralha virada a nascente. O viajante sobe-a em seu sossego, um pouco indiferente aos arranjos de canteiro florido e arruamento de saibro fino. Não está radicalmente contra, mas, se fosse chamado a opinião, votaria doutra maneira: é seu parecer que entre a envolvência e o envolvido deve haver uma relação direta que comece por observar dominantes comuns. A contiguidade de elementos tem de respeitar a consanguinidade. Parecem estas reflexões fora de propósito na esplanada de um castelo, mas o viajante apenas vai formulando ideias que nascem do que vê, e isso é o que fazem todos se andarem com atenção a si próprios.

Cá está o pórtico de João de Castilho, uma das mais magníficas realizações plásticas que em Portugal foram cometidas. Em rigor, uma escultura, esta porta ou uma simples imagem, não pode ser explicada por palavras. Não basta sequer olhar, uma vez que os olhos também têm de aprender a ler as formas. Nada é traduzível noutra coisa. Um soneto de Camões não pode ser passado à pedra. Diante deste pórtico não há mais do que ver, identificar os diversos elementos no campo dos conhecimentos de que se dispõe, indagar para suprir o que falta, mas isto será trabalho de cada viajante, não de um que veja por todos e a todos explique. Um guia será boa ajuda, desde que não exiba, como este, um ar de fastio e distância, que tanto melindra o visitante sensível como ofende o que para ser mostrado ali está. O viajante quer ser compreensivo: afinal um homem está aqui todos os dias, a ver as mesmas pedras, a ouvir as mesmas exclamações, a ter de dar as mesmas respostas às mesmas perguntas, fazer os mesmos avisos – estivesse aqui um santo, modelo de virtude e paciência, e não poderia evitar a grande canseira das palavras repetidas, dos passos que vão e voltam, dos rostos que vêm e vão. Está o guia perdoado em nome de tão insuportáveis padecimentos.

O Convento de Tomar é o pórtico, é o coro manuelino, é a charola, é a grande janela, é o claustro. E é o resto. De tudo, o que mais toca o viajante é a charola, pela antiguidade, decerto, pela exótica forma octogonal, sem dúvida, mas sobretudo porque vê nela uma expressão plástica perfeita do santuário, lugar secreto, acessível mas não exposto, ponto central e foco à roda do qual gravitam os fiéis e se dispõem a figurações secundárias. A charola, assim concebida, é, simultaneamente, sol radiante e umbigo do mundo.

Mas é sina dos sóis apagarem-se, e dos umbigos murcharem. O tempo está roendo com os seus invisíveis e duríssimos dentes a charola. Há uma decrepitude geral que tanto exprime velhice como desleixo. Uma das mais preciosas joias artísticas portuguesas está murchando e apagando-se. Ou lhe acodem rapidamente, ou amanhã ouviremos o habitual coro das lamentações tardias. O guia, ouvido o reparo do viajante, sai da sua torre e diz que as feridas das regiões inferiores, esboroamentos, tintas arrancadas, são principalmente consequência das muitas cerimónias de casamento que ali se realizam: "Toda a gente quer casar aqui, vêm os convidados, encostam-se às colunas, sobem para as bases delas para verem melhor, e depois divertem-se a arrancar

pedacinhos da pintura, se calhar para recordação". O viajante espanta-se, mas tem a sugestão pronta: "É proibir os casamentos". Esta súbita descoberta já o guia a deve ter feito cem mil vezes. Encolhe os ombros e cala-se. Não é fastio que se lhe lê na cara, é desânimo.
 Para o viajante, o claustro é seco e frio. Digamos isto doutra maneira: assim como Diogo de Torralva, autor do projeto, se não reconhecia no manuelino, e por maioria de razões no românico ou no gótico, também o viajante, que historicamente assistiu e assiste à sucessão dos gostos e dos estilos, pode, do seu ponto de vista de hoje, não se reconhecer no neoclássico romanista, e, como está obrigado a dizer porquê, diz que por secura e frieza da obra. É subjetivo isto. Pois será. Tem o viajante direito às suas subjetividades, ou então não lhe seria de nenhum proveito a viagem, pois viajar não pode ser senão confrontação entre isto e aquilo. Sosseguemos, porém: rejeições totais, não as há, como não há totais aceitações. O viajante deixa no claustro de D. João III uma paixão: aquelas portas do piso térreo, entre as colunas, com o seu janelão superior, triunfo da linha reta e da proporção rigorosa.
 Da janela grande já tudo foi dito: provavelmente está tudo por dizer. Não se esperem do viajante adiantamentos. Apenas a convicção firme em que está de que o estilo manuelino não seria o que é se os templos da Índia não fossem o que são. Diogo de Arruda não terá navegado até às paragens do Índico, mas é mais do que certo que nas armadas seguiam debuxadores que de lá trouxeram apontamentos, esboços, decalques: um estilo de ornamentação tão denso como é o manuelino não podia ter nascido, armado e equipado, à sombra das oliveiras lusitanas: é um todo cultural colhido em terra alheia e depois aqui reelaborado. Perdoai ao viajante as ousadias.
 Não são elas, contudo, tantas quantas deviam ser. Falta ao viajante o atrevimento de sublevar Tomar até que encontre quem lhe abra a porta da Ermida de Nossa Senhora

da Conceição, que outra vez se lhe mete no caminho: a recordação do piso térreo do claustro não o larga. Se Diogo de Torralva foi tão longe aqui dentro, então terá de rever os sentidos de frio e seco que tão livremente tem utilizado. Porém, falta a ousadia, venha cá no domingo, não posso, tenho de partir já, então tenha paciência.

O viajante segue para poente. No caminho encontrará o aqueduto de Pegões Altos, demonstração de que a utilidade não é incompatível com a beleza: a repetição sucessiva dos arcos de volta perfeita sobre os arcos quebrados, de maior vão, aproxima a monumentalidade da construção, torna-a menos imponente. O arquiteto, por um artifício de desenho, veio a conceber um falso aqueduto, que serve de suporte ao verdadeiro por onde a água se transporta.

Ourém fica num alto monte. Esta é a vila velha, das mais desprezadas terras que o viajante tem visto. Já se sabe que é na planície que a vida económica se desenvolve, a indústria, o comércio, os acessos fáceis, mas neste lugar abandonado teimam em viver pessoas e as razões dessa teima deviam ser consideradas e respeitadas. A morte destes sítios não é destino inelutável. Mau é o entendimento de que às pedras velhas se deve deitar um olhar e seguir adiante. Ourém Velha tem muitas razões para reviver: o alto lugar onde se alcandora, a urbanização ainda quinhentista, o singular paço que coroa o morro íngreme, motivos mais do que suficientes para que o abandono de hoje não signifique destruição amanhã. Conservem-se as pedras, defendam-se as pessoas.

Quis o acaso que, para chegar ao paço, seguisse o caminho mais longo. Ainda bem. Pôde dar a volta a toda a povoação, ver as habitações desertas, algumas em ruínas, outras com as janelas entaipadas, e capelas dos passos sem imagens, nuas, lugares onde até as aranhas definham. Apenas em nível superior do monte se refugiaram os últimos habitantes, há alguma animação, crianças brincando, um restaurante de tolas pretensões heráldicas, fechado para alívio do viajante, que já se cansou de estalagens nobres e semelhantes fantasias.

O paço, de que resta pouco mais que as torres, é uma construção feita por gigantes. É verdade que, pedra a pedra, fará um povo de liliputianos uma torre capaz de chegar ao céu, mas estas, que a tanto não pretendem, dão a impressão de só poderem ter sido construídas por grandes braços e grandes músculos. Poderosos artífices estes foram, sem dúvida, para terem criado uma construção de características originais, com estas arcaturas ogivais, estes ornatos de tijolo, que imediatamente aligeiram a impressão maciça que o conjunto começa por transmitir. Parece que foram judeus magrebinos os construtores, os mesmos que depois vieram a construir a sinagoga de Tomar e são autores da cripta de D. Afonso, aonde o viajante logo irá. Recorda-se o viajante do Cristo de Aveiro, provavelmente de gente mudéjar, mete na mesma caldeira cristãos-novos e convertidos árabes, espreita para ver como fervem as tradições, as novas crenças, e as contradições de umas e outras, e começa a ver surgirem formas diferentes de arte, súbitas mutações infelizmente integradas antes do seu desenvolvimento pleno. Em Tomar a sinagoga, em Ourém esta cripta e o túmulo que guarda, mais o paço — aonde nos levaria o exame das circunstâncias, do tempo, do lugar e das pessoas, isto pergunta o viajante quando começa a descer a íngreme calçada que o devolve à planície.

São muitas as voltas para chegar a Fátima. Há certamente caminhos mais retos, mas dos lados donde o viajante vem, com mistura de mouros e judeus, não é de estranhar que tenha achado o percurso longo. Hoje, a imensa esplanada é um deserto. Só lá ao fundo, ao pé da Capela das Aparições, se juntaram algumas pessoas, e há pequenos grupos que se aproximam ou afastam distraidamente. Uma freira, de guarda-sol aberto, aparece no campo visual do viajante como se viesse do nada, e desaparece subitamente como se ao nada tivesse regressado. O viajante tem opiniões, e a primeira é de que a estética, aqui, serviu muito mal a fé. Nem é de espantar, nestes céticos tempos. Os construtores da mais humilde igrejita românica sabiam que estavam a levantar a casa de Deus; hoje satisfaz-se uma encomenda e um caderno de encargos. A torre da igreja, ao fundo, não sabe bem como há de rematar-se, a colunata não encontrou proporção e equilíbrio, só a fé poderá salvar Fátima, não a beleza que não tem. O viajante, que é impenitente racionalista, mas que nesta viagem já muitas vezes se emocionou por causa de crenças que não partilha, gostava de poder comover-se também aqui. Retira-se sem culpas. E vai protestando um pouco de indignação, um pouco de mágoa, um pouco de enfado diante do estendal de comércio das inúmeras lojinhas que, aos milhões, vendem medalhas, rosários, crucifixos, miniaturas do santuário, reproduções mínimas e máximas da Virgem. O viajante é, no final das contas, um homem religiosíssimo: já em Assis o escandalizara o negócio sacro e frio que os frades agenciam por trás dos balcões.

Não tem o viajante nada contra as grutas. Sabe muito bem que nelas viveram os seus antepassados depois de se terem cansado de andar a saltar de árvore em árvore. E até, para tudo ficar dito, se é certo que daria um mau antropoide por sofrer de vertigens nas alturas, já seria um excelente cro-magnon, pois não padece de claustrofobia. Tem que ver o desabafo, e o reconhecimento expresso de específicas ascendências, com estas grutas, onde a maravilha natural das formações calcárias, com todas as variações possíveis de estalactite e estalagmite a que tudo se reduz, é adulterada por iluminações muitas, e não pouco desvairadas cores, com música de fundo wagneriana, em sítio onde as Valquírias teriam grande dificuldade em meter os cavalos. E depois há os nomes com que foram batizadas as diferentes cavernas, o Presépio, a Capela Imperfeita, o Bolo de Noiva, a Fonte das Lágrimas: horror dos horrores. Que quereria o viajante? Uma só luz, a que melhor pudesse mostrar a pedra; nenhum som, salvo o natural das gotas de água caindo; nenhuma palavra, proibição absoluta de ocultar o que é sob o nome que não lhe pertence.

Agora o viajante precisa de um largo período sem ver

mais que paisagem. Quer distrair-se olhando as modestas colinas destes lugares, árvores que não têm arrebatamentos, campos que sem maior resistência se deixam cultivar. Esquivará Leiria por agora. Passa o rio Lis depois de Gândara dos Olivais, e em terras já de rasa planície avança para norte. Encontra Amor no caminho, o que é estranho, pois amor costuma habitar paragens mais acidentadas. O dia está luminoso, e vivíssimo de claridade, e já se sente o mar. Em Vieira de Leiria há uma Santa Rita de Cássia seiscentista, que o viajante vai espreitar por lhe ficar em caminho, mas que, por si mesma, merece a visita. Aí está agora a praia da Vieira, toda aberta para sul, a foz do Lis logo acima. Há barcos na praia, de curvas e atiladas proas, os longos remos postos ao través, à espera de que a maré favoreça e haja esperança de peixe.

E este é o pinhal de Leiria, o dos cantares do verde pino de D. Dinis, o das naus e caravelas das navegações, o frágil lenho que tão longe se aventurou. Da praia da Vieira a São Pedro de Muel é um só caminho entre árvores, uma extensíssima reta que muito lá adiante inflete na direção do mar, donde já se ia afastando. São Pedro de Muel, visto nesta hora, praia deserta, mar forte batendo, muitas casas fechadas à espera de um tempo estival talvez não tão formoso como este, tem uma atmosfera que tranquiliza o viajante. E nessa disposição vai indagar se não há caminho para a Marinha Grande que lhe permita saborear por mais tempo a mata. Dizem-lhe que, haver, há, mas que o risco de perder-se é certo. Correu o risco, e se se perdeu não deu por isso. Sabe o que ganhou: alguns quilómetros de verdadeiro deslumbramento, a floresta densa por onde a luz entra em feixes, em rajadas, em nuvens, transformando o verde das árvores em ouro palpitante, reconvertido depois o ouro em seiva, nem o viajante sabe para onde olhar. A mata de São Pedro de Muel é incomparável. Outras podem ser mais opulentas de espécies e porte, nenhuma mereceria mais ter, como habitantes, o povo pequenino dos gnomos, fadas e duendes. E está pronto

a apostar que um súbito remexer de folhas que ali se viu foi obra de um esperto anãozinho de barrete vermelho.
 Enfim, sai à estrada de toda a gente. Segue para Marinha Grande, vila por excelência das altas artes do vidro. Talvez por estas ter, não cuidou de conservar outras, toda entregue aos seus fornos e às suas misturas químicas. É terra, já se sabe, industrial, de atmosfera política peculiar: afirma-o em todas as paredes, nas bandeirolas que cruzam as ruas, no próprio chão. O viajante pergunta como se vai a uma fábrica de vidros e encontra quem o guie, quem lhe facilite a entrada, quem o acompanhe lá dentro.

Diz-se fábrica, não se imagina que isto o seja: um grande barracão esburacado, aberto a todos os ventos, com alguns corpos anexos de pedra e cal para armazéns e operações que exijam maior proteção. Mas a fábrica, o lugar onde se fabrica, acaba por ser inesperadamente lógico: o calor seria insuportável se estas janelas se fechassem, se estes buracos se tapassem. A corrente de ar que constantemente circula mantém uma relativa frescura ambiente e talvez tenha, é uma das ideias do viajante, influência no vidro. Eis os fornos. Rugem as bocas de fogo (pacíficas, estas), projetando para dentro do forno um ininterrupto jorro de labaredas. Lá dentro a massa em fusão ao rubro-branco borbulha e agita-se em temíveis correntes: é um minúsculo sol donde sairão objetos capazes de captar e reter a luz do Sol verdadeiro. Quando o vidro sai do forno, bola rubra e mole que parece querer escapar-se do longo tubo, ninguém diria que se tornará transparente, diáfano, como se o próprio ar pudesse ser vivificado. Mas a cor é já uma despedida. Introduzida a bola no molde, soprada e rodada, uma vez e outra, enquanto não endurece, sai depois, ainda fulgente e irisada do calor que contém, e já transformada em jarro vai pelo ar, arrefecendo, seguro por uma pinça, à fase seguinte do processo. Este movimento é disciplinado, não lento, não rápido também, apenas o necessário para proteger o operário que transporta a peça e a própria peça.

No ambiente quente e ruidoso, entre as paredes de tábuas velhas, os homens movem-se como se estivessem praticando passes rituais. É um trabalho em cadeia simples: o homem transporta sempre a peça e entrega-a a outro homem, estafeta que segue sempre o mesmo percurso e ao ponto de partida constantemente volta.

Para saber um pouco mais deste passar de mão em mão, foi o viajante ao local onde se moldam os recipientes que hão de entrar nos fornos, aqueles onde se fará a fusão dos elementos que formam o vidro, com a parte de vidro feito que a estes sempre se junta. Aqui não há barulho, a porta está sempre fechada, os homens falam em voz baixa. Aqui molha-se e amassa-se o barro, vagarosamente, com os pés, em tal minúcia que se diria maníaca, calcar, amontoar, calcar, amontoar, e segundo uma técnica que não vai deixar uma parte sequer mínima sem igual pressão e igual grau de humidade. Neste barro não pode haver qualquer corpo estranho, nenhuma minúscula pedrinha, sequer a terra que de fora venha agarrada às solas dos sapatos. E a fabricação do recipiente dentro do molde, a igualização das paredes interiores e exteriores, o alisamento, quase o polido, é obra de escultor. É uma forma abstrata constantemente repetida, um concreto cilindro fechado em um dos lados, e nos homens que o constroem não vê o viajante o menor sinal de tédio, antes um grande amor pelo trabalho que tem de ser sempre bem-feito, ou o forno o rejeitará na primeira labareda. Desta obra se dirá, com inteira verdade, que é à prova do fogo.

FRADES, GUERREIROS E PESCADORES

De Leiria não viu muito o viajante. Culpa sua, culpa do acaso, ou irremediável necessidade, diga-o quem souber.
A Sé padece provavelmente do seu longuíssimo período de construção (mais de cem anos), com as inevitáveis flutuações de um estilo que logo de começo não seria particularmente seguro. Veio depois o terramoto de 1755, derrubou

parte da fachada, enfim, não se pode dizer que a Sé de Leiria ofereça extremas compensações espirituais, se excetuarmos, claro está, as do foro religioso. Enquanto o viajante percorria as naves e procurava estimar os altíssimos pilares e os tetos de artesões, ouvia o bater de uma bola contra uma das portas da igreja: no adro brincavam garotos, e o que defendia a baliza formada pelo vão da porta não mostrava grande habilidade para o lugar. No vazio das amplas naves, o estrondo repercutia, ecoava como bruta martelada. Das poucas pessoas que na igreja estavam, nenhuma parecia importar-se: o viajante concluiu que há em Leiria grande tolerância para com as atividade lúdicas infantis. Ainda bem.

Embora a manhã esteja no princípio, faz calor. Os garotos não interrompem o jogo, e o visitante começa a fatigante ascensão para o castelo. Vai-se alargando a paisagem lentamente, suave, mas sem surpresas, e o viajante cuida que nenhuma o espera. Engana-se: este Castelo de Leiria é dos mais amenos lugares de passeio, com seus caminhos campestres, suas apertadas passagens, ruínas dispostas como de propósito. A magnífica varanda do palácio de D. Dinis faz pensar em damas de corte que por aqui teriam arrastado seus vestidos enquanto ouviam primores em verso e prosa que os enamorados lhes estariam murmurando. Nada de tão claro como aquele abraço que une, ali ao canto, um rapaz e uma rapariga, apertados da boca aos joelhos, como é uso da mocidade. Examina-se o viajante severamente para saber se está fazendo juízos morais: conclui que não, sobretudo ao lembrar-se de que por aquele abraço também passavam Dona Fulana e seu Dom Fuão, apenas não tão às vistas. Leiria vista daqui é bonita.

Foi depois ver as ruínas da Igreja de Nossa Senhora da Pena, ali ao lado. Das pedras que foram dela no tempo de D. Afonso Henriques nada resta que possa ser identificado. Isto que está é do século XIV, quando a reconstruíram. De mediana dimensão, deve ter sido um formoso templo. Ainda hoje, sem teto, aberto a todos os ventos, tem uma muito particular beleza, que lhe virá da sua justa medida, talvez nisso ajudado pela referência dimensional obrigatória que o paço, em plano superior, representa. O viajante distrai-se um pouco por aqueles carreirinhos de sobe e desce, e depois, sentado na mesma pedra em que Dona Fulana deu o sim ao teimoso Dom Fuão, estende o mapa e traça o seu próprio plano de batalha. Começará, sim senhor, por ir à Batalha, e a seguir, por São Jorge e Cós, irá olhar a Nazaré. Tornará do mar ao interior por Maiorga, até Alcobaça, e outra vez em Leiria fechará o dia. A viagem não é longa, o viajante pode ir devagar. E, para seu maior descanso, deixa a estrada principal e segue por esta, modestíssima, que faz companhia ao rio Lis. É um modo de preparar-se em paz para enfrentar o Mosteiro de Santa Maria da Vitória. O viajante escreve estas palavras muito seguro de si mas em seu íntimo sabe que não tem salvação possível. Onde dez mil páginas não bastariam, uma é de mais. Tem muita pena de não estar viajando de avião, assim poderia dizer: "Mal pude olhar, ia muito alto". Mas é pelo chãozinho natural que vai, e está quase a chegar, não há aqui fugir um homem ao seu dever. Mais fácil tarefa foi a de Nuno Álvares, que só teve de vencer os castelhanos.

Em verdade, não pode deixar-se intimidar pelas dimensões do monumento, nem perder-se no exame, logo fatigado, de cada pedra, capitel, ornato, estátua, e o mais que lá está. Terá uma impressão do conjunto e contentar-se-á com ela, e, sendo destas coisas um simples curioso, ousará pensar a contrapelo de opiniões aceites e fundamentadas, porque a isso o autoriza ter olhos, gosto próprio e sensibilidade porventura suficiente. Dirá, por exemplo, uma vez que já entrou na igreja, que a Capela do Fundador, não obstante a riqueza da escultura que a reveste e a harmónica conceção estrutural, o deixa em estado de assombro frio, que é uma maneira de exprimir a espécie de sentimento de rejeição que bruscamente o tomou. Entendamo-nos. O viajante não tem quaisquer dúvidas sobre a legitimidade dos louvores que têm caído sobre este lugar, e poderia, sem esforço, juntar-lhes os seus próprios. Mas, não sendo a perfeição um fim em si mesmo, e sendo o viajante o mais imperfeito dos observadores, talvez que, para sua maior segurança, prefira encontrar-se com o artista naquela larga margem de trabalho em que a vitória sobre a matéria não é completa, sem que por isso a satisfação alcançada seja menor. É uma atitude paradoxal, sem dúvida. Por um lado, deseja-se que o artista se exprima completamente, única maneira de saber-se *quem* ele é: por outro lado, prefere-se que não consiga dizer tudo, talvez, quem sabe, porque este suposto tudo é ainda um estádio intermédio na expressão. É bem possível que certas aparentes regressões formais não sejam, afinal, mais do que o resultado dessa verificação desconcertante de que a perfeição esvaziaria o significado.

O viajante desconfia que disse algumas tolices. Paciência. A isso se arrisca quem viaja e vai contando o que viu. E como não anda aqui para dizer apenas que o Sol nasce a oriente e põe-se a ocidente, arrisca aventurar algumas subversões, que, no fundo, são meras sinceridades pessoais. Essa sinceridade lhe manda que diga o claro prazer que o inunda ao olhar da entrada a nave principal, os altos e grossos pilares que deste ângulo formam uma cerrada parede e escondem as laterais, e como, deslocando-se o viajante, o espaço entre elas se anuncia, depois alarga, até aparecerem os tramos na sua plenitude e outra vez se reduzirem. O estático torna-se dinâmico, o dinâmico detém-se para ganhar forças na imobilidade. Seguir ao longo destas naves é passar por todas as impressões que um espaço organizado pode suscitar. Porém, não tarda o viajante a reconhecer que não estava tudo dito: pela porta entraram três andorinhas que voaram, aos gritos, nas alturas da nave, e então uma nova impressão tomou, um longo arrepio, assim ficando provado que sempre se pode ir mais longe acrescentando à linguagem outra linguagem, à abóbada a ave, ao silêncio o grito.

Passou o viajante ao claustro real. Aqui está um caso em que a riqueza plástica é muito mais assegurada pelos fatores decorativos do que pelos fatores estruturais. Sem a sumptuosa escultura dos tímpanos, assentes em colunelos trabalhados que nada suportam da carga do arco, o claustro real não se distinguiria, ou pouquíssimo, de tantos outros que mais ambição não tenham do que reservar à meditação um espaço privilegiado. É a exuberância manuelina que acrescenta à gravidade gótica o valor cenográfico que, fundamentalmente, é o seu.

E porque o viajante, que sempre aceita correr o risco de errar, reivindica para si uma coerência pessoal, é agora a ocasião de declarar que muito mais fundamente o impressiona o claustro de D. Afonso v. Foi obra de um construtor sem génio de particular distinção, Fernão de Évora, mas essa não é questão que o afete. Há no claustro de D. Afonso v um saber explicitamente artesanal, de alguém mais afeito a delinear pátios de lavoura do que palácios luxuosos, e justamente esse aspeto é que comove o viajante: a rusticidade do desenho e da execução, o recato espiritual que neste lugar se encontra, em oposição ao explícito virtuosismo do claustro real. Em global sentido, o claustro afonsino é, para o viajante, mais perfeito. Aceita, contudo, que o contradigam.

Ao entrar na Sala do Capítulo, tem na lembrança aquelas páginas de Alexandre Herculano que o impressionaram na infância: o velho Afonso Domingues sentado sob a pedra de fecho da abóbada, os serventes retirando as escoras e o cimbre, em ânsias não fosse desmoronar-se a construção, e, da banda de fora, espreitando pela porta ou pelas janelas laterais, a multidão de obreiros, com algum fidalgo à mistura, em ansiedade igual: "Cai, não cai", não faltava quem tomasse o desastre por garantido, e enfim, passando o tempo e sustentando-se o grande céu de pedra, o dito de Afonso Domingues: "A abóbada não caiu, a abóbada não cairá". Tem o viajante ideia de que o seu professor de então levou o caso à ligeira, apenas uma lição como qualquer outra, quando aqui se está mesmo a ver que não. Sentou-se Afonso Domingues certo da justeza dos seus cálculos, mas de modo algum seguro de que escaparia ao desafio: a previsão absoluta não é humana. Contudo, deu-se a si mesmo por garantia duma obra que fora de muitos. Ganhou, e ganhámos. É um espaço magnífico, este, lugar doutra batalha, aquela que transforma pedras inertes em jogos de forças, finalmente equilibradas. O viajante vai colocar-se debaixo do fecho da abóbada, no lugar onde esteve Afonso Domingues. Muita gente já fez este mesmo gesto, de cada vez assumindo por sua própria conta o desafio do arquiteto. É a nossa prova de confiança. Estão ali dois soldados vivos a guardar um soldado morto. É um arquiteto morto que guarda os soldados e o viajante. Há de encontrar-se um modo de nos guardarmos a todos.

Ladeando por fora a Sala do Capítulo, o viajante foi ver o panteão de D. Duarte, absurdamente, mas sem remédio, chamado Capelas Imperfeitas. É fortuna nossa que o panteão não tenha sido concluído. Teríamos uma abóbada por cima das cabeças, teríamos uma visão sem surpresa. Assim, há uma promessa que permanece como tal, sabendo embora todos nós que não será cumprida, e contudo satisfazendo-nos tanto, senão mais, que a obra completa. E é bom que seja Primavera. No espaço livre entre as capelas voam explosivamente vivas as andorinhas, gritando como se estivessem furiosas, e é apenas exaltação do Sol, da caçada, talvez da glória daquelas pedras, voo interrompido que abre os seus sete braços para sustentar o céu. Dê-se ao viajante o direito, de vez em quando, a raptos líricos, mesmo pouco imaginosos. Às vezes uma pessoa precisa de desabafar e não sabe como.

Agora vai vagarosamente dar a volta inteira ao mosteiro. Contempla o pórtico com as suas arquivoltas povoadas de figuras de anjos, profetas, reis, santos, mártires, cada um ocupando seu lugar na hierarquia; o tímpano que mostra Cristo e os evangelistas; as estátuas dos apóstolos sobre mísulas figurativas que são obras-primas. O viajante recua, abraça o conjunto como pode, e perplexo com as suas próprias ousadias retira-se contente.

Um viajante ingénuo, que julgue terem as palavras um só sentido, cuidará, tratando-se da batalha de Aljubarrota, que para encontrar o sítio dos combatentes deverá procurá--lo na aldeia do mesmo nome. Está muito enganado. Aljubarrota fica a catorze quilómetros do mosteiro, e este não assinala o preciso lugar do acontecimento. Foi em São Jorge, a cinco quilómetros da Batalha, que se travou o decisivo combate. Não há muito para ver, como sempre acontece em todos os campos de luta se lá não se deixaram os ossos de quem morreu e as armas de quem foi vencido. Na Sala do Capítulo do mosteiro há um soldado desconhecido, aqui são desconhecidos todos. Mas o viajante vai ali à Ermida de São Jorge, que foi mandada erigir por Nuno Álvares Pereira, em ação de graças. Do que seria, pouco resta, ou mesmo nada. É difícil ajudar-nos a imaginação a criar o quadro dos antigos acontecimentos. Mesmo aquele admirável S. Jorge a cavalo que além está, escultura do século XIV, são outras as batalhas em que anda: sempre o dragão a ser morto, sempre o dragão a ressuscitar, quando será que S. Jorge se convence de que só homens podem matar dragões.

 O viajante vira para os lados do mar, por terras que vão descendo. No caminho está a povoação de Cós. É dia de festa geral — 25 de Abril —, e se o viajante tem dado pelo aprazimento de todos os dias feriados, em Cós anda a gente na rua, mais explicitamente festejando a data e o seu próprio contentamento. Em Cós está o Convento de Santa Maria, ou o que dele resta. Não se espera, em povoação tão apartada dos caminhos habituais, encontrar um edifício assim grandioso, e rico de expressão artística. O teto da igreja é magnífico de cor e composição, com os seus caixotões pintados, e a sacristia, de paredes totalmente forradas de azulejos azuis e brancos, com representações da vida de S. Bernardo de Claraval, é de esplêndido efeito. Cós fica entre as boas surpresas da viagem.

 Surpresa foi também Maiorga, não por particulares monumentos, mas por ser terra de gostos musicais. Pouco mais fez o viajante que passar, mas bastou para ver que em três locais diferentes havia indicação de ser ali sede de banda, filarmónica ou grupo musical. E um deles, não lhe bastando o declarado cultivo da música, tinha por entrada (Apolo lha conserve) um belo portal manuelino: veio o viajante a saber que ali fora a Ermida do Espírito Santo, mais tarde sede da Misericórdia. Não desmereceu o velho edifício: tendo começado por cuidar das almas, deu-se depois ao bem-fazer, e agora ao bem-ouvir.

Que veio o viajante fazer à Nazaré? Que faz em todas as povoações e lugares onde entra? Olhar e passar, passar e olhar. Já se sangrou em saúde, já declarou que viajar não é isto, mas sim estar e ficar, e não pode estar sempre a dizê--lo. Porém, aqui terá de retomar a ladainha para que lhe seja garantida a absolvição: devia estar e ficar para ver os pescadores irem ao mar e do mar voltarem, oxalá que todos; devia saber a cor e o bater das ondas; devia puxar os barcos; devia gritar com quem gritasse e chorar com quem chorasse; devia pesar o peixe e o salário, o morrer e o viver. Seria nazareno, depois de ter sido poveiro e vareiro. Assim, é apenas um viajante que passa em dia feriado, ninguém no mar, mar mansinho, e com um Sol tão luminoso que deslumbra, muitas pessoas passeando na marginal ou sentadas no muro, e uma procissão de automóveis besourando. O viajante, nestes casos, fica melancólico, sente-se separado da vida, por trás de um vidro que, mostrando, deforma. Resolve por isso ir ao Sítio, ver lá do alto o casario que vai alastrando para sul, e a suave curva da praia, o mar sempre trazendo espuma, a terra sempre desfazendo os fios dela. Também aqui não faltam pessoas a olhar. Havia de ter sua graça juntar o que cada uma delas vê, comparar tantos mares, tantas Nazarés, e concluir depois que ainda não foram olhos suficientes. O viajante tem a certeza de que ajudou pouco e pede que lho desculpem.

Com Alcobaça terminará o dia. Não foi longa a volta, mas substancial, provavelmente em excesso. Em Alcobaça se coloca, em termos diferentes, a antiga questão de saber se apareceu primeiro o ovo ou a galinha. Quer dizer, é por se chamarem Alcoa e Baça os rios daqui que Alcobaça teve o nome, ou não tendo ainda sido batizados os rios se resolveu partir em dois o nome da terra, toma lá tu, toma lá tu. Dizem entendidos que o nome de Alcobaça vem de Helcobatie, nome de uma povoação romana que próximo existiu, mas essa explicação não resolve a nossa angustiosa dúvida, pois apenas empurra o problema para outros tempos: chamar--se-iam então os rios Helco e Batie?, deram eles o nome a Helcobatie?, ou Helcobatie generosamente se dividiu em dois para não ficarem os seus rios anónimos? Parecem brincadeiras do viajante, mas são sérios assuntos. E não está bem que nos deem explicações que nada explicam. Ainda que se deva reconhecer que é perfeitamente possível viver e trabalhar em paz, mesmo sem estar resolvido o problema do nome de Alcobaça.

O que de notável a fachada do mosteiro tem, é a perfeita integração dos seus diferentes estilos, tanto mais que o barroco com que culmina não faz qualquer esforço para se aproximar do gótico do portal. É verdade que este é diminuído na sua possibilidade de competição com os restantes elementos da fachada pelo facto de ter as arquivoltas lisas, sem decoração, e estar ladeado por pilastras barrocas. O conjunto, portanto, apresenta uma organização e uma movimentação barroca que as duas janelas manuelinas que enquadram a rosácea não modificam. As torres sineiras são o triunfo do estilo, repetido até à exaustão por todo o País.

Mas dentro da igreja o viajante esquece a fachada. Aqui é o reino de Cister, a fria atmosfera criada pela pura funcionalidade, o rigor da arquitetura repetindo o rigor da regra. A nave é profunda (não há outra maior em Portugal) e parece estreitíssima, a tão grande altura se ergueram as abóbadas. Mas as naves laterais ainda mais acentuam esta característica, quase surgindo como corredores de passagem. O conjunto é imponente, esmagador, este espaço só pode ser habitado por grandes corais e solenes imprecações. Agora anda aqui um viajante um tanto contrafeito, à procura da sua própria dimensão.

Estes são os túmulos de Pedro e Inês, os imortais amantes que esperam o fim do mundo para se levantarem e continuarem o amor no ponto em que os "brutos matadores" o cortaram, se tais continuações se toleram no céu. São os túmulos de um rei português e de uma dama de corte, galega de nascimento, que tiveram amores e filhos: por razões políticas foi ela morta, provavelmente não por outras. São duas preciosidades de escultura e estatuária, infelizmente ofendidas por mutilações e depredações propositadas, que a magnificência do conjunto quase faz esquecer. O viajante só lamenta que estas altas arcas tumulares praticamente escondam ao exame a sua parte mais importante, o jazente, só visível em difíceis perfis e escorços. Já na Batalha o visitante mal se apercebe do vulto conjunto de D. João e D. Filipa, deitados lado a lado, dando-lhe ele a mão a ela, na figuração dos Bem Casados: passeia ao redor, sabendo que lhe escapa o essencial. Estes e outros túmulos, que hoje são unicamente obras de arte, não monumentos à glória e ao poder de quem lá está (ou já não está, ou nunca esteve), deviam, sempre que tal fosse possível sem ofender o espaço circundante, ser colocados em nível inferior, com degraus e deambulatório suficientemente amplo, para que de todos os ângulos pudessem oferecer-se aos olhos. Não pode ser, responderão os entendidos. Deveria ser, insiste o viajante. E fica cada qual na sua.

Não tem o viajante de repetir-se. Deverá evitá-lo, até. Mas não ocultará que, reconhecendo a beleza extrema dos sepulcros de D. Pedro e D. Inês, esta Sala dos Túmulos lhe é plasticamente mais gratificante; veja-se, para não dar outros exemplos, o túmulo de D. Beatriz de Gusmão, do século XIII. Arca de pequenas dimensões, para o tamanho natural de uma mulher, apresenta em redor, esculpidas duramente, figuras de maior expressão dramática, mesmo sendo de algum modo estereotipada essa mesma expressão.

Dramático é o estado em que se encontra o retábulo da

Morte de S. Bernardo, esboroado e partido o barro. Mas é, mesmo assim, uma obra-prima. As figuras são lançadas com uma presença que talvez só esta particular matéria possa dar: o barro, afinal, segundo se diz, está muito mais próximo da nossa fragilidade humana do que a pedra. Mas isto são ideias que nos metem na cabeça.

O viajante bem gostaria de ter entrado na sacristia e daí à capela que contém o relicário barroco de frei Constantino de S. Paio. Contentou-se com ver o portal da sacristia, luxuriante estilização vegetalista de João de Castilho, que deixa o viajante desconfiado do seu próprio gosto: será admirável, pensa ele, mas quem sabe se não é excessivamente admirável? É como se o portal tivesse boca e dissesse: "Aqui estou, admira-me". O viajante nunca gostou de que lhe dessem ordens.

Do claustro fixou a contradição entre a robustez do piso inferior e a leveza do piso alto. Duas épocas, dois modos de tratar o material, duas técnicas, duas ciências das possibilidades de resistência. Mas fixou igualmente os elementos dos capitéis, tratados de maneira ao mesmo tempo sólida e delicada.

Foi o viajante à cozinha e ao refeitório, de mistura com um grupo ruidoso de raparigas espanholas. São dois espaços grandiosos que vão a talhe com o conjunto conventual. O viajante distraiu-se com o cantar da água que sempre corre na cozinha, abriu de pasmo a boca e os olhos debaixo da gigantesca chaminé, e quando entrou no refeitório não conseguiu evitar que a imaginação lhe mostrasse os frades todos ali sentados, esperando com disciplina a pitança, e depois o pratejar das louças, dos grossos jarros brancos, a mastigação estimulada pelo apetite, o apetite avivado pelos trabalhos da horta, e enfim, ditas as últimas orações, a saída para o digestivo passeio no claustro, dai-nos, Senhor, o pão de cada dia.

Como o tempo passa. Não tarda que o mosteiro feche. As raparigas espanholas já largaram na grande camioneta que as trouxe, aonde irão a esta hora. O viajante para no adro, olha o largo em frente, os prédios, o morro do castelo. Esta vila nasceu e cresceu à sombra da abadia. Tem hoje os seus meios de vida próprios. Mas a sombra mantém-se, alastrada, ou talvez seja apenas da inclinação do Sol e o viajante esteja com alucinações mal empregadas.

A CASA MAIS ANTIGA

Manhã cedo, saiu o viajante de Leiria. Há certa solenidade nesta saída, não tanto por estarem no itinerário assinalados lugares de história e arte, e alguns não faltam, mas porque o viajante, depois de ter andado por diferentes casas grandes, haverá hoje de passar pela casa mais antiga. Não antecipemos, porém, e vamos primeiro a Porto de Mós.

É bonita vila, luminosa, de brancas frontarias, toda regaçada em redor do castelo. Outros monumentos não procurará o viajante. O palácio do conde de Ourém atrai de longe, com os seus altos e brilhantes coruchéus piramidais, o grande boqueirão do portal, todo o conjunto, insólito na paisagem portuguesa, como insólitos também são, deste ponto de vista, os castelos de Feira e de Ourém. Aliás, o Castelo de Porto de Mós poderia ter aqueles dois por pai e mãe, se é que, respeitadas cronologias e precedências, não tem qualquer deles por filho. Contudo, as maiores parecenças ainda são as que o ligam ao Castelo de Ourém: há de ter andado aqui o dedo de D. Afonso, a singular e já falada personagem que está na cripta da igreja da vila e cujo emblema — dois guindastes — mais o aproxima de gente mecânica do que daquela a que por nascimento e armas pertenceu. Não há aqui, porém, que iludir-nos. D. Afonso, conde de Ourém, foi fidalga pessoa e de sangue insuspeito, não o imaginemos em rutura com a sua classe. Seria, não obstante, caso a estudar: homem culto, viajado, amador de tão particulares arquiteturas, nada espantado ficaria o viajante se, raspando bem a tinta da superfície, nele se encontrassem suspeitas de heretismos.

Até Casais do Livramento, no contraforte norte da serra da Mendiga, a estrada sobe em sucessivas curvas. A paisagem é ampla, pouco arborizada. Logo adiante aparece a serra de Aire, com os seus dois montes afrentados, a leste e oeste. A estrada passa no vale, agora sempre a descer, em direção às terras baixas do Tejo. Faz calor. Quando o viajante entra em Torres Novas, vai a sonhar com as frescuras do Almonda, a sombra dos chorões, o alto ramalhar de freixos e choupos. Ali é o mouchão, com os seus banquinhos e pérgolas, barcos para passear, pena é não ter o viajante tempo. Esta vila, ao crescer, deixou espaço para o rio, não o afrontou demasiado indo construir à beira de água, salvo se foi ele que a empurrou no desatino das cheias, em tempo da sua juventude. Seja como for, cada um ficou no seu lugar, juntos sim, mas não atropelando-se. O viajante deu uma volta pelas igrejas da terra, não lhes encontrou nada de especialmente assinalável (entenda-se: ainda ontem se passeou pelas altas maravilhas de Santa Maria da Vitória e de Santa Maria de Alcobaça), e decidiu fazer tempo para o almoço visitando o Museu de Carlos Reis. Foi primeiro ver o rio, de cima da ponte, e duvidou de que fosse rio aquilo: águas sujas, grandes flocos de espuma, detritos, indícios de morte. O viajante retirou-se em negra tristeza.

O museu é uma confusão simpática. Embora mais seletivo, e de mais valiosas peças, lembra o Museu de Ovar pela dispersão, e, como ele, não se importa de juntar o ovo e o espeto. Ao lado (modo de dizer que não deve ser tomado à letra) duma extraordinária imagem quatrocentista de Nossa Senhora do Ó estão maquetas de lagares de azeite e vinho, rendas miraculosas de finura e leveza emparceiram com uma celada do século XII, um precioso frasco romano de vidro reflete (se pode) as tábuas atribuídas ao Mestre de S. Quintino, e, enfim, para não se dizer que tudo tem seu par, ou lhe é inventado, aqui está uma estatueta que figura Eros cansado, preciosa figurinha de menino que dorme depois de grandes batalhas amorosas, e, estando assim há vinte séculos, nunca mais acordou. O viajante pergunta se o museu é muito visitado, e a culta rapariga que o está atendendo responde com o já esperado não, e ambos ficam desconsoladamente olhando as modestas salas, apesar disso merecedoras de melhor sorte. Cá fora, ao ar livre, abundam fragmentos de colunas, cimalhas, lápides várias. Os garotos brincam por ali, o que parece não ser muito mau para a sua educação estética, mas é péssimo para as pedras, boas de escalar, e de cada vez que uma botazita raspa aquela letra romana lá se vai uma lasca de história. O viajante desce do alto em que o museu está, vai a perguntas de sítios onde se coma, e foi tão bem informado que pode aqui declarar que em Torres Novas conheceu, e disso se aproveitou, o mais maravilhoso cabrito assado de toda a sua vida. Como se chega a tal obra-prima de culinária não sabe o viajante, que nisso não é entendido. Porém, confia no seu paladar, que tem discernimentos de sábio infalível, se os há.

Voltou ao caminho. Não precisa de olhar o mapa. Estas terras têm nomes de uma grande família que abrange lugares, as pessoas que neles vivem ou viveram, árvores, bichos, milhos e meloais, olivais, restolhos, cheias de aflição, aflitas secas. São nomes que o viajante conhece desde que nasceu: Riachos, Brogueira, Alcorochel, Golegã. Esta é a vila, para o viajante a mais fechada de todas as vilas, mesmo abrindo-se tanto em sua feira celebrada. Nunca o viajante conseguiu achar-se neste raso lugar, nestas ruas longuíssimas donde desde sempre se levantam nuvens de pó, e mesmo hoje, homem que cresceu até onde pôde, continua a ser a criança a quem este nome de Golegã assustava porque sempre esteve ligado ao pagamento das décimas, ao tribunal, ao registo, à morte de um tio a quem desfizeram a cabeça à paulada.

São particulares das vidas. O viajante viaja por mor de casos gerais e interesses que devem ser de toda a gente, em especial os que toquem os domínios da arte. Portanto vai à igreja da Golegã, que é, em manuelino, o que de mais belo existe entre templos rurais. Este pórtico foi feito por Diogo Boitaca e é, na sua acentuada verticalidade, quase alcançando o alto óculo, um exemplo de como a decoração exuberante do manuelino pode integrar-se bem numa empena lisa como esta é. Hão de ter ajudado à harmonia do efeito os dois botaréus que limitam o corpo central da fachada: o estrutural serviu, com a sua linguagem própria, o decorativo. A igreja da Golegã tem muito que a distinga, mas para o viajante nada há que valha a declaração, tão orgulhosa, tão humilde, que à entrada uns anjos exibem em cartelas e que, em linguagem corrente de hoje, está explicando: "Memória sou de quem a mim me fabricou". Foi Diogo Boitaca quem o mandou escrever, foi o canteiro à revelia do mestre de obra, não se sabe. Ficaram ali estas magníficas palavras, dístico que poderia estar em todas as obras do homem, que nelas está invisível, mas que o bom viajante em tudo deve ler, como prova de que anda com atenção ao mundo e a quem nele por enquanto vive.

    Este é o Campo da Golegã. Para um lado e para outro da estrada, fabricaram esta terra os homens e o rio. Fizeram-na lisa para se verem melhor uns aos outros, resguardado o rio entre salgueiros enquanto lhe não vem a hora de continuar a sua parte da obra, se não de a destruir, caso em que não está excluída a culpa dos homens. A estrada corta a direito, não há colinas a contornar, desníveis a vencer, é quase uma reta perfeita até àquele outro rio, que é, diga-se-lhe o nome, o Almonda. Em tempos já há muito passados, o viajante gostava de andar no Paul do Boquilobo, além, e quando diz andar, é modo apenas expedito de exprimir-se, porque ali tudo se faria, gavegar de barco nos canais, patinhar na lama, andar é que não. Mas o viajante tinha uma maneira muito sua de se deslocar sobre a parte arborizada do paul, e era ir passando de um para outro dos ramos baixos dos salgueiros, a dois palmos do charco profundo, ou não o seria tanto, mas de mais sem dúvida para a altura que tinha. Por muitos metros se deslocava assim, até à fímbria das árvores, donde os canais se viam, e nunca caiu ao pântano. Ainda hoje não sabe o que lhe teria acontecido.

    Desta ponte não fará o viajante outro sermão aos peixes.

O Almonda é um rio de águas mortas, vida, nele, só a da podridão. Em criança tomou banho neste pego, e se as águas nunca foram límpidas como as dos ribeiros de montanha, era só por causa do nateiro suspenso, matéria fertilizadora e por isso bem-vinda. Hoje as águas estão envenenadas, como já em Torres Novas claramente se mostrava. Não veio o viajante para lamentar a morte dum rio, mas ele está morto, ao menos que isso se saiba.

Em verdade, é aqui o portal da casa mais antiga. A estrada segue entre altos e velhos plátanos, de um lado a Quinta de Santa Inês, do outro a Quinta de São João, e então aparecem as primeiras moradas. E, na nomenclatura da terra, o Cabo das Casas. Foi aqui, em Azinhaga, que o viajante nasceu. E para que se não cuide que veio cá só por razões egoistamente sentimentais, apontará a Ermida de São José, que tem belíssimos azulejos azuis e amarelos, de tipo padrão e joalharia, e tetos admiravelmente ornados. Nos seus tempos de infância, o viajante tinha medo deste lugar: dizia-se que em frente da porta, atravessado na estrada, aparecera certa noite um grande barrote, que não se sabia donde viera, e querendo um homem, que regressava a casa, passar por cima dele, não o conseguiu, porque havia qualquer coisa que lhe segurava a perna, e quando se ouviu uma voz a dizer: "Aqui não se passa", o homem ganhou medo e fugiu. Os céticos da aldeia disseram que ele estava era bêbedo, declaração que o viajante então não estimou porque assim se lhe ia o mistério e o arrepio.

O viajante não parará. A casa mais antiga é uma casa deserta. Restam uns tios, uns vagos primos, a grande melancolia do passado pessoal: pensando bem, só o passado coletivo é exaltante. Não vale a pena ir ver outra vez o rio: nem sequer é um morto limpo. Lá para baixo, perto da confluência com o Tejo, parece tornar-se a água clara: é apenas porque corre em fundo raso, de areia. Chama-se aí o sítio Rabo dos Cágados, e nunca nenhum nome foi mais bem posto do que este, tão flagrante é a semelhança, mais ainda no mapa que o viajante está examinando, não para se orientar, mas para se reconhecer melhor. São nomes de encantatória toada, palavras de santo-e-senha que já deram acesso à descoberta do mundo: Cerrada Grande, Lagareira, Olival da Palha, Divisões, Salvador, Olival Basto, Arneiro, Cholda, Olival d' El-Rei, Moitas. É uma terra comum, esta primeira casa do viajante. Não há mais que dizer dela.

Santarém é cidade singular. Com gente na rua ou toda metida em casa, dá sempre a mesma impressão de encerramento. Entre a parte antiga e os núcleos urbanos mais recentes não parece haver comunicação: está cada qual no lugar onde foi posto e sempre de costas voltadas. O viajante reconhece uma vez mais que se tratará de uma visão subjetiva, mas os factos não desmentem, ou melhor, confirma-o a ausência deles: em Santarém nada pode acontecer, seria outro palácio da Bela Adormecida se soubéssemos onde encontrar a bela.

Tem, porém, a cidade as Portas do Sol para desafogar ao longe. Teria, acrescenta duvidosamente o viajante. É que o esplendoroso panorama, a grande vista sobre o rio e os campos de Almeirim e Alpiarça, ainda mais acentuam a sensação de isolamento, de distância, quase de ausência que em Santarém se experimenta. O que vale é poder uma simples chaminé humanizar, tornar de súbito calorosa uma cidade fechada: no caminho para as Portas do Sol, num rebaixo que mil vezes parecerá despercebido, uma chaminé exibe uma figura de mulher que oferece ao sol os seios estranhamente moldados, seios elementares em forma de disco, representação sem paralelo conhecido do viajante.

Assim mais confortadamente se visitará a cidade, não o Museu de São João de Alpalhão, hoje fechado (não há que o censurar, está no seu dia, ou tem fundamento o encerramento), mas já a Igreja da Graça, que fica em caminho. Tem este templo a frieza dos restauros recentes. A pedra nova encosta-se à pedra velha e não se entendem uma e outra. Porém há de olhar-se a magnífica rosácea sobre o pórtico, e este, de puro gótico flamejante, claramente lembrado da Batalha, mas sem a mesma riqueza dos colunelos e arquivoltas. O pavimento da nave fica muito abaixo do nível da rua, o que produz um efeito raro em igrejas portuguesas. Abundam as lajes sepulcrais, os mausoléus, os epitáfios, um destes de Pedro Álvares Cabral. Daqui foi o viajante à Igreja de Marvila: belo pórtico manuelino, azulejos interessantes, seiscentistas. Havia ofício, mirou como pôde e saiu cuidadosamente, para não perturbar quem estava. Não longe está a Igreja da Misericórdia, com o seu palmar de colunas decoradas com efeitos de ornato: é de três naves aparentes, em rigor um amplo salão coberto por uma abóbada que altíssimas colunas sustentam.

Hoje o viajante contenta-se com vistas de conjunto, não sente vocação para particularizações. Porém, vai ficar seu tempo na Igreja do Seminário Patriarcal, onde entrou por uma porta lateral furtiva, sem que ninguém desse fé. Esta igreja reúne exemplarmente todos os elementos do gosto jesuíta: teatralidade, luxo decorativo, riqueza de materiais, aparato cenográfico. Aqui a religião é uma ópera ao divino, lugar para o sermão de grande instrumental, aula prática de seminário. O viajante olha o magnífico teto, pintado a fresco e de imponentes dimensões, como se o céu se tivesse coberto de arquiteturas fingidas e festões de flores, para receber a visita da Imaculada Conceição e da corte dos anjos. O efeito é magnífico, os pintores jesuítas sabiam o que queriam e sabiam executá-lo bem. Talhas, mármores alvíssimos de Carrara, mármores embutidos revestem as capelas de cima a baixo. Da nascente à foz, está morto o rio Almonda, pensa o viajante a despropósito.

A tarde refrescou. O viajante atravessa o jardim, admirou as fortíssimas árvores, e agora tem na sua frente o melhor que Santarém guarda e laboriosamente reconstrói, o Convento de São Francisco. Com mais rigor: o que dele resta. É uma ruína, um corpo destroçado de gigante que procura os seus próprios pedaços e que a todo o momento vai encontrando restos doutros gigantes, fragmentos, lanços de muros, troços de colunas, capitéis avulsos, isto gótico, além manuelino, aqui renascença. Mas São Francisco é, no interior da igreja, magnificamente gótico, do século de Trezentos, e, assim em ruínas, com tábuas atravessadas sobre fossos, terra solta no caminho, andaimes, rasgões por onde se vê o céu, um claustro atravancado de peças recuperadas, que são, na maior parte dos casos, de impossível reconstituição, esta massa ainda caótica, e quem sabe por quanto mais tempo, conta ao viajante uma intraduzível história de formas meditadas, de força espiritual que afinal não quer abandonar o chão, ou se levanta apenas para pôr-se de pé, não para tomar asas que de nada serviriam aos trabalhos da terra. Este Convento de São Francisco, na opinião do viajante, que quando as tem não as cala, deveria ser restaurado apenas até ao limite da manutenção. Ruína é, ruína deve ficar. É que as ruínas sempre foram mais eloquentes do que a obra remendada. No dia em que a igreja abrir, como costuma dizer-se, as suas portas novas ao público, despede-se da sua força maior: ser testemunha. Sob o alpendre interior ninguém quererá saber se foi ali jurado rei D. João II ou sabê-lo-á indiferente. Não faltam ao presente lugares donde possa falar ao futuro. Esta é a voz do passado. Calemo-nos neste claustro, na borda desta sepultura vazia, raspando com o pé o pó acumulado: o silêncio não é menos vital que a palavra.

QUANTO MAIS PERTO, MAIS LONGE

 Fronteiro a Santarém, está Almeirim. Quem o viu, e quem o vê. Terra de estância real nos séculos XV e XVI, altar escolhido para casamentos imperiais, o mais inocente dos viajantes esperaria encontrar aqui abundantes vestígios das passadas grandezas. Nem pedra. Parece uma vila nascida ontem, sem história, salvo a anónima do trabalho, que essa é geral. O viajante, que trata de cada coisa em seu tempo e em seu lugar, não vê em Almeirim ponta de arte onde pegue, salvo o palácio dos marqueses de Alorna, mas mesmo esse o não prenderá.

O caminho é fácil, sempre no cheiro de águas várias, as do Tejo, as da vala de Alpiarça, da ribeira de Muge, e lá mais para o sul, pouco antes de Benavente, o rio Sorraia, de maior porte. Em Salvaterra de Magos, o viajante foi ver a Capela do Paço Real, singular edifício que contraria a tradicional ordenação dos espaços e a sua relação. Mas o que neste lugar mais atrai é a *Pietà* quinhentista, com o Cristo deitado sobre os joelhos da Virgem, numa posição rígida, apenas sobre os braços, conjunto que lembra, embora o não faça esquecer, a *Pietà* de Belmonte. Esta escultura é de madeira, mas parece, salvo na flexão do corpo da Virgem, não ter conseguido resolver os problemas mínimos de plasticidade que a matéria levantava. Com o granito teve de haver-se o mais antigo escultor de Belmonte, e atingiu, na simples forma, uma expressão dramática que a pintura, primária, respeita, ao passo que em Salvaterra de Magos é a pintura que pretende exprimir uma emoção que se furtou à escultura.

De pontes e pontões tem abundado o dia de hoje. Está aí a de Vila Franca de Xira, canhestra de lançamento e pernas, mas serviçal. Iam dando cabo dela logo no dia da inauguração, se é verdadeira a história ao viajante contada nessa época. Diz-se em três palavras: para festejar o presidente inaugurante e corta-fitas que aí vinha, foram dispostos ao longo do tabuleiro campinos encavalgados, e a um sinal dado começaram eles a fazer piafar os cavalos, com tal cadência e regularidade que as estruturas começaram a vibrar, o que causou um susto geral. E como não é possível explicar a cavalos como se troca o passo, o melhor foi ficar tudo quieto enquanto a ponte ia serenando e os engenheiros também. O presidente inaugurou, passou, e a ponte não se afundou. Os cavalos abanavam as orelhas, enfadados com tamanha imprevidência.

Estas terras por onde vai passar são povoadíssimas, as

aldeias quase vizinhas de patamar, cada qual espreitando a próxima, de vertente para vertente. Começa aqui o desconhecido. É um modo de falar, claro está, que a capital está perto, mas que se há de dizer de uma região aonde poucos vêm, precisamente por ser pequena a viagem? Assim o perto se faz longe, e escondido se torna o que está diante dos olhos. Aos apressados viajantes alfacinhas que em torrente se despejam por estradas marginais, vias rápidas e autoestradas à procura da felicidade, pergunta este de pouca pressa por que a não vêm buscar aqui (fala das felicidades que as viagens dão, não doutras), por terras que se chamam Arruda dos Vinhos, Sobral de Monte Agraço, São Quintino, Dois Portos, Torres Vedras, para só falar delas agora, que são as visitadas.

E mais do que as povoações, esta beleza calma da paisagem, terra de agricultores, muita vinha, pomar, horticultura, constante ondulação do terreno, tão regular que tudo é colina e longo vale. A paisagem é feminina, macia como um corpo deitado, e tépida neste dia de Abril, florida nas bermas da estrada, fertilíssima nas lavras, já rebentando as cepas plantadas a cordel, geometria rara nesta nossa inconsequente pátria. Não há um palmo de chão em que a enxada não tivesse entrado desde o primeiro Mustafá que veio aqui instalar-se sob a proteção dos exércitos do Profeta e depois, por seus descendentes, já de nome mudado e crença nova, à sombra do poder dos novos senhores, mas desconfiando sempre. Este viajante atravessa um jardim que não precisa de cheirar a rosas.

Em Arruda dos Vinhos encontrou, em igreja que exteriormente não se aparta da vulgaridade da fachada lisa, um belo pórtico manuelino, de notável equilíbrio, em que a decoração é apenas a suficiente para, em medida justa, servir a estrutura. O viajante examina a sua própria surpresa, e conclui que, tendo penetrado num mundo tão diferente em topografia e paisagem geral, estaria, inconscientemente, à espera de que fosse outra a arquitetura. São os mistérios da mente, que não cabe aqui decifrar. Dentro a igreja é harmoniosa, com as suas colunas aneladas no fuste e os excelentes azulejos com cenas da vida de santos.

Por estes cabeços, ou acomodando-se em faldas resguardadas dos ventos, abundam casas rurais, meio de lavoura, meio de viver. São apalaçados de arquitetura simples, porém tão integrados na paisagem que qualquer nova construção, ao gosto desvairado de hoje, surge como agressão violenta, tanto ao que a rodeia como ao espectador que trazia os olhos habituados a outros concertos. Muitas dessas moradas mostram um ar de abandono: não vivem cá os donos, outros ocupam só uma parte da habitação, há novos proprietários que não fizeram obras. Conservar hoje estes bens custará fortunas, quem sabe se a exploração da terra compensaria. Seja como for, quem a trabalha é que não pode ir viver para longe: as grandes casas da quinta são como marcos geodésicos, referências de uma caminhada que volta sempre aos mesmos torrões e aos mesmos trabalhos, lavrar, semear, plantar, adubar, mondar, colher, o mesmo princípio e o mesmo fim, o verdadeiro movimento contínuo, que não precisou de inventor porque é o da necessidade.

A São Quintino vai-se por um caminho que começa por esconder-se no descaimento duma curva da estrada principal e depois lança uma bifurcação onde o viajante, ou acerta com o que procura, ou, errando, tem sempre a certeza de ganhar alguma coisa. Não são andanças de altas montanhas com riscos de perdimento: aqui é tudo perto, mas as colinas sucessivas, com o seu desenho multiplicado de vertente e vale, iludem as perspetivas, criam um novo sentido de distância, parece que basta estender a mão para alcançar a Igreja de São Quintino, e de repente ela desaparece, faz negaças, estamos a vinte metros e não a vemos.

Pena seria. A Igreja de São Quintino merecia carreiras diretas de autocarro, guia sabedor, tão capaz de falar de azulejos como de arquitetura, de manuelino como de renascença, do espaço de fora como da harmonia de dentro. É, nesta encosta, aberta aos livres horizontes, uma joia preciosa quase ignorada. E para tornar a falar de guia, a ele teria de ser juntada, como parte indispensável da informação, a mulher que o viajante foi descobrir num quinteiro perto e o acompanhou durante a visita. Essa mulher seria a voz do sincero amor das coisas, a que não sabe de erudições, tantas vezes simples rótulos colados na face verdadeira da beleza, mas que, em cada palavra dita, ressumbra um quase dolorido enternecimento, aquele que liga os seres humanos à aparente fixidez e indiferença dos objetos inertes ou trabalhados. Esta mulher repete às vezes palavras ouvidas no acaso de sábias visitas que aqui têm vindo: ecos doutras vozes, ganham um sentido novo no seu discurso, são afloramentos de ciência porventura exata no humano e ingénuo torrão, pronto para todas as culturas.

O portal é de 1530, data inscrita naquela pilastra. Nele reúnem-se elementos renascentistas e manuelinos, verificação que imediatamente pode ser feita, basta ter de uns e outros mínimo conhecimento. O viajante, provavelmente, não vai muito além desse conhecimento mínimo, mas ganhou o bom hábito de refletir, e neste caso diz-lhe a sua reflexão que não chegou a seu termo o desenvolvimento destas esboçadas simbioses entre um estilo importado dos pés à cabeça (o renascença) e outro que, aqui florindo, tinha igualmente raízes distantes, mais distantes ainda e alimentando-se doutro solo cultural (o manuelino). Exóticos ambos, como afinal exóticos foram o românico e o gótico, estilos internacionais por excelência, mas encontrados (aqueles) numa época mais aberta à criação, ou, por outras palavras, menos canónica, é bem provável que a sua evolução tenha sido detida pela repressão ideológica desenvolvida ao longo do século xvi. A partir daí, não haveria que esperar mais nem de um nem do outro. A ligação renascença-manuelino foi um golpe de asa que mal conseguiu levantar-se do chão.

Um exemplo bastará. É sabido que o vocabulário plástico renascentista utilizou, até à exaustão, a máscara, isto é, o rosto humano alterado por subtis ou brutais distorções, e com ela semeou, com objetivos meramente decorativos, pilastras, entablamentos, frontões, toda a transposição arquitetónica que para a decoração fez. Aqui, em São Quintino, e certamente noutros lugares portugueses, a máscara pôde surgir, ou assim mesmo se quis que aparecesse, como fator inquietante ou de intimidação. A máscara torna-se careta. Voluntária ou não, tal intimidação está patente no modo como veio a ser designada, popularmente, e no tom com que a designação se enuncia, aquela máscara tripla que no alto da pilastra esquerda se mostra a uma paisagem decerto desajustada: "a cara dos três narizes". Outras formas fantásticas do vocabulário renascentista apresenta o portal de São Quintino, nenhuma como esta mais eloquente de significados acrescentados e portanto de futuros possíveis.

Lá dentro continuam os agrados. O anel, a meio dos fustes das colunas, já encontrado em Arruda dos Vinhos, encontra-se também aqui. Mas a beleza maior está nos azulejos setecentistas, o silhar que forra as paredes laterais, do tipo albarrada, e na entrada, por cima do silhar, de tipo ponta de diamante. O efeito, apesar de tanto azulejo visto, não se esquece. E o batistério, à mão esquerda de quem entra, é em verdade um lugar de iniciação, tão íntimo, tão resguardada está a confidência batismal da companhia de pais, padrinhos e convidados.

De imaginária não é rico São Quintino. Porém, ao viajante intrigou-o uma pintura guardada na sacristia, que mostra, indubitavelmente, a Virgem e o Menino, mas ambos sem resplendor, e o Menino não é a costumada criança do colo, vai já nos seus cinco ou seis anos e tem um sorriso inocente e crispado, mais velho do que ele. O pintor não dominava com bastante segurança as anatomias: o corpo da Virgem perde-se dentro das roupagens, o braço direito do Menino é curtíssimo, a cabeça parece fora de sítio, mas a expressão intensíssima dos olhares compensa as fraquezas da composição, aliás, de muito interesse por outros aspetos de cor e desenho. Não valerá muito a pintura, mas o viajante gostou, talvez por lhe parecer enigmática na limpidez figurativa, interrogadora na aparente simplicidade de exposição. Há muito mais "caras de três narizes" do que se julga. A Dois Portos foi o viajante, mas não pôde desembarcar. A igreja, lá no alto, estava fechada, e só o padre autorizaria a entrega da chave. O viajante conferenciou longamente à porta da casa paroquial, mas devia estar nos seus dias de cara de bandoleiro, porque a todas as razões de interesse e urgência a criada (se criada era, se não era antes parente) opunha uma recusa firme e delicada, por baixo da qual tentava esconder-se evidente temor de que o viajante fosse o ratoneiro que obviamente parecia. Teve pena de não ver o teto mudéjar e o *S. Pedro* quinhentista. Se o doente a quem o padre teria ido visitar melhorou com o conforto espiritual, o viajante perdoa a deceção. Mas se a chave da igreja não trancou a porta da morte, então todos perderam, o padre os passos, o doente a vida, o viajante o gosto.

Daqui para diante, e até Torres Vedras, a estrada enlaça-se com o rio Sizandro e com a linha férrea, ora ponte ora passagem de nível. A paisagem é inalteravelmente bela, suavíssima. Torres Vedras está no limite da grande agitação orográfica desta parte da Estremadura. Para poente e noroeste as terras descaem insensivelmente até à costa, mas para nascente e nordeste desenham-se as vertentes que hão de levar, de degrau em degrau, às alturas de Montejunto.

Em Torres Vedras, o viajante começou por ver a Fonte dos Canos. Estava mesmo no caminho, mal parecia desprezá-la. Muito estimavam a água os construtores do século XIV para desta maneira a preitearem, arcos ogivais de bom desenho e talhe, capitéis que não são mera fórmula estrutural, gárgulas imaginosas. Não corria hoje a água, esgotou-se talvez o caudal, ou, tendo sido integrado no abastecimento público, não cuidaram de o reencaminhar para a secular saída. Lastima o viajante: fonte que não corre, é mais triste que ruína.

Logo a seguir está a Igreja de São Pedro, outro portal de

componentes manuelinas e renascentistas. É uma admirável peça de escultura, mas São Quintino, ou por mérito próprio, ou por primeiramente visto, guarda-se melhor na memória. Dentro não falta que ver: a decoração dos arcos do tramo mais afastado da entrada, os azulejos verdes e brancos, outros tardios, de tipo tapete e ponta de diamante, túmulo quinhentista, cuja arca renascença está envolvida por uma edícula manuelina, os painéis de azulejos brancos e azuis da Capela da Senhora da Boa Hora, protetora das paridas.
Como a tarde vai chegando ao fim, o viajante quer dar uma última vista de olhos à paisagem donde veio. Sobe ao castelo, admira até onde os olhos alcançam, e, estando ali a Igreja de Santa Maria do Castelo, erro seria não aproveitar. Restam vestígios da primitiva construção românica, talvez do século XII, e o interior merece atenção. Cá de baixo, na penumbra que já se instala, tenta decifrar a *Ressurreição* do coro, que lhe parece pintura interessante. No alto da vila, e metida entre as muralhas, a igreja está silenciosa, não zumbe mosca, nem os pássaros se ouvem lá fora. O viajante repara numa porta que ali há, empurra-a e encontra-se numa pequena divisão nua de móveis ou outra decoração. Dá três passos e quando, movendo ao mesmo tempo o corpo, passa os olhos em redor, tem um violento sobressalto: julgou ter visto uma enorme cara a espreitá-lo pela frincha doutra porta. Confessa antes que lho perguntem: teve medo. Mas enfim, um viajante é um homem: se não há ali ninguém que lhe admire a coragem, prove-a a si próprio.
Aproximou-se da porta misteriosa e abriu-a de repelão. Ajoelhado no pavimento de tijoleira, estava um enorme S. José de pasta, já esfarrapadas as vestimentas, todo ele papelão moldado, velhinho mais que o natural na brancura de cabelo, barba, bigode e sobrancelhas, mas muito jovem de pele. Era uma figura de presépio, claro está. O viajante desce os dois degraus, e aqui estão as outras personagens, um Menino atlético na manjedoura, e a Virgem mais à moda que é possível imaginar-se, morena, de longos cabelos, maquilha-

da de sombra azul nas pálpebras, pestanas alongadas a rímel, enfim, as sobrancelhas traçadas a lápis, os lábios carnudos e bem contornados. A rapariga que serviu de modelo a esta Virgem ficaria ofendida se soubesse que assustara o viajante pela frincha da porta. Não foi esse o caso: quem estava a espreitar era S. José. Mas o viajante ainda hoje pergunta a si mesmo que diabo teria sentido se num relance olhasse aquela formosura e a julgasse de carne e osso. Está convencido de que pecaria por pensamentos. Não ousa pensar mais.

O CAPITÃO BONINA

Em Torres Vedras foi que o viajante teve pela primeira vez a chave de casa: atingiu, por assim dizer, a maioridade de viajante. Às tantas horas fecha-se a porta do hotel, e que faz o hóspede? Toca a campainha?, bate as palmas a chamar o guarda-noturno? Nada disso. Limita-se a tirar do bolso a chave que lhe foi entregue e simplesmente entra como em sua própria casa: não há vigilante a quem tenha de se pedir desculpa pelo incómodo quando aparece lá dos fundos, estremunhado, tirado ao seu justo sono. O princípio é bom, o viajante gostou.

De manhã, tendo de escolher entre o que lhe falta visitar, ficou-se com o Convento da Graça e o Museu Municipal. Não foi mal servido. O convento tem na sala da portaria curiosos painéis de azulejos que contam episódios da vida de S. Gonçalo de Lagos, prior que era deste estabelecimento à data da morte, em 1422. Do mesmo S. Gonçalo está lá dentro o túmulo, mas não deve ser especialmente milagreiro pois não se lhe veem sinais particulares de devoção e agradecimento. Estes santos são sempre simpáticos ao viajante: esforçaram-se na terra, sabe-se lá vencendo que fraquezas, e depois não foram beneficiados com especiais poderes, fazem o seu milagrezito de tempos a tempos, só para não perderem o lugar, e é tudo. No conclave dos santos devem ocupar as últimas bancadas, votam se é preciso votar, com isso nos contentam.

Aos lados da capela-mor há duas imponentes santas, de sumptuosas roupagens, altivas como madres abadessas. Estão em lugar de honra, mas fora dos altares, facto que o viajante se permite estranhar: havendo o crente que se dirigir a qualquer delas, pode fazê-lo com grande simplicidade como se conversasse com um amigo encontrado por acaso, mas o cerimonial da oração deve seguramente ser prejudicado e perder a eficácia. Magníficas são as pinturas quinhentistas duma das capelas, e igualmente belos os quadros de azulejos que representam cenas da Paixão na Capela do Senhor dos Passos. E falando de azulejos, fale-se uma vez mais para mencionar os do claustro, com passos da vida de frei Aleixo de Meneses, que não veio a ser santo mas edificava os frades enquanto passeavam no claustro. À saída deu o viajante os bons-dias a três mulheres que andavam em grandes limpezas de vassoura e pano molhado na galilé, e elas responderam com tão bom modo que saiu dali como se tivesse sido três vezes abençoado.

O Museu Municipal não é rico, mas gosta de mostrar o que tem. E tem algumas boas tábuas de oficinas regionais, louvadas pelo viajante com palavras que caíram bem no espírito do jovem funcionário que o atendia. Notável de modo superlativo é uma escultura de madeira provavelmente espanhola, representando Cristo morto. De tamanho que se aproxima do natural e mostrado de maneira realista, embora não dramatizada, este Cristo é das mais belas peças do género, e não são muitas, porque se há região da representação sacra onde a banalidade se instalou, é exatamente esta. Mais louvores portanto merece o Cristo de Torres Vedras.

Meteu-se enfim o viajante ao caminho, ainda consolado pelas bênçãos das três mulheres da esfrega, mas não tardou a verificar que o raio de ação das bênçãos é perigosamente curto para quem não vá acautelado doutra maneira. Foi o caso de no Turcifal ter visto o viajante uma altíssima igreja erguida sobre um terreiro a que por tesos lanços de escada se chegaria, havendo boa perna. Buliu o avantajado edifício com a curiosidade do viajante, que se lançou no habitual jogo da chave. Caridosa mulher que a um balcão estava, delegou em filho pequenino o encargo de o acompanhar a uma rua retirada. O viajante aproveita para confessar aqui que não tem talento para conversar com crianças. Demonstrou--o uma vez mais no Turcifal. Ali ia aquele garoto, tirado das suas brincadeiras, a acompanhar um desconhecido, era primário dever do viajante fazer conversa. Não fez. Zumbiu uma pergunta qualquer, a que o rapazinho sensatamente não respondeu, e por esse pouco se ficou. Valeu que a morada procurada não era longe.

Antes fosse, antes se cansasse o viajante e desistisse. "É aqui", disse o pequeno. O viajante bateu uma vez, bateu duas vezes, e depois de bater três vezes entreabriu-se uma frincha zelosa, e uma cara de mulher velha apareceu, severa: "Que deseja?". Dá o viajante o seu habitual recado, veio de longe, anda a visitar, seria um grande favor, etc. Responde a frincha da porta: "Não estou autorizada. Não dou a chave. Vá pedir ao padre". Que secura, justos céus. O viajante insiste, está na sua razão, foi-lhe garantido que a chave é ali, mas fica com a frase em meio porque bruscamente fecham-lhe a porta na cara, é a primeira vez que tal acontece. Turcifal não tem o direito de fazer uma desfeita destas ao viajante. Vai este temperar a indignação com um café que a esta hora da manhã só servirá para lhe azedar o estômago, e demora-se a ponderar se vai a casa do padre, se vira costas a Turcifal. Já pensa que no limiar da povoação fará o teatral gesto de sacudir a poeira das botas, mas então lembra-se do bom modo da primeira mulher, da sensatez do menino, e vai ao padre. Pasmemos todos. A velha já lá está, em grandes demonstrações explicativas, de palavra e gesto, com a ama do padre, ou talvez parente, o viajante nunca sabe, e quando se aproxima repara que a velha recua assustada, como diante do Inimigo. "Que terei eu feito?", interroga-se. Nada fez, e tudo vem a explicar-se. Esta pobre mulher, mostrando a igreja a visitantes, foi por duas vezes vítima (palavras suas) de ataques de testemunhas de Jeová que queriam cometer não sei que desacatos ou sacrilégios. Uma delas (parece) até lhe deitou as mãos ao pescoço, um horror. O viajante fora confundido com uma testemunha de Jeová, e muita sorte não terem visto nele coisa pior. Enfim, foram todos juntos à igreja, que afinal não valia metade destes trabalhos e agitação. O melhor do caso, porém, foi ter-se revelado a velhinha grande viajante europeia, pois no tempo em que o marido vivia foi com ele a quase todos os países da Europa Ocidental (e acentuava ocidental abrindo muito os olhos, por alguma razão seria), principalmente à Itália. Estivera em Roma, em Veneza, em Florença, o viajante está pasmado, no Turcifal uma mulherzinha de xale e lenço, morando numa pobre casa de rua escondida, e tão viajante, benza-a Deus. Ficaram as pazes feitas, mas o viajante ainda hoje está convencido de que, para a mulherzinha do Turcifal, é mesmo testemunha de Jeová, trabalhando na clandestinidade.

 Foi o caso que o mau-olhado empeceu. Não tem outra explicação dar o viajante a volta por São Pedro da Cadeira, fascinado pela singularidade do topónimo, e encontrar em obras a Capela de Cátela e aferrolhada a igreja do senhor S. Pedro. Da primeira nem esperanças, da segunda desesperanças porque, penalizada informação recebida, o sacristão andava nas hortas a trabalhar e seria o cabo dos trabalhos ir à procura dele. Além do prejuízo. O viajante é pessoa compreensiva, agradece o incómodo que deu e vai à vida. Consola-o a ideia de que Varatojo, por tão perto ser de Torres Vedras, esteja já alcançado pelo raio de ação das bênçons daquelas outras mais humanas mulheres.

 Assim é. Passado Ponte do Rol começa-se a ver ao longe a enorme massa do Convento de Santo António, que à vista não promete muito, nada mais que uma fachada com janelas iguais às de toda a gente. O viajante começou por temer, mas lembrou-se de que o diabo não pode estar sempre atrás da

porta, gosta de sair a espairecer de vez em quando, também tem as suas fraquezas. Enfim, em Varatojo veio a correr tudo pelo melhor.
Por ter chegado o viajante desta banda, e não de Torres Vedras, entrou no convento pelo lado das traseiras, e assim foi melhor. Mirou a alta fachada, pôs-se à procura de porta e deu com ela, uma portinha baixa que dava para uma passagem escura, a qual, por sua vez, abria à luz de um pátio. O silêncio era total. Estava o viajante hesitando, entro, não entro, aparece um homem forte, vestindo camisola de gola alta. O viajante espera ser interpelado, mas não, o homem limita-se a responder à saudação, e é o viajante quem se explica: "Gostaria de visitar...". O outro responde apenas: "Com certeza", e afasta-se, mete-se num automóvel que ali está perto e desaparece. O viajante pergunta-se: "Quem será?". Padre não parecia ser, assim vestido, mas o viajante anda de pé atrás desde Ferreirim, não o apanharão outra vez em falta. Voltou o silêncio. Encorajado pela autorização, entra decidido e o que primeiro vê é umas escadinhas que dão para um rangente passadiço de madeira onde há pequenas portas, por onde o mais baixo dos adultos só entrará curvando-se. São as celas dos frades. Lembra-se o viajante de Assis (nem só a velha do Turcifal viajou para esses lados): ambos os conventos são franciscanos, não é muito de surpreender encontrarem-se semelhanças.
Passado o pátio que o viajante começara por ver, está o claustro. É destes que o viajante gosta: simples, pequeno, discreto. Sendo Primavera, não faltam flores nem abelhas. Numa das colunas enrosca-se um grosso tronco, e o viajante pasma como não deslocou a força do arbusto o apoio dos arcos e não veio tudo abaixo. É quando olha para cima, à procura de eventuais estragos, que o viajante vê o teto pintado com um motivo constantemente repetido: o rodízio de tirar água, que era o emblema de D. Afonso V. Caso estranho: esta gente nobre medieval tomava para suas insígnias pessoais a imagem de objetos mecânicos, instrumentos usados

por quem vilão era e portanto não prezado, este rodízio, os guindastes do conde de Ourém, o camaroeiro da rainha D. Leonor, e sabe lá o viajante que mais por aí haverá. Seria interessante investigar estas adopções, que relações morais ou espirituais, ideológicas portanto, as motivaram. Há aqui um portal manuelino. Noutro lugar dar-lhe-ia o viajante mais atenção, não no Convento de Varatojo. Passa nesta altura, no outro lado do claustro, em silêncio, como sombra, um frade. Não olhou, não disse uma palavra, passou rapidamente, a que obrigações iria. O viajante, depois, duvidou que tivesse visto o frade. Quer dizer: não duvida, só não conseguiu ver de que porta saiu ele e em que porta entrou, e isso lhe causará daqui a pouco algumas dificuldades, quando andar à procura da passagem para a igreja.

Porém, agora trata-se da Sala do Capítulo, que para o claustro dá. Em comprimento, largura e altura, é de rigorosa proporção. São excelentes os azulejos setecentistas. Por cima do silhar estão retratos de frades, e o viajante vai passando de um para outro, sem dar muita atenção a pinturas que no geral não são boas, quando de repente fica pregado ali no chão, tão feliz da vida que nem sabe explicar. Tem na sua frente, em admirável pintura, o retrato de frei António das Chagas, homem que no mundo se chamou António da Fonseca Soares, foi capitão do terço de Setúbal, matou um homem quando ainda não tinha vinte anos, viveu dissipadamente no Brasil em folguedos de arte amatória, e enfim perdoado o seu crime da juventude veio a entrar como noviço na Ordem de S. Francisco, depois de outras não poucas andanças e algumas recaídas em tentações mundanais. Enfim, um homem de carne e sentidos que levou para a religião os seus arrebatamentos militares de escaramuça e guerrilha, e sendo grande pregador alvoroçava os auditórios, chegando a arremessar-lhes do púlpito o crucifixo, última e violenta argumentação que rendia de vez os fiéis, aos gritos e suspiros prostrados no pavimento da igreja. Chamaram-lhe capitão Bonina, e ao pregar, não tendo outros inimigos carnais à mão, dava a si mesmo violentas bofetadas, tais e tantas que um seu diretor espiritual lhe aconselhou moderação no castigo.

Tudo isto é barroco, contrário aos declarados gostos do viajante, mas este Frei António das Chagas, que no Varatojo morreu em 1682, tendo nascido na Vidigueira em 1631, foi homem inteiro e por isso excessivo, escritor gongórico, filho do tempo, lírico e obsceno, figura que nunca soube fazer nada sem paixão. Para o fim da vida sofreu de vertigens e fluxos nasais, e desse continuado ranho, a que eruditamente chamava estilício, dizia impávido: "o estilício é memorial do modo com que Vossa Mercê há de aceitar o que lhe vem de Deus, ou seja mal ou bem. O estilício cai da cabeça no peito, e significa que o que lhe vem de Deus é cabeça nossa, deve Vossa Mercê meter no coração, que no peito tem o seu lugar". Com um homem que argumenta assim, ninguém se atreva a discutir. Fosse mau este retrato, e o viajante o contemplaria com a mesma fascinação. Mas a pintura, torna a dizer, é excelente, digna de museu e de lugar principal nele. O viajante sente-se feliz por ter vindo a Varatojo. Numa dessas celas morreu o fradinho, que assim lhe chamavam ao tempo. Na hora de morrer, madrugada de 20 de Outubro, pediu ao companheiro que o assistia que lhe abrisse a janela para ver o céu. Não viu a paisagem nem o Sol que lhe alumiara os excessos. Apenas a grande e definitiva noite em que ia entrar.

    O viajante sai da Sala do Capítulo bastante abalado. Feliz e abalado. Uma vida de homem é o que há de mais importante. E este, que andou por caminhos que o viajante não pisa nem pisará certamente, acabou naquela mesma encruzilhada aonde o viajante há de chegar, tão certo ele de ter vivido bem como este quer que seja sua própria convicção. Caminhos não faltam, e não vão dar todos à mesma Roma.

    Agora o viajante procura o caminho para a igreja. Quantas portas lhe aparecem, abre-as, e após levantar e baixar aldrabas, meter a cabeça por desvãos, embater com fechos de fora depois de ter destrancado os de dentro, dá enfim consigo na igreja. Ninguém o viu, ninguém lhe vem pedir contas, é um viajante livre. Não faltam motivos de atenção, quer na cave, quer nas capelas: mármores embutidos, retábulos de talha barroca enfeitados de anjos e pássaros, pinturas edificantes, azulejos de bom desenho. Em moldura alta e apertada, porque neste sítio o espaço não dava para mais azulejos, um peregrino, de costas, afasta-se, enquanto uma árvore esguia de algum modo o prolonga, ao mesmo tempo que preenche o espaço vazio. Entre mil imagens, perdurou esta mais vivamente na memória do viajante. Explique-o quem quiser.

Vai sendo tempo de partir. O viajante sai da igreja, atravessa o claustro, olha uma vez mais o capitão Bonina ("Ou morrer na empresa ou alcançar a vitória", são palavras dele), e enquanto desce a colina vai pensando que, se um dia se meter a frade, é à porta do Varatojo que virá bater.

Para baixo é que é Lisboa, diz quem ao norte dela está, mas o viajante, antes de lá ir, ainda se afastará para terras que ficaram atrás e não pode deixar esquecidas. Infelizmente, nem todos os passos têm o seu merecido remate, como se viu em Merceana e Aldeia Galega, vistas só as igrejas por fora (magnífico o portal manuelino de Aldeia Galega), e o mesmo acontecerá em Meca, de que o viajante apenas pôde ver o púlpito donde se abençoa o gado, sem particulares méritos artísticos.

Em Aldeia Gavinha é que foi o bom e o bonito. Ido o viajante à busca de quem lhe abrisse a porta da igreja (sobre os diferentes modos de pedir uma chave poderia escrever um tratado), há um alvoroço na família, iam sair todos a passeio, mas um dos homens da casa põe-se ao serviço do viajante, vai com ele aonde a chave está, e depois acompanha-o, dá explicações sobre as imagens e o geral conjunto do templo, e enquanto estão nisto chegam duas mulheres das que iriam sair também, nada impacientes, abençoadas sejam, apenas para verem o forasteiro e auxiliarem no que fosse preciso. Dizer que a Igreja de Nossa Senhora da Madalena merece visita, seria dizer pouco. Os azulejos, amarelos e azuis, são dos mais belos, e o batistério, todo forrado deles, dá vontade, pela lindeza que é, de voltar outra vez à pia batismal. Intrigante é a imagem da padroeira: agora no interior da igreja, depois de ter passado longos anos no nicho da frontaria, tem os olhos baixos, fechados, se não se iludiram os do viajante. Ou está assim para melhor ver os impetrantes, ou recusa-se a ver o mundo, no que muito mal fará, pois o mundo tem boas coisas, como poderia explicar Frei António das Chagas.

Aqui nasceu Palmira Bastos, que foi, pode dizer-se, a última atriz do século XIX. Lá está a praça com o seu nome, a casa onde nasceu. O viajante, que, como se tem observado, é fértil em ideias, quer saber por que não se fez naquela casa arruinada um museu do teatro que reunisse as recordações de Palmira, retratos, objetos de uso pessoal, trajos de cena, cartazes, enfim, o habitual em casos tais. Não lhe sabem responder, nem o viajante esperava resposta. Porque se então lha tivessem dado, não teria oportunidade para aqui repetir a pergunta. Cá fica.

Não tem falado de paisagem, mas, com mínimas diferenças, é a que o maravilhou desde Arruda dos Vinhos a Torres Vedras. Deve notar-se que o viajante deu um salto que o levou perto do mar, e agora quase regressou ao ponto de partida. Espiçandeira está na margem direita do rio de Alenquer, e é uma terra tranquila, um tanto alheada, com o seu largo triangular, de casas baixas. A igreja, consagrada a S. Sebastião, fica resguardada por trás duma grade que protege igualmente o pequeno jardim. Voltada para a estrada, há uma belíssima porta com motivos renascentistas, um tanto ameaçadora, para que não esqueçam os passantes que a vida é trânsito e mais nada. O viajante está de acordo, e acha que o recado da porta contradiz o que lá dentro se afirma sobre certezas de imortalidade.

De S. Sebastião de Espiçandeira guardou o viajante na memória, além dos azulejos (toda a região é riquíssima nesta arte), uma fileira heterogénea de imagens arrumadas sobre o arcaz da sacristia, e, mais do que tudo, o impressionante túmulo de um cavaleiro seiscentista, toscamente talhado, com a sua estátua jazente de armadura e espada. Pela rudeza da pedra, que não por mais, recorda ao viajante D. Pedro de Barcelos, que está em São João de Tarouca. Terras tão distantes são assim aproximadas por quem as visita: essa é a melhor vizinhança. A Alenquer chega-se sem dar por isso. Depois de uma última curva, estamos dentro da vila, é uma aproximação nada parecida com a que se faz pela estrada do Norte, donde a povoação é vista alta como um presépio. Alta é realmente, como o viajante vai saber à sua própria custa, trepando até lá acima, ao Convento de São Francisco. Ninguém diria dele que foi o primeiro convento franciscano fundado em Portugal, precisamente em 1222. Resta de então a porta gótica, e de posteriores reconstruções o claustro quinhentista e o portal manuelino da Casa do Capítulo. O mais que se vê é posterior ao terramoto de 1755, que deitou abaixo quase tudo.

O viajante é acompanhado na visita por uma irmã muito sorridente e distraída, que dá sempre as respostas certas, mas parece estar a pensar noutra coisa. Em todo o caso, é ela quem chama a atenção para um relógio de sol que a tradição diz ter sido oferecido ao convento por Damião de Góis. Não estava o viajante esquecido de que Damião de Góis nasceu e morreu em Alenquer, mas ouvir dizer-lhe ali o nome, pelos inocentes lábios desta freira, que continua a sorrir, como lhe hão de ter recomendado para que à saída a propina seja certa, fez-lhe sério abalo, como se lhe falassem de um parente ou de alguém com quem muito privou. O viajante foi ao piso superior do claustro, a instâncias da irmã, que queria mostrar a Capela de D. Sancha, fundadora, e não lhe achou particular interesse. Andavam por ali dois velhos do asilo à espera da morte, um sentado num banco e olhando o altar, o outro cá fora, ao ar mais livre, ouvindo talvez cantar os pássaros. Ao lado está o cemitério. "É ali que está a Sãozinha", diz a irmã. O viajante acena compungido a cabeça e pensa: "Sim, Da-

mião de Góis". O que é um disparate, pois Damião de Góis não se encontra aqui.
Se ainda continua na Igreja de São Pedro, cem metros mais abaixo, isso não pode o viajante jurar, tantos são os baldões por que passam ossos. Pelo menos parece certo que aquela cabeça de pedra, mutilada, na parede por cima da lápide em latim que o próprio Damião de Góis escreveu, o retrata. Falta-lhe uma parte inferior da cara, mas vê-se que era, ao tempo, um velho robusto, claro homem da renascença no gorro e no penteado, no modo desafrontado de olhar. Alenquer viu nascer Damião de Góis e viu-o morrer. Há quem diga que acabou por causa duma queda que deu. Outros dizem que o mataram os criados, por cobiça de haveres ou a mandado de ocultas vontades. Não se saberá. Cá de baixo, o viajante saúda Damião de Góis, espírito livre, mártir da Inquisição. E sem entender bem o que poderá aproximar esses dois homens tão diferentes, pensa de si para consigo que também Damião de Góis poderia ter escrito aquelas palavras de Frei António das Chagas: "Ou morrer na empresa ou alcançar a vitória". Enfim: vitória ou morte. Um grito que vem de longe e ainda não se calou.

O NOME NO MAPA

De Alenquer às Caldas da Rainha veio o viajante sem parar. Tirando a Ota, o Cercal e Sancheira Grande, a estrada fugiu a tudo quanto é lugar habitado, estrada bicho do mato, de poucas palavras. Pagou-lhe bem o viajante: veio a pensar todo o caminho em Frei António das Chagas e em Damião de Góis, que era uma maneira tão boa como outra qualquer de pensar em Portugal.
De manhã, nas Caldas, vai-se ao mercado. O viajante foi, mas não fez compras. O mercado das Caldas é para avios domésticos, não tem mais pitoresco do que isso. Em grande engano caem os turistas que indo de passagem veem o mago-

te de vendedores e compradores, tão ao natural, e irrompem excitadíssimos, enristando máquinas fotográficas, à procura do ângulo raro e do raro espécime que lhe enriquecerá a coleção. Em geral, o turista fica frustrado. Para ver comprar e vender não precisava vir tão longe. Onde se está bem, é no jardim. Ao mesmo tempo íntimo e desafogado, o jardim das Caldas da Rainha é, para usar o nariz de cera, um lugar aprazível. O viajante senta-se por aqueles bancos, divaga ao longo das áleas, vai vendo as estátuas, naturalistas por via de regra, mas algumas de boa fatura, e depois entra no museu. Abunda a pintura, embora nem toda se salve: o Columbano, o Silva Porto, o Marques de Oliveira, por quem o viajante torna a confessar rendida estima, o Abel Manta, o António Soares, o Dórdio Gomes, e alguns outros. E também, claro está, o José Malhoa: afinal, este homem foi excelente retratista e bom pintor de ar livre e atmosfera. Veja-se o retrato de Laura Sauvinet, veja-se o *Paul da Outra Banda*. E se se preferir um documento terrível, sob as aparências brilhantes da luz e da cor, olhe-se *As Promessas* por todo o tempo necessário até que a verdade se mostre. Estas pagadoras de promessas que se arrastam no pó requeimado pelo Sol são um retrato cruel mas exato de um povo que durante séculos sempre pagou promessas próprias e benesses alheias. A dúvida que assalta o viajante é se José Malhoa saberia o que ali pintava. Mas isso importa pouco: se a verdade sai inteira da boca das crianças que nela não pensam como oposto da mentira, também pode sair dos pincéis de um pintor que julgue estar só a pintar um quadro.

Também nas Caldas da Rainha se deverão ver as cerâmicas. O viajante confessa que tem um sério amor por estes barros, e tão aberto que precisa de vigiar-se para não cair em tolerâncias universais. Não se toma por entendido na matéria, mas é familiar da D. Maria dos Cacos, do Manuel Mafra, dos Alves Cunhas, dos Elias, do Bordalo Pinheiro, do Costa Mota Sobrinho, para não falar de anónimos fabricantes que não punham marca nas suas peças e tantas vezes as modelavam magníficas. Se o viajante começa a falar de louças das Caldas, há risco de levar o dia todo: cale-se pois, e siga viagem.

Não vai já, porque primeiro ainda há de ir apreciar a Igreja de Nossa Senhora do Pópulo, classificada de pré-manuelina por quem destas coisas sabe, ainda que fosse muito mais interessante para o viajante saber como a estariam classificando os arquitetos dela em 1485, data da fundação, dez anos antes de ser aclamado rei D. Manuel. O viajante não quer fazer figura de coca-bichinhos, mas enfadam-no certas simplificações. A igreja é muito bela, e tem sobre o arco triunfal um tríptico, atribuído a Cristóvão de Figueiredo, em verdade de grande valor artístico. Pena estar tão alto. Ao menos uma vez por ano deviam descê-lo à altura da rasteira humanidade: seria dia de S. Ver O Quadro, e decerto não faltariam peregrinos e pagadores de outras promessas. O viajante ouve o que lhe diz o guia, e julgando que pode haver entre os dois conversa acerca de coisas que, ao parecer, ambos estimam, faz uma observação simples, uma opinião de contraponto. Oh, que tal dissesse. O homem atrapalha-se, olha em pânico, hesita uma vez e duas, e depois retoma a melopeia explicativa no ponto onde fora interrompida. Compreende o viajante que o guia só assim sabe o recado, e não abre mais a boca. E bem gostaria de dizer alguma coisa sobre a bela pia batismal, feita pelas mesmas mãos que talharam a que hoje está na Sé Nova de Coimbra. Ou sobre a porta manuelina (esta, sim, manuelina) que dá para a sacristia. Ou sobre qualquer matéria que pedisse pergunta e resposta. Não pôde ser. Paciência.

Das Caldas da Rainha a Óbidos chega-se num suspiro. O viajante faz como toda a gente: entra pela Porta da Vila e fica-se a olhar, surpreendido pelo efeito inesperado daquele varandim interior, com o oratório rodeado de painéis de azulejos azuis e brancos, e a abóbada pintada ao gosto setecentista. Quem não vá avisado ou entre de cabeça baixa a pensar na vida, ou com a ideia fixa nas belezas que o esperam dentro das muralhas, arrisca-se a ficar reprovado no exame de atenção, especialmente se vai de automóvel. Claro que isto não é grande arte, mas basta que seja bela decoração.

Óbidos, para gosto do viajante, deveria ser menos florida. As flores, que, como qualquer pessoa normal, gosta de ver e cheirar, são aqui, em excesso, um escusado arrebique: o valor cromático do branco das paredes é diminuído pelas maciças jardinagens, renques de verdura que caem do alto dos muros, canteirinhos donde sobem trepadeiras de vária cor e feitio, vasos às janelas altas. O viajante não duvida de que a maioria dos visitantes goste, e não diz que tenham eles mau gosto: limita-se a dar opinião, uma vez que a viagem é sua. E até já está contando que lhe respondam que nunca ninguém se atreveu a tal heresia. Dê-se licença que o viajante faça, neste caso, figura de precursor.

Mas Óbidos merece todos os mais louvores. É bem possível que a vila tenha um modo de viver um pouco artificial. Sendo lugar obrigatório de passagem e permanência de visitantes, toda ela se compôs para tirar, não um retrato, mas muitos, com a preocupação de em todos ficar favorecida. Óbidos é um pouco a menina de tempo antigo que foi ao baile e espera que a venham buscar para dançar. Vemo-la muito composta na sua cadeirinha, não mexe uma pestana e está raladíssima porque não sabe se o caracol da testa se desmanchou com o calor. Mas, enfim, a menina é mesmo formosa, não há que negar.

Colocada a um lado do harmonioso largo, a Igreja de Santa Maria é, toda ela, uma preciosidade. É-o imediatamente na proporção geral da frontaria, no delicado portal renascentista, na robusta e sóbria torre sineira. E torna a sê-lo lá dentro nas magníficas decorações do teto, festa dos olhos que não se cansam de percorrer volutas, medalhões e mais elementos, onde não faltam figuras enigmáticas e pouco canónicas; é-o também no túmulo do alcaide-mor de Óbidos e de sua mulher, obra atribuída ao fertilíssimo Nicolau de Chanterenne e que é sem dúvida do mais belo que o renascimento coimbrão produziu; é-o igualmente pelas pinturas de Josefa de Ayala, ainda que o viajante não desfaleça de amores diante desta festejada senhora; e até não embacia o brilho de Santa Maria de Óbidos o retábulo arcaizante de João da Costa, artista que nesta vila trabalhou. Ao cabo da volta do dia, o viajante tornará a Óbidos e aqui passará a noite. Agora, antes que se faça mais tarde, segue outra vez a direção do mar. Encontra Serra d'El-Rei, que não é serra nenhuma, mas de el-rei foi. Há aqui ruínas de uns paços que foram mandados construir por D. Pedro I, o da Inês formosa, e aonde depois vieram estanciar e caçar outros reis e senhores. De fora pouco se vê, e as tentativas que o viajante ainda fez, as vozes que deu por cima dos muros, não tiveram outro eco que o costumado ladrar dos cães. Fosse o viajante Sua Alteza e gritariam lá de dentro festivos os pavões de D. Afonso V, sustentados pela renda que o foreiro Diogo Martins pagava.

Em Atouguia da Baleia não falta que visitar, mas o viajante apenas entrou na Igreja de São Leonardo. É obra de estilo romano-gótico, de grande pureza de linhas, provavelmente acentuada pela nudez do templo. Em restauro há dez anos, ainda hoje não se vê fim próximo ao trabalho. Tudo quanto o decorava foi retirado, nem há pinturas, nem imagens. Mas, olhando as vastas naves, não é preciso imaginar muito para antever a beleza do conjunto se na reintegração do templo for respeitado o seu espírito e lhe devolverem as obras que aqui estiveram ou outras que o mereçam. Delas apenas se conserva, cuidadosamente arrumado e envolvido em panos e folhas de plástico grosso, o extraordinário alto-relevo trecentista que representa a *Natividade*. É obra de delicadeza infinita. O escultor não se preocupou excessivamente com a tradição: se era assim o sítio a que se recolheram a Virgem e S. José, há que dizer que bem aviada de estábulos estava a Galileia, porque a Virgem está deitada (outra infração ao costume, que a mostra sentada) num leito de aparato, enquanto S. José assiste em seu assento solene, de gótico desenho. Entre dois anjos assomam as cabeças do boi e do burro, mais parecendo troféus de caça que pios espectadores. O viajante parece estar brincando: é jeito seu quando fala de coisas sérias: esta escultura é, sem favor nenhum, uma obra-prima.

A Ferrel foi por uma razão só: ser esta a localidade onde se prevê, ou previu, construir uma central nuclear. Não indagou se a população estava a favor ou estava contra, apenas quis ver um lugar tão chegado ao coração dos ecologistas e que foi bandeira de ações de contestação política. Aos ecologistas sobram razões, aos contestadores não poderiam faltar, porém o viajante interroga-se sobre os tempos em que vierem a esgotar-se as fontes de energia conhecidas, e se, então, as fontes de energia alternativa limpa (solar, eólica, marítima) encontrarão maneiras racionais e económicas de exploração. O homem tem sido um animal envenenador, por excelência o animal que suja. Que revolução cultural será preciso cometer para que ascenda na escala e se torne bicho limpo?

Em Ferrel, uma vez que não fez perguntas, não espera o viajante respostas. A não ser que remotamente o seja a cena que passa a contar. Estava ele consultando o seu mapa maior, aquele que de tão minucioso chega a baralhar a vista, chegam-se três garotos à conversa. Vinham da escola, via-se pela saca dos livros e pelo contentamento do rosto. Diz um deles: "Olha, um mapa". "Que grande", acrescenta outro. E o terceiro, para quem os mapas têm sido outra coisa, pergunta: "Isso é mesmo um mapa?". O viajante está satisfeito por ter um mapa de tal maneira grande que faz parar três garotos da escola. E responde: "É um mapa, mas não daqueles em que vocês estudam. Este é militar". Os garotos estão derrotados. E o viajante, generoso com aquilo que não fez, prossegue: "Querem ver a vossa terra? Ora reparem. Aqui. Veem? Ferrel". Um garoto debruça-se, soletra gravemente: "Ferrel". E o viajante, a quem as crianças nunca ligaram muito, explora desta vez a situação: "Está cá tudo. Atouguia da Baleia é aqui, ali está Peniche, nesta ponta o Baleal. Os riscos encarnados são as estradas". E é o garoto que duvidara de que o mapa fosse mapa quem vai rematar a conversa: "Falta aí a estrada do Baleal a Peniche". E tendo os três educadamente dito adeus ao viajante, retiraram-se para irem almoçar. O viajante olhou zangado o louvado mapa. Faltava realmente a estrada. No tempo em que os cartógrafos desenharam a folha, ainda não havia estrada do Baleal a Peniche. E tem de haver uma estrada para Peniche.

Meteu-se o viajante à estrada que já há, fez a larga curva aberta ao norte, e, deixando por agora o cabo Carvoeiro, desceu a Peniche. Chegado, foi-se informar das chegadas e partidas para as Berlengas. O viajante tem dado algumas provas de ser tolo, não estranhe que desse mais esta. Julgava ele que ir às retiradas ilhas era como apanhar o autocarro ou o comboio. Pois, não senhor. Barcos regulares, há-os a partir de Junho, e fretar hoje uma traineira que o levasse, só com forte razão e grande despesa, vistas as posses. O viajante é no cais uma estátua de desolação, parece que ninguém tão cedo será capaz de o arrancar à magoada postura, mas tendo a fisiologia as desconcertantes reações que se lhe reconhecem, encontrou o desgosto equilíbrio numa súbita e declarada fome. O viajante, por atavismos remotos, é fatalista quando não tem outro recurso: o que não tem remédio, remediado esteja. Ir às Berlengas não pode ser, pois então almoce-se.

A vida tira com a mão direita, dá com a esquerda, ou tanto faz. O viajante teve as Berlengas no seu prato, as ilhas e todo o mar em redor, as águas profundas e azuis, as sonoras grutas, a fortaleza de São João Batista, o passeio a remos. Cabe tudo isto numa posta de cherne? Cabe, e ainda sobra peixe. Pela janela vê o mar, a luz brilhante que salta sobre as ondas, sente ainda uma fugidia pena de não as ir sulcando a esta hora, e num estado muito próximo da beatitude regressa ao manjar roubado às mesas de Netuno, a esta hora irritado e perguntando às sereias e aos tritões quem foi que lhe comeu o cherne do almoço. Oxalá, de zanga, o deus dos mares não mande por aí uma tempestade. No Restaurante Gaivota acaba de entrar um grupo numeroso de ingleses. Quase todos pedem bife. Estes saxões são uns bárbaros. Hoje é dia de feira em Peniche. Neste lado há grandes tendas, quase aéreas, onde se vendem colchas e cortinados, panos de lençol, são verdadeiros pavilhões de torneio medieval, só falta que venham os cavaleiros ao terreiro defender a honra das damas, no intervalo de partir costelas a mouros e castelhanos. Ali é o Forte de Peniche, que foi lugar de reclusão e hoje tem as portas abertas. O viajante olha as grossas muralhas, esquece Amadis e Oriana, e abre espaço para outras imaginações, por exemplo, adivinhar por onde fugiram aqueles que aqui estiveram presos. A Ribeira é uma floresta de mastros, uma confusão de cascos coloridos, o Sol refulge por todo o lado como se estivesse dentro das coisas e lutasse para sair. É como o homem que dentro de si tem um homem, seu próprio Sol. O viajante decide ir agora ao cabo Carvoeiro, não tem outra maneira de se aproximar das Berlengas, ao menos vê-las de longe. É um insatisfeito, o viajante: ainda agora se dava por pago com a posta do cherne, e já está outra vez a sonhar com ilhas. Contente-se com esta Nau dos Corvos, com os Passos de Leonor e a Laje de Frei Rodrigo, e dê-se por feliz, que para isso tem de sobra.

É altura de passar os olhos pelas artes, não as da pesca, mas as outras de pintura e outros plásticos alardes. A Igreja de São Pedro, com os seus acrescentos setecentistas, não entusiasma o viajante, e a Igreja da Misericórdia, de afamados caixotões no teto, está em obras. Os caixotões foram retirados, estão em bom resguardo, não se vê mais do que andaimes, afadigados pedreiros, a betoneira a girar, há que ter paciência. Felizmente está ali a Igreja de Nossa Senhora da Conceição, que vai compensar o que ainda resta de frustrações anteriores e mais estas de agora. O teto é magnificamente decorado com flores, anjos e volutas, numa quente policromia que se conjuga sem choque com os azulejos brancos e azuis das paredes narrando cenas da vida da

Virgem. Pequena, recolhida, a igreja é como o interior duma preciosa e conventual arca de relíquias: não custa compreender que o crente encontre facilmente aqui habitantes doutras esferas a quem falar.

O viajante foi acabar a tarde nas sombras da Lagoa de Óbidos, dormitando e tecendo um sonho em que, rodeado de uma escolta de anjos nadadores, navegava na esteira de um cherne em direção às Berlengas, enquanto do Forte de Peniche se levantavam grandes revoadas de pombas brancas.

ERA UMA VEZ UM ESCRAVO

Na arrumação do Museu de Óbidos andou dedo de gente sabedora. E não era fácil organizar um espaço que se desenvolve em altura, de reduzida superfície em cada piso. Sendo o museu pequeno, a tentação poderia ser sobrecarregá-lo de peças. Felizmente não aconteceu assim. Ou não havia tantas. As peças expostas têm suficiente fundo liberto para que os olhos não sejam distraídos pela vizinhança doutras: o visitante pode entregar-se a descansadas contemplações, e se tiver a sorte de ser único durante todo o tempo que lá estiver, caso do viajante, sairá em estado de comprazimento perfeito, o que nem todos os dias se alcança.

Logo à entrada, encontra-se um magnífico S. João Batista, de farto cabelo e longas barbas louras, obra do século XV. Não distingue o viajante qual seria a policromia original, e é bem possível que o louro apontado seja afinal uma cor de base sobre a qual as outras se estenderiam. A impressão que este S. João dá, é de ser um idoso homem, o que contraria os dados da história evangélica, que lhe dá de vida ainda menos que a idade de Cristo. Além disso, se é permitido ao viajante meter-se pelos meandros da alma alheia, este venerável ancião nunca poderia fazer acordar na dançarina Salomé a perigosa paixão que a fez despir sete véus e, rendido Herodes a encantos por sua vez incestuosos, pedir a cabeça de quem a rejeitara. Neste momento ainda S. João Batista tem a cabeça sobre os ombros. Esta imagem dele é das mais belas que o viajante conhece, pela mansidão do homem, pela harmonia do trabalho do escultor. Assinale-se, da pintura que o museu apresenta, o *Tríptico de S. Brás*, em especial a aba direita, que mostra a glória do santo. O anjo, que das nuvens se debruça e aponta ao mártir o caminho do céu, é uma figura carnalíssima, vinda doutras paragens, as da renascença italiana. É igualmente de belíssimo efeito o grupo das quatro tábuas que mostram os martírios de S. Vicente. Mas ainda há o conjunto de bandeiras da Misericórdia, uma *Pietà* em que o Cristo morto parece estar regressando ao tamanho do Menino para se aconchegar bem no regaço da mãe, um anjo segurando uma patena, uma Visitação em alto-relevo. Num dos pisos inferiores viu o viajante, pela primeira vez, que se lembre, uma pintura em que S. Sebastião é representado retirado do poste do martírio. Damas vestidas ao modo da corte retiram-lhe as setas. Parece um divertimento palaciano, e o santo mais dorme do que desfalece.

Todas estas coisas, obras de pincel e de cinzel, dizem logo o que são. Não é o caso daquela fonte de presépio, mais pequena que uma mão aberta que tem aos lados o que parece ser umas enormes orelhas e por cima um peixe com cauda de seta. Esta obra é claramente demoníaca, afirma o viajante, que sempre atribui ao demónio aquilo que não percebe. O barrista que esta peça fez não deixou explicações, por gosto seu de mistério, ou porque as pessoas todas do seu tempo sabiam, afinal, que as fontes têm orelhas, como hoje ainda dizemos que as paredes têm ouvidos. E numa fonte com orelhas compreende-se que vá nadar um peixe com o rabo em ponta de dardo. Mas estas coisas di-las o viajante para disfarçar a sua ignorância.

Antes de sair de Óbidos, ainda foi visitar a Igreja da Misericórdia, que mostra uma opulenta Virgem de faiança sobre o portal e tem, no interior, bons azulejos, e depois dar uma volta pelo caminho de ronda do castelo, contemplando a paisagem, para enfim escolher a que se estende para norte, funda e plana até à pequena elevação que tapa o horizonte. Estas observações têm a vantagem de situar um lugar entre lugares. Para o viajante, Óbidos não é apenas uma terra com pessoas, ruas excessivamente floridas, boas pinturas e boas esculturas. É também um sítio da paisagem, um acidente, uma dobra de terra e pedra. Parece que assim se reduz a dimensão das obras dos homens. Não é essa a opinião do viajante.

    Carvalhais não faltam em Portugal. Uns bem-feitos, outros meãos, outros redondos, uns no singular, outros no plural, aí estão a lembrar que houve tempos em que abundavam na terra portuguesa os carvalhos, essas árvores magníficas a que ninguém pedia frutos e a que todos requeriam madeira. O carvalho para ser útil, tinha de morrer. Tanto o mataram, que o iam exterminando. Em alguns lugares não resta mais que o nome: o nome, como sabemos, é a última coisa a morrer.

    A este Carvalhal, para o distinguir, acrescentavam-lhe antigamente Óbidos: Carvalhal de Óbidos. Há aqui uma torre a que chamavam dos Lafetás, por assim ser conhecida uma família de cremonenses vinda a Portugal no final do século XV e que aqui teve esse e outros bens. Quando se diz que veio essa família a Portugal, não se pretende afirmar que viesse toda. Eram banqueiros riquíssimos, poderosa companhia mercantil internacional desse século e do seguinte, com negócios em Portugal, Espanha, França, Inglaterra e Flandres. Credores de reis, contratadores de pimenta e açúcar, os Affaitati vêm a esta viagem para lembrar que os descobrimentos foram também um gigantesco negócio, e sobretudo por causa de um escravo que neste Carvalhal tiveram. Na torre que aqui está foi em tempos encontrada uma coleira com uns dizeres gravados, os quais assim rezavam: "Este preto he de Agostinho de Lafetá do Carvalhal de Óbidos". O viajante não sabe mais nada do escravo preto, a quem a coleira só deve ter sido tirada depois que morreu.

Foi deixada aí pelos cantos, brincaram talvez com ela os filhos de Agostinho de Lafetá e de sua mulher, D. Maria de Távora, e pelo modelo se terão feito as que serviram aos cães e que até hoje se usaram: "Chamo-me Piloto. No caso de me perder, avisem o meu dono". E depois vem a morada e o número do telefone. E ainda assim houve progressos. Na coleira do escravo de Agostinho de Lafetá nem sequer se mencionava o nome. Como se sabe, um escravo não tem nome. Por isso, quando morre, não deixa nada. Só a coleira, que ficava pronta para servir outro escravo. Quem sabe, pergunta o viajante fascinado, a quantos escravos teria ela servido, sempre a mesma, enquanto houvesse pescoço de escravo em que servisse? O viajante tem a informação de que a coleira está em Lisboa, no Museu de Arqueologia e de Etnografia. A si mesmo promete, com a solenidade adequada ao caso, que será a primeira coisa que há de ver quando chegar a Lisboa. Cidade tão grande, tão rica, tão afamada, onde todos os Lafetás de dentro e de fora fizeram os seus muitos negócios, pode ser principiada de muitas maneiras. O viajante começará por uma coleira de escravo.

Para ver a Igreja do Sacramento teve de usar todas as suas artes de persuasão. A mulher que guardava a chave avançou com desconfianças, não obstante reconhecer que o viajante tinha uma cara simpática, e por fim, quando se convenceu, levou consigo uma companheira. Foi explicado que houvera duas tentativas de roubo, e que ali perto, em A dos Ruivos, tinham levado as imagens todas, ou quase. Esta queixa tem sido ouvida de norte a sul, e a avaliar pela frequência, mais tem sido roubado nos últimos anos que nas invasões dos Franceses. As tábuas que estão na sacristia, colocadas no que resta do retábulo renascentista, são interessantes, especialmente a *Ceia,* em que a mesa aparece representada em profundidade, e a teatral *Ressurreição.* Dali foi o viajante à Ermida de Nossa Senhora do Socorro, que está retirada da povoação. Tem ao lado uma casa, onde não havia mais do que um cão, excelente animal que, contra o costume dos cães, veio festejar o viajante. Parecia aborrecido de estar sozinho, e tão contente se mostrou que deve ter pensado que a visita era para ele. O viajante chamou, e enfim apareceu, vinda dos fundos do quintal, uma mulher. Depois das saudações, da explicação necessária, disse o viajante: "O seu cão não guarda nada. Até parecia que me conhecia há muito tempo". Respondeu a mulher: "Que há de ele fazer, coitadinho. Ainda é tão novinho". O viajante pensou, e achou que era boa a razão. E o cão também, que não parava de dar ao rabo.

A ermida tem uns belos caixotões com motivos de ornato, e uns admiráveis painéis de azulejos com episódios da vida da Virgem. Na base de uma das cercaduras do lado da capela-mor se informa que sendo juiz António Gambino foram aqueles azulejos colocados ali na era de 1733. Veja-se bem: o artista não assinou a sua obra, mas o juiz que a pagou, com o dinheiro dos paroquianos, claro está, não teve mão na vaidade que não desse ordem de lhe porem o nome em boa letra desenhada para informação do futuro. A partir de então, António Gambino terá dado bem pouca atenção aos ofícios divinos, todo enlevado na contemplação de si mesmo. Vá lá, pior fez Eróstrato, que, para conquistar a imortalilidade ao seu nome, deitou fogo ao Templo de Diana, em Éfeso.

O viajante nota que tem estado hoje com uma robusta veia histórica. Passou de italianos comerciantes a portugueses descobridores, de franceses invasores a gregos incendiários, de judeus que mandaram decapitar a escravos que levavam no pescoço a marca doutra decapitação, e tudo com a ligeireza de quem não tem de aprofundar o terreno que pisa. Meta-se portanto pelos caminhos de toda a gente, os que, pelo Bombarral, chegam à Lourinhã, onde deve ser visto o famoso quadro que representa S. João em Patmos. O dito S. João, escusado será dizer, é o evangelista, e o que ele faz nesta ilha de Patmos é escrever o *Apocalipse*. Não se sabe quem foi o autor do painel. Chamam-lhe Mestre da Lourinhã, porque algum nome se lhe havia de dar e assim ficava satisfeito o escrúpulo catalogante do observador. O painel é admirável, com o seu fundo de casas e muralhas, ruas onde passam pessoas que tratam das suas contingentes vidas como se as esperasse uma eternidade daquilo que elas são hoje, se para melhor não puder ser, enquanto o santo escreve sobre o fim dos tempos. O viajante está convencido de que o Mestre da Lourinhã nunca leu *o Apocalipse*, ou não teria desenhado esta quietação, este rio tão manso e largo, estas barcas e galeões, as árvores serenas. Para pintar um S. João no ato de escrever o *Apocalipse* requeria-se um Bosch, e mesmo este, no seu quadro de Berlim-Dahlen, não foi tão longe quanto o tema requeria.

Excelente é também, ainda que menos falado, o S. João Batista que nesta mesma Sala do Despacho da Misericórdia se mostra, entre outros painéis. Distingue o viajante, destes, uma Virgem quinhentista com os símbolos da ladainha postos em cercadura, sem cuidados de integração, apenas dispostos com uma intenção provavelmente didática: olhando o painel, o devoto recordaria os atributos marianos e, pela via da representação visual, fixaria um enunciado tão facilmente deslizável para corruptelas desconcertantes como a que praticavam as tias de Henrique de Souselas, na *Morgadinha* do Júlio Dinis, transformando *Turris eburnis* em *turris e burris*.

O viajante tem de dominar este pendor discorrente. Felizmente vem distraí-lo a solene mesa do despacho, circular, com quatro cadeiras trinas, em arco, e outra única, a do presidente. São excelentes peças de marcenaria. O tampo da mesa roda sobre o eixo, e o viajante não percebe porquê, julga que é defeito, daqueles que a idade traz. Amavelmente é-lhe explicado que não se trata de defeito, mas de feitio: o tampo girava para que os mesários pudessem assinar o livro de atas sem terem de se levantar. O antepassado das modernas linhas de montagem está aqui na Misericórdia da Lourinhã.

Foi depois outra vez o viajante até ao mar, à praia de Santa Rita, onde, no alto duma arriba, se ergue um hotel horrendo. Fosse aqui o cabo das Tormentas e o Vasco da

Gama não conseguiria passar, tal o susto que lhe causaria este Adamastor de betão. E é uma pena, tão bela é a paisagem que do Vimeiro vem até aqui, com a estrada seguindo a ribeira de Alcabrichel, a jogar às escondidas com ela, entre arvoredos. Pediu o viajante um refresco numa melancólica casa de pasto: estava morno. O mar, sim, esse resistia ao grande insulto, e as águas estariam frias, não fosse o viajante levar tanta pressa e talvez se aventurasse a molhar os pés. No caminho para o Sul, o viajante sente-se preocupado. A imagem do hotel não o larga. Aquela arriba parece forte, sem dúvida, mas aguentará ela? Não tem esta inquietação que ver com o peso do edifício, mas com o direito que a qualquer pedra honrada assiste de alijar de seus magoados ombros insuportáveis cargas físicas e morais. Depois, o viajante lembra-se de para onde a esta hora caminha e suspira de alívio, mas igualmente de resignação. Ainda tem a Ericeira pelo meio, verá com prazer o teto de caixotões pintados da igreja matriz, mas logo adiante, tão imenso que desta distância distintamente se vê, quase se lhe podem contar os buracos da fachada, está o Convento de Mafra. O viajante não pode desviar caminho. Vai como hipnotizado, deixou de pensar. E, quando enfim põe pé em terra, vê que distância tem ainda de percorrer até ao vestíbulo da igreja, a escadaria, o adro, e quase desfalece. Porém lembra-se de Fernão Mendes Pinto, que tão longes terras andou, quantas vezes a pé e por péssimos caminhos, e, com este bom exemplo na mente, acomoda o bornal no ombro e avança, heroico.

O Convento de Mafra é grande. Grande é o Convento de Mafra. De Mafra é grande o convento. São três maneiras de dizer, podiam ser algumas mais, e todas se podem resumir desta maneira simples: o Convento de Mafra é grande. Parece o viajante que está brincando, porém o que ele não sabe é pegar nesta fachada de mais de duzentos metros de comprimento, nesta área ocupada de quarenta mil metros quadrados, nestas quatro mil e quinhentas portas e janelas, nestas oitocentas e oitenta salas, nestas torres com sessenta e dois metros de altura, nestes torreões, neste zimbório. O viajante procura ansiosamente um guia. A ele se entrega como náufrago prestes a ir a pique. Estes guias devem estar muito habituados. São pacientes, não levantam a voz, levam os visitantes com mil cuidados, sabem a que violentos traumas eles vieram expor-se. Reduzem as salas, cortam nas portas e janelas, abandonam ao silêncio alas inteiras, e quanto a informação vão dando apenas a óbvia, que não sobrecarregue o cérebro nem faça rombo no gume da sensibilidade. Viu o viajante a galilé, com as estátuas que vieram da Itália: talvez sejam obras-primas, quem é ele para pôr em dúvida, mas deixam-no frio, frio. E a igreja, vasta, mas desproporcionada, não consegue aquecê-lo.

Não têm faltado santos nesta viagem, porém, todos juntos, talvez não somem os que aqui estão. Em igrejas de aldeia, outras maiores, meia dúzia de santinhos fazem a festa e a muitos deles festejou o viajante, louvou-os, e até chegou a acreditar em apregoados milagres. Sobretudo, viu que eram obras de amor. O viajante comoveu-se muitas vezes diante de toscas imagens, muitas de perfeita arte o impressionaram até ao arrepio físico, mas este S. Bartolomeu de pedra que mostra a sua pele esfolada causa-lhe uma indefinível repugnância. A religião que as imagens da igreja de Mafra exibem é uma religião de devotos, não de crentes.

As palavras do guia zumbem como vespas. Ele sabe por experiência como há de adormecer os visitantes, anestesiá-los. O viajante, na confusão do seu espírito, sente-se grato. Agora já saíram da igreja, sobem escadarias intérminas, e ao acaso das lembranças foram olhando (como aguentará o guia?) o quarto de D. Maria I, em estilo Império rico, a sala dos troféus de caça, a sala da audiência, a enfermaria dos frades, a cozinha, a sala isto, a sala aquilo, a sala, a sala. E aqui é a biblioteca: oitenta e três metros de comprimento, livros que desta entrada mal se distinguem, muito menos tocar-lhes, saber que história contam, o guia não espera muito tempo para dar o sinal de retirar. Torna a mostrar a igreja, agora duma janela alta, e o viajante só não recua para não o desgostar. O guia está pálido, enfim o viajante compreende que este homem é feito da mesma argila dos outros mortais, sofre de vertigens, padece de insónias e não passa bem das digestões. Não é impunemente guia do Convento de Mafra. O viajante saiu para a rua. O céu, bendito seja, está azul, brilha o Sol, e corre mesmo uma aragenzinha que é um afago. A pouco e pouco, o viajante regressa à vida. E para ficar completamente restabelecido e não desesperar de Mafra, vai visitar a Igreja de Santo André, a mais antiga vítima do convento. É um templo de grande e pura beleza, obra do século XIII ou princípio do século XIV, e a sua mistura de elementos estruturais românicos e góticos define-se num encontro harmonioso que pacifica. Afinal, a beleza não morreu.

O PARAÍSO ENCONTRADO

Pela estrada da Ericeira tornou o viajante atrás, e, a norte, enfim, da curva mais extrema da ribeira de Cheleiros, rumou francamente para sul. Estes caminhos são meio loucos, lançam-se em grandes propósitos de servir tudo quanto é por aqui pequena povoação, mas nunca vão pelo mais curto, distraem-se no sobe e desce das colinas, e positivamente perdem a cabeça quando chegam à vista da serra de Sintra. O viajante tem de ir com muita atenção ao mapa para não se desorientar. Bem estaria se fosse a serra o seu objetivo imediato: tão diante dos olhos está que qualquer caminho havia de servir. Porém, há por aqui uma aldeiazita, Janas de seu nome, que tem para mostrar a Ermida de São Mamede, de rara planta circular, e o viajante faz o rodeio necessário, de que não se arrepende.

Apartando-se o observador, a ermida parece mais urna construção rural do que casa de devoção. Tem um longo alpendre onde é agradável estar, e, da parte de trás da entrada (aqui mal se pode falar de frontaria), espessos contrafortes amparam as paredes. A porta está fechada, mas para viajantes curiosos qualquer janela serve, mesmo gradeada e protegida com rede de arame. Lá dentro, ao meio do círculo, quatro colunas formam uma espécie de santuário onde brilha a luz dum lampadário de azeite. O altar encosta-se à parede, o que deve complicar um pouco o culto. No espaço livre dispõem-se filas de bancos, claramente desacertadas com a organização geral do espaço. Certo, sim, está aquele outro banco corrido, de pedra, que acompanha, ele próprio circular, toda a construção. É verdade que se interrompe de cada lado do altar-mor, mas a sua disposição mostra bem uma prática ritual que necessariamente seria diferente da costumada. Sentados no banco circular, os fiéis voltam o rosto para o lugar central que as colunas circunscrevem, não para o altar. O viajante não compreende como pode esta evidência ser conciliada com um rito que se desenvolve segundo uma regra de frontalidade, entre um celebrante e uma assembleia que trocam gestos e dizeres. Será um mistério pequeno, ou nenhum mistério será. Seja como for, o viajante não está longe de acreditar que a Ermida de São Mamede de Janas foi, em tempos, local de outros cultos e diferentes rituais. Não faltam igrejas no lugar de mesquitas. Bem podia ter-se celebrado aqui um culto solar ou lunar, e ser o espaço sagrado circular uma representação da divindade. Estará errada a hipótese, mas tem fundamento material e objetivo.

Todos os caminhos vão dar a Sintra. O viajante já escolheu o seu. Dará a volta por Azenhas do Mar e Praia das Maçãs, espreitará primeiro as casas que descem a arriba em cascata, depois o areal batido pelas ondas do largo, mas confessa ter olhado tudo isto um pouco desatento, como se sentisse a presença da serra atrás de si e lhe ouvisse perguntar por cima do ombro: "Então, que demora é essa?". Pergunta igual há de ter feito o outro paraíso quando o Criador andava entretido a juntar barro para fazer Adão.

Por este lado da serra, começará por encontrar Monserrate. Porém, que Monserrate? O palácio orientalizante, de inspiração mogol, agora meio arruinado, ou o parque que se derrama desde a estrada pelo fundo vale abaixo? A fragilidade do estuque, ou a exuberância das seivas? O viajante toma o que primeiro vem, desce os degraus irregulares que se embrenham na mata, as áleas profundas, e entra no reino do silêncio. É verdade que cantam pássaros, que há rápidos rumores de bichos rastejantes, que uma folha cai ou uma abelha zumbe, mas estes sons são, eles próprios, silêncio. Altíssimas árvores sobem deste e daquele lado da encosta, os fetos têm grossos troncos, e na parte mais funda do vale, onde correm águas, há umas plantas de enormes e espinhosas folhas, debaixo das quais um adulto poderia abrigar-se do sol. Nos pequenos lagos abrem-se nenúfares, e, de vez em quando, um baque surdo na floresta faz sobressaltar o viajante: é uma pinha que, de tão seca, se largou do ramo.

Lá em cima é o palácio. Visto de longe, tem alguma grandeza. Os torreões circulares, de platibanda característica, seduzem os olhos, e a bordadura dos arcos imaterializa-se com a distância. Ao perto, o viajante entristece: este capricho inglês, alimentado com o dinheiro do comércio de panos, e de inspiração vitoriana, mostra a fugacidade dos revivalismos. O palácio está em obras, e ainda bem: ruínas já as temos de sobra. Mas mesmo quando estiver totalmente restaurado, aberto à curiosidade, continuará a ser o que sempre foi: capricho de uma época que tinha todos os gostos porque nenhum gosto tinha definido. Estas arquiteturas oitocentistas são geralmente de importação, ecléticas até ao desvario. A grande penetração económica dos impérios tomava para seu divertimento as alheias culturas. E isto sempre foi, também, o primeiro sinal das decadências.

Da varanda do palácio o viajante olha a massa verde do parque. Que a terra é fértil, já o sabia: conhece bastante de searas e pinhais, de pomares e olivedos, mas que essa fertilidade possa manifestar-se com tanta força serena, como de um ventre inesgotável que se alimenta do que vai criando, isso só aqui estando se sabe. Só pondo a mão neste tronco ou molhando-a na água do tanque, ou afagando a estátua reclinada coberta de musgo, ou, fechados os olhos, ouvindo o murmúrio subterrâneo das raízes. O Sol cobre tudo isto. Um pequeno esforço das árvores levantaria a terra para ele. O viajante sente a vertigem dos grandes ventos cósmicos. E, para se certificar de que não perderá este paraíso, regressa pelo mesmo caminho, conta os fetos e acha mais um, e portanto sai contente porque a terra promete não acabar tão cedo.

A estrada, sinuosa, estreitíssima, vai contornando a serra como um abraço. Abóbadas de verdura protegem-na do Sol, separam o viajante ciosamente da paisagem circundante. Não se reclamem horizontes largos quando o horizonte próximo for uma cortina cintilante de troncos e folhagens, um jogo infinito de verdes e de luz. Seteais aparece insolitamente com o seu grande terreiro relvado, afinal pouco mais do que um miradouro para a planície e um cenográfico ponto de vista para o Palácio da Pena, lá no alto.

Explicar o Palácio da Pena é aventura em que o viajante não se meterá. Já não é pequeno trabalho vê-lo, aguentar o choque desta confusão de estilos, passar em dez passos do gótico para o manuelino, do mudéjar para o neoclássico, e de tudo isto para invenções com poucos pés e nenhuma cabeça. Mas o que não se pode negar é que, visto de longe, o palácio apresenta uma aparência de unidade arquitetónica invulgar, que provavelmente lhe virá muito mais da sua perfeita integração na paisagem do que da relação das suas próprias massas entre si. Elemento por elemento, a Pena é a demonstração aberrativa de imaginações que em nada se preocuparam com afinidades ou contradições estéticas. A torre briga claramente com o grande torreão cilíndrico do outro extremo, e este pertence a família diferente dos mais pequenos torreões oitavados que ladeiam a Porta do Tritão. Grandeza e unidade têm-na os fortíssimos arcos que amparam os terraços superiores e as galerias. Aqui encontraria o viajante uma sugestão para Gaudí se não fosse mais exato terem bebido nas mesmas fontes exóticas o grande arquiteto

catalão e o engenheiro militar alemão Von Eschwege, que veio à Pena por mando doutro alemão, D. Fernando de Saxe-
-Coburgo Gotha, dar corpo a delírios românticos muito do gosto germânico. É porém verdade que sem o Palácio da Pena a serra de Sintra não seria o que é. Apagá-lo da paisagem, eliminá-lo que fosse duma fotografia que registe aquelas alturas, seria alterar profundamente o que já é natureza. O palácio aparece como um afloramento particular da própria massa rochosa que o suporta. E este é decerto o melhor louvor que pode ser feito a um edifício que, nas suas partes, se caracteriza, como já alguém escreveu, por "fantasia, inconsciência, mau gosto, improvisação". Porém, onde essa fantasia, essa inconsciência, esse mau gosto, essa improvisação perdem limites e comedimento é no interior.

Deve o viajante, neste ponto, tentar explicar-se melhor. É inegável que não faltam no salão nobre, no quarto da rainha D. Amélia, na Sala de Saxe, para os citar apenas, móveis e objetos de mérito, alguns de grande valor material e artístico. Tomados cada um por si, isolados do que os rodeia, justificam uma observação interessada. Mas, ao contrário dos elementos estruturais do palácio, que se harmonizam numa inesperada unidade de contrários, aqui dentro não logram a simples conciliação elementos decorativos que precisamente se caracterizam por afinidades de gosto. E quando certas antigas peças cá vieram instalar-se, logo foram neutralizadas, primeiro, subvertidas depois, no ambiente geral: é caso disso o quarto de D. Amélia. Se o viajante quisesse fazer trocadilhos, diria que este palácio tem um recheio de palacete. Em boa verdade, o excesso romântico do exterior não merecia o excesso burguês do interior. Ao artificial caminho de ronda do castelo, às inúteis guaritas de canto e seteiras saudosas de guerras ultrapassadas, veio juntar-se o cenário teatral de cortes que da cultura tinham uma conceção essencialmente ornamental. Quando os últimos reis vinham descansar das canseiras da governação, entravam no teatro:

entre isto e o papel pintado a diferença não é grande. Se tivesse de escolher, o viajante preferiria o caos organizado de Von Eschwege ao luxo novo-rico das reais pessoas. Tendo avistado destes paços o Castelo dos Mouros, o viajante deu-se por satisfeito. Aliás, no geral, castelos é vê--los de fora, e este, tão maneirinho à distância, é assim que quer ser visto, emblematicamente.

Retoma o viajante o caminho, e são tantas as voltas que tem de dar, tão constante a força da vegetação, tantas as impressões que de tudo colhe, que lhe parece a viagem muito mais longa do que na realidade é. Longa e feliz, raro caso em que podem juntar-se as duas palavras.

Por este juntar palavras, recorda-se de como as juntou Filipe II, quando se gabava de que nas terras do seu império nunca o Sol se punha, e de como se louvou de que nos reinos que governava, Portugal incluído, existiam o mais rico e o mais pobre dos conventos do orbe: o Escorial e os Capuchos de Sintra. Filipe II tinha, portanto, tudo: a maior riqueza e a maior pobreza, o que, naturalmente, lhe permitia escolher. Têm os reis o particular privilégio de tudo se lhes dever agradecer: a riqueza que ao seu estado convinha, e a pobreza que não cuidavam de remediar nos outros. O que lhes valia, para sossego da alma, era poderem ir sem desdouro ou remorso à pobreza, quando a procuravam junto dos frades. Não sabe o viajante se alguma vez Filipe II subiu à serra de Sintra para visitar os franciscanos do mais pobre convento e equilibrar assim as residências que fazia no convento mais rico. Mas D. Sebastião, antes dele, vinha muitas vezes aos Capuchos praticar com os frades, que todos se haviam de rejubilar com a visita de Sua Alteza. Naquelas argolas, diz ao viajante o guarda, prendia D. Sebastião o cavalo, e a estas mesas se sentava para merendar e refrescar-se da grande subida. Espanta-se uma pessoa de como um simples guarda sabe estas coisas magníficas e delas fala como se tivesse sido testemunha, em tal convicção que o viajante olha as argolas e as mesas, e tanto espera ouvir o cavalo relinchar como ouvir falar o rei.

Eram tempos ainda serenos. Não havia razões para temer Castela, Filipe II dava-se por satisfeito com o Escorial, não tinha ambições sobre este pobríssimo convento só de pedras feito, cujo único conforto e defesa contra os grandes frios da serra era a cortiça de que generosamente o forravam e que, renovada, até hoje se mostra. Quem aqui decidiu vir viver e morrer, apetecia realmente a humildade. Estas pequenas portas, que para as passar até uma criança tem de curvar-se, exigiam radicais sujeições do corpo e da alma, e as celas para onde dão forçariam os membros a reduzir-se. Quantos homens se deixaram submeter, melhor, quantos vieram procurar a submissão? Na Casa do Capítulo não cabem mais que meia dúzia de pessoas, o refeitório parece de brinquedo, pouco sobra do espaço que ocupa a laje da mesa, e depois há a constante mortificação dos bancos de rugosa cortiça, se já então a não desbastavam. O viajante reflete um pouco nisto de ser frade. Para ele, homem tão do mundo, é mistério intrigante sair uma pessoa de sua casa, deixar o trabalho, e vir bater ali fora ao portão: "Quero entrar", e depois não cuidar de mais nada, nem sequer quando D. Sebastião deixou de aparecer e outro era o rei, aos frades dos Capuchos tanto se lhes dava. Julgando-se com o céu garantido, lá diriam uns aos outros que os anjos não conhecem português nem castelhano, e tratavam de apurar o latim, que é, como todos sabemos, a celestial linguagem. Isto murmura o viajante, mas, no fundo, está impressionado: todo o sacrifício o comove, toda a renúncia, todo o ato de entrega. Mesmo sendo tão egoísta como este, os capuchos do Convento de Santa Cruz pagavam-no bem caro. Por este herético pensar é que, provavelmente, o viajante vai ser expulso do paraíso. Poderia ainda trocar as voltas, meter-se escondido nas frondes, mas depois chegaria a noite e não é ele tão corajoso que se habilite à grande confrontação com as trevas nestes penhascais da serra. Desça pois à vila, que é descer ao mundo, e deixe na boa paz do esquecimento as sombras dos frades que só pecaram por orgulho de se pensarem salvos.

Quase tão heterogéneo de estilos como o Palácio da Pena, é o Palácio Nacional da Vila. Mas este é como uma longa praia onde as marés do tempo vagarosamente vieram deixar os seus salvados, devagar construindo, devagar pondo uma coisa no lugar doutra coisa, e, por isso, deixando desta mais do que a simples recordação: primeiro, o paço gótico de D. Dinis, depois, as ampliações decididas por D. João I, mais tarde por D. Afonso V, D. João II, e enfim D. Manuel I, por cujo mandado se construiu toda a ala do lado nascente. No Palácio da Vila sente-se o tempo que passou. Não é o tempo petrificado da Pena, ou o tempo perdido de Monserrate, ou a grande interrogação dos Capuchos. Quando o viajante se lembra de que neste palácio esteve o pintor Jan van Eick, pensa que ao menos algumas coisas neste mundo fazem sentido.

Para seu gosto, certas salas deveriam estar mais nuas, próximas tanto quanto possível da sua primeira serventia. Ainda bem que não chegam aos tetos os arranjos mobiliários de que os pavimentos são infensos sujeitos. Assim, pode o viajante olhar o teto apainelado da Sala dos Brasões, ter dele a imagem que a corte manuelina tinha, mesmo sendo diferente a leitura, e sem nada que o distraia verificar como o brasão real é aqui como um sol, à roda do qual se distribuem, como satélites, os brasões dos infantes e, em outro anel exterior, os da nobreza do tempo. Também o da Sala dos Cisnes, de masseira, e o das Pegas, todas "por bem" palrando, mesmo quando declaram o que bem calado devia ficar. Porém, não se pode ser injusto com estes azulejos esplendorosos, os da Sala da Galé e todos os mais, cujos segredos de fabrico provavelmente se perderam. E isto perturba muito o viajante: nada que o homem tivesse inventado ou descoberto devia perder-se, lido devia transmitir-se. Se o viajante não souber como se há de voltar a repetir este azul de fez, é um viajante mais pobre que todos os frades dos Capuchos juntos.

Poucas coisas podem ser mais belas e repousantes que os pátios interiores do Palácio da Vila, poucas de mais serena exaltação que a capela gótica. Quando o espírito cristão se encontrou com o espírito árabe, uma nova arte quis nascer. Cortaram-lhe as asas para que não voasse. Entre os pássaros do paraíso seria esse um dos mais formosos. Não pôde voar, não pôde viver.

ÀS PORTAS DE LISBOA

Por causa de palavras ouvidas no Palácio de Sintra, veio o viajante a pensar no rei que por nove anos lá esteve preso, Afonso de seu nome e sexto na ordem onomástica. Apiedam-se muito as gentes populares de que os reis e príncipes sofram reveses da sorte mofina, e esta de imaginar um rei legítimo metido entre quatro paredes, para lá e para cá, ao ponto de gastar os mosaicos do chão, por pouco não levanta indignações tardias e certamente mal empregadas. Este Afonso VI tinha muito de mentecapto e padecia doutras carências, entre as quais a mínima virilidade que se exige aos reis para garantia da sucessão. Enfim, são histórias de famílias de sangue avariado, que nem por se renovarem, melhoram. Extinguiu-se a dinastia de Aviz com um D. Sebastião degenerado e um cardeal-infante caquético, e logo a de Bragança, morto o brilhante D. Teodósio, não tem para colocar no trono senão um hemiplégico, intelectualmente incapaz e rufião. O viajante gostaria de se apiedar do homem, mas disso acaba por distraí-lo a lembrança da ferocíssima guerra de palácio em que todos se envolveram, rei, rainha, infante, validos francês e italiano, ministros, enquanto por essas terras o povinho miúdo nascia, trabalhava, morria, e pagava as custas. Houve, pensa o viajante, prisioneiros que mereceram outro respeito. Cuidemos de não meter tudo no mesmo saco.

Em Cascais foi o viajante ao Museu de Castro Guimarães

para ver Lisboa. Parece despropósito, e é a pura verdade. Aqui se encontra guardada a *Crónica de D. Afonso Henriques*, de Duarte Galvão, em cujo frontispício uma iluminura de minucioso desenho mostra a capital do reino metida entre os seus muros quinhentistas. Embarcações de vário tipo e calado, naus, caravelas, batéis, navegam desencontradas mas sem abalroarem. O iluminador não sabia muito de ventos, ou sabia tanto que os manejava à vontade. Tem o museu mais que ver, mas ao viajante interessava particularmente a antiga imagem duma cidade desaparecida, urbe submersa pelo tempo, arrasada por terramotos e que, enquanto cresce, a si mesma se vai devorando. Estas terras marginais são prediletas do turismo. O viajante não é turista, é viajante. Há grande diferença. Viajar é descobrir, o resto é simples encontrar. Por isso se há de compreender que passe sem particulares demoras por estas amenas praias, e se nas ondas pacatas do Estoril decidir dar breve mergulho, fique este sem menção. É certo que o viajante gosta de parques e jardins, mas esta falda florida que do casino se estende até à praia não está ali para passeios, é como um tapete de palácio, à volta do qual respeitosamente desfilam os visitantes. E quanto às sossegadas ruas que nas íngremes encostas se entretecem, tudo são muros e portões fechados, barreiras e biombos de luxo. Aqui não é Lamego, não vai aparecer um homem meio embriagado a oferecer um quarto para dormir e a trocar ideias sobre os destinos supremos da humanidade. O viajante lembra-se de que perto foram encontrados restos de ossadas e crânios, ocultos durante milhares de anos, de mistura com machados de pedra, goivas e enxós, e outros miúdos objetos úteis ou rituais; depois olha os hotéis sumptuosos, o jardim desamável, os passantes e passeantes, e definitivamente convence-se de que o mundo é complicado. A originalidade da conclusão vale o registo que o viajante recusa ao mergulho no mar e que igualmente recusaria se no casino tivesse levado a banca à glória.
Enfim, para a frente é que é Lisboa. Mas antes de co-

meter o feito, que no fundo da alma o está intimidando, o viajante irá a esta povoação ribeirinha chamada Carcavelos, para ver o que só bem poucas pessoas conhecem, do milhão delas que em Lisboa vivem, dos muitos milhares que ao banho na praia vêm, isto é, e concluindo, a igreja matriz. Por fora ninguém daria nada por ela: são quatro paredes, uma porta, uma cruz em cima. Um espírito jansenista diria que para adorar a Deus não se requer mais. Ainda bem que assim não entendeu quem desta obra decidiu. Lá dentro, está uma das mais magníficas decorações de azulejos policromos que o viajante teve diante dos seus privilegiados olhos. Excetuando a cúpula sobre o transepto, todas as paredes, todos os arcos, todos os vãos se encontram revestidos dessa matéria incomparável, hoje tão desgraçadamente usada. Vivendo perto, o viajante voltará aqui outra vez, e muitas. Não cabe maior louvor.

Provavelmente parecia mal não ir a Queluz. Pois vá e vença a antipatia que sente por dois reis que lá viveram, aquele D. João VI que, falando de si mesmo, dizia: "Sua Majestade tem dor de barriga", ou "Sua Majestade quer orelha de porco", e aquela D. Carlota Joaquina, senhora de mau porte, intriguista e ainda por cima feia como noite de trovões. Haviam de ter sua graça os diálogos destes dois, e hilariantes se pelos caminhos do sentimento entravam. Porém, o viajante é muito discreto sobre as vidas íntimas, e se anda a viajar não é para comportar-se depois como qualquer vulgar bisbilhoteiro: fique lá a rainha com os seus amantes criados do paço e o rei com as suas dificuldades digestivas e vejamos o que este palácio tem para mostrar. É, por fora, uma caserna, e parece um bombom cor-de-rosa se posto o observador no jardim, de Netuno chamado. Dentro encontra-se a costumada sucessão de salas de aparato e aposentos privados: ele é a sala da música, a do trono, a das merendas, o toucador da rainha, a capela, e mais o quarto deste e daquela, e a cama Império, e a cadeira D. José, e os lustres de Veneza, e a madeira do Brasil, e o mármore da Itália. Arte autêntica, séria, quase a não há; arte decorativa, superficial, só para distrair os olhos, e manter o cérebro ausente, vemo-la por todos os lados. E de tal modo o viajante se vai deixando embalar pela ladainha do guia que abre caminho e algum entendimento ao dócil rebanho dos visitantes de hoje, tão sonâmbulo segue, outra vez sentindo assomar na borda do poço o velho rancor, que subitamente é como se acordasse.

Está na sala de D. Quixote, onde se diz que nasceu e morreu D. Pedro IV. Não é este princípio e este fim que comovem o viajante: não faltava mais nada que lacrimejar por coisas tão comuns. O que em verdade o perturba é a incongruência destas cenas da vida do pobre fidalgo manchego, zelador de honra e justiça, louco apaixonado, inventor de gigantes, posto em tal lugar, neste Palácio de Queluz que leu o *rocaille* à portuguesa e o neoclássico à francesa, e mais errou do que acertou. Há grandes abusos. O desgraçado Quixote, que comia pouco por necessidade e vocação, e de castidades forçadas padecia mais do que a conta, foi à força metido numa corte com uma rainha que não queria saber de continências e um rei que as fazia muitas ao faisão e ao chispe. Se é verdade que nasceu aqui D. Pedro, se nele houve, a par de interesses familiares e dinásticos que convinha assegurar, real amor da liberdade, então D. Quixote de la Mancha fez quanto pôde para vingar-se da afronta de o pintarem nestas paredes. Moído de pancada, soerguendo o tronco nos mortificados braços, quase turvos os olhos do desmaio de que saiu ou em que vai cair, ouve a criança nos seus primeiros gritos e diz-lhe na boa língua cervantina, que o viajante traduz: "Olha lá, pequeno, se aqui me puseram, não me vás envergonhar na vida". E se é certo ter vindo D. Pedro cá morrer, o mesmo D. Quixote, agora montado no seu cavalo, como quem vai também partir, e levantando o braço à despedida, ter-lhe-á dito no último instante: "Vá lá, não te portaste mal". De tal boca, e dirigidas a um simples rei, não se poderiam esperar palavras mais confortadoras.

DIZEM QUE É COISA BOA

Cá está a coleira. O viajante disse e cumpriu: mal entrasse em Lisboa iria ao Museu de Arqueologia e Etnologia à procura da falada coleira usada pelo escravo dos Lafetás. Podem-se ler os dizeres: "Este preto he de Agostinho de Lafetá do Carvalhal de Óbidos". O viajante repete uma vez e outra para que fique gravado nas memórias esquecidas. Este objeto, se é preciso dar-lhe um preço, vale milhões e milhões de contos, tanto como os Jerónimos aqui ao lado, a Torre de Belém, o palácio do presidente, os coches por junto e atacado, provavelmente toda a cidade de Lisboa. Esta coleira é mesmo uma coleira, repare-se bem, andou no pescoço dum homem, chupou-lhe o suor, e talvez algum sangue, de chibata que devia ir ao lombo e errou o caminho. Agradece o viajante muito do seu coração quem recolheu e não destruiu a prova de um grande crime. Contudo, uma vez que não tem calado sugestões, por tolas que pareçam, dará agora mais uma, que seria colocar a coleira do preto de Agostinho de Lafetá numa sala em que nada mais houvesse, apenas ela, para que nenhum viajante pudesse ser distraído e dizer depois que não viu.

Tem o museu milhares de peças de que o viajante não falará. Todas têm a sua história própria, desde o paleolítico ao século passado, e é cada uma delas breve ou demorada lição. O viajante gostaria de pegar na mais antiga e depois seguir a história até à mais recente. Tirando alguns deuses conhecidos e uns tantos imperadores romanos, o resto é a arraia--miúda, anónima, sem rosto nem nome. Há uma palavra para designar cada objeto, e o viajante descobre, estupefacto, que a história dos homens é afinal a história desses objetos e das palavras que os nomeiam, e dos nexos existentes entre eles e elas, mais os usos e os desusos, o como, para quê, onde e quem produziu. A história assim contada não se atravanca de nomes, é a história dos atos materiais, do pensamento que os determina, dos atos que determinam o pensamento. Era bom ficar aqui a interrogar esta cabra de bronze ou esta placa antropomórfica, este friso ou esta quadriga encontrada em Óbidos, tão perto do Carvalhal. Para demonstração de que é possível e é necessário aproximar todas as coisas para entender cada uma.

O viajante vem para a rua, é um viajante perdido. Aonde irá? Que lugares irá visitar? Que outros deixará de lado, por sua deliberação ou impossibilidade de ver tudo e falar de tudo? E que é ver tudo? Tão legítimo seria atravessar o jardim e ir ver os barcos no rio como entrar no Mosteiro dos Jerónimos. Ou então, nada disto, ficar apenas sentado no banco ou sobre a relva, a gozar o esplêndido e luminoso Sol. Diz-se que barco parado não faz viagem. Pois não, mas prepara-se para ela. O viajante enche de bom ar o peito, como quem levanta as velas a apanhar o vento do largo, e ruma para os Jerónimos.

Bem fez em ter usado linguagem marinheira. Aqui mesmo à entrada está, à mão esquerda, Vasco da Gama, que descobriu o caminho para chegar à Índia, e, à direita, a jacente estátua de Luís de Camões, que descobriu o caminho para chegar a Portugal. Deste não estão os ossos, nem se sabe onde param; de Vasco da Gama, estarão ou não. Onde parece que há alguns verdadeiros é lá ao fundo, à direita, numa capela do transepto; aí estão (estarão?) os restos de D. Sebastião, outras vezes falado neste relato. E de túmulos não falemos mais: o Mosteiro dos Jerónimos é uma maravilha de arquitetura, não uma necrópole.

Produziram muito os arquitetos do manuelino. Nunca nada mais perfeito que esta abóbada da nave nem tão arrojado como a do transepto. Tantas vezes tem feito profissão de fé numa certa bruteza natural da pedra, e agora vê-se rendido diante da decoração finíssima, que parece renda imponderável, dos pilares, incrivelmente delgados para a carga que suportam. E reconhece o golpe de génio que foi deixar em cada pilar uma secção de pedra despida de ornamento: o arquiteto, isto pensa o viajante, quis prestar homenagem à simplicidade primeira do material, e ao mesmo tempo introduziu um elemento que vem perturbar a preguiça do olhar e estimulá-lo. Porém, onde o viajante entrega as armas, as bagagens e as bandeiras é sob a abóbada do transepto. São vinte e cinco metros de altura, num vão de vinte e nove metros por dezanove. Não há aqui pilar ou coluna que ampare a enorme massa da abóbada, lançada num só voo. Como um enorme casco de barco virado ao contrário, este bojo vertiginoso mostra o cavername, cobre com as suas obras vivas o espanto do viajante, que está vai não vai para ajoelhar ali mesmo e louvar quem tal maravilha concebeu e construiu. Corre outra vez à nave, outra vez o arrebatam os fustes esbeltos dos pilares que no topo recebem ou dele fazem nascer as nervuras da abóbada como palmares. Deambula de um lado para outro, entre turistas que falam metade das línguas do mundo, e entretanto decorre um casamento, diz o padre as palavras costumadas, está toda a gente contente, oxalá sejam felizes e tenham os meninos que quiserem, mas não se esqueçam de os ensinar a gostar destas abóbadas em que os pais mal repararam.

    O claustro é belíssimo, porém, não vence o viajante, que em claustros tem ideias muito firmes. Reconhece-lhe a beleza, mas acha-o excessivo de ornamento, sobrecarregado, embora julgue saber encontrar, sob essa capa, a harmonia da estrutura, o equilíbrio das grandes massas, ao mesmo tempo reforçadas e leves. Contudo, não é esta a paixão do viajante. O seu coração está repartido por alguns claustros de que tem falado. Aqui apenas sentiu o prazer dos olhos.

    O viajante não falou dos portais, o do sul, que dá para o rio, e o outro, virado a poente, no eixo da igreja. São ambos belos, trabalhados como filigrana, mas sendo embora o primeiro mais aparatoso, porque pôde desenvolver-se a toda a altura da frontaria, vão as preferências para o outro, talvez pelas magníficas estátuas de D. Manuel e D. Maria, obra de

Chanterenne, mais provavelmente pela união de elementos decorativos predominantemente góticos e renascentistas, praticamente sem nenhum aproveitamento do vocabulário manuelino. Ou então será outra manifestação do já demonstrado gosto do viajante pelo mais simples e rigoroso. Pode bem ser. Outro terá outro gosto, e ainda bem para ambos.

Colocado agora entre o Museu da Marinha e o Museu dos Coches, entre alguns meios de navegar nas águas e outros de ser transportados em terra, o viajante decide ir à Torre de Belém. Um poeta disse, em hora de rima fácil e desencanto pátrio, que só isto fazemos bem, torres de Belém. O viajante não é da mesma opinião. Viajou bastante para saber que muitas outras coisas fizemos bem-feitas, e agora mesmo vem de ver as abóbadas dos Jerónimos. Fez de conta Carlos Queirós que as não viu, ou desforrou-se na torre da dificuldade de encontrar rima coerente para o mosteiro. Em todo o caso não vê o viajante que utilidade militar poderia ter esta obra de joalharia, com o seu maravilhoso varandim virado ao Tejo, lugar de mais excelência para assistir a desfiles náuticos do que para orientar a alça dos canhões. Que conste, nunca a torre entrou em batalha formal. Ainda bem. Imagine-se os destroços que fariam neste rendilhado as bombardas quinhentistas ou as palanquetas. Assim pode o viajante percorrer as sobrepostas salas, ir às altas guaritas, assomar ao balcão do rio e ter muita pena de não poder ver-se a si mesmo assomando em tão formoso lugar, e enfim descer ao mais fundo, onde presos já estiveram. É manha do homem: não pode ver um buraco lôbrego sem pensar em meter nele outro homem.

Não esteve o viajante muito tempo no Museu da Marinha, e ainda menos no dos Coches. Barcos fora de água entristecem-no, carruagens de pompa e circunstância enfadam-no. E vá lá que os barcos, louvados sejam, ainda podem ser levados dali ao rio, ao passo que os coches seriam ridícula coisa de ver, a bambolearem-se grotescos por ruas e autoestradas, desajeitados cágados que acabariam por perder em caminho as patas e a carcaça.

Por várias razões boas e outra ainda melhor (sacudir do espírito as teias de aranha) o viajante foi ao Museu de Arte Popular. É um refrigério. É também uma e muitas interrogações. Desde logo o viajante tomaria esta coleção e dividi-la-ia em dois ramos, cada um dos quais suscetível de amplos desenvolvimentos: o de Arte Popular propriamente dita e o do Trabalho, o que não significaria organizar dois museus, antes tornar mais visíveis as ligações entre trabalho e arte, mostrar a compatibilização entre o artístico e o útil, entre o objeto e o prazer sensorial. Não que o museu não seja uma extraordinária lição de beleza objetiva, porém padece do pecado original de simples exposição para fins ideológicos nada simples, como foram os que presidiram à sua criação e organização. O viajante gosta de museus, por nada deste mundo votaria a sua extinção em nome de critérios porventura modernos, mas não se resignará nunca ao catálogo neutral que toma o objeto em si, o define e enquadra entre outros objetos, radicalmente cortado o cordão umbilical que os ligava ao seu construtor e ao seu utilizador. Um ex-voto popular exige o respetivo enquadramento social, ético e religioso; um ancinho não é entendível sem o trabalho para que foi feito. Novas morais e novas técnicas vão empurrando todo este material para a arqueologia, e esta é só uma razão mais de novas exigências museológicas.

Falou o viajante de uma e muitas interrogações. Fique esta apenas: vivendo a sociedade portuguesa tão acentuada crise de gosto (particularmente na arquitetura e na escultura, no objeto de uso corrente, no envolvimento urbano), não faria mal nenhum aos árbitros e responsáveis dessa geral corrupção estética, e algum bem faria àqueles poucos ainda capazes de lutarem contra a corrente que nos vai asfixiando, irem passar umas tardes ao Museu de Arte Popular, olhando e refletindo, procurando entender aquele mundo quase morto e descobrir qual a parte da herança dele que deve ser transmitida ao futuro para garantia da nossa sobrevivência cultural. O viajante segue ao longo do rio, tão diferente aqui do carreirinho de água de Almourol, mas por sua vez quase um regato comparado com a vastidão que em frente de Sacavém se alonga, e tendo lançado comprazidos olhares à ponte hoje chamada de 25 de Abril (antes teve o nome de um hipócrita que até à última hora fingiu ignorar como se ia denominar a obra), sobe as escadinhas da Rocha do Conde de Óbidos para ir ao Museu de Arte Antiga. Antes de entrar regala-se a contemplar os barcos atracados, a rigorosa confusão dos cascos e dos mastros, das chaminés e dos guindastes, dos paus de carga e das flâmulas, e, sendo noite, voltará para deslumbrar-se com as luzes e tentar adivinhar o significado dos sons metálicos que ecoam bruscamente e se ampliam na ressonância das escuras águas. O viajante gosta dos seus vinte sentidos, e a todos acha poucos, embora seja capaz, por exemplo, e por isso se contenta com os cinco que trouxe ao nascer, de ouvir o que vê, de ver o que ouve, de cheirar o que sente nas pontas dos dedos, e saborear na língua o sal que neste momento exato está ouvindo e vendo na onda que vem do largo. Do alto da Rocha do Conde de Óbidos o viajante bate palmas à vida.

Para ele, o mais belo quadro do mundo está em Siena, na Itália. É uma pequena paisagem de Ambrogio Lorenzetti, com pouco mais de um palmo na sua maior dimensão. Mas o viajante, nestas coisas, não é exclusivista; sabe muito bem que não faltam por aí outros mais belos quadros do mundo. O Museu de Arte Antiga, por exemplo, tem um: os *Painéis de S. Vicente de Fora*, e ainda outro: as *Tentações de Santo Antão*. E talvez o seja também *O Martírio de S. Sebastião* de Gregório Lopes. Ou o *Descimento da Cruz* de Bernardo Martorell. Cada visitante tem direito a escolher, a designar o mais belo quadro do mundo, aquele que a uma certa hora, num certo lugar, põe acima de todos os outros. Este museu que deveria ter o bem mais belo nome das Janelas Verdes, que é o da rua onde mora, não goza de fama e proveito de particularmente rico entre os seus pares da Europa. Mas, aproveitado todo ele, daria largo pasto às fomes estéticas da capital e lugares próximos. Sem falar das aventuras para que abriria a parte estrangeira da pinacoteca, contenta-se o viajante, nas salas da pintura portuguesa do século XVI, com delinear, para seu gozo próprio, os caminhos da representação da figura humana ou animal, da paisagem, do objeto, da arquitetura real ou inventada, da flora, natural ou preciosamente alterada, do trajo comum ou de corte, e esse outro que se abandona à fantasia ou copia estrangeiros modelos.

E, voltando atrás, sejam de Nuno Gonçalves ou não, estes painéis soletram feição por feição a portuguesa humanidade que no friso superior de retratos se mostra, tão fortes de expressão que os não pôde apagar a valorização maior das primeiras figuras, reais, fidalgas ou eclesiásticas. Tem sido fácil exercício colocar lado a lado estas imagens e outras de gente hoje viva: por esse país fora não faltam irmãos gémeos destes homens. Porém, apesar desses outros igualmente fáceis exercícios de nacionalismo que derivação, não encontramos em Portugal maneira de tornar evidente, no plano profundo, a semelhança fisionómica. Num qualquer ponto da história o português deixou de reconhecer-se no espelho que estes painéis são. Claro que o viajante não está a referir-se às formas de culto aqui expressas nem a projetos de descobrimentos novos que eventualmente os painéis inspirariam. O viajante junta estas pinturas às coisas que viu no Museu de Arte Popular, e assim cuida que fica mais bem explicado o seu pensamento.

Não se descreve o Louvre de Paris, nem a Galeria Nacional de Londres, nem os Ofícios de Florença, nem o Vaticano, nem o Prado de Madrid, nem a Galeria de Dresden. Também não se descreve o Museu das Janelas Verdes. É o que temos, e temo-lo bom. O viajante é habitual visitante, tem o bom costume de visitar uma sala de cada vez, ficar lá uma hora, e depois sair. Recomenda o método. Uma refeição de trinta pratos não alimenta trinta vezes mais do que uma refeição de um prato só; olhar cem quadros pode destruir o proveito e o prazer que um deles daria. Exceto no que toque à organização do espaço, as aritméticas têm pouco que ver com a arte.

Está bom tempo em Lisboa. Por esta rua se desce ao jardim de Santos-o-Velho, onde uma contrafeita estátua de Ramalho Ortigão se apaga entre as verduras. O rio esconde--se por trás duma fiada de barracões, mas adivinha-se. E depois do Cais do Sodré desafoga-se completamente para merecer o Terreiro do Paço. É uma belíssima praça de que nunca soubemos bem o que havíamos de fazer. De repartições e gabinetes de governo já pouco resta, estes casarões pombalinos adaptam-se mal às novas conceções dos paraísos burocráticos. E quanto ao terreiro, ora parque de automóveis, ora deserto lunar, faltam-lhe sombras, resguardos, focos que atraiam o encontro e a conversa. Praça real, ali ao canto foi morto um rei, mas o povo não a tomou para si, exceto em momentos de exaltação política, sempre de curta dura. O Terreiro do Paço continua a ser propriedade do D. José. Um dos mais apagados reis que em Portugal reinaram olha, em estátua, um rio de que nunca deve ter gostado e que é maior do que ele.

O viajante sobe por uma destas ruas comerciais, com lojas em todas as portas, e bancos que lojas são, e vai imaginando que Lisboa haveria neste lugar se não tem vindo o terramoto. Urbanisticamente, que foi que se perdeu? Que foi que se ganhou? Perdeu-se um centro histórico, ganhou-se outro que, por força do tempo passado, histórico se tornaria. Não vale a pena discutir com terramotos nem averiguar que cor tinha a vaca de que foi mungido o leite que se entornou, mas o viajante, em seu pensar vago, considera que a reconstrução pombalina foi um violento corte cultural de que a cidade não se restabeleceu e que tem continuidade na confusa arquitetura que em marés desajustadas se derramou pelo espaço urbano. O viajante não anseia por casas medievais ou ressurgências manuelinas. Verifica que essas e outras ressuscitações só foram e são possíveis graças ao traumatismo violento provocado pelo terramoto. Não caíram apenas casas e igrejas. Quebrou-se uma ligação cultural entre a cidade e o povo dela. Defende-se o Rossio melhor. Lugar confluente e defluente, não se abre francamente à circulação, mas precisamente é isso que retém os passantes. O viajante compra um cravo nas floristas do lago e, virando costas ao teatro a que se recusa o nome de Almeida Garrett, sobe e desce a Rua da Madalena para ir à Sé. No caminho assustou-se com a ciclópica estátua equestre de D. João I que está na Praça da Figueira, exemplo acabado de um equívoco plástico que só raramente soubemos resolver: há quase sempre cavalo a mais e homem a menos. Machado de Castro explicou lá em baixo, no Terreiro do Paço, como se faz, mas raros o entenderam.

À Sé pouco lhe faltou para não sobreviver às remendagens dos séculos XVII e XVIII, subsequentes ao terramoto umas, sem tento nem gosto todas. Reabilitou-se felizmente a frontaria, agora de bela dignidade no seu estilo militar acastelado. Não é certamente o mais belo templo que em Portugal existe, mas o adjetivo cobre sem nenhum favor o deambulatório e as capelas absidiais, magnífico conjunto para que não se encontra fácil paralelo. Também a capela de Bartolomeu Joanes, em gótico francês, merece atenção. E há que referir o trifório, arcaria tão harmoniosa que se ficam os olhos nela. E se o visitante padece do mal romântico, aí tem o túmulo da Princesa Desconhecida, comovente até à lágrima. Admiráveis são também os túmulos de Lopo Fernandes Pacheco e de sua segunda mulher, Maria Vilalobos.

Até agora não falou o viajante do castelo dito de S. Jorge. Visto cá de baixo a vegetação quase o esconde. Fortaleza de tantas e tão remotas lutas, desde romanos, visigodos e mouros, hoje mais parece um parque. O viajante duvida se o preferiria assim. Tem na memória a grandeza de Marialva e de Monsanto, formidáveis ruínas, e aqui, apesar dos restauros, que num princípio reintegrariam a fortaleza na sua recordação castrense, acaba por ter significado maior o pavão branco que se passeia, o cisne que voga no fosso. O miradouro faz esquecer o castelo. Nem parece que naquela porta morreu entalado Martim Moniz. É sempre assim: sacrifica-se um homem pelo jardim dos outros.

Nem tem o viajante mostrado grande afeição pela arte setecentista, cujo maior florão é o chamado ciclo joanino, abundante em talha e grande importador de produções italianas, como em Mafra se viu. Logo parece pouco imaginativo, salvo se refinada lisonja for, beneficiar com nomes reais estilos artísticos em que os ditos reis não puseram dedo: têm os britânicos o isabelino ou o vitoriano, temos nós o manuelino e o joanino, só para dar estes exemplos. Mostra isto que os povos, ou quem por eles fala, ainda não se resolveram a passar sem pai e mãe, muito putativos neste caso. Mas, enfim, tinham os reis autoridade e o poder de dispor dos dinheiros populares, e por via desta obsessão de paternidades temos de agradecer a D. João v, contente pelo nascimento do herdeiro, a construção da Igreja do Menino-Deus. Crê-se ser a planta do edifício do arquiteto João Antunes, homem nada peco na sua arte, como se pode concluir olhando este magnífico edifício. Não podia cá faltar o gosto italiano, que em todo o caso não apagou o sabor da terra, patente na feliz introdução dos azulejos. A igreja, com a sua nave octogonal, é de um equilíbrio perfeito. Mas o viajante, quando tiver tempo, há de averiguar por que se deu a este templo o nada vulgar nome de Menino-Deus: desconfia que andou aqui imposição de Sua Majestade, ligando subliminalmente a consagração da igreja ao filho que nascera. D. João v, pela sua conhecida mania das grandezas, era homem para isso.

O viajante ainda não descerá a Alfama. Primeiro tem aqui a Igreja e o Mosteiro de São Vicente de Fora, construídos, é o que diz a tradição, em terras onde acamparam os cruzados alemães e flamengos que deram a D. Afonso Henriques a mão necessária para conquistar Lisboa. Do mosteiro então mandado construir pelo nosso primeiro rei não restam vestígios: o edifício foi arrasado no tempo de Filipe II, e em seu lugar levantado este. É uma imponente máquina arquitetónica, pautada por uma certa frieza de desenho, muito comum no maneirismo. Acusa no entanto uma personalidade clara ainda que discreta na frontaria. O interior é vasto, majestático, rico em mosaicos e mármores, e o altar barroco que D. João V encomendou de grande aparato, com as suas fortíssimas colunas e as grandes imagens de santos. Mas em São Vicente de Fora devem ver-se sobretudo os painéis de azulejos da portaria, particularmente os que representam a tomada de Lisboa e a tomada de Santarém, convencionais na distribuição das figuras mas cheios de movimento. Outros azulejos, em silhares figurativos, decoram os claustros. O conjunto vem a ser algo frio, conventual naquele sentido que o século XVIII definiu e para sempre a ele ficou ligado. O viajante não recusa méritos a São Vicente de Fora, porém não sente comover-se uma só fibra do corpo e do espírito. Será culpa sua, talvez, ou está comprometido com outras e mais rudes vibrações.

    Agora é que o viajante vai a Alfama, disposto a perder-se na segunda esquina e decidido a não perguntar o caminho. É a melhor maneira de conhecer o bairro. Há risco de falhar qualquer dos lugares seletos (a casa da Rua dos Cegos, a casa do Menino de Deus, ou a do Largo Rodrigues de Freitas, a Calçadinha de São Miguel, a Rua da Regueira, o Beco das Cruzes, etc.), mas, andando muito, acabará por lá passar e entretanto ganhou encontrar-se mil e uma vezes com o inesperado.

    Alfama é um animal mitológico. Pretexto para sentimentalismos de várias cores, sardinha que muitos têm querido puxar à sua brasa, não barra caminhos a quem lá entra, mas o viajante sente que o acompanham irónicos olhares. Não são os rostos sérios e fechados do Barredo. Alfama está mais habituada à vida cosmopolita, entra no jogo se daí tira alguma vantagem, mas no segredo das suas casas deve rir-se muito de quem a julga conhecer por lá ter ido numa noite de

Santo António ou comer arroz, de cabidela. O viajante segue pelos torcidos becos, estes em cujas casas de um e outro lado quase os ombros tocam, e lá em cima o céu é uma frincha entre beirais que um palmo mal separa, ou por estes inclinados largos cujos desníveis dois ou três lanços de degraus ajudam a vencer, e vê que não faltam flores nas janelas, gaiolas e canários dentro, mas o mau cheiro dos esgotos que na rua se sente há de sentir-se ainda mais dentro das casas, algumas onde o sol não entrou nunca, e estas ao nível do chão só têm por janela o postigo aberto na porta. O viajante tem visto muito de mundo e vida, e nunca gostou de achar-se na pele do turista que vai, olha, faz que entende, tira fotografias e regressa à sua terra a dizer que conhece Alfama. Este viajante deve ser honesto. Foi a Alfama, mas não sabe o que Alfama é. Contudo, não para de dar voltas, de subir e descer, e quando enfim se acha no Largo do Chafariz de Dentro, depois de se ter perdido algumas vezes como decidira, vem-lhe a vontade de penetrar outra vez nas sombrias travessas, nos becos inquietantes, nas escadas de quebra-costas, e ficar por lá enquanto não aprender ao menos as primeiras palavras deste discurso imenso de casas, de pessoas, de histórias, de risos e inevitáveis choros. Animal mitológico por conta alheia, Alfama vive à sua própria e difícil conta. Tem horas de bicho saudável, tem outras em que se deita a um canto para lamber as feridas que séculos de pobreza lhe abriram na carne e este não encontra maneira de curar. E ainda assim estas casas têm telhado. Por esses arrabaldes não se fecharam os olhos do viajante a lugares de habitar que dispensam telhado porque não chegam a ser casas.

Adiante é o Museu Militar com o seu recheio de glórias, bandeiras e canhões. É sítio para ver com muita atenção, com espírito arguto, para procurar e encontrar o civil que em tudo está, no bronze do esmerilho, no aço da baioneta, na seda do estandarte, no pano grosso da farda. O viajante cultiva a original ideia de que todo o civil pode ser militar, mas que já é muito difícil a qualquer militar ser civil. Há desentendimentos que têm precisamente aqui a sua raiz. Daninha raiz, acrescente-se.

Este lado da cidade não tem beleza. O viajante não se refere ao rio, que esse, mesmo desfeado de barracões, sempre encontra um raio de Sol para receber e devolver ao céu, mas sim aos prédios, os antigos que são como muros com janelas, os novos que parecem copiados de sonhos psiquiátricos. Vale ao viajante levar a promessa do Convento da Madre de Deus. Visto por fora é um enorme paredão com uma porta manuelina ao cimo de meia dúzia de degraus. Convém saber que esta porta é falsa. Trata-se de um curioso caso em que a arte copiou a arte para recuperar a realidade, sem querer saber se fora a realidade que a arte copiada copiara. Parece o enunciado de uma charada ou um trava-línguas, mas é a pura verdade. Quando em 1872 se tentou a reconstituição da fachada manuelina do Convento da Madre de Deus, o arquiteto foi ao *Retábulo de Santa Auta* que está no Museu de Arte Antiga e copiou, traço por traço, apenas o tornando mais alongado, o portal por onde vai entrando a procissão que transporta o relicário. Achou João Maria Nepomuceno que a ideia era tão boa como a do ovo de Colombo, e talvez fosse. Afinal, para reconstruir Varsóvia devastada pela guerra recorreu-se a pinturas do setecentista veneziano Bernardo Bellotto que naquela cidade estanciou. Foi Nepomuceno precursor, e tolo seria se não aproveitasse a abonação documental que tinha à mão. Mas boa figura de tolos fazemos todos nós, se afinal não era assim o portal da Madre de Deus.

Embora os elementos de decoração que enriquecem tanto a igreja como o coro alto e a sacristia sejam de diferentes épocas (desde o século XVI ao século XVIII), a impressão que se experimenta é de grande unidade de estilos. É provável que essa impressão de unidade provenha, em parte, do esplendor dourado que tudo envolve, mas seria mais exato admitir que é, preferentemente, obra da alta qualidade artística do conjunto. A generosidade da iluminação, que não deixa adormecido nenhum relevo nem apagado nenhum tom, contribuiu para o sentimento eufórico que o visitante experimenta. O viajante, que tanto tem murmurado contra certos desmandos de talha dourada quando afogam as arquiteturas, descobre-se aqui rendido até ao *rocaille* da sacristia, sem dúvida um dos mais perfeitos exemplos de certo espírito religioso a que, precisamente, costumamos chamar de sacristia. Por muito que as paredes se revistam de pias imagens, o apelo sensual do mundo carrega as molduras e os retábulos de conchas, feixes de plumas, palmas, volutas entrelaçadas, grinaldas, festões floridos. Para exprimir o divino cobre-se tudo de ouro, mas a vida exterior dilata a decoração até à turgescência.

O coro alto é um escrínio, um relicário. Para exprimir o inexprimível, o entalhador emprega todas as receitas do estilo. O visitante perde-se na profusão das formas, desiste de utilizar analiticamente os olhos e conforma-se com a impressão global, que não é síntese, de um aturdimento dos sentidos. Apetece ao viajante sentar-se no cadeiral para recuperar a sensação simples da madeira lisa, que o trabalho modelador do ebanista não bastou para eliminar.

Nos claustros e em salas que para eles dão, está o Museu do Azulejo. Ao viajante vêm dizer que as peças mostradas são parte ínfima do que se encontra armazenado à espera de espaço e dinheiro. Mesmo assim, este museu é um precioso lugar, aonde o viajante lastima que não venham, ou se vêm não lhes aproveita, aqueles que orientam o gosto de decorar. Há um trabalho a fazer em relação ao azulejo, não de reabilitação, que de tal não precisa ele, mas de entendimento. De entendimento português, acrescente-se. Porque, em verdade, depois de ter sido desprezado durante grande parte deste século, o azulejo regressou em força ao revestimento exterior dos prédios. Para geral desgraça, acrescente-se outra vez. Quem esses azulejos desenha, não sabe o que são azulejos. E, pelos vistos, quem de responsabilidades didáticas se exorna e argumenta não o sabe também.

O viajante torna sobre os seus passos, encontra no caminho outro chafariz, denominado de El-Rei, cujo não se sabe quem possa ter sido, porque no reinado de D. Afonso II lhe fizeram obras e no de D. João V lhe puseram as nove bicas que hoje tem secas. O mais provável é ter o nome resultado do furor consagratório do *Magnânimo*. Não resta muito mais da antiga cidade por estas bandas: está aqui a Casa dos Bicos, modesta prima afastada do Palácio dos Diamantes de Ferrara, e além o pórtico da Igreja da Conceição Velha, manuelino belíssimo que o terramoto não derrubou.

Ao longo das arcadas do Terreiro do Paço, pensa o viajante como seria fácil animar estas galerias, organizando em dias certos da semana ou do mês pequenas feiras de venda e troca de selos, por exemplo, ou de moedas, ou exposições de pintura e desenho, ou instalando balcões de floristas, não faltariam outras e melhores ideias, puxando pela cabeça. Talvez, aos poucos, viesse a ser possível povoar este deserto que nem sequer tem dunas de areia para oferecer. Os reconstrutores de Lisboa deixaram-nos esta praça. Ou já sabiam que íamos precisar dela para lhe meter automóveis, ou confiaram ingenuamente na nossa imaginação. Que, como qualquer pessoa pode verificar, é nula. Talvez porque o automóvel veio precisamente ocupar o lugar que à imaginação competia.

O viajante ouviu dizer que há, a meio desta calçada, um museu dito de Arte Contemporânea. Como homem de boa-fé, acreditou no que ouviu, mas, sendo muito respeitador da verdade objetiva, declara que não acredita no que os seus olhos veem. Não que ao museu falte mérito, e em alguns casos grande, mas a prometida contemporaneidade foi-o, no geral, de outros antigos contemporâneos, não do viajante, que não é tão velho assim. São ótimos os Columbanos, e se outros nomes não se apontam, não é por menosprezo, mas para obliquamente significar que, ou este museu toma caminho de saber o que quer, ou responderá pelo agravamento de algumas confusões estéticas nacionais. Não se refere o viajante a críticos e artistas em geral, que esses obviamente não duvidam do que sabem e são, mas ao público que entra desamparado e sai perdido.

Para descansar e recompor-se do museu, o viajante foi ao Bairro Alto. Quem não tem mais que fazer alimenta rivalidades populares entre este bairro e Alfama. É tempo perdido. Mesmo pecando pelo exagero que sempre contêm as afirmações perentórias, o viajante dirá que são radicalmente diferentes os dois. Não é o caso de sugerir que é melhor este ou aquele, supondo que viria a concluir-se que significa ser melhor em comparações destas; é sim que Alfama e Bairro Alto são antípodas um do outro, no jeito, na linguagem, no modo de passar na rua ou estar à janela, numa certa altivez que em Alfama há e que o Bairro Alto trocou por desaforo. Com perdão de quem lá viva e de desaforado nada tiver.

A Igreja de São Roque fica perto. Pela cara, não se daria muito por ela. Dentro é um salão sumptuoso onde, na modesta opinião do viajante, há de ser difícil falar a um deus de pobreza. Veja-se ali a Capela de São João Batista que o infalível D. João v encomendou em Itália. É uma joia de jaspe e bronze, de mosaico e mármore, o que há de menos próprio para o furibundo precursor que pregava no deserto, comia gafanhotos e batizou Cristo com água corrente do rio. Mas, enfim, os tempos passam, os gostos mudam, e D. João v tinha muito dinheiro para gastar, como se conclui da resposta que deu quando lhe foram dizer que um carrilhão para Mafra custava a astronómica quantia de quatrocentos mil réis: "Não julgava que era tão barato; quero dois". É a Igreja de São Roque um lugar onde se poderá encontrar protetor para todas as circunstâncias: pródiga em relíquias, tem as efígies de quase toda a corte celestial nos dois aparatosos relicários que ladeiam a capela-mor. Mas os santos não fitam com olho benevolente o viajante. Talvez no tempo deles estes dizeres fossem tomados como heresias. Muito enganados estão: hoje são maneiras de procurar entender.

Lisboa nunca gostou de ruínas. Ou as emenda com pedras novas, ou as arrasa de vez para construir prédios de rendimento. O Carmo é uma exceção. A igreja, no essencial, está como o terramoto a deixou. Algumas vezes se falou de restaurar e reconstruir. A rainha D. Maria I foi a que mais se adiantou em obra nova, mas, ou porque faltasse o dinheiro, ou porque esmorecesse a vontade, em pouco ficaram os acrescentos. Melhor assim. Mas a igreja, já dedicada por Nuno Álvares Pereira a Nossa Senhora do Vencimento, já passara ou veio a passar por misérias várias depois do terramoto: primeiramente cemitério, depois vazadouro público de lixo e por fim cavalariça da Guarda Municipal. Mesmo tendo sido cavaleiro Nuno Álvares, hão de ter-lhe estremecido os ossos ao ouvir no além os relinchos e as patadas das bestas. Sem contar com outros desacatos da necessidade.

Enfim, hoje as ruínas são museu arqueológico. Não particularmente rico de abundância, sim em valor histórico e artístico. O viajante admira a pilastra visigótica e o túmulo renascentista de Rui de Meneses, e outras peças de que não irá fazer menção. É um museu que dá gosto por muitas razões, a que o viajante acrescenta outra que muito preza: vê--se a obra trabalhada, o sinal das mãos. Há quem pense como ele, e isso dá-lhe o grande prazer de sentir-se acompanhado: em duas gravuras de 1745, feitas por Guilherme Debrie, vê-se, numa delas, a frontaria do convento, e na outra um alçado lateral, e se em ambas aparece Nuno Álvares Pereira de conversa paça ou edificante com fidalgos e frades, também lá está o canteiro talhando a pedra, tendo à vista régua e esquadro, que com isso é que os conventos se punham de pé.

Está o viajante a chegar a termo da sua volta por Lisboa. Viu muito, viu quase nada. Quis ver bem, terá visto mal. Este é o risco permanente de qualquer viagem. Sobe a Avenida da Liberdade, que tem um lindo nome, bom para conservar e defender, rodeia o gigantesco plinto que suporta o marquês de Pombal e o leão simbolizador de poder e força, embora não faltem espíritos maliciosos que insinuam demonstrar-se ali um número de domação da fera popular, rendida aos pés do homem forte e rugindo a mandado. O

viajante acha agradável o Parque Eduardo VII (aqui está um topónimo que, sem escândalo da Grã-Bretanha, bem podia ser substituído por referência mais chegada ao nosso coração), mas vê-o como o Terreiro do Paço, plaino abandonado que um vento quente escalda. Vai ao Museu Calouste Gulbenkian, que é, sem dúvida, exemplo de museologia ao serviço duma coleção não especializada, que, por isso mesmo, permite uma visão documentada, em nível superior, da evolução da história da arte.
O viajante sairá de Lisboa pela ponte do Tejo. Vai para o Sul. Vê os altos pilares, os arcos gigantescos do Aqueduto das Águas Livres sobre a ribeira de Alcântara, e pensa como têm sido longas e penosas as sedes de Lisboa. Da sede de água a curaram Cláudio Gorgel do Amaral, procurador da cidade, que foi o da iniciativa, e os arquitetos Manuel da Maia e Custódio José Vieira. Provavelmente para acatar o gosto italiano de D. João V, foi primeiro diretor da obra, ainda que por pouco tempo, António Canevari. Porém, em verdade, quem construiu as Águas Livres, e com o seu dinheiro as pagou, foi o povo de Lisboa. Assim o reconhecia a lápide escrita em latim, então colocada no arco da Rua das Amoreiras, e que deste modo rezava: "No ano de 1748, reinando o piedoso, feliz e magnânimo rei D. João V, o Senado e povo de Lisboa, à custa do mesmo povo e com grande satisfação dele, introduziu na cidade as Águas Livres desejadas por espaço de dois séculos, e isto por meio de aturado trabalho de vinte anos a arrasar e perfurar outeiros na extensão de nove mil passos". Era o mínimo que se podia dizer, e nem o orgulhoso D. João V ousou sonegar a verdade.

 Porém, apenas vinte e cinco anos depois, por ordem do marquês de Pombal, foi mandada picar a lápide "em termo que mais se não conheça a existência das ditas inscrições". E no lugar da verdade foi autoritariamente posto o engano, o logro, o roubo do esforço popular. A nova lápide, que o marquês aprovou, falsificava assim a história: "Regulando D. João V, o melhor dos reis, o bem público de Portugal, foram introduzidas na cidade, por aquedutos solidíssimos que hão de durar eternamente, e que formam um giro de nove mil passos, águas salubérrimas, fazendo-se esta obra com tolerável despesa pública e sincero aplauso de todos. Ano de 1748". Falsificou-se tudo, até a data. O viajante está convencido de que foi o peso desta lápide que fez cair Sebastião José de Carvalho e Melo no inferno.

CHAMINÉS E LARANJAIS

Talvez por estar atravessando o rio, o viajante lembra-se daquela sua passagem do Douro, há tanto tempo já, quando falou aos peixes no começo da viagem. Então se encontrou com o Menino Jesus da Cartolinha, amoroso infante que entrou na batalha ao lado dos mirandeses e, se a não venceu sozinho, deu grande ajuda. Lá em cima, no morro, está o Cristo Rei, gigantesco como a realeza convém, mas falho de beleza. Considera o viajante quantas terras e gentes viu já, assombra-se com as distâncias que percorreu, e como é também longo o caminho que vai do Menino de Miranda ao Cristo do Pragal.

Por estes lados tudo é grande. Grande a cidade, e tão formosa, grandes os pilares que sustentam o tabuleiro da ponte, grandes os cabos que o mantêm. E grandes são também as chaminés por toda a recortada margem que se estende de Almada a Alcochete, com as suas torrentes aéreas de fumo branco, amarelo, e ocre, ou cinzento, ou negro. Dá-lhes o vento, e as longas e estiradas nuvens cobrem os campos para sul e poente. É terra de estaleiros e fábricas, Alfeite, Seixal, Barreiro, Moita, Montijo, terra convulsa onde o metal range, ruge e bate, onde silvam gases e vapores, onde infinitas tubagens orientam o fluxo dos carburantes. Tudo é maior que os homens. Nada é tão grande como eles.

O viajante promete a si mesmo que, vida tendo, virá saber melhor que terras são estas e quem vive nelas. Hoje não fará mais do que passar. É seu primeiro destino Palmela, alta vila de bom vinho que com duas gotas transforma quem o bebe. Nem sempre o viajante sobe aos castelos, mas neste se demorará. Do alto da torre de menagem dão os olhos volta ao mundo e, como de cada vez se não cansam, tornam. Num qualquer lugar da vila, ao fundo, há mercado. Alguém usa um potente altifalante para apregoar mercadorias: colchas e panelas. É uma mulher hábil a vender. A voz dela cobre a paisagem, e soa tanto a contentamento que o viajante não se aborrece com a perturbação.

Nesta cisterna debaixo da torre morreu o bispo de Évora, D. Garcia de Meneses. Envenenado, se acreditarmos em Rui de Pina. É bem possível. Não podendo D. João II, contra quem conspirara, fazer-lhe o mesmo que ao duque de Viseu, isto é, matá-lo com as próprias mãos, por ser o bispo ungido do Senhor, o veneno seria meio expedito e discreto para liquidar aquele que fora a verdadeira cabeça da conspiração. Passou-se isto em 1484, vai para quinhentos anos, espanta-se o viajante como o tempo corre tão depressa, que ainda ontem aqui estava o bispo Garcia de Meneses e hoje já não está.

Em Palmela deve ir-se à igreja matriz por causa dos azulejos setecentistas que contam a vida de S. Pedro, e à igreja quatrocentista do Convento de Santiago, sólida construção que mais parece outra torre de guerra dentro do castelo.

Quem diz Vila Fresca de Azeitão, diz Quinta das Torres e Quinta da Bacalhoa. Também dirá Palácio dos Duques de Aveiro, mas aí não foi o viajante. É a Quinta das Torres um lugar bonançoso, de formosas árvores que se refletem no amplo lago. No meio deste há um templete no estilo italiano da renascença, ociosa mas romântica construção que não tem outro fim que lisonjear os olhos. Em galeria que é admirável ponto de vista há dois soberbos painéis de majólica, quinhentistas, que representam *O Incêndio de Troia* e *A Morte de Dido*, casos da *Eneida* como é sabido. A Quinta das Torres conserva uma atmosfera compassada, de corte bucólica, tão ao avesso dos tempos de hoje que o viajante cuida ter feito uma viagem no tempo e andar por aqui vestido à moda do século XVII.

A Quinta da Bacalhoa, apesar de mais antiga, não dá igual impressão, talvez por serem gravemente visíveis os estragos que o tempo vai causando, mesmo quando não ajudado pela incúria e pela destruição intencional, como aqui aconteceu. O que resta é muito belo, de intensa serenidade. As chamadas "casas de prazer", abertas para o lago, forradas de belos azulejos, na sua maior parte deteriorados, guardam um ambiente secreto. Na sua nudez são dos mais habitados espaços em que o viajante já esteve. E poucas coisas serão tão misteriosas como o enfiamento das suas portas, aonde se espera, constantemente, ver assomar alguém. Vistas por este lado da entrada as "casas de prazer" são o primeiro e arriscado lance de um labirinto: é o efeito dos vãos sempre abertos, que também parecem esperar que alguém entre para irremediavelmente se fecharem. Num painel de azulejos repete-se a história de Susana e os Velhos. Susana vai ao banho, os velhos não querem resignar-se a sê-lo. É uma fiel imagem da vida: portas que se abrem, portas que se fecham.

Mas nem tudo é tão complicado. Este homem que acompanha o viajante está entre os sessenta e os setenta anos. Trabalha aqui desde rapaz, e o plátano que a ambos está agora dando sombra foi ele quem o plantou. "Há quantos anos?", pergunta o viajante. "Há quarenta." Amanhã morrerá o homem. O plátano ainda está novo: se não lhe vier maleita nem lhe cair raio, tem para cem anos. Caramba, que resistente é a vida. "Quando eu morrer, cá fica ele", diz o homem. O plátano bem o ouve, mas faz de conta. Diante de estranhos não fala, é um princípio que todas as árvores seguem, porém, retirado o viajante, há de dizer: "Não quero que morras, pai". E se ao viajante perguntarem como sabe, responderá que de conversas com árvores é especialista.

Daqui ao cabo Espichel abundam os vinhedos e não faltam os laranjais. O viajante recorda-se do tempo em que dizer "laranja de Setúbal" resumia a quinta-essência da laranja. Provavelmente são enganos da memória, mas a designação ficou para sempre associada a sensações gustativas inesquecíveis. Com medo de uma deceção, não comerá laranjas. Aliás, reparando bem, também não é tempo delas. Confessa o viajante que o Santuário da Senhora do Cabo lhe diz muito ao coração. Os dois longos corpos das hospedarias, as arcadas simples, toda esta simplicidade rústica, rural, tocam-no mais fundamente do que as grandes máquinas de peregrinação que no País existem. Hoje pouca gente aqui vem. Ou a Senhora do Cabo deixou de ser milagrosa, ou as preferências dos peregrinos foram desviadas para mais rendosas paragens. Assim passam as glórias do mundo, ou, para usar o latim que sempre dá outro peso à conversa, *sic transit gloria mundi*; no século XVIII vinha aqui um mar de peregrinos, hoje é o que se vê, o grande terreiro deserto, ninguém à sombra destes arcos. E, no entanto, só pela beleza disto, vale a pena vir em romaria. Mas não faltam na igreja outros motivos de interesse: mármores da Arrábida, pinturas, esculturas e boa talha.

O vale que de Santana desce até Sesimbra vai mostrando o mar. Abre em larga boca para o verde marinho e para o céu azul, mas esconde a vila velha no resguardo que faz o monte do castelo. O viajante remata a última curva e aparece dentro de Sesimbra. Por muitas vezes que lá volte, sempre há de ter a mesma impressão de descoberta, de encontro novo.

Caldeiradas comem-se por toda essa costa fora, para norte e para sul. Mas em Sesimbra, quem saberá dizer porquê, o gosto delas é diferente, talvez porque a esteja comendo o viajante ao sol, e o vinho branco de Palmela veio frio naquele exato grau que ainda conserva todos os valores de sabor e perfume que tem o vinho à temperatura ambiente, ao mesmo tempo que acorda e prolonga aqueles que só o frio faz desentranhar dentro da garrafa. Provavelmente por ter almoçado tão bem, o viajante não viu como era sua obrigação a igreja matriz, e, por castigo, achou fechada a da Misericórdia, onde está a tábua pintada por Gregório Lopes, representando o orago. Para outra vez ficará. É uma dívida em aberto.

Depois de não ter tentado, sequer, descrever a serra de Sintra, o viajante não iria cair agora na tentação de explicar a Arrábida. Dirá apenas que esta serra é masculina, quando a de Sintra é feminina. Se Sintra é o paraíso antes do pecado original, a Arrábida é-o mais dramaticamente. Aqui já Adão se juntou a Eva, e o momento em que esta serra se mostra é o que antecede o grande ralho divino e a fulminação do anjo. O animal tentador, que no paraíso bíblico foi a serpente e em Sintra seria a alvéola, tomaria na Arrábida a figura do lobo.

Claro que o viajante vai procurando, por metáfora, dizer o que sente. Mas quando do alto da estrada se vê este imenso mar e ao fundo dos rochedos a franja branca que inaudível bate, quando apesar da distância a transparência das águas deixa ver as areias e as limosas pedras, o viajante pensa que só a grande música poderá exprimir o que os olhos se limitam a ver. Ou nem mesmo a música. Provavelmente o silêncio, nenhum som, nenhuma palavra, e também nenhuma pintura; apenas, afinal, o louvor do olhar: a vós, olhos, louvo e agradeço. Assim hão de ter pensado os frades que construíram o convento nesta meia encosta, abrigado do vento norte: todas as manhãs podiam oferecer-se à luz do mar, às vegetações da falda da encosta, e assim em adoração ficarem o dia todo. É convicção do viajante que estes arrábidos foram grandes e puríssimos pagãos.

O Portinho é como uma unha de areia, um arco de lua caído em tempos de mais próxima vizinhança. O viajante, a quem o tempo não sobra, seria tolo se resistisse. Entra na água, repousa de costas no subtil vaivém, e dialoga com as altíssimas escarpas que, vistas assim, parecem debruçar-se para a água e cair nela. Quando, depois, visita o Convento Novo, tem grande pena da Santa Maria Madalena que lá está metida atrás de grades. Já não foi pequeno sacrifício ter renunciado ao mundo, também teve de renunciar à Arrábida.

Para o viajante, Setúbal é uma babilónia, provavelmente

a maior cidade do mundo. E agora que lhe puseram autoestradas à porta e bairros novos ao redor, não sabe o viajante qual é, mão direita e mão esquerda, e se, caminhando em linha reta, julga chegar ao rio, tarde vem a descobrir que está mais longe dele do que antes. É um caso de simpatia difícil.
    Aqui nasceu Bocage, o da curta vida. Está no alto daquela coluna, voltado para a Igreja de São Julião, e há de estar perguntando a si mesmo por que foi que ali o puseram, tão sozinho, ele que foi homem de boémia, de versos improvisados em tabernas, de tumultuosos amores em camas de aluguer, de muita rixa e vinho. Este caso não é como o do plátano: quem cá ficou, abusou de quem morreu. Manuel Maria merecia uma arrebatada fúria, não esta romanização de senador que vai pregar no fórum sonetos de parabéns. O viajante estimaria vir a saber, qualquer destes dias, que Setúbal resolveu colocar nesta praça uma outra estátua menos de pedra, já que de carne e osso não pode ser.
    A Igreja de Jesus, com o seu mosteiro ao lado, passa por ser o mais belo monumento da cidade. Talvez prometa por fora o que não oferece por dentro: a fachada, simples e harmoniosa, não deixa prever as artificiosas colunas torsas que sustentam as abóbadas artesoadas. Não é a primeira vez que o viajante encontra este tipo de colunas, e sempre as apreciou pacificamente, chegando até a aplaudi-las. Aqui deve tê-lo chocado o inesperado do efeito. A tal ponto que, tendo saído da igreja, a ela voltou para ver se a impressão se repetia. Repetiu-se. O viajante acha que na relação da altura e da secção, e também na implantação, qualquer coisa não foi resolvida. Deixá-lo ficar em tal cisma.
    Excelentes azulejos levantinos e mudéjares revestem o altar-mor e a cripta, aonde terá sido recolhido o filho da fundadora Justa Rodrigues, ama de D. Manuel I. Nas paredes da igreja, um silhar de dezoito painéis de azulejos narra a vida da Virgem, outra vez contada em painéis que no Museu de Setúbal se encontram, presumível obra de Jorge Afonso, em que terão participado Cristóvão de Figueiredo e Gregório

Lopes. Vias provavelmente o que nele se guarda de mais precioso é em particular a *Aparição de Um Anjo a Santa Clara, Santa Inês e Santa Coleta*. Aliás, todos estes painéis, incluindo os da Paixão de Cristo, constituem um conjunto de excecional importância para o entendimento da pintura portuguesa de Quinhentos.

O viajante não tem afeição por ourivesarias. Olha para elas distraidamente, e quando algumas lhe prendem a atenção pode apostar-se que são as mais simples. Esta cruz do século xv, de cristal de rocha e prata dourada, com um Cristo magnificamente modelado, faz parar o viajante e dá-lhe razão: o lavor em superfície, a inscultura, sobreleva quase sempre, em mérito artístico, nesta espécie de objetos, os conjuntos presepiais de figurinhas, frontões e outros tintinábulos. Quer o viajante acentuar que esta linguagem é totalmente falha de rigor. Contudo espera ter-se feito entender.

O gosto seria seguir ao longo das margens do Sado. Mas o rio abre um largo e irregular estuário, as águas entram profundamente pela terra dentro, formam ilhas, com um pouco mais de audácia o Sado seria outro Vouga. Há pois que dar uma volta larga até Águas de Moura antes de infletir francamente para o Sul. Já é Alentejo. Porém o viajante decide que Alcácer do Sal será o ponto extremo deste caminhar que o trouxe desde o Mondego. Todo o viajante tem o direito de inventar as suas próprias geografias. Se o não fizer, considere-se mero aprendiz de viagens, ainda muito preso à letra da lição e ao ponteiro do professor.

Alcácer do Sal está implantado onde o rio começa a ganhar forças para abrir os largos braços com que irá cingir as terras de aluvião a sul da linha férrea de Praias do Sado, Mourisca, Algeruz e Águas de Moura. É ainda um rio de província, mas proclama já a sua ambição atlântica. Visto aqui, não se lhe adivinhará o fôlego três léguas adiante. É como o Tejo à saída de Alhandra. Os rios, como os homens, só perto do fim vêm a saber para que nasceram.

A grande e ardente terra de Alentejo

ONDE AS ÁGUIAS POUSAM

O viajante está a caminho de Montemor-o-Novo. Viu em Alcácer do Sal a Igreja do Senhor dos Mártires, construída pela Ordem de Santiago no século XIII, e a de Santa Maria, dentro do castelo. É a dos Mártires poderosa em seus contrafortes, obra geral de arquitetura com muito que se lhe diga. Entre o que mais se estime, há de contar-se a capela octogonal de S. Bartolomeu, e outra, gótica, onde se expõe o sarcófago de um comendador da ordem. Lá em cima, a Igreja de Santa Maria tem a guardá-la uma velha muito velha, menos surda do que é seu luxo parecer, e com uns olhos irónicos, subitamente duros quando à socapa inspecionam a propina que a mão rápida embolsou no avental. Mas as queixas são sinceras: que a igreja está num triste abandono, levam-lhe dali as imagens, as toalhas de altar foram e não tornaram, cuida que o padre, talvez por se cansar de subir tão alto, prefere outro templo mais da planície e para lá encaminha os bens daqui. Felizmente que não podem ser metidos em sacos ou transportados às costas os pórticos da primitiva construção nem os formosos capitéis românicos, em todo o caso duvidando o viajante que materiais tão antigos interessassem ao gosto eclesiástico moderno.

Mais para cima há umas ruínas de convento. Abre a cancela uma nova muito nova, de palavra pronta e gesto desinteressado, que consoante sabe explica, pedindo desculpa de saber tão pouco. Não descansa enquanto não leva o viajante ao mais alto dos muros, apenas para lhe mostrar a paisagem, a larga curva do Sado, entre os arrozais verdíssimos. E tem também a sua queixa pessoal: levaram da igreja arruinada os azulejos que a forravam de alto a baixo. "E onde estão agora?", pergunta o viajante. A mulher diz que alguém lhe disse que os painéis se encontram na igreja matriz da Batalha, o que lá coube, o resto estará guardado em caixotes, algures. O viajante puxa pela memória, mas a memória não se deixa puxar. Terá de voltar à Batalha para tirar o caso a limpo. Entretanto, faz justiça a este Castelo de Alcácer: em tempo da sua mocidade devia ser de notável arcaboiço, ferrabrás que só no reinado de D. Afonso II aceitou, sem mais esquivanças, a presença dos Portugueses.

Vai o viajante por rodeada volta, entre frescos campos que o calor não parece tocar, passou a ribeira de Sítimos (são nomes enigmáticos que, aos poucos, vamos desaprendendo), e quem o visse diria que segue direito ao Sul, abandonando as terras do Alto Alentejo. É apenas um desvio. No Torrão, depois de ter entrado na igreja matriz para ver os silhares de azulejos e de agradecer a quem, para lhe abrir a porta, interrompera o almoço, retomou o caminho do norte, em direção a Alcáçovas, terra que aqui ficará assinalada por ter descoberto o segredo da defesa das obras de arte, pelo menos as que a igreja conserva, e já não é pouco não podendo ser tudo. Bem visto, é o ovo de Colombo: pôr a igreja ao lado do posto da guarda republicana (se não foi o contrário), entregar a chave à custódia do cabo de serviço, e quem quiser visitar os tesouros litúrgicos de Alcáçovas deixe o bilhete de identidade, após o que vai uma praça escoltar o visitante à abertura dos ferrolhos. Quem for de más intenções, decerto não lhe resistem os nervos ao cerimonial.

O viajante já estimara, e muito, a cenográfica fachada barroca. Dentro é uma espaçosa, desafogada igreja-salão de altas colunas dóricas, com ampla abóbada de caixotões decorados com pinturas emblemáticas. À mão direita de quem entra, uma capela inteiramente forrada de azulejos, mostrando uma hierática Virgem de rígida estola, perturbou o viajante enquanto não lhe veio a desconfiança de estar diante de obra moderna imitada: mesmo assim, o efeito é magnífico. De outra cepa, e sem jaça, vem a capela tumular quatrocentista dos Henriques de Transtâmara. O viajante demorou-se por aqui mais do que exigiu a beleza do recheio, porque não queria ofender os brios da corporação porteira. Enfim foi recuperar o seu bilhete de identidade e seguiu para Santiago do Escoural, onde faz muita questão de ver as grutas. A estrada passa-lhes ao lado, mas nem isso torna o lugar menos rude, tal como os campos cultivados em redor. As galerias que é possível visitar são baixas, de trânsito difícil. O zelador vai apontando os vestígios de pinturas, fragmentos de ossadas que afloram, e vê-se que gosta do trabalho. Tem de repetir as mesmas palavras, mas, sendo os visitantes diferentes, di-las com um ar de fresca novidade, como se, neste caso, ele e o viajante de hoje acabassem agora mesmo de descobrir as grutas. Afirma-se que há dezassete mil anos viveram aqui homens e mulheres, depois, sucessivamente, foi o lugar santuário e cemitério. A ordem é impecavelmente lógica.

Em Montemor-o-Novo, o viajante começa por visitar o castelo, que de longe, visto de nascente, parece uma sólida e intacta construção. Mas, por trás das muralhas e das torres deste lado, não há mais do que ruínas. E, para chegar ao que resta, o acesso não é fácil. O viajante teve de penar para olhar de perto o matadouro mourisco, com a sua elegante cúpula. Tudo isto se encontra degradado. O tempo fez cair as pedras, não faltou quem, para obras próprias, daqui as arrancasse e levasse. Da antiga Igreja de Santa Maria do Bispo resta o portal manuelino com uma cancela de arame de capoeira, do Paço dos Alcaides carcomidas torres e empenas, a Igreja de São João é um pardieiro. Não têm faltado espetáculos desoladores na viagem: este sobreleva tudo. Quis encontrar prémio o viajante visitando a Igreja do Convento da Saudação, mas não lhe consentiram a entrada. Paciência. Foi consolar-se ao Convento de Santo António, vendo os magníficos azulejos policromos que forram de alto a baixo a igreja. No aproveitamento das antigas celas deu depois com um museu tauromáquico. A cada qual seu gosto. Onde o viajante gostou de estar foi no Santuário de Nossa Senhora da Visitação, construído na interpretação rural do estilo manuelino-mudéjar, que se resolve em pequenas torres cilíndricas e em grandes superfícies caiadas. A fachada é setecentista, mas não consegue esconder o traço original. Lá dentro alegrara a vista azulejos historiados e nervuras de abóbada. À entrada, uma grande arca de madeira recolhe o trigo oferecido para as despesas do culto. O viajante espreitou: uns escassos punhados de cereal, no fundo, serviam de chamariz ou eram a sobra da coleta.

Direito a Arraiolos, terra de tapeceiros e da Sempre Noiva, esteve vai não vai para fazer um desvio pela Gafanhoeira. Vive aqui um dizedor de décimas de musa grotesca e escarninha, que foi cantoneiro e tem o maravilhoso nome de Bernardino Barco Recharto. O viajante não irá, falta-lhe o tempo, mas adivinha que daqui a uma hora estará arrependido. Então, é tarde. Promete a si mesmo obedecer mais aos impulsos, se a razão, benevolente, não os contrariar com irrefutáveis razões.

Em Arraiolos, o viajante estranha. Bem sabe que o alentejano não tem o riso fácil, mas entre uma gravidade aprendida com o primeiro passo dado fora do berço e estes rostos fechados a distância é muita e não se percorre todos os dias. Grandes hão de ser os males. O viajante para num pequeno largo, quer orientar-se, pergunta onde é a Sempre Noiva e o Convento dos Lóios. Um velho sequíssimo e enrugado, cujas pálpebras, moles, mostram o interior róseo da mucosa, dá as explicações. E estão os dois nisto, o velho a falar, o viajante a ouvir, quando passam três homens fardados e armados. O velho calou-se de repente, não se ouvia no largo mais do que os passos dos guardas, e só quando estes desapareceram numa esquina o velho continuou. Mas agora tinha a voz trémula e um pouco rouca. O viajante sente-se mal por andar à procura

de um convento de frades e de um solar, quase pede desculpa, mas é o velho quem, enfim sorrindo, lhe diz: "Vem cá muita gente à procura da Sempre Noiva. O senhor é de Lisboa?" O viajante, às vezes, não sabe muito bem de que terra é, e por isso responde: "Tenho andado por aí". E diz o velho: "É o que acontece a todos nós". E recolheu-se à sombra da casa.
O Solar da Sempre Noiva, no caminho de Évora, é um lindo nome. Seria uma belíssima arquitetura se não estivesse tão carregada de postiços e acrescentos. Mesmo assim, o edifício construído à roda do ano de 1500, mantém, no corpo principal, a proporção que é filha da aplicação de números de oiro, que esse é o nome que merecem aqueles que assim se materializam. Outra vez o viajante se lamenta de não terem ido por diante os frutos do espírito cristão e do espírito mourisco. Juntar e fazer viver a força e a graça teria sido ato de inteligência e sensibilidade. Foi mais fácil cortar cabeças, uns a gritarem: "Santiago e aos mouros", os outros a clamarem: "Em nome de Alá". Que conversas terão no céu Alá e Jeová, isso é que nós não sabemos.
Para chegar ao Convento dos Lóios desce-se a Vale de Flores. É um casarão imenso, com uma gigantesca torre sineira. A igreja, que uma galilé antecede, é reforçada, tanto na frontaria como na parede lateral à vista, por altíssimos botaréus, ligeiramente mais baixos aqueles. O efeito resulta num movimento plástico que vai modificando os ângulos de visão e, portanto, a leitura. O estilo geral é o manuelino--mudéjar, mas os azulejos que revestiam o interior da nave, que levaram sumiço, foram pintados em 1700 por um espanhol, Gabriel del Barco. O viajante é, como já se tem visto, dado a imaginações. Sabendo, per o dizerem autoridades, que Arraiolos foi fundada por Galo-Celtas, trezentos anos antes de Cristo, ou, pouco mais tarde, por Sabinos, Tusculanos e Albanos, fica por sua vez autorizado a supor que o dizedor de décimas da Gafanhoeira é descendente deste pintor de azulejos, ambos artistas, ambos Barco de apelido. Com muito menos do que isto se têm fabricado árvores genealógicas. Onde o viajante encontraria não uma árvore

dessas, mas uma floresta, seria em Pavia, povoação que fica na estrada para Avis, logo abaixo da ribeira de Tera. Aqui viveu uma colónia de italianos de que foi chefe um tal Roberto de Pavia, que deixou em herança um nome, por sua vez tomado da terra donde viera. É assim que se faz o mundo. O viajante tem aprendido muito nesta sua viagem. Uma coisa tão simples, vir um homem há setecentos anos de uma cidade italiana, chegar aqui e dizer: "Chamo-me Roberto, de Pavia", e não se sabe porquê, talvez por se ter gostado da palavra, Pavia ficou a ser o povoado, até hoje. Com este exemplo se percebe logo por que foi que Manuel Ribeiro, desenhador, chegado a Lisboa para desenhar e passar fome, disse: "Chamo-me Manuel Ribeiro de Pavia", e assim ficou, deixando a vírgula para debate de reta-pronúncias.

Às vezes procuram os viajantes em ermos e serranias essas evocadoras construções que são as antas ou dólmenes. Este, lá para o Norte, como em seu tempo relatou, teve de afadigar-se para encontrar uma, e aqui, em Pavia, no interior da vila, há uma anta altíssima que a devoção, desde séculos, transformou em ermida. Está votada a S. Dinis, que não é santo de muito difundida devoção, o que leva o viajante a pensar que lhe dedicaram esta pagã construção por não saberem em que altar o haviam de pôr. A porta da ermida está fechada, não se vê nada para dentro. Encerrado entre os grandes esteios, S. Dinis há de a si próprio perguntar que mal teria feito para viver em tão grande escuridão, ele a quem os Romanos cortaram a cabeça e por isso devia ter, ao menos em efígie, a luz do Sol constantemente diante dos olhos. Do lado da sombra do largo, homens idosos olham o viajante: deve custar-lhes a entender tanto interesse por sete lapas cinzentas que ali já estavam quando eles nasceram. Se o viajante tivesse tempo, explicaria, e em troca ouviria casos outros, em que se não houvesse cabeças cortadas, não faltariam mãos presas.

Dali foi verificar se é tão singular a igreja matriz de Pavia como lhe tinham dito. Singular, sem dúvida, e, ao parecer, impenetrável. Construída no ponto mais alto da povoação, parece, sobretudo no seu flanco sul, muito mais fortificação do que templo. Não são raras estas características, raro é terem sido levadas ao extremo de não haver um só elemento estrutural que recorde ser ali casa de oração. A parede é coroada por merlões muçulmanos, de duas águas, e, a espaços regulares, cinco torres em tronco de cone, rematadas por cones perfeitos, reforçam maciçamente a alvenaria. Na frontaria é que a igreja é igreja confessada, exceto a porta, que não se abre. Está o viajante nisto, a pensar se há de ir à procura da chave (não se sente de maré para essa nem sempre fácil demanda), quando, de repente, o sino da igreja bate umas tantas badaladas que, pela especial cadência, hão de querer dizer alguma coisa. Logo a seguir há um grande ranger de fechos e ferrolhos e a porta abre-se, devagar. Nunca tal ao viajante aconteceu, e nem precisou de dizer: "Abre-te, Sésamo".

Tem o caso elementar explicação: eram cinco e meia da tarde, hora talvez de missa, e se o viajante usa o advérbio dubitativo é porque durante todo o tempo que lá dentro esteve ninguém mais entrou nem dali se aproximou. Sentado num banco, o padre que tocara o sino e abrira a porta meditava ou orava. O viajante murmurou umas boas-tardes em tom de quem se desculpa e deu atenção ao interior. É muito bela a igreja de Pavia, com pilares de granito, octogonais, de capitéis com figurações humanas e folhagens. Na capela-mor há um retábulo que representa a conversão de S. Paulo no caminho de Damasco: olhando pela porta aberta, o viajante não vê que outros Paulos venham chegando. A calçada em frente, de pedra solta, está deserta. O Sol quente cobre Pavia. Tornou o viajante a contemplar o retábulo e nota que na banqueta, além de um bispo e de Santo António, está Santo Iago malhando em mouros como em centeio verde. Veja-se como as coisas são: moura é a arquitetura desta igreja, e aos mouros dão o pago de mandar avançar Santo Iago. Em luta desleal, porque o santo ganha sempre.

O viajante deu outra vez as boas-tardes. O padre nem ouviu. Ao passar novamente no largo onde a Ermida de São Dinis está, o viajante cruzou-se com dois guardas armados. Este caminho leva a Mora, onde não chegará a entrar. A tarde vai caindo, e, embora os dias sejam compridos, quer o viajante ver com vagar a Torre das Águias, perto da aldeia de Brotas. O caminho, para estes lados, vai por colinas em vaga larga, que no entanto não fazem esquecer que a região é de baixa altitude, ao redor dos cem metros. São mínimos e raros os lugares habitados.

Brotas aparece numa encosta, subindo em estreitas ruas de casas brancas. A estrada é obrigada a apertar-se entre os cunhais irregulares e as frontarias dispostas em linha quebrada. Há aqui um santuário construído em estilo que tanto conserva do gótico como aproveita do barroco, lição popular aprendida por mestre de obra que não curaria muito de rigores.

A acreditar nas informações chega-se com facilidade a Torre das Águias. O viajante tem passado por coisas piores, mas este caminho que sobe e desce, que corta valas a direito ou é por elas cortado, de certeza que se dá melhor com tratores do que com veículos urbanos. Enfim, resolvidas três bifurcações, duas regueiras e alguma pedra solta, abrem-se as árvores, descai a aba da última colina, e, como uma aparição doutro tempo, surge Torre das Águias. Outras vezes o viajante foi surpreendido por estas arquiteturas civis quinhentistas, nunca como neste lugar. Giela vê-se da estrada principal, Lama pouco menos, e Carvalhal surge inteira ao virar uma curva. Não é o caso de Torre das Águias. Aqui escondida, tem ainda, mais do que as outras, a sua poderosa massa de pedra, coroada de torres cónicas. As aberturas (frestas e janelas) são escassas. Numa das paredes desenvolvem-se numa só linha vertical, deixando aos lados grandes panos cegos de alvenaria. Mas talvez que o impressionante efeito que esta torre causa venha da sua planta em tronco de pirâmide, invulgar em tais construções.

Pertenceu o paço aos condes de Atalaia. Não se sabe quem foi o arquiteto, que golpe de génio dispôs sobre a cimalha as torres cónicas que nenhuma utilidade prática têm, uma vez que são maciças; também não se sabe se o topónimo tem justificação em antiga frequentação de águias por estes sítios. Sabe-se, sim, porque está à vista, que a torre não poderia ter outro nome. Esta maravilhosa e tão simples arquitetura não precisa estar em altíssimo pico, dispensa que as nuvens venham roçar por ela, qualquer avezinha lhe chega ao cimo num só bater de asas, e é, assim mais baixa do que a colina próxima, um poiso de águias. O viajante ainda há poucos dias esteve na serra de Sintra: pobre, insignificante Palácio da Pena, ele tão alto, ao pé destas brutas e desmanteladas pedras. O viajante inscreve no coração este novo amor. E, quando enfim se retira, leva consigo uma inquietação: terá perdido alguma coisa importante na vida se aqui não voltar.

O Sol vai pôr-se, não tarda. É na direção dele que o viajante segue. Atravessa Ciborro. À sua direita, erguendo-se sobre a planície, é a Guarita de Godeal. O viajante entra na aldeia de Lavre, vai bater a uma porta. É casa de amigos. Aí dormirá.

UMA FLOR DA ROSA

Por Mora outra vez, Montargil, ao longo da barragem que lhe tem o nome, e ainda bem porque não há pior fado de barragem que chamar-se Fulano de Tal, o viajante chega a Ponte de Sor. Ora aqui está um nome modesto: havendo uma ribeira de Sor (e Sor, que será?, senhor?), era precisa uma ponte, e fez-se. Depois nasceu a povoação, que nome vai ter, provavelmente nem foi preciso discutir, estava ali a ponte, estava ali a ribeira com o seu nome de uma sílaba só, é Ponte de Sor e não se fala mais nisso. Não saiu mal, mas o viajante, vendo que a montante vem desaguar a ribeira de

Longomel, fica a pensar que doce nome teria Ponte de Sor se se chamasse Longomel. Lá para cima há Longos Vales, justo seria que tão longa terra como esta de Alentejo tivesse uma palavra que a dissesse em bem, já que outra lhe não falta que a diz em mal: latifúndio. Isto é: Longador.

O viajante, não tendo muito que olhar para dizer, ou não podendo dizer quanto vai vendo, põe palavras à frente das palavras, com ar de pouco caso ou simples jogo, com a esperança de que arrumando-as assim, e não doutra maneira, uma verdade se ilumine, uma mentira se desarme. Aliás, não foi o tempo que lhe faltou para sair tal sorte grande, entre Ponte de Sor e Alter do Chão, por estas grandes solidões de sobreiros e restolhos, sob um Sol de franqueza, porém ainda morno.

Em Alter do Chão, o castelo está na vila como se estivesse numa bandeja. Em geral, põem-nos nuns altos inacessíveis, que nem o viajante percebe que interesse havia em conquistá-los, quando nos vales é que as riquezas agrícolas e pecuárias se criam, e os bons lazeres se desfrutam, à beira do rio, na horta e no pomar, ou cheirando as rosas no jardim. Aqui é a vila que rodeia o castelo, não o castelo que com as suas muralhas cerca e protege a vila. Lembra um outro que o viajante viu na Bélgica, em Gand, também com porta para a rua, como este, pouco faltou para lhe porem número de polícia. Mas é airoso o Castelo de Alter do Chão, com os seus cubelos cilíndricos e coruchéus cónicos. Mandou-o construir D. Pedro I, em 1359. Se só ordenou que se fizesse, e não o viu, fez mal: a fortificação merecia a real visita. Não deve, porém, o visitante atirar pedras a telhados alheios, porque ainda há pouco passou a ponte romana da ribeira de Seda e dela não falou. Diga então agora que é majestosa obra, com os seus seis arcos de volta redonda, e, se alguma ajuda de manutenção lhe têm dado ao longo do tempo, há que dizer que a robustez da cantaria parecia capaz de dispensá-la. Na época se chamava Alter do Chão, em latina linguagem, Abelterium. Como os tempos mudam.

Mas há em Alter outra lindeza, tirando os cavalos, que o visitante não foi ver. É a fonte. Airosa construção mandada fazer por D. Teodósio II, quinto duque de Bragança, em 1556, há de lembrar-se saudosa dos tempos em que se oferecia no meio da praça à sede de todos. Hoje tem à mão esquerda um banco e à mão direita um *snack-bar*. Mas generosa continua a ser, como se está vendo pela avozinha de todos nós que ali foi recolher na infusa a fresca água. É renascença a fonte, já muito castigada do tempo, delidos os medalhões e as volutas, quebrados os capitéis coríntios. O viajante conforma-se mal com a morte das coisas belas. É uma disfarçada maneira de não se conformar com a morte de todas as coisas.

A direito para o norte, volta a encontrar a ribeira de Seda, desta vez servida por mais modesta ponte. Adiante é o Crato, alta vila donde se vê uma paisagem ondulosa e grave. Talvez que a impressão de severidade que dá resulte só da secura dos restolhos. É bem possível que na Primavera o verde-mar das searas faça cantar o coração. Agora este campo é dramático. Salvo se o viajante cede uma vez mais à inclinação para transferir os seus próprios estados de espírito para o que vê: esta solenidade campestre vem a ser, apenas, o descanso da terra.

O viajante faria o mesmo, se pudesse. Está um calor de morrer, as cigarras caíram em êxtase coletivo, só doidos andam a estas horas pelas estradas. E mesmo nas vilas, Crato é exemplo, poucas são as pessoas que ousam pôr o nariz de fora: as portas e as janelas fechadas são a única barreira que se opõe ao bafo de forno que corre as ruas. A um rapazinho heroico que não tem medo à soalheira, o viajante pergunta onde é isto e aquilo. A igreja matriz está por milagre aberta. Além de imagens quatrocentistas e quinhentistas de boa estampa, e da *Pietà* que veio de Rodes, oferecida pelo grão-mestre da Ordem de S. João de Jerusalém, tem bons azulejos com os costumados motivos religiosos, mas, inesperadamente, propõe também à atenção dos fiéis cenas profanas de caça e pesca. É esta uma boa moral: reze-se para salvar a alma, mas não se esqueça de que é preciso distrair e alimentar o corpo. Vai o viajante vendo o que visto já está, o que ele quer é aproveitar a frescura deste interior, mas, enfim, necessidade pode muito, castigado seja quem se negasse.

Tem a Igreja do Crato, sobre a cornija, um conjunto fascinante de figuras humanas e fantásticas nada comuns em nossas terras: urnas, taças e gárgulas são aproveitadas como suporte e justificação da representação de santos, anjos e estranhos seres da imaginária medieval. A pedra é um granito escuríssimo que a esta hora se recorta em negro contra o azul fundo do céu. O viajante, que algumas vezes tem lastimado as fragilidades da pedra, pode agora pasmar com a resistência desta: quinhentos verões de calor assim, até um santo de granito teria o direito de dizer basta e sumir-se em pó.

Flor da Rosa fica a dois quilómetros do Crato. Vai-se à Flor da Rosa para ver o castelo (castelo, convento e paço) que D. Álvaro Gonçalves Pereira, prior do Hospital, pai de Nuno Alvares Pereira, aqui mandou construir, em 1356. Lá irá o viajante, mas antes há de reparar na singular disposição desta aldeia que deixa grandes espaços entre as casas, terreiros que tanto podem servir às feiras de hoje como serviriam às justas e cavalgadas daqueles tempos. A impressão que se recebe é a de que teria sido imposto ao redor da maciça construção um espaço desafogado, arrumando-se o povinho bem longe dos senhores, e que essa presumível determinação se teria enraizado de tal maneira no comportamento social que em seis séculos praticamente não foram quebradas as interdições. O viajante ia a dizer: os tabus. O Convento da Flor da Rosa, hoje meio arruinado, continua a reger e a governar o espaço que o rodeia.

Por fora, dito foi já, o conjunto das edificações tem um aspeto maciço, de fortaleza. Mas a igreja, que é, em rigor, quanto resta, desconcerta pelas proporções invulgarmente esguias. Em vez da massa atarracada e compacta que o exterior sugere, a igreja-fortaleza é, como alguém escreveu já, "apesar da pequenez das aberturas e da robustez dos arcos e das nervuras que caem abruptamente nas grossas paredes de granito, a mais vertical de todas as igrejas portuguesas construídas na Idade Média". O viajante, que na memória tem fresca a lembrança de Alcobaça, surpreende-se diante deste arroubo arquitetónico: a relação entre a altura e a largura da nave é realmente inesperada, se se tiver em conta o que a impressão exterior deixava prever. A Flor da Rosa, por isto e pelo seu peculiar envolvimento urbano, por uma certa atmosfera quieta e ausente, parece oferecida na ponta de uns dedos frágeis: rosa brava, flor que apesar do tempo não pode murchar: quem a viu não a esquece. É como uma figura que passa, a quem fizemos um gesto ou murmurámos uma palavra, que não nos viu nem ouviu, e por isso mesmo fica na recordação como um sonho.

Uma longuíssima reta, apenas quebrada forçadamente, pelo curso da ribeira da Várzea, liga a Flor da Rosa a Alpalhão. Aos poucos, as terras vão alteando, mais ainda à aproximação de Castelo de Vide, no extremo contraforte noroeste da serra de São Mamede. O viajante ainda ontem se lembrou de Sintra por causa de Torre das Águias. Agora deverá lembrar-se outra vez para certificar-se da exatidão da frase que diz ser Castelo de Vide a "Sintra do Alentejo". É sempre sinal de inferioridade, que ao disfarçar-se se reconhece, colar estes dísticos em quem por méritos próprios, pequenos ou grandes, os dispensaria. Diz-se que Aveiro é a Veneza portuguesa, mas não se diria que Veneza é o Aveiro italiano; diz-se que Braga é a Roma de cá, mas só um brincalhão de mau gosto diria que Roma é a Braga de lá; diz-se, enfim, que Castelo de Vide é a Sintra do Alentejo, quando a ninguém ocorreria afirmar que Sintra é o Castelo do Vide da Estremadura. As árvores que rodeiam Castelo de Vide não são as de Sintra, e ainda bem. Porque em vez de termos aqui uma paisagem de imitação, temo-la verdadeira, sob um outro céu, envolvendo outra realidade urbana, outro modo de viver. Fosse Castelo de Vide outra Sintra, e não valeria a pena vir de tão longe até cá.

Das igrejas que há na vila, o viajante só visitou a de Santo Iago e a Capela do Salvador do Mundo. Em ambas apreciou o revestimento azulejar, que na primeira cobre todo o interior, tanto a abóbada como as paredes laterais. Salvador do Mundo, cuja primeira edificação é do final do século XIII, está também inteiramente revestido de azulejos, com painéis setecentistas figurando a *Fuga para o Egito* e *Dois Anjos em Adoração da Virgem com o Menino*. A porta sul desta capela é da primitiva construção. No cimo do arco quebrado da porta, um rosto humano, esculpido toscamente no granito, cala quem é e o que faz ali. São faltas destas que o viajante lamenta: há uma razão para ter sido posto no remate do arco aquele rosto, não o saber impede-nos de conhecer o escultor e quem a obra viu. Esta porta (e tantas outras esculturas ou pinturas) é um alfabeto com que se formam palavras. Já não é pequeno embaraço ter de decifrar sentidos, maior ainda se nos faltam letras.

Terra tão abundante em águas, haveria de ter o seu chafariz monumental. Aí está ele, a Fonte da Vila, com o alpendre assente em seis colunas de mármore e as quatro bicas correndo duma urna. Lástima é a decrepitude em que tudo se encontra: gastas as pedras pelo tempo e pelos maus tratos, sujo o tanque e o corredor que o circunda. A fonte de Castelo de Vide está ali como órfã; se há misericórdia, cuide destas pedras que bem o merecem.

O viajante bebeu na concha da mão e foi à Judiaria. As ruas sobem pela encosta íngreme, aqui era a sinagoga, o viajante sente-se como se fosse ele próprio figura de presépio, tantas são as escadinhas, os recantos, os murinhos de quintal. Estes bairros da Judiaria e do Arçário são duma beleza rústica dificilmente comparável. Os portais das casas têm sido conservados com amor e respeito que comovem o viajante. São pedras de séculos passados, algumas do século XIV, que gerações sucessivas de habitantes se habituaram a estimar e a defender. O viajante não está muito longe de acreditar que nos testamentos de Castelo de Vide se escreve, com reconhecimento notarial: "Deixo a meus filhos uma porta que se manterá indivisa na família". Marvão vê-se de Castelo de Vide, mas de Marvão vê-se tudo. O viajante exagera, mas essa é justamente a impressão que sente quando ainda lá não chegou, quando vai na planície e lhe surge, de repente, agora mais perto, o morro altíssimo que parece erguer-se na vertical. A mais de oitocentos metros de altitude, Marvão lembra um daqueles mosteiros gregos do monte Athos aonde só se pode chegar metido em cestos puxados à corda, com o abismo aos pés. Não são precisas tais aventuras. A estrada sofre para atingir o alto, são curvas e curvas num largo arco de círculo que rodeia a montanha, mas enfim o visitante pode pôr pé em terra e assistir ao seu próprio triunfo. Porém, se é homem amante da boa justiça, antes de extasiar-se diante das largas vistas, haverá de recordar-se daquelas duas filas de árvores que em duzentos ou trezentos metros ladeiam um trecho de estrada logo depois de Castelo de Vide: alameda formosa de robustos e altos troncos, se um dia se achar que sois um perigo para o trânsito de altas velocidades do nosso tempo, oxalá vos não deitem abaixo e vão construir a estrada mais longe. Talvez um dia gente de gerações futuras venha aqui interrogar-se sobre as razões destas duas filas de árvores tão regulares, tão a direito. É o viajante, como se vê, muito previdente: se não há resposta para o rosto humano do Salvador do Mundo, seja ela, para o mistério da alameda inesperada, encontrada aqui.

    É verdade. De Marvão vê-se a terra quase toda: para os lados de Espanha avista-se Valência de Alcântara, São Vicente; e Albuquerque, além duma chusma de pequenas povoações; para sul, pelo desfiladeiro que separa a serra de São Mamede e a outra, apenas seu contraforte, serra da Ladeira da Gata, podem-se identificar Cabeço de Vide, Sousel, Estremoz, Alter Pedroso, Crato, Benavila, Avis; a oeste e noroeste, Castelo de Vide, onde o viajante ainda há pouco estava, Nisa, Póvoa e Meadas, Gáfete e Arez; enfim, a norte, estando límpida a atmosfera, a última sombra de azul é a serra da Estrela: não espanta que distintamente se vejam Castelo Branco, Alpedrinha, Monsanto. Compreende-se que neste lugar, do alto da torre de menagem do Castelo de Marvão, o viajante murmure respeitosamente: "Que grande é o mundo".

A PEDRA VELHA, O HOMEM

Se às cidades fossem dados cognomes, como aos reis se fazia, o viajante haveria de propor para Portalegre "a bem rodeada". Razões teve D. Afonso III, em 1259, para mandar construir aqui a povoação de Portus Alacer, que depois deu Portalegre, porto álacre, porto alegre. Com todos estes campos e matas em redor, tão nitidamente distinta a mancha urbana de envolvimento campestre e bravio, compreendemos que José Régio tenha escrito, e obsessivamente repetido: *Em Portalegre, cidade/ Do Alto Alentejo, cercada/ De serras, ventos, penhascos, oliveiras e sobreiros...* Qualquer viajante que preze as letras alheias e as riquezas próprias se embalará na cantilena enquanto por aqui andar.

Há muito tempo que o viajante não se encontrava com Nicolau de Chanterenne. Depois de não dar dois passos sem assinalar mão sua ou de oficina, abrira-se uma ausência que já parecia definitiva. Não era tal. Aqui está, no Convento de Nossa Senhora da Conceição ou de São Bernardo, o túmulo do bispo D. Jorge de Melo, que terá sido a última obra do estatuário francês em boa hora vindo a Portugal. O sepulcro, com estátua jacente, tem como fundo um magnífico retábulo, povoado de imagens religiosas em nichos e edículas, numa arquitetura perspetivada característica do maneirismo. Recordando o retábulo de alabastro, também de Nicolau de Chanterenne, que se encontra na Pena, em Sintra, nota-se como tem influência na expressão da obra o material empregue: este mármore de Estremoz é incomparavelmente mais comunicante do que o alabastro rico do Convento da Pena. A não ser que tudo seja mera questão de gosto pessoal: se o viajante já declarou preferir o granito ao mármore, pode agora preferir este de Estremoz ao alabastro finíssimo. A quem considere que não interessam tais pormenores ao relato, responde-se que bem pobres serão viagens e viajantes que não se detenham em pormenores assim.

Estando tão perto, decidiu visitar a Manufatura de Tapeçarias de Portalegre, cujas técnicas de fabrico o francês Jean Lurçat tão calorosamente louvou. O viajante tem pouca sensibilidade para a tapeçaria, mas tem-na, e muita, para o trabalho das mãos. Se não gostou de tudo quanto viu, tanto pode ser sua a culpa como dos autores dos cartões que ali se executam, mas, sendo embora ignorante na matéria, soube reconhecer o virtuosismo das tecedeiras e a competência do trabalho preparatório de classificação de cores e pontos. E, a par de tudo, considera uma das grandes satisfações desta viagem a simpatia com que o acompanharam na visita, a simplicidade e a franqueza das explicações. O viajante agradeceu. Agradece outra vez.

É tempo de ir à cidade velha. Metida entre muralhas em quase todo o seu perímetro, tem as características habituais deste tipo de aglomerados: ruas estreitas, serpenteantes, prédios baixos, de poucos andares. Mas a isso junta uma serenidade particular em que não há tédio, mas haverá conformação. O Largo da Sé, quadrilátero espaçoso que privilegia o templo, parece, em sossego, um terreiro de aldeia. As torres dominam o casario. Rematadas em agulhas piramidais, veem-se de longe. Aliás, logo o segundo andar da igreja ultrapassa os telhados dos prédios vizinhos.

Dentro manifestam-se ainda mais impressivamente as grandes proporções do templo, dividido em três naves da mesma altura por grossos pilares de granito. É uma igreja muito bela, com as suas cinco capelas na cabeceira, ligadas entre si por passagens estreitas. O retábulo da capela-mor com cenas da vida da Virgem tem, no tímpano, um aparecimento de Cristo aos apóstolos de grande efeito. Ao claustro, de um só piso, falta-lhe intimidade. Mas os recortes barrocos superiores, com óculo, alternando com urnas, dão-lhe um ar de quádrupla colunata com seu quê de inesperado.

Mesmo ao lado está o Museu Municipal, a que não faltam boas peças. Não a mais valiosa, mas certamente a mais impressionante, é aquele Cristo de tamanho natural que lança o corpo para a frente num esforço tremendo para se arrancar da cruz. Há no rosto uma expressão de surpresa indignada, e os olhos dilatam-se até quase à exorbitação: todo este homem pede ajuda. É como se nos estivesse dizendo que o sacrifício da vida não era ali indispensável às salvações alheias. Belíssimo é o retábulo de terracota que mostra passagens da vida de Cristo: são pequeninas figuras cheias de movimento, quadrinhos admiráveis. Há também uns pacientes trabalhos de marfim, em alto-relevo, que deixam o viajante atónito pela minúcia, pela autêntica acrobacia de olhos e mãos que há de ter requerido a obra. Há, ainda, uma *Pietà* de madeira, em alto-relevo, possivelmente de origem espanhola, pelo dramatismo da composição e pelo realismo cruel do tratamento do corpo de Cristo. Passa o viajante sobre outras peças de valor e remata com uma referência aos notáveis pratos quinhentistas e seiscentistas que constituem uma secção do museu.

A Casa de José Régio é outro museu, com tudo ou quase tudo o que os museus têm: as pinturas, as esculturas, os móveis. É um museu, com uma excelente coleção de Cristos, ex-votos, alminhas, peças de artesanato, e é uma casa, "cheia dos bons e maus cheiros das casas que têm história, cheia da ténue, mas viva, obsidiante memória de antigas gentes e traças, cheia de Sol nas vidraças e de escuro nos recantos, cheia de medo e de sossego, de silêncios e de espantos". Não dirá tanto quem hoje a visite (ainda que certamente reconhecendo os versos no dizer corrido em que o viajante os transformou), mas a janela de que José Régio fala, sua "única diversão", vem o guia declarar-nos que é esta, "toda aberta ao sol que abrasa, ao frio que tolhe, gela, e ao vento que anda, desanda, e sarabanda, e ciranda de redor da minha casa, em Portalegre, cidade do Alto Alentejo, cercada de serras, ventos, penhascos, oliveiras e sobreiros". O viajante faz o que seria de esperar: assoma à pequena varanda, quanto basta a um poeta, olha por cima das casas novas os campos antigos, e tenta compreender o segredo de palavras que parecem tiradas apenas dum compêndio de geografia: *Em Portalegre, cidade / Do Alto Alentejo...* Tentar compreender, é o mínimo que se pode pedir.

Se o viajante tivesse preparação científica, havia de lançar-se na elaboracão de um ensaio que tivesse um título assim, pouco mais ou menos: *Da Influência do Latifúndio na Rareza Povoacional*. Este "povoacional" é termo abstruso, mas em linguagem ensaística mal parecia falar como toda a gente: o que o viajante quer dizer, em palavras correntes, é o seguinte: por que diabo haverá no Alentejo tão poucos lugares habitados? E bem possível que o assunto já esteja estudado e dadas todas as explicações, quem sabe se nenhuma contemplando a hipótese do viajante, mas um homem que atravessa estas enormes extensões onde, em muitos quilómetros, se não vê uma simples casa, pode permitir-se pensar que a grande propriedade é inimiga da densidade populacional.

Chegando a Monforte, o viajante toma a estrada de Alter do Chão: vai à Herdade da Torre de Palma, onde há uns restos de vila romana que tem curiosidade de examinar. A distância é pequena, e quem não for com atenção perde o caminho e a pequena tabuleta que diz: UCP Torre de Palma. UCP, para quem não souber, significa Unidade Coletiva de Produção. Não há que estranhar: assim como a ponte de Lisboa mudou de nome, também algumas terras mudaram de feitio. O viajante chega a um largo portão, entra no terreiro, vasto e refulgente de sol. Em frente há uma torre alta, com andares. A construção não é afonsina, vê-se logo, antes sugere que alguém, em tempos muito mais próximos, decidiu tornar visível o seu dinheiro ao gentio das cercanias. Na parede virada para o portão exibe-se uma pedra de armas. Mesmo por baixo, repousando de trabalhos ou preparando-se para eles, estão outras armas, algumas alfaias agrícolas. O viajante avança, é um viajante tímido, sempre receoso de que lhe venham pedir contas de intrusões que só ele sabe serem bem-intencionadas. Ao aproximar-se duma esquina ouve vozes de homens. É uma tenda. O viajante entra, dá as boas-tardes e pergunta ao homem que está ao balcão onde são as ruínas e se é permitido vê-las. Este homem chama-se António, não tarda nada a saber-se, é baixo, entroncado, de ar tranquilo. Responde duas vezes sim e começa a dar as indicações necessárias. O viajante está cheio de sede, pede um refresco, e quando se está desalterando faz a pergunta mágica: "Então como é que vai aqui a ucêpê?". O Sr. António olha o viajante com atenção, mas antes que possa responder vai outra pergunta juntar-se à primeira: "Tem havido por cá marcações de reservas?". Quer seja da laranjada, quer da penumbra da loja, quer doutra qualquer razão, o ar parece tornar-se mais fresco, e o Sr. António responde simplesmente: "Não vamos mal, mas fala-se aí num pedido que se for atendido deixa-nos sem terra para trabalhar". Fez uma pausa e acrescentou: "Quando acabar de beber, vamos ali ao escritório, que lá se explica melhor".

O escritório fica no extremo de uma fiada de casas que constituiu um dos lados do quadrilátero no meio do qual se ergue a torre. Sentada a uma secretária está uma rapariga morena, de olhos pretos e brilhantes, tipo evidente de cigana, bonita e de sorriso claro. Fazem-se as meias apresentações destes casos, e a rapariga, cujo nome o viajante esqueceu ou não chegou a ser dito, explica a situação. Enquanto fala mantém o sorriso, e o viajante terá de decidir se ela sorri a dizer coisas sérias, ou diz coisas sérias a sorrir. Parece o mesmo, e não é. Ouve com atenção, faz mais algumas perguntas, diz umas tantas palavras a desejar sorte e ânimo, e como também ele próprio está a sorrir, resolve que todos ali estão dizendo coisas sérias.

O Sr. António vai agora mostrar algumas instalações da cooperativa, o parque das máquinas, o lagar de azeite. Ambos são obra nova. O lagar de azeite está preparado para a próxima safra, impecavelmente limpo e lubrificado. Quando voltam ao terreiro, o viajante pergunta se se pode ir à torre. "Vamos já", diz o Sr. António. "É só ir buscar a chave." Tornam ao escritório, e enquanto abre uma gaveta para tirar a chave, a rapariga diz: "Nem as pessoas mais velhas da herdade se lembram de alguma vez terem visto os patrões". A frase é dita como um aditamento à conversa anterior, uma coisa que tivesse ficado por explicar. O viajante acena a cabeça. A rapariga sorri.

No piso térreo da torre, o Sr. António mostra a antiga cozinha, espécie de reduto medieval pela grossura das paredes, e ao lado uns bancos corridos e umas mesas de mármore branco. "Era aqui que comiam os ganhões", diz. O viajante olha fascinado, imagina os homens sentados naqueles bancos, à espera da açorda. Murmura só para si: "Açorda e mesa de mármore. Aqui está um título que dispensaria a obra".

Já vão subindo aos andares superiores, quartos vazios, corredores, escadas de vai e volta. Numa sala espaçosa há cadeiras, uma secretária. "É aqui que fazemos as nossas reuniões", diz o Sr. António. E, de repente: "Olha, um pardal. Deve ter entrado pelo forro do telhado". A avezinha, assustada, atirava-se contra as vidraças, sem perceber por que se tinha tornado tão dura a atmosfera ainda ontem branda e macia. Do outro lado da janela havia sol, árvores, abertos campos, e ele ali fechado. Então o Sr. António e o viajante lançam-se a apanhar o passarito, tropeçam nas cadeiras, estão quase a agarrá-lo, mas ele não sabe das intenções, escapa-se, voa até ao teto onde não pode pousar, torna a bater contra a vidraça, ri o viajante, ri o Sr. António, é um contentamento em Torre de Palma. Por fim, o viajante agarra o pardal, fica tão vaidoso por ter sido ele, e diz-lhe

389

fraternalmente: "Seu estúpido, então não percebia que era com boa intenção?". O coraçãozinho da ave bate loucamente, do esforço e do susto. Ainda tenta escapar, mas o viajante segura-o com firmeza. No alto da torre abrem-se as portas da prisão. De repente o pardal está solto, já o ar é o que tinha sido, e num segundo desaparece ao longe. O viajante acha que pelo menos metade dos seus pecados estão perdoados.

    Agora o Sr. António explica até onde chegam as terras da cooperativa, a reserva já marcada, a que está para marcar, oxalá não. Lá de baixo um homem diz uma frase em que se distingue a palavra borregos. O Sr. António tem de descer e ir ao seu trabalho. O viajante ainda pergunta onde são as ruínas romanas, além e além, e depois descem, despedem-se como amigos que ficaram a ser, até um dia.

    O viajante vai às ruínas. Dá-lhes a atenção que pode, a basílica paleocristã, a piscina do batistério, mas sente que está distraído no meio destas pedras velhas. Será porque estão tão próximos os homens novos que o viajante não pode encontrar os nexos, as relações, a corrente que liga tudo a tudo. Mas essa corrente, sabe-o o viajante, existe. Basta ver--se como continua o combate de Teseu contra o Minotauro, mostrado nos mosaicos que foram levados para Lisboa.

    De Monforte não viu o viajante os monumentos. Está ali a Igreja de Nossa Senhora da Conceição com as suas ameias mudéjares, a Casa do Prior alpendrada, com estuques barrocos, a Igreja da Madalena, com a torre sineira, de agulha piramidal. São lembranças exteriores. Levando a Torre de Palma às costas, o viajante achou melhor não entrar. Decerto não caberia nas portas.

    A próxima paragem será em Arronches, vila que cinco pontes rodeiam, posta em seu alto, a norte, poente e sul cercada de águas de ribeira e rio, Arronches ela, ele famoso Caia desde Eça de Queiroz. Na portada da igreja matriz foi o viajante encontrar sinais de Nicolau de Chanterenne, não de direta mão, mas de cópia humilde: querubins e guerreiros em alto-relevo mostram o já inconfundível ar de família.

Mas o que particularmente interessou o viajante foi a Igreja de Nossa Senhora da Luz, com o seu pórtico renascentista, a galilé, a bela sala do capítulo, com figuras de estuque, e o claustro, discreto e de boa sombra, no sufocante calor em que o Sol se desmanda.

Outra vez por solidões e descampados o viajante avança, a meia distância entre a fronteira e a barragem do Caia. Atravessa a aldeia de Nossa Senhora dos Degolados, e este nome, visto de relance, põe o viajante a pensar na quantidade de descabeçados que povoam a história do cristianismo para se ter achado conveniente arranjar uma Senhora especial que os proteja. A dúvida do viajante é se a proteção há de ser invocada antes ou depois do pescoço cortado.

Tivesse tempo e iria até Ouguela, não tanto por causa do castelo que D. Dinis reedificou, mas para ver que cara pode ter uma ribeira chamada de Abrilongo, se esse Abril é longo porque se prolonga, ou porque tarda. Fique aqui por Campo Maior que também tem castelo, pelo mesmo senhor D. Dinis mandado construir, e veja a octogonal Igreja de São João Batista, com seus mármores trabalhados segundo um desenho clássico, no entanto não frio, talvez porque a arquitetura religiosa regional, mesmo no tempo do senhor rei D. João V, não podia evitar comprometer-se com o seu envolvimento civil.

Sai o viajante pela porta do lado de Elvas, vai seguindo o seu pacífico caminho, e logo adiante da ponte do Caia passam por ele, em direção a Campo Maior, duas camionetas de guardas armados. Nem todas as viagens são iguais, nem todos os caminhos vão dar às mesmas Romas.

A Elvas não faltam fastos militares. Dizem-no as muralhas que a rodeiam e os fortes de Santa Luzia e de Nossa Senhora da Graça, que apoiam a fortaleza principal. Mas nem só de lutas guerreiras se adorna a cidade. Outras heroicidades se cometeram nela, de que António Dinis da Cruz e Silva deu pontual notícia no seu *Hissope*, pois não foi pequeno heroísmo o acérrimo fervor com que o deão e o bispo da Sé de Elvas lutaram por não vir ou vir o hissope à apresentação antes da missa. Não é pequena epopeia lutar-se por Senhoria e por Excelência, intervir o cabido e a corte, enfim, aproveitasse Castela o ensejo e encontraria a praça--forte enfraquecida pelas intestinas e religiosas lutas.

Na Sé já não se encontram vestígios do sucesso. Não há sequer Sé, apenas a Igreja de Nossa Senhora da Assunção, matriz. Tem jeito de castelo, com o largo boqueirão do arco de entrada, os botaréus de reforço, os merlões chanfrados, as gárgulas. Dentro merecem atenção as colunas enfeixadas que sustentam as três naves. Porém, o viajante considera que a maior beleza da antiga Sé está na frontaria e na sua única torre. Em verdade, o arquiteto Francisco de Arruda não merecia que nesta sua obra se debatessem questões de precedência entre bispo e deão. E entre o merecido e o não merecido, veja-se em São Domingos a capela-mor, gótica, com as suas altas frestas, e evite-se olhar os capitéis dourados das colunas: para brigas já bastam as do hissope.

Entre o castelo, que é castelinho, o pelourinho e as pedras de armas, a Fonte da Misericórdia e a Fonte das Beatas, gastou o viajante algum tempo antes de ir ao museu. Gostou de ver à entrada o alpendre barroco e o enxadrezado azul e branco dos azulejos da cúpula. Dentro não falta que apreciar, mas este Museu de Elvas não é particularmente rico, salvo em pedras lavradas de brasões, e alguma arqueologia. Magnífica, essa sim, é a Santa Maria dos Açougues, vestida de dama da corte, senhora do século XVI e hoje talvez ainda mais formosa do que era vista então.

Não se fala de Elvas se não se falou do Aqueduto da Amoreira. Fale pois o viajante para dizer que é uma assombrosa obra, com os seus oitocentos e quarenta e três arcos de alvenaria, em certos trechos dispostos em quatro ordens. Mais de cem anos levou a construir (cento e vinte e quatro, para ser exato) e sempre o povo de Elvas, geração após geração, pagou o seu real de água. Quando em 1622 a Fonte da Vila começou enfim a correr, pode-se dizer que os habitantes de Elvas tinham suado bem aquela clara água. Como em Lisboa as Águas Livres. Como em toda a parte a bica ou o fontanário, o tanque da rega ou a pia dos animais.

É PROIBIDO DESTRUIR OS NINHOS

De Estremoz ficou o viajante a conhecer pouco mais do que a parte alta, isto é, a vila velha e o castelo. Dentro dos muros, as ruas são estreitas. Cá para baixo, abundando o espaço, não já vila, mas cidade, Estremoz alarga-se e quase perde de vista as suas origens, mesmo sendo a celebrada Torre das Três Coroas tão evidente apelo. Em nenhum lugar sentiu tanto o viajante a demarcação de muralhas, a separação entre os de dentro e os de fora. Será, contudo, uma impressão pouco mais que subjetiva, sujeita portanto a caução, que o viajante, claro está, não pode oferecer.

Branquíssimas de cal, usando o mármore como pedra comum, as casas da vila alta são, por si sós, motivo para visitar Estremoz. Mas lá em cima está a torre já falada, com os seus decorativos balcões ameados e o que resta do Paço de D. Dinis, a galilé de colunas geminadas onde o viajante foi encontrar representações da Lua e cordeiros. Está a setecentista Capela da Rainha Santa Isabel, com o seu coro teatral e os ornamentadíssimos azulejos que representam passos da vida da milagrosa senhora que transformava pão em rosas à falta de poder fazer de rosas pão. E está o Museu Municipal que tem bastante para ver e muito para não esquecer.

Deixa o viajante de parte aquelas peças que poderia encontrar, sem surpresa, noutros museus, para poder maravilhar-se, à vontade, com os bonecos de barro que de Estremoz tomaram o nome. Maravilhar-se, diz ele, e não há termo melhor. São centenas de figurinhas, arrumadas com critério e gosto, e cada uma delas justificaria exame demorado. O viajante não sabe para onde virar-se: chamam-no tipos populares, cenas do trabalho rural, imagens de presépio ou de altar doméstico, maquinetas de diversa inspiração, um mundo a que não é possível dar inteira volta. Um exemplo bastará, uma só vitrina, onde se juntam, em organizada confusão, "pretos de pé e a cavalo: amazona e cavaleiros, pároco a cavalo; guardador de borregos, homem comendo as migas, homem fazendo a açorda; sargentos — de pé ou sentados no jardim; peralta do campo, tocador de harmónio; primaveras com ou sem grinalda; tipos populares — castanheira, leiteiro, aguadeiro; pastoras com fuso ou guardando galinhas ou perus ou borregos; mulheres do bando, lavando na selha, passando a ferro, entoucando-se a um espelho ou tomando chá; dama de pezinhos; matança do porco com três figuras e as mulheres dos enchidos". Oh, que maravilha, torna a dizer. A Estremoz irás, seus bonecos verás, tua alma salvarás. Aí fica um ditado inventado pelo viajante para passar à história.

Ficaria também ele, mas não pode. Depois de contemplar a infinda paisagem que de uma e outra parte se avista, desce às terras baixas, modo de dizer que foi ao Rossio, onde, a um lado, está a Igreja de São Francisco. Foi neste convento que morreu D. Pedro I, e aos frades daqui deixou o coração. Se é verdade que tomaram os frades a herança, em Alcobaça, na hora de ressurgir, não terá Pedro coração para dar a Inês.

Em São Francisco há uma bela *Árvore de Jessé* seiscentista, e na capela fronteira, dos Terceiros, encontra o viajante a mais inquietante coleção de santos em que já pôs os olhos. Não que eles se mostrem em atitudes de sofrimento excessivo ou de severidade insuportável. Pelo contrário. Todos vestidos de igual, homens e mulheres, longas e simples túnicas de cetim natural, o que os caracteriza é a impassibilidade do rosto e a fixidez do olhar. Altos, esguios, metidos em caixas de vidro, rodeiam toda a capela. Não se comportam como juízes, estão já para além dessa ainda servidão humana. O viajante, perturbado mais do que desejaria reconhecer, atreve-se a tomar conta dos nomes da assustadora corte, que nas mísulas pintados os têm: Santa Luísa de Albertónia, Santa Delfina, Santa Rosa de Viterbo, Santa Isabel da Hungria, São Luís Rei de França, Santo Ivo Doutor, Santa Isabel de Portugal, São Roque, Santa Margarida de Cortona. O viajante não consegue copiar o quase apagado dístico do último santo. Também já não teria forças: tremem-lhe as mãos, tem a testa alagada de aflito suor. Perdoem-lhe os outros santos, que destes não pode haver perdão. O viajante retira-se, enfiado. E já vai de saída quando providencialmente põe os olhos num túmulo que ali está, soberba arca esculpida, com um barbado homem deitado, assistido por um anjito que mostra as asas e as solas dos pés (sinal de que tanto voa como anda), tendo no frontal dois brasões de armas com meias-luas e dois gatos possantes, e ao meio uma cena de caçada, o senhor a cavalo com o falcão no punho, um homem de lança tocando a trompa, outro incitando os cães que ladram e mordem um javali. O viajante respira, já aliviado. Afinal, nesta arca mortuária a vida rompe pujante, com uma força que apaga a lividez dos santos assustadores e emenda o seu desdém do mundo. Como D. Pedro de Barcelos em São João de Tarouca, este Vasco Esteves de Gatos quis levar na memória o feliz tempo das correrias pelos montes, galopando atrás dos cães, enquanto a trompa soa e as árvores florescem. O viajante sai da igreja tão contente como o pardal a que em Torre de Palma restituiu a liberdade.

 É a altura de ir a Évora Monte. Está perto e vem a propósito. Nessa aldeia é que D. Miguel se rendeu a D. Pedro, como na escola se aprende. E, caso a assinalar, em vez de ser negociada a paz no ambiente militar, à primeira vista adequado, do castelo e do seu Paço de Homenagem, foi numa casita térrea, ao entrar da porta maior das muralhas, que se reuniram os duques da Terchera e Saldanha, do lado dos liberais, e o general Azevedo Lemos, comandante dos absolutistas, sob o benevolente olhar e opinião de John Grant, secretário da Legação Britânica em Lisboa: os amigos, como se costuma dizer, são para as ocasiões. A casa ainda ali está, e o Paço de Homenagem, restaurado de cima a baixo, daria hoje conforto e segurança a novos negociadores. Diz isto o viajante por causa do alindado do paço: três guardas-republicanos, que lá fora têm o jipe em que vieram, abrem roços na parede para meter instalação elétrica, enquanto trocam graças e valentemente assobiam. Deixá-los, é da idade, a mocidade é assim.

O Paço de Homenagem diz-se que é de inspiração italiana. Será, porque disto não tem o viajante visto por cá: um corpo central quadrilátero que se desenvolve, nas esquinas, em cubelos circulares. Dentro, o efeito é magnífico, com grossas colunas sustentando as abóbadas dos três andares, todas diferentes, tanto as abóbadas como as colunas, e as salas comunicando abertamente com os cubelos. O ambiente é, realmente, renascentista, próprio para reuniões e festas de estilo. Os guardas, agora, falam de fitas que viram ou estão para ver. O viajante olha, intrigado, as colunas do piso térreo: na base, a toda a volta, estão esculpidas labaredas. Labaredas, porquê? Que lume era este, ateado na pedra, em Évora Monte? A bagagem do viajante já vai cheia de enigmas, oxalá este não pegue fogo aos outros.

O viajante gostaria de visitar a igreja matriz, mas estava fechada. Fechada também a de São Pedro, apesar de esforços e perguntas: ausentara-se a mulher da chave, seis cães, pacíficos, guardavam-lhe o monte, e apesar de o viajante ter esperado mais do que a conta, falando aos cães e bocejando com eles, chave não apareceu. Lá em cima, por trás da igreja matriz, ficara uma nogueira onde cantavam vinte ou trinta cigarras ao mesmo tempo, de tal maneira que se ouvia apenas um único som, e não o zangarreio alternado do costume. Espantou-se o viajante de que nogueira e cigarras não levantassem voo e se lançassem pelos céus fora, cantando. A nogueira, pelo menos, muito houve de custar-lhe segurar as raízes.

Por onde foi tornou o viajante, passa em baixo de Estremoz, e, a caminho de Borba, vai atravessando cerrados olivais. O dia promete ser quentíssimo. Logo à entrada de

Borba, uma simples capela, só porta, frontão e cúpula, resplandece de brancura quase insuportável. Diz o viajante que é simples a capela. Afinal, não tanto. Se pelas dimensões não avulta, avulta pela monumentalidade: a porta sobe até à cúpula, que assenta diretamente sobre o entablamento. Ladeando o frontão, duas belas imagens sentadas, que deixam pender os pés para o vazio, mantêm um diálogo que cá de baixo não se ouve. A umas mulheres que ali estavam, conversando à sombra, perguntou o viajante que capela era aquela. Nenhuma soube dizer. Seria de passos? Talvez.

Poucos metros andados é a Igreja de São Bartolomeu, renascença. Aliás, por estes lados, são duas coisas que não faltam: o renascença e o branco. Sem extremos aparatos por fora, a igreja é, no interior, sumptuosa de mármores. Mas a beleza maior está nas pinturas do teto, com medalhões e paisagens, género de decoração raramente encontrado. O viajante, decididamente, está a gostar de Borba. Será do sol, desta luz ainda matinal, será da brancura das casas (quem foi que disse que o branco não é cor, mas sim ausência dela?), será de tudo isto e do mais que é o traçado das ruas, a gente que nelas anda, já não seria preciso mais para um sincero afeto, quando, de súbito, vê o viajante, sob um beiral, a mais extraordinária declaração de amor, um letreiro que assim rezava: É PROIBIDO DESTRUIR OS NINHOS. MULTA 100$00.

Convenha-se que merece todos os louvores uma vila onde publicamente se declara que o rigor da lei cairá sobre as más cabeças que deitem abaixo as moradas dos pássaros. Das andorinhas, para ser mais rigoroso. Posto o letreiro por baixo de um beiral, onde precisamente usam as andorinhas construir os ninhos, entende-se que a proteção só a eles cobre. A outra passarada, ribaldeira e menos dada a confianças humanas, faz os seus ninhos nas árvores, por fora da vila, e sujeita-se aos azares da guerra. Mas já é excelente que uma tribo do povo alado tenha a lei por si. Indo assim aos poucos, acabarão as leis por defender as aves todas e os homens todos, exceto, claro está, ou então não mereceriam o nome de leis, os nocivos de um lado e de outro. Provavelmente por efeito do calor, o viajante não está nos seus dias de maior clareza, mas espera que o entendam.

Fala-se muito da Fonte das Bicas, e com razão. Concebida como um templete com os vãos cheios, tempera o neoclassicismo do estilo com a macieza particular do mármore branco da região. Mas o que o viajante mais estimou ver, ou, com outro rigor, o que o divertiu, foi a espécie de labirinto que antecede a fonte, o jogo de grades que sucessivamente abrem e fecham caminho. O forasteiro, à primeira entrada, perturba-se. Calcula o viajante que haverá sempre, postos de largo, bem-humorados habitantes de Borba a rir das atrapalhações.

A caminho de Vila Viçosa, de um lado e do outro da estrada, encontra o viajante abundância de pedreiras de mármore. Estes ossos da terra ainda trazem agarrada a carnação do barro que os cobria. E por estar falando de ossos, nota o viajante que à sua direita se levantam, ao fundo do horizonte, as alturas da serra de Ossa, que significa ursa, e não a fêmea do osso, que não a tem. Como se vai vendo e ilustrando, nem tudo o que parece é.

Em Vila Viçosa, vai-se ao Paço Ducal. Não se exime o viajante a esta obrigação, que é também gosto bastante, mas haverá de confessar que estes palácios o deixam sempre em estado muito próximo da confusão mental. A pletora de objetos, o excelente ao lado do medíocre, a sucessão das salas, fatigam-no aqui como já o tinham fatigado em Sintra ou Queluz. Ou em Versalhes, sem querer parecer presunçoso. Contudo, é inegável que o Paço de Vila Viçosa justifica uma visita tão atenta quanto o permitem os horários que hão de ser cumpridos pelos guias. Nem sempre o objeto apontado por digno de interesse é o que o viajante mais estimaria apreciar, mas a escolha obedecerá provavelmente a um padrão médio de gosto com o qual se pretende satisfazer toda a gente. Em todo o caso, estará garantida a unanimidade para as salas das Virtudes e das Duquesas, ou a de Hércules, na ala norte, e para as salas da Rainha e de David, com distinção particular para o rodapé de azulejos de Talavera que decora a segunda. Magníficos são também os caixotões da Sala dos Duques, e de grande beleza o oratório da duquesa D. Catarina, com o seu teto pintado de temas inspirados na decoração pompeiana. Não falta pintura em Vila Viçosa, muita de portugueses contemporâneos, e também algumas boas cópias quinhentistas, em particular a do *Descimento da Cruz* de Van Der Goes. E se o viajante foi ver a cozinha e espantar-se com o número e variedade dos utensílios de cobre, se viu as armas, armaduras e arneses, se não perdeu a cocheira de D. João V, é porque tudo é preciso olhar para conhecer as vidas dos duques e de quem os servia, ainda que, no que a estes toca, não informe muito a visita ao Paço.

Cá fora, o viajante dá uma volta à estátua equestre de D. João IV. Acha-a mana mais capaz daquela que em Lisboa está, de D. João I, o que, evidentemente, não lisonjeia a primeira nem valoriza a segunda. E para destes males aliviar o coração, vai o viajante à vila velha, que tem a particular beleza dos casarios alentejanos antigos. Antes de subir ao castelo, que muitos viajantes erradamente descuidam, entra na Igreja de Nossa Senhora da Conceição, forrada de cima a baixo de azulejos policromos, um exemplo mais a proclamar como viemos perdendo o gosto deste esplêndido material ou como o adulterámos nas modernas utilizações.

O viajante apreciou, como convinha, a imagem do orago que D. João IV, sem ter em conta as divinas vontades, coroou e proclamou padroeira de Portugal, e ainda outros azulejos, estes de Policarpo de Oliveira Bernardes, artista de farta e qualificada produção. Mas sendo, como doutras vezes já demonstrou, tão atento às pequenas e quotidianas coisas, cuidando embora de não descuidar as raras e grandes, não se estranhará que tenha reparado nas substanciais arcas de esmolas de trigo e azeite, colocadas à entrada, e também nas imponentes caixas de esmolas, uma para a bula da cruzada, mais antiga de desenho e letra, outra para o orago, teatral como um retábulo barroco. Posta cada uma de seu lado da nave central, encostadas às colunas, estão ali para solicitar a generosidade do crente. Quem na igreja matriz de Vila Viçosa entrar com disponibilidade de dinheiro, azeite ou trigo, duro coração terá se não sair aliviado.

O castelo de Vila Viçosa, refere-se o viajante ao denominado Castelo Novo, obra quinhentista mandada fazer pelo duque D. Jaime, é uma construção claramente castrense. Tudo nele se subordina à essencial função militar. Uma fortificação assim, com muros que em alguns lugares chegam a atingir quatro e seis metros de espessura, foi concebida a pensar em grandes e duros cercos. O fosso seco, os poderosos torreões cilíndricos avançados em modo de cobrirem, cada um deles, dois lados do quadrilátero, as largas rampas interiores para a movimentação dos soldados, da artilharia de defesa e até, provavelmente, dos animais de tiro, deram a respirar ao viajante, como raramente lhe tem acontecido, e nunca tão intensamente, uma atmosfera bélica, o cheiro pólvora, apesar da ausência total de instrumentos de guerra. E dentro deste castelo que está a Alcáçova dos Duques, com alguma boa pintura, e nele se encontram instalados, bem instalados, seja dito de passagem, o Museu Arqueológico e o Arquivo da Casa de Bragança, acervo riquíssimo de documentação ainda não totalmente explorado. O viajante viu, com algum desânimo, afixada numa parede em lugar de evidência, uma macrofotografia de um documento assinado por Damião de Góis, poucas semanas antes de o prender a Inquisição. Desânimo não será a palavra justa, digamos melancolia, ou ceticismo melancólico, ou qualquer outra sensação indefinível, aquela que vem às sensibilidades diante do irremediável. É como se o viajante, sabendo que Damião de Góis vai ser preso porque lho dizem as datas e os factos, tivesse obrigação de emendar a história. Simplesmente, não pode: para emendar a história, é preciso, de cada vez, emendar o futuro.

Por Ciladas de São Romão chega o viajante à estrada que, indo de Alandroal a Elvas, serve Juromenha. E quando numa sombra se detém para consultar os mapas, repara que na carta militar que lhe serve de melhor guia não está reconhecida como tal a fronteira face a Olivença. Não há sequer fronteira. Para norte da ribeira de Olivença, para sul da Ribeira de Táliga, ambas do outro lado do Guadiana, a fronteira é marcada com uma faixa vermelha tracejada: entre os dois cursos de água, é como se a terra portuguesa se prolongasse para além do sinuoso traço azul do rio. O viajante é patriota. Sempre ouviu dizer que Olivença nos foi abusivamente sonegada, educaram-no nessa crença. Agora a crença torna--se convicção. Se os serviços cartográficos do Exército tão provativamente mostram que Portugal, em trinta ou quarenta quilómetros, não tem fronteira, então está aberto o caminho para a reconquista, nenhum tracejado nos impede de invadir a Espanha e tomar o que nos pertence. O viajante promete que voltará a pensar no assunto. Mas uma coisa teme: é que não falte o tracejado nas cartas militares espanholas, e para eles seja o assunto caso arrumado. Para se preparar, o viajante irá estar presente nas próximas reuniões das comissões mistas para as questões fronteiriças. Ouvirá com atenção o que se discute, como e para quê, até à altura de puxar do mapa que afervoradamente guarda e dizer: "Muito bem, vamos agora tratar desta questão de Olivença. Diz aqui o meu papel que a fronteira está por marcar. Marquemo-la com Olivença da nossa banda". Morre de curiosidade de saber o que acontecerá.

Enquanto o glorioso dia não chega, o viajante sobe a Juromenha. Fora dos muros da antiga fortaleza, que uma terrível explosão praticamente destruiu em 1659, a aldeia proclama a alvura das suas casas, o asseio quase clínico das ruas. Sob o grande e ardente Sol, um velho vem dar explicações, recortando-se contra o fundo branco da parede como se tivesse apenas duas dimensões. Quase não se vê ninguém nas ruas, mas sente-se a aldeia habitada como um ovo.

O viajante vai ao castelo. É, realmente, um mar de ruínas. À entrada da cintura seiscentista, sob o arco da porta, uma vaca e um vitelo remoem pacientemente (ou obrigatoriamente) o que já comeram. Lá dentro adivinham-se os lugares onde viveu gente: uma chaminé, a que falta o piso em que assentava, está suspensa no vazio. O recinto é vasto, o viajante não vai percorrê-lo todo. Mais ruínas, o resto duma capela, provavelmente a Misericórdia, e outras, mais pungentes, da Igreja de Nossa Senhora do Loreto, onde dorme a sesta um rebanho de ovelhas que a chegada intempestiva do viajante não basta para perturbar. Talvez porque ele próprio sinta neste momento uma profunda lassidão, um desejo de parar, de ficar quieto, aqui entre as ovelhas, debaixo daquele arco já tão pouco triunfal, onde outros visitantes, sequiosos de imortalidade, escreveram os seus nomes. Todas as viagens têm um fim, e Juromenha não seria mau sítio para acabar.

São pensamentos que passam. O viajante recusa deixar-se hipnotizar, e, sob o calor esmagador, atravessa o pó, as pedras soltas. Vai atento aonde põe os pés (sempre pode aparecer algum tesouro, não é verdade?), mas num carreiro mais raso e limpo pode levantar os olhos. Tinha-se esquecido do Guadiana, e ele ali está, magnífico de frescura, como aquelas regueiras que das fontes se escapam e são o último refúgio das ervas e dos patos. O Guadiana banha de vida as suas margens, sem distinguir entre a de cá e a de lá, que, a avaliar pelo mapa, é de cá também, e dá a curiosa sensação de ser, correndo à vista de um lugar habitado, um rio selvagem. É, com certeza, o mais ignorado da terra portuguesa.

Volta o viajante à estrada, caminho de Alandroal, onde para apenas para se refrescar. Daí segue na direção do sul, a Terena. Quer ver a que é, de todas as igrejas-fortalezas, a mais fortaleza que igreja. Dizem-no as fotografias, e a confirmação está diante dos olhos. Tirassem-lhe a torre sineira e ficava um castelinho perfeito, com os seus fortes merlões pontiagudos e o balcão que facilmente se transformaria em matacães, se é que não foi essa a primitiva função.

Este santuário de Nossa Senhora da Boa Nova, espacialmente, é como uma torre de planta cruciforme e braços iguais, baixa, atarracada, embora dê, dentro, a impressão de ganhar em altura. Joia preciosa da nossa arquitetura medieval, também porque intacta está, a igreja gótica da Boa Nova ficará na memória do viajante. Por outras memórias andou antes, como a de Afonso X de Castela, que se lhe referiu nas *Cantigas de Santa Maria*. Diz a tradição que a Boa Nova foi mandada construir em 1340 por uma filha de D. Afonso IV, rei de Portugal. Ora Afonso X morreu em 1284. É a Igreja da Boa Nova mais antiga do que se diz, ou houve outra igreja no lugar desta? É ponto a esclarecer, como são para esclarecer as enigmáticas pinturas do teto da capela-mor, que ao primeiro relance parecem ilustração do *Apocalipse* mas que apresentam figuras que não se encontram no Evangelho segundo S. João. Nos restantes braços da igreja, veem-se pinturas hagiográficas populares.

Quando o viajante chegou a Redondo, já não tinha tempo para muito. Viu por fora a igreja matriz e a da Misericórdia, esta no castelo, viu aqui as portas da Revessa e do Relógio. Nada mais. Desistiu de ir às antas da serra de Ossa, não por causa das ursas, que se acabaram, mas por causa do tempo, que se acabara também. Comeu, no entanto, as mais saborosas, suculentas e sumptuosas costeletas de porco que, em sua vida inteira, ao dente lhe chegaram. Dê Redondo isto a quem lá vá, e não lhe faltarão amizades.

A NOITE EM QUE O MUNDO COMEÇOU

O viajante está em Évora. Esta é a praça famosa do Giraldo, aquele cavaleiro salteador ou salteador cavaleiro que, para lhe perdoar Afonso Henriques os desmandos e crimes, se determinou a conquistar Évora. Por manha o conseguiu e inocência dos mouros, que tinham a velar numa torre um homem apenas e sua filha, cujos não velavam nada, antes a sono solto dormiam quando o Sem Pavor nem piedade lhes cortou a cabeça. Coitada da menina. No alvoroço do engano, supondo-se atacados noutro lado da cidade, deixaram os mouros abertas as portas da fortaleza, por onde entraram os mais soldados cristãos, com ajuda de mouriscos e moçárabes, que a seu bel-prazer mataram e aprisionaram. Foi isto em 1165. Que Évora fosse a que Giraldo conquistou, não é o viajante capaz de imaginar. Quantos mouros havia para defender a cidade, não sabe. Do valor relativo do feito não se pode, portanto, formar hoje juízo, mas sim do seu alcance. Évora nunca mais voltou a mãos islamitas.

Isto são histórias que toda a gente conhece desde as primeiras letras, mas ao viajante não ficaria bem inventar outras. Aliás, que pode um simples discorredor de prosas e quilómetros descobrir em Évora que descoberto não esteja, ou que palavras dirá que não tenham sido ditas? Que esta é a cidade mais monumental? E, se isto disser, que disse realmente? Que há em Évora mais monumentos do que em qualquer outra cidade portuguesa? E, mais não havendo, serão os daqui mais valiosos? Estes apóstolos da Sé são magníficos: porém, são mais ou menos magníficos do que os do pórtico da Batalha? Inúteis perguntas, tempo perdido. Em Évora há, sim, uma atmosfera que não se encontra em outro qualquer lugar; Évora tem, sim, uma presença constante de História nas suas ruas e praças, em cada pedra ou sombra; Évora logrou, sim, defender o lugar do passado sem retirar espaço ao presente. Com esta feliz sentença, dá-se o viajante como desobrigado de outros juízos gerais, e entra na Sé.

Há templos mais amplos, mais altos, mais sumptuosos. Poucos têm esta gravidade recolhida. Parente das sés de Lisboa e do Porto, excede-se esta por uma especial individualidade, por uma subtil diferença de tom. Caladas todas as vozes, mudos os órgãos daqui e dalém, retidos os passos, ouça-se a música profunda, que é só vibração intraduzível das colunas, dos arcos, da geometria infinita que as juntas das pedras organizam. Espaço de religião, a Sé de Évora é, em absoluto, um espaço humano: o destino destas pedras foi definido pela inteligência, foi ela que as desentranhou da terra e lhes deu forma e sentido, é ela que pergunta e responde na planta desenhada no papel. É a inteligência que mantém de pé a torre lanterna, que harmoniza a pauta do trifório, que compõe os feixes de colunelos. Dir-se-á que o viajante distingue em excesso a Sé de Évora, enunciando louvores que em tantos lugares tão justos seriam como aqui, talvez mais. Assim é. Mas o viajante, que muito viu já, não encontrou nunca pedras armadas que como estas criassem no espírito uma exaltação tão confiante do poder da inteligência. Fiquem lá a Batalha, os Jerónimos e Alcobaça com os seus ciúmes. São maravilhas, ninguém o negará, mas a Sé de Évora, severa e fechada ao primeiro olhar, recebe o viajante como se lhe abrisse os braços, e sendo esse primeiro movimento o da sensibilidade, o segundo é o da dialética.

Provavelmente não são maneiras de falar de arquitetura. Um especialista abanará a cabeça, condescendente ou irritado, quererá que lhe falem uma linguagem objetiva. Por exemplo, ainda a propósito da torre lanterna, que "o tambor, de granito, é envolvido nos ângulos por uma cornija trilobada com janelas maineladas, amparados por contrafortes e rematados por uma agulha esguia forrada de escamas imbricadas". Nada mais exato e científico, mas além de requerer a descrição, em algumas passagens, explicação paralela, o seu lugar não seria este. Já basta o risco a que o viajante se expõe frequentando de fugida tais alturas. Por isso é que se ficam pelo trivial as suas acidentais incursões nesses domínios, por isso confia que lhe sejam relevadas as faltas, tanto as que cometeu já como as futuras. Usa o seu próprio falar para exprimir o seu entender próprio. E porque assim é, dá-se ao atrevimento de torcer o nariz ao Ludovice de Mafra que aqui também chegou, enxertando uma capela-mor de mármores e risco ao gosto joanino na gravidade de um templo que respondia às necessidades espirituais de um tempo de menos fausto. Se o busto que está no trifório é, de facto, do primeiro arquiteto da Sé, Martim Domingues, muito terá sofrido a pedra em que o talharam.

Para a frescura das sombras do Largo do Marquês de Marialva sai o viajante, sobe a breve rampa, e depois de ter mirado, com o seu vagar, o Templo de Diana, que de Diana não é, nem foi nunca, e esse nome deve ao inventivo padre Fialho, dirige-se ao museu. Em caminho vai meditando, como a viajante sempre convém, na sorte de certas construções dos homens: vivem o seu primeiro tempo de esplendor, depois decaem, perecem, e lá uma vez por outra salvam-se no último instante. Assim aconteceu a este romano templo: destruído no século v pelos bárbaros do Norte que vieram à península, serviu, na Idade Média, de casa-forte do castelo, que além estaria, com os intercolúnios emparedados, e deu por fim em açougue municipal. Na revolução de 1383 ocuparam-no os mesteirais levantados contra os partidários da rainha D. Leonor Teles, e, do terraço que então nele havia, coroado de ameias, pelejaram contra o castelo, lançando-lhe chuvas de virotões, até que se rendesse. Isto conta a honrada palavra de Fernão Lopes. Só em 1871 é que o templo romano recuperou parecenças, as possíveis, com a sua primeira imagem. Mas, vai agora pensando o viajante, bem arranjados estavam os partidários do Mestre de Avis se, para se abrigarem dos projéteis com que do castelo lhes respondiam, contassem apenas com a colunata do templo: não escaparia um. E, não escapando, não tomariam a fortaleza, e, não a tomando, quem sabe o que sucederia depois? É bem possível que, de caso em caso, viéssemos a perder Aljubarrota.

　O museu é a mais desleal instituição que o viajante conhece. Exige que o visitemos, põe a correr que é nódoa cultural desdenhar dele, e quando lá dentro nos apanha, como discípulos que vão ao mestre, em vez de nos ensinar com moderação e critério, atira-nos com duzentas obras-primas, duas mil obras de mérito, outras tantas de aceitável valor médio. Não é tão rico assim o Museu de Évora, mas tem de sobra para um dia, que é excessivo tempo para as posses do viajante. Então, que fará? Passa na escultura romana como gato por brasas, e se se demora mais na medieval é porque lá estão os jacentes de Fernão Gonçalves Cogominho e dos três bispos, não tanto aqui fica que não leve remorsos na consciência. Mais bem se comportou na Sala do Renascimento, onde veio a reencontrar o pródigo Nicolau de Chanterenne nos túmulos de D. Álvaro da Costa, camareiro-mor de D. Manuel, e do bispo D. Afonso de Portugal, este talvez a sua melhor obra, como afirmam entendidos. E há também as pilastras magníficas do Convento do Paraíso. Não falta quem explique a maior beleza das obras do chamado ciclo alentejano de Nicolau de Chanterenne pelas características do mármore, que permitiriam maior precisão, nitidez e finura do talhe. Bem pode isso ser, que há aí matéria de tais perfeições que ela própria ensina o artista a trabalhar.

É possível que o melhor do Museu de Évora seja a pintura. Sendo assim, e tendo escultura como esta, é grande sorte a sua. Reconheça-se, contudo, que raramente se encontra, em museus nacionais, conjunto tão equilibrado como o dos treze painéis que constituem o ciclo da *Vida da Virgem*. Ainda que de diferentes mãos e denotando diferentes influências (apontam-se objetivamente características dos estilos de Gerard David, de Hugo Van der Goes e de Roger Van der Weyden), estes painéis, que o já dito bispo D. Afonso de Portugal encomendou na Flandres, acompanham-se no rigor do desenho e na riqueza da cor, ainda que logo seja percebível o maior valor artístico do que representa a Virgem como Nossa Senhora da Glória. De composição opulenta, mostra anjos músicos e cantores tocando e cantando em uníssono, enquanto quatro outros anjos suspendem uma coroa sobre a cabeça da Virgem. Todos os painéis são anónimos. Ao tempo, estavam as oficinas dos mestres povoadas de grandes artistas: cumpriam a sua tarefa diária, pintavam a paisagem fundeira do retábulo, as arquiteturas, as roupagens, o pouco ou muito de fauna e de flora que o tema requeresse, algumas vezes os rostos das figurações secundárias, depois vinha o mestre, com o seu dedo de gigante, tocava aqui e além, emendava, e, julgada a obra digna de ser vista, seguia o seu destino. Quem foi que pintou, quem fez? Não se sabe. Quando as mãos são muitas, só se vê o trabalho.

Aqui ao lado é a Igreja dos Lóios. Descem-se os degraus do alpendre e entra-se no templo, que é gótico-manuelino. Como nele se não celebra culto, há uma certa frieza ambiente, agravada desta vez pelos azulejos setecentistas. Esta igreja foi muito escolhida por quem queria bem parecer depois de morto: há pedras tumulares de invulgar beleza, e no museu anexo encontram-se duas tampas de bronze, trabalho flamengo do século xv, que maravilham pela obra de cinzel, reproduzindo em projeção um minucioso gótico flamejante onde os olhos se perdem.

No palácio dos condes de Basto, que foi sede da Ordem de Cavalaria de São Bento de Calatrava, não entrou o viajante. Mas estimou muito ver que os seus muros assentam na muralha romano-visigótica, obra que tem entre quinze e dezassete séculos e conserva um ar de primeira juventude. Toda a gente acha naturalíssimo que pedras velhas suportem novas pedras, porém não falta aí sorrir de quem quer saber os primeiros fundamentos dos gestos e atitudes, das ideias e convicções daquele passante anónimo que além vai ou deste viajante que aqui está. São pessoas essas muito crentes de que Minerva saiu, de facto, armada e equipada da cabeça de Júpiter, sem passar pelas misérias e graças da infância nem pelos erros e aventuras do conhecimento.

Pelo caminho que leva, fica-lhe à esquerda o liceu, que foi universidade e agora o tornou a ser. Com os seus arcos leves e airosos, o claustro tem qualquer coisa de rural. O corpo central, da antiga capela e depois Sala dos Atos, briga com as arcadas que o envolvem, mas é, isoladamente tomado, uma das mais harmoniosas fachadas que o primeiro barroco nos deu.

Não picasse o Sol tanto, e talvez o viajante se deixasse ficar horas no Largo das Portas de Moura. Estão ali as arcadas que boa sombra dão, mas o que o viajante quereria era passar da parte de cima, donde vê a fonte e o mirante dos Cordovis, para a parte de baixo, donde a fonte veria e as torres da Sé. Não parece muito, para quem já viu tanto e, contudo, este largo, com este pouco, é, tirando-lhe o Sol que fulge de chapa, um repousante lugar, tão igual de tom, tão claro e calmo. O viajante vai ler a inscrição da grande esfera renascença: "Anno 1556", e pasma como há pessoas que não envelhecem. Mas este calor está, realmente, insuportável. Entremos de relance na Igreja da Misericórdia para saborear a misericordiosa frescura e um pouco menos os painéis de azulejos que representam as obras da misericórdia espiritual: de fatura convencional, tratam um suporte de tão específicas exigências como uma tábua ou uma tela, daí que o resultado seja tão pouco convincente como o transporte duma pintura para uma tapeçaria. Mas a temperatura, não há dúvida, estava refrescante, e o retábulo da capela-mor, pelo excesso pletórico da decoração, rende as confessadas resistências do viajante aos artifícios da talha.

Estes aqui são os Meninos da Graça. Chamam-lhes meninos por afeto, pois estes gigantões sentados sem propósito no cimo das pilastras haviam de infundir algum temor se não estivessem tão alto. Esta Igreja de Nossa Senhora da Graça viu-a o viajante em tempos por dentro só ruínas, com um chão de terra revolvida donde surgiam bicos de pedras e pontas de ossos. Está agora um primor de arranjo, emendadas as pedras, forrado o chão, lançados ao lixo os ossos, arrumado o resto. O viajante acha melhor assim, mas não esquece a imagem primeira. Iguais estão, sim, os gigantes, que podiam ter sido esboçados por Miguel Ângelo, e os belos rosetões, que resistiram às murchidões do tempo. Para o viajante, esta igreja, por ser tão diferente do comum das construções religiosas da sua época, aparece com certo ar enigmático, como se os cultos que lá dentro se celebraram tivessem mais que ver com desvios pagãos do que com a ortodoxia.

À Igreja de São Francisco chega o viajante quase sem forças. As ruas de Évora são um deserto, só por obrigação se atravessa deste passeio àquele. O Sol bate, duríssimo, o calor parece soprado pela goela de um forno imenso. Como estarão os campos? Não tardará a sabê-lo o viajante, que ainda tem hoje muito que andar, mas primeiro passeie-se pela grande nave de São Francisco, veja as pinturas atribuídas a Garcia Fernandes, o S. Bruno setecentista proveniente da Cartuxa, e, se quiser, se gostar de comprazer-se, por gosto mórbido ou franciscana mortificação da carne, vá à Capela dos Ossos, se pelo contrário não lhe parecer, como parece, que roça a obscenidade aquele ordenamento arquitetural de restos humanos, tantos que acabam por perder significado sensível. O viajante, que já antes os viu, não vai lá hoje. Não pode perdoar aos frades franciscanos a imagem que se lhe está representando do agenciamento da capela, com ossos espalhados a esmo, trazidos das valas comuns (que os da gente nobre repousavam debaixo da boa pedra lavrada), enquanto os ditos frades, de mangas arregaçadas, procuram uma tíbia que caiba neste buraco, uma costela que arme as arcadas, um crânio que arredonde o efeito. Não, e não. Vós, ossos, que lá estais, por que não vos rebelais?

Arejemos o que for possível, e tão pouco é, na Galeria das Damas do Palácio de D. Manuel. Aproveitemos a sombra para ganhar forças. O viajante vê um pouco de largo a Ermida de São Brás, com a sua cor de côdea de pão, fortaleza mourisca de merlões e coruchéus, grossa galilé, ninguém lhe chamaria igreja se não fosse o minúsculo campanário lá atrás. É tempo de partir. Esta é a pior hora do calor, mas tem de ser. O viajante já almoçou, ali à Porta Nova, na Praça Luís de Camões, deu ainda uma volta pela cidade, a Travessa da Caraça, a janela de Garcia de Resende, o Aqueduto, a porta romana de D. Isabel. Metade de Évora ficou por ver, a outra metade sabe-se lá. Mas o que ao viajante causa impressão, perdoe-se-lhe a ideia fixa, é que tudo quanto viu (tirando as muralhas e o templo romano) ainda não existia no tempo do Sem Pavor nem sequer dos revoltosos de 1383. O viajante acha que tem muita sorte: alguém lhe conquistou um bom sítio para construir esta Évora, alguém a levantou, alguém a defendeu, alguém lutou para que as coisas fossem assim e não doutra maneira, tudo para que pudesse aqui regalar-se de artes e ofícios. Agradece em pensamento ao Sem Pavor, apesar de não lhe perdoar a rapariga degolada, agradece ao povo revoltoso de 1383, sem nada ter que lhe perdoar, e mete-se aos caminhos do Alentejo que o esperam, entre restolhos ardentes e ardentes palavras, trabalho, terra, revolução também.

Não corre uma brisa, e seria pior se corresse. O viajante vai atravessando a planície que se prolonga até às margens do rio Degebe, e, para lá, até às alturas de Monsaraz. Antes de Reguengos, acorda do torpor em que caíra, subitamente, ao ver à beira da estrada uma placa que lhe diz haver ali perto uma povoação chamada Caridade. Não levava fito nela, um viajante, está visto, não pode ir a todo o lado, mas um nome destes, Caridade, nem que a volta fosse maior. É uma aldeia branca, rebranca e sobrebranca (com o calor que está o viajante perde um pouco o domínio das palavras), e sobre esta brancura, à torreira do Sol, uma mulher vestida de preto lança nova aguada de cal nas paredes da sua casa, que paixão de branco vive na alma desta gente escura, tisnada de sol e suor. A igreja de Caridade, rústica, com um rodapé violeta, faz parar o viajante, deslumbrado. Existia esta Caridade, com uma ribeira ali que o mesmo nome tem, e o viajante não a conhecia. Ai, o que um homem perde na vida e não sabe!

Em Reguengos de Monsaraz não vale a pena parar. O tempo só de um refresco, outro logo a seguir, e ala. Adiante, entre a estrada e a ribeira de Pega, há restos de antas invadidos pelas silvas onde a charrua não conseguiu lavrar. O zumbido das cigarras ressoa agressivamente. Com este calor, perdem os pobres bichos o domínio das asas, como o viajante perdera o das palavras em Caridade. Quem sabe se a histórica embirração das formigas não virá de estarem inteiros verões sujeitas a este contínuo serrote que vai serrando o ar?

Em todo o caso, não há mal tão mau que não tenha o seu lado bom. Por causa da calma, as pessoas estão recolhidas nas suas casas, as que não, andam longe no trabalho, e o viajante

411

pode percorrer as ruas como se a aldeia tivesse sido abandonada. É isso bom, mas, para acertar a regra, tem um lado mau: não há com quem falar. Aqui no largo central o viajante olha as casas discretas e belas, algumas desabitadas, adquiridas por gente de teres que vive longe, vê as frontarias, não os interiores, e entristece-se de pensar que Monsaraz seja, sobretudo, uma fachada. Há também injustiça nisto: não falta aí quem tenha criado corpo e espírito entre as muralhas deste castelo, nestas empinadas travessas, na sombra fresca ou gelada das casas sem conforto. Em Monsaraz vive o de fora e o de dentro, o que vem repousar de gostos e maus gostos da grande cidade, o que de gostos conhece pouco mais que o travo das vidas que só para os olhos têm grandes horizontes.

Penando ao sol, o viajante descobriu quem lhe abrisse a igreja matriz. É um edifício que dentro desconcerta a expectativa: quadrangular, com três naves iguais divididas por grossíssimas colunas constituídas por enormes tambores de pedra. Pela atmosfera, pelo desgaste, parece muito mais vetusta do que a idade que tem: uns quatro séculos. Aqui vem encontrar um belo túmulo duocentista, o de Gomes Martins, que foi procurador da rainha D. Beatriz, mulher de D. Afonso III. Tem cenas de falcoaria e de lamentação do finado, de um realismo trágico que a representação rude ainda mais acentua.

Daqui foi o viajante ver o fresco quatrocentista que representa o juiz íntegro e o juiz venal, pintura de largos planos de cor, com um desenho tão nítido que parece esgrafitado. Há uma modernidade surpreendente nesta parede que o tempo não poupou, com a óbvia ajuda do desleixo e da ignorância dos homens. A não ser que o viajante tome como sugestão de modernidade o que modernamente veio a ressurgir em certa arte de recuperação medievalizante que em Portugal se praticou para fins não todos bons.

Do morro fortificado de Monsaraz desceu à planície. Isto é como estar fora do mundo. Os leitos das ribeiras são correntes de pedras requeimadas de sol, chega-se a duvidar de que alguma vez levem água, tão longe ela está neste momento, sequer, de simples promessa. Por este andar, o viajante, se o espremem, não deita gota. Vai assim, outra vez entorpecido, quase ao diabo dando o viajar, quando de repente lhe aparece um rio. É uma miragem, disse o viajante, cético, sabendo muito bem que nos desertos se desenham ilusões, um poço para os que morrem de sede, um palmar para quem vai a sonhar com sombras. Por sim, por não, consulta o mapa, a ver se nestas latitudes se assinala curso de água permanente. Cá está, o Guadiana! Era o Guadiana, aquele mesmo que bravio se lhe tinha mostrado em Juromenha e que depois abandonara. Amável Guadiana, Guadiana delicioso, rio que do paraíso nasces! Que faria qualquer viajante, que fez este? No primeiro sítio onde da estrada facilmente se chega ao rio, desceu, num resguardo se despiu e em dois tempos estava na água clara e fria, parece impossível que exista uma temperatura assim. Por mais tempo do que à viagem convinha esteve refocilando na límpida corrente, nadando entre as fulgurações que o Sol chispava na fluvial toalha, tão feliz o viajante, tão contentes o Sol e o rio, que eram três num prazer só. Porém, se os males não aturam, os bens não duram sempre: sai da água como um tritão a quem as ninfas desprezaram e molhado enfia-se nas roupas amarrotadas, húmidas elas do suor, um desconsolo.

Perto da ponte onde a estrada entronca com a que vem de Reguengos, tomam banho raparigas e rapazes. Riem, os malvados, lançam uns aos outros chapadas de água, devia haver uma lei que proibisse estes excessos: o viajante sente acordar dentro de si uma alma de Nero, está prestes a cometer um crime. Enfim, passou-lhe. Da ponte faz um aceno aos nadadores, conservem os deuses este rio para sempre e a vossa mocidade enquanto for possível.

Mourão não tinha muito para mostrar. Contudo, o viajante foi pontualmente ao castelo, que integra a igreja matriz, mas um e outra estavam fechados e não prometiam por fora nenhumas maravilhas dentro. Mas nem por isso deixou de encontrar belezas: cá estão as chaminés, circulares e de remates cónicos, que quase só aqui se encontram, e as mesmas, mas não monótonas, fachadas caiadas, outra vez mostrando o valor cromático que o branco adquire no jogo da luz incidente ou rasante, na sombra dura ou na penumbra macia dum recanto aonde a luz só chega mil vezes quebrada: tal é possível até mesmo numa tarde violenta como esta.

Paisagens assim, isto é o que vai pensando o viajante enquanto continua para o sul, para serem sufocantes, nem precisariam do calor. Entre Mourão e Póvoa, entre Póvoa e Moura, para um lado e para outro da estrada, os campos estendem os seus infinitos restolhos de um amarelo-pálido, quase branco se o calcamento o partiu e o Sol faz brilhar o interior polido do caule, e esta visão que parecia igual torna-se caleidoscópica. Olhar estas searas ceifadas, olhá-las fixamente durante alguns minutos, é entrar numa vertigem suave, numa espécie de hipnotização dada e recebida, quase extática.

Em Moura, que tem uma bela praça, muito mais sala de receber do que lugar de passagem, o viajante sentiu a primeira aragem do dia. Tímida ainda, logo arrependida do atrevimento em dia só ao senhor Sol reservado, mas graças a ela é que sentiu coragem de ir ao castelo, de saltar por cima das ruínas, que são muitas e variadas. É uma cenografia para drama nobre decadente ou temíveis duelos à espada em noite de luar. O viajante, agora falando muito a sério, espanta-se com o alheamento da gente cinematográfica portuguesa em relação a cenários naturais que para todos os gostos e necessidades possuímos abundantemente. Dita ou pensada esta sentença, voltou ao largo, viu de fora o belo portal trilobado da igreja matriz, com o seu arco conopial que lembra, ou na ocasião lembrou, o portal de Penamacor, e o cortesão, nada eclesiástico balcão de dossel com os seus colunelos jónicos e ferros batidos. Gosto tinha, sem dúvida, o mestre de pedraria Cristóvão de Almeida, que esta obra fez, e pação seria o abade que tal mundanidade quis na sua igreja.

Vai-se rematando a tarde, subtilmente refrescada, se de

refresco se pode falar, mas as árvores da beira da estrada ajudam, as terras movem-se um pouco no ondular das colinas, e o viajante começa a respirar com deleite. Mas antes de Pias, no fim duma descida, estão dois guardas-republicanos a pedir papéis a quem passa, o que é normal, e ali perto, uma camioneta com outros guardas, o que de normal tem pouco. O viajante mostrou que não traz as mãos tintas de sangue e passou. Em Pias, com gente pelas ruas, perguntou onde era a igreja matriz. Queria ver a tábua que mostra Martim Moniz entalado na porta do Castelo São Jorge. Mas a igreja estava fechada, o que veio a resultar em justiça poética: gente sacrificada por sua vontade própria para que vivam e floresçam os que hão de vir, não falta nestes dias de hoje. Nestas mesmas terras.

O viajante dormirá neste sítio de São Gens, perto de Serpa. Há, aqui para trás, uma Ermida de Nossa Senhora de Guadalupe. O que tem para ver, vê-se de fora. Não é como a paisagem que diante dos olhos do viajante se alonga. Essa quer que a vejam por dentro. É uma distância de árvores e colinas quase rasas, simples cômoros que se confundem com a planície. Já se pôs o Sol, mas a planície não se apaga. Cobre o campo uma cinza dourada, depois empalidece o ouro, a noite vem devagarinho do outro lado, acendendo estrelas. Chegará mais tarde a Lua, e os mochos chamarão uns pelos outros. O viajante, diante do que vê, sente vontade de chorar. Talvez tenha pena de si mesmo, desgosto de não ser capaz de dizer em palavras o que esta paisagem é. E diz apenas assim: esta é a noite em que o mundo pode começar.

O PULO E O SALTO

Quando o viajante acordou e abriu a janela do quarto, o mundo estava criado. Era cedo, ainda vinha longe o Sol. Nenhum lugar pode ser mais serenamente belo, nenhum o será com meios mais comuns, terra larga, árvores, silêncio.

O viajante, tendo assim estas coisas estimado com o seu saber de muita experiência feito, pôs-se à espera que o Sol nascesse. Assistiu a tudo, à transformação da luz, à invenção da primeira sombra e do canto da primeira ave, e foi o primeiro a ouvir uma voz de mulher, vinda do invisível, dizendo esta frase simples: "Vai estar outro dia de calor". Proféticas palavras, como o viajante viria a saber à sua custa.

De uma volta por Serpa não colheu muito, o portal renascença da antiga gafaria de Santo André, hoje Igreja de Nossa Senhora da Saúde, a cerca de muralhas do castelo, com o ciclópico torrejão em ruína. O melhor ainda são as casas de toda a gente: baixas e brancas, abraços de cal que vão cingindo as ruas, luz de luar que às paredes ficou agarrada e não se apaga. O viajante vai perguntar que estrada há de seguir para chegar ao Pulo do Lobo. É um inocente, este viajante. Outras vezes o suspeitou, hoje terá a prova. O interrogado, homem calmo, de falar lento, dá explicação e remata: "É nesse carro que vai?". Ainda é cedo para perceber o viajante o motivo da pergunta, e cuida que lhe estão a desfazer no transporte. Responde seco: "É, sim senhor". O homem abana a cabeça compassivamente e afasta-se.

Até São Brás a estrada faz boa companhia. Atravessa um grande ermo, paisagem de cabeços arredondados, mar picado de vaga curta, uma e outra pequenas tabuletas de madeira indicam o caminho para montes que da estrada não se avistam, nem sequer a ponta duma chaminé. Há mais dois quilómetros de razoável caminho, e começa a tormenta: o leito da estrada é um estendal de pedras soltas, um sobe e desce de buracos e lombas. O viajante já passou por apertos destes, mas o caos prolonga-se, e o pior de tudo é a opressiva sensação de isolamento: não há casas, os campos de cultivo parecem estar ali há mil anos, e, de todos os lados, os cabeços trepam às costas uns dos outros para ver se o viajante esbarra, ou derrapa, ou simplesmente desanima. O viajante cerra os dentes, faz-se pluma para aliviar a castigada suspensão,

desafoga-se quando aparece um palmo de pavimento liso, aceitou o desafio do planeta desconhecido.
 Quase se rendeu. Há uma descida profunda, uma curva louca para a esquerda, como se a estrada ali tivesse sido cortada cerce, tão íngreme que as pedras rolam e vão cair, tumba que tumba, no vale penhascoso onde uma faixa estreita de verdura está dizendo que é sítio de água. O viajante acobarda-se, pensa voltar para trás. Será vergonha, mas com estas pode um homem viver. Porém, voltar para trás, como? Recuar é um risco, impossível manobrar e inverter a marcha. Enquanto não se lhe achar o termo, se o há, o caminho é para a frente. Seja. Cautelosamente, o viajante prossegue, um caracol iria mais depressa, e eis a curva, quase um ângulo reto. Em baixo há uma ribeira, estão ali dois homens e um garoto, olham pasmados o viajante que se aproxima. "Bons dias. Isto aqui é o Guadiana?" De mais sabia o viajante que ali não podia ser o Guadiana: atirara a pergunta como quem faz um exorcismo. "Não senhor. Aqui é a ribeira de Limas." "E o Pulo do Lobo, fica longe?" "Uns três quilómetros", responde o homem mais velho. "O caminho é mau?" "Não é pior do que foi até agora. Ainda há um bocado com pedras, mas depois vai-se bem. Foi um bom suadoiro, hã?" O viajante quer sorrir, mas a cara sai-lhe lastimosa: "Nem me fale nisso. Então o Pulo do Lobo?". "Vá andando sempre em frente, passa dois montes, depois desce a fundo, em encontrando uma sobreira vira por um caminho à sua mão direita, daí para diante não tem que enganar."
 Sobre as lajes do leito da ribeira, agora a seco (como será isto no Inverno?), o viajante passa para o outro lado. Recomeça a subir, já nem liga a pedras, quem se perdeu por cem, perca-se por mil, mas onde estarão os montes, a sobreira, o caminho de terra que há de levar a um destino, o infernal Pulo do Lobo, onde se meteu? Se o viajante tivesse um grãozinho de bom senso, voltaria para trás, mas é obstinado, teimoso, fincou os dentes na ideia, nada o fará desistir. Enfim, cansou-se o deserto. Aí está o primeiro

monte, o segundo, mas não se vê vivalma, e lá ao fundo a sobreira, o desvio para a direita. Este caminho é o da glória. Vai circulando pelo alto dos cabeços, nunca desce aos vales, e, tendo por uma única vez subido em curva larga, acaba à porta de um monte arruinado. Daí para diante é um carreiro, com sinais de rodado de tratores. Por seu pé, o viajante começa a descer. Vai contente. O Pulo do Lobo há de ser além, por enquanto nada se vê, mas, só por si, ter chegado já não é pequena proeza.

De repente, como se uma cortina se afastasse, aparece o Guadiana. O Guadiana? A este lado, sim, uma estreita toalha de água que se precipita em rápido tem parecença de rio. Mas não o imenso acidente de rocha que se estende para a esquerda, rasgado numa violenta cicatriz, onde de longe em longe branqueja a espuma. Isto não é Portugal, é um pedaço enxertado doutro mundo, o que resta de monstruoso meteorito que veio do espaço, e caindo se partiu para deixar passar a água da terra. A rocha calcinada, áspera, rugosa, eriçada de dentes agudos, não deixa que cresça em si um fio de erva. O rio ferve entre as paredes duríssimas, rugem as águas, espadanam, batem, refluem e vão roendo, um milímetro por século, por milénio, um nada na eternidade: acabar-se-á o mundo primeiro que conclua a água o seu trabalho. O viajante caiu em pasmo perfeito. Esqueceu o caminho perigoso, os suores quentes e os suores frios, a aflição de um desastre possível, o aceno compassivo do homem de Serpa. E pergunta: "Como é que está isto em Portugal e tão poucos o sabem, e ainda menos o conhecem?". Vai custar-lhe muito retirar-se daqui. Voltará atrás por duas vezes para fingir que tendo continuado viagem lá tornou daí a um ano, daí a dois. É isto o Pulo do Lobo. Tão estreita a fenda entre as margens rochosas que bem podia um animal em fuga ter saltado aqui. Lobo foi, dizem. E salvou-se. É o que o viajante sente também: ter vindo aqui, olhar estas formidáveis paredes, este rasgão profundo na carne da pedra, é uma forma de salvação. Quando finalmente se afasta, nem o caminho lhe parece ruim. Talvez seja apenas a provação necessária para apurar quem é e quem não é merecedor de aceder ao lugar do assombro.

Chegando a Serpa, o viajante tem de fazer um esforço para habituar-se de novo ao mundo comum dos homens. Já na saída para Beja olha a abandonada Ermida de São Sebastião, tão formosa na sua hibridez de manuelino e mudéjar. Hibridez, pensa, porém seria mais correto dizer simbiose, união não apenas formal, mas vital. Não tão vital assim, repreende o espírito lógico, uma vez que o estilo não ultrapassou os limites do Alentejo nem se prolongou no tempo, transformando-se. Vital, sim, responde o espírito intuitivo, porque a arquitetura civil, a casa, a chaminé, o alpendre aí estão a proclamar donde vêm, que pais estilísticos foram os seus: a construção moura, que perdurou para além da reconquista, a construção gótica, que a ela se juntou em seu devido tempo.

Vai o viajante assim refletindo quando outra vez lhe aparece pela frente o Guadiana, agora de amplo e pacífico regaço. É um jogo de escondidas em que os dois andam, sina de amor que se experimenta. Justamente quando atravessa a ponte, o viajante pensa que um dia gostava de descer o rio de barco, começando lá em cima, na Juromenha, até ao mar. Talvez se fique por este gosto sonhado, talvez se decida bruscamente e cometa a aventura. Então representa-se-lhe diante dos olhos o Pulo do Lobo, ouve o clamor da água, vê claramente os vórtices entre as pedras, a morte possível. De futuro, o viajante vai ficar a observar-se, um pouco cético e irónico, um pouco enternecido e esperançoso: sempre quero ver se és capaz.

Logo adiante, uma tabuleta aponta o desvio para Baleizão. É terra sem artes assinaladas, mas o viajante murmura: "Ai, Baleizão, Baleizão", e mete ao caminho. Não parará na aldeia, não falará a ninguém. Limita-se a passar, quem o vir dirá: "Olha um turista". Nem sabe esse quanto se engana. O viajante respira fundo o ar de Baleizão, vai entre duas filas de casas, apanha na passagem um rosto de homem, um rosto

de mulher, e quando sai do outro lado da aldeia, se no seu próprio se lhe não vê sinal de transfiguração, é porque um homem, quando tem de ser, disfarça muito.
   Em pouco se chega a Beja. Lá no seu alto edificada (e aqui, nestas paragens rasas, falar de alturas não é nenhuma vertigem), a antiga Pax Julia romana não parece vir de tão longa antiguidade. Não lhe faltam, é certo, vestígios dessas épocas, e outras mais recuadas, ou dos visitados depois, mas a ordenação da cidade, a irreflexão de derrubes e levantamentos, uma vez mais o desleixo, e sempre a dramática ignorância, tornam-na, à primeira vista, igual a aglomerações de pouca ou nenhuma história. É preciso procurar, ir ao castelo, a Santa Maria, à Misericórdia, ao museu. Por eles se saberá que Pax Julia (Baju para os Mouros, que não sabiam latim, e depois Baja, e enfim Beja) tem de história que baste e sobeje.
   Vai o viajante primeiramente à Igreja de Santa Maria. Dentro não perde nem ganha: de risco clássico as três naves, curiosa a *Árvore de Jessé*, mas sem mais. É cá fora, à vista de quem passa, que Santa Maria tem a sua maior beleza: a galilé de três arcos fronteiros, branca como se deve em terras transtaganas, apenas deixados na cor natural da pedra os capitéis onde vão assentar as nervuras da abóbada. Esta galilé promete o que as naves não cumprirão, mas quem entra tem de sair, e quem dentro se desconsolou reconforta-se à despedida.
   Do castelo se diria, para insistir no estilo, que não tira nem acrescenta. Mas à torre de menagem deve o viajante fazer vénia. Se em Estremoz prezara, aqui haverá de estimar. São ambos parentes, mas esta sobreleva a primeira, e todas as mais, em grandeza e imponência. Das suas salas interiores, todas abobadadas, levaria o viajante, se pudesse, a sala central, de abóbada estrelada, muçulmana de inspiração, para prova de que os arquitetos cristãos souberam, ainda por muito tempo, entender a necessidade de um estilo e de uma técnica que tinham, nesta região, raízes culturais profundas. Tolice foi, mais tarde, tê-las arrancado.

Que Pax Julia tivesse dado Beja, depois de ter servido de trava-línguas a mouros, não há que estranhar. Mas que um açougue tivesse acabado em igreja, pode surpreender. Afinal, tudo vai das necessidades. Em Évora, fez-se do templo romano matadouro, aqui achou-se que a construção era bela de mais para servir de talho, e, no mesmo sítio onde se sacrificariam carneiros aos apetites do corpo, passou a sublimar-se o sacrifício do divino cordeiro às salvações da alma. Os caminhos por onde os homens circulam só aparentemente são complicados. Procurando bem, sempre se encontram sinais de passos anteriores, analogias, contradições resolvidas ou resolúveis, plataformas onde de repente as linguagens se tornam comuns e universais. Esta colunata da Igreja da Misericórdia mostra o carácter diferenciado (no sentido duma apropriação coletiva local) do estilo arquitetónico do Renascimento quando entendido compativelmente com expressões regionais anteriores.

O viajante gostaria de ir ver os capitéis visigóticos da Igreja de Santo Amaro, mas desta vez nem se aventurou à busca da milagrosa chave. Terá errado, quem sabe se seria fácil, mas se em terras pequenas a dificuldade é às vezes tanta, que faria nesta cidade, distraída com as suas preocupações, contra ou a favor. O viajante preferiu ir ao museu, que é um ver mais certo.

O Museu de Beja é regional e faz muito bem em não querer ser mais do que isso. Assim poderá gabar-se de que quase todo o recheio é daqui mesmo ou foi cá encontrado em escavações, e portanto duplamente daqui. O espaço em que as espécies se mostram é o do velho Convento da Conceição, com mais rigor, o que resta dele: igreja, claustro, e sala do capítulo. Por estes lugares passeou Mariana Alcoforado os seus suspiros de carnalíssima paixão. Estava no seu direito, que não é meter uma mulher dentro das quatro paredes dum convento e esperar que murche sem revolta. O que o viajante duvida é das cartas, isto é, de serem de mente e mão portuguesa e conventual. Aquilo são flores de retórica sensível pouco ao alcance de menina natural destas charnecas, mesmo que de família apurada em meios, de espírito e outros. Aliás, o grande amor de Mariana Alcoforado, se foi ela, não lhe abreviou a vida: oitenta e três anos andou por este vale de lágrimas, mais de sessenta no convento, comparemos com as médias de existência ao tempo e veremos o avanço que a freirinha de Beja levou para o paraíso.

O viajante não descreverá o museu. Regista o que lhe ficou na lembrança (e as razões são muitas, nem todas objetivas, para que a memória retenha isto e não aquilo), por exemplo, os andores de prata dos dois santos Joões, o Batista e o Evangelista, pesados bastante para fatigar duas confrarias, e nota como se instaurou uma rivalidade entre João e João, cada qual mais rico e favorecido, cada qual mais requestado de orações. Ao tempo de Mariana ainda estes andores não existiam. O viajante não pode, portanto, imaginar a apaixonada irmã a inventar recados celestes que lhe favorecessem os mundanais amores, mas não duvida que outras freiras, movidas por este luxo de sensuais pratas, tenham rogado aos santos proteção adequada mal puseram estes pé nos sumptuosos tronos.

A Casa do Capítulo, de bela proporção, com o seu teto delicadamente pintado, reúne uma coleção preciosa de azulejos, a que só podem comparar-se os de Sintra: azulejos de corda seca, sevilhanos, tipo de brocado gótico; azulejos de aresta, sevilhanos; outros valencianos, de Manises, lisos, azuis e verdes com reflexos de cobre. O que é particularmente notável é a harmonia conseguida nestas quatro paredes por espécies diferentes, quer no desenho, quer na cor, uns do século xv, outros do século xvi. O efeito das policromias e dos padrões é de irrepreensível unidade. O viajante, que às vezes não sabe muito bem como acertar uma calça e uma camisa, regala-se com esta ciência da composição.

Vai depois olhar a pintura, que a tem inesperadamente boa o Museu de Beja e não muito citada. É exceção a esse mau conhecer, claro está, o *S. Vicente,* dito do Mestre de

Sardoal, ou sua escola: trata-se, sem favor nenhum, duma obra-prima que qualquer museu estrangeiro faria subir aos pincaros da fama. Nós, por cá, somos tão ricos de salões, com este hábito de beber a todas as refeições champanhe, que pouco ligamos ao corredor das artes. Defenda Beja o seu *S. Vicente* porque defende um tesouro sem preço. De mais poderia ainda, e era seu dever, falar o viajante: fica-se pelos Riberas, pela *Santa Bárbara*, pelo mavioso e florido *Cristo* de Arellano, pela impressionística *Flagelação*, e sobretudo, não por razões de mérito artístico, que são escassas, mas pelo humor involuntário da situação, a tela setecentista que representa o *Nascimento de S. João Batista*: a familiaridade, a confusão de pessoas e anjos que se agitam em redor da criança nascida (enquanto ao fundo, ainda deitada, Santa Ana dita a certidão de nascimento do filho), põem o viajante a sorrir de puro deleite. Não é mau farnel para a viagem.

Um itinerário assim, parece de homem perdido. Já do Pulo do Lobo a Beja fez a rota a noroeste, e agora vai rumo franco a norte, à Vidigueira primeiro, depois a Portel. Por onde passa encontra, e se pede informações para o caminho sabe sempre aonde quer chegar: é portanto um viajante que a si próprio se achou.

Quem diz Vidigueira, diz Vasco da Gama e vinho branco, com perdão de catões que vejam falta de respeito nesta aproximação de história e copo. Do almirante das Índias levaram os ossos para Belém de Lisboa. Resta do seu tempo a Torre do Relógio, onde ainda hoje se pode ouvir o sino de bronze que ele mandou fundir, quatro anos antes de morrer, em 1524, na distante terra de Cochim. Quanto ao vinho branco, continua vivo e promete durar mais que o viajante.

No alto do Mendro entra-se no distrito de Évora. Portel está duas léguas adiante. Tem o encanto das ruas irregulares, pouco afeiçoadas à linha reta, e certas frontarias adornam-se de ferros forjados. Há ainda portais góticos, outros manuelinos, e alguns velhos edifícios, como os Açougues, com a pedra de armas, e a Igreja da Misericórdia, onde, além da tribuna dos mesários, opulenta, se mostra um Cristo morto de madeira, quatrocentista, de belíssima fatura gótica. O viajante subiu ao castelo para ver a paisagem e as pedras que lá estivessem. De vistas foi favorecido: o eirado da torre de menagem dá diretamente para o mundo, estendendo um braço chega-se ao cabo dele. É o que têm estas terras alentejanas: não fazem negaças, quanto têm mostram logo. O castelo é octogonal, duas vezes cingido de muralhas, e alguns destes torreões cilíndricos vêm do século XIII e do tempo de D. Manuel I. Há restos dum palácio dos duques de Bragança e duma capela, quase indecifrável tudo isto para olhos pouco afeitos. Outros de maior experiência identificarão nestes encordoados o estilo de Francisco de Arruda, que foi arquiteto e empreiteiro das obras.

O viajante gosta de nomes, está no seu direito. Não tendo motivo para parar em Oriola, povoação no caminho de Viana do Alentejo, saboreou-lhe as sílabas italianíssimas ou geminalmente mais próximas da Orihuela valenciana. E por falar de nomes custa-lhe ao viajante entender por que quis Viana ser banalmente do Alentejo quando, por bairrismo, repudiou o topónimo de Viana-a-par-de-Alvito. Colhesse em época mais recuada esse outro enigmático nome que foi seu primeiro, de Viana de Fochem, e talvez se multiplicassem os visitantes, porventura logo atraídos pelos prestígios de Évora, ao norte, e por Beja, ao sul. Não pode Viana, claro está, disputar com as duas capitais, mas entre castelo, cruzeiro, igreja matriz, ermidas e santuário, posto isto tudo dentro e fora da vila de estreitas e brancas ruas, não lhe faltam dons e poderes para acordar amores no viajante. São de pouca altura as muralhas, sinal de escasso empenho bélico ou feliz sentido de proporção. Quem ao castelo chega do lado sudeste, vê, por cima das ameias muçulmanas, o jogo geométrico das obras altas da igreja matriz, os merlões chanfrados, os cubelos agulhados, os contrafortes e arcobotantes: se é possível resumir em poucas palavras, uma festa para os olhos.

A entrada para o castelo dispõe-se em níveis sucessivos, em patamares. À sombra dumas árvores, refúgio de um Sol que queima, estão dois rapazes e duas raparigas: falam de estudos, feitos ou por fazer, vê-se que o caso é sério. O viajante, informado, foi à procura da chave. Quando torna, a conversa continua, exame como, exame quando, muito tem de sofrer a juventude. Lá dentro, a igreja fascina pelo sentido espacial da sua construção: a abóbada de artesãos é suportada por grossíssimos e não apurados pilares octogonais, e as três naves desenvolvem-se em cinco tramos de grande vão, traçados em arcos de volta perfeita. O coro, quer pela franqueza dos acessos, quer pela liberdade da sua integração no corpo da igreja (absorve o primeiro tramo), não tem o ar distante e reservado que é comum nestas partes da estrutura. Pelo contrário: apetece subir e descer, fazer dele mirante para ofícios e cerimónias. O viajante subiu e desceu, feliz como um garoto que já fez os exames todos. Quando sai, olha com vagar o portal geminado, riquíssimo de efeitos e motivos decorativos, em seu arco de carena, os atributos régios (escudo das quinas, cruz de Cristo, esfera armilar, camaroeiro), os elementos de folhagens e figuras humanas: aqui meio escondido, este portal manuelino é uma lição perfeita do nosso hibridismo ornamental.

Agora o viajante vai rematar o laço que começou a traçar em Beja. Desce a Alvito, porém antes de lá chegar ainda espreitará o que puder da Quinta de Água de Peixes, velho solar do século XIV modificado por obras feitas nos primeiros anos do reinado de D. Manuel I, em que puseram mão artífices mouriscos ou judeus porventura expulsos de Castela depois da conquista de Granada. É precioso o alpendre da entrada, assente em esbeltos colunéis de pedra, com telhado de quatro águas, de menos acentuada inclinação posterior, o que introduz um estimulante elemento de assimetria. O balcão de um canto tem formosa ornamentação de influência mudéjar que mais uma vez faz suspirar o viajante.

Em Alvito prometia-se festa. Ninguém nas ruas, mas

um altifalante projetava a todos os ventos, em insuportável estentor, uma canção de título espanhol cantada em inglês por um duo de vozes femininas, e suecas. Ali em baixo é o castelo, ou paço acastelado, de traço invulgar em terra portuguesa, com as suas torres de ângulo, boleadas, e os grandes panos de muralha. Por razões não sabidas, estavam as portas fechadas. O viajante desceu ao largo, bebeu de um fontanário uma água chilra que lhe agravou a sede, mas como é homem de sorte achou-se refrescado logo adiante, quando ao entrar numa rua levantou os olhos a averiguar onde estava e viu: Rua das Manhãs. Oh magnífica terra de Alvito, e também agradecida, que num cunhal dum prédio prestou homenagem às manhãs do mundo e dos homens, guarda-te a ti própria para que sobre ti não desça outra noite que não seja a natural! O viajante não cabe em si de contente. E como um espanto nunca vem só, após risonho engano que o fez tomar repartição de finanças por capela, foi dar com a igreja matriz mais aberta que já se viu, três largas portas escancaradas por onde entrava a luz a jorro, mostrando como afinal não há mistério nenhum nas religiões, ou, se há, não é o que parece. Aqui reencontrou o viajante os pilares octogonais de Viana do Alentejo, comuns nestas regiões, além de bons silhares de azulejos seiscentistas representando cenas sacras.

 Por este caminho, passando Vila Ruiva e Vila Alva, chega-se a Vila de Frades, onde nasceu Fialho de Almeida. Porém, a glória artística da terra é a vila romana de São Cucufate, a poucos quilómetros, no meio duma paisagem de olivais e mato. Um letreiro minúsculo na beira da estrada aponta para um caminho de terra: será além. O viajante sente-se descobridor de ignotos mundos, tão recatado é o sítio e mansa a atmosfera. Em pouco tempo se chega. As ruínas são enormes, desenvolvem-se, lateralmente, em grandes frentes, e a estrutura geral, de pisos sobrepostos e robustos arcos de tijolo, mostra a importância do aglomerado. Estão em curso escavações, pelo aspeto feitas com critério científico apurado. Num terreiro liberto que terá servido de cemitério abriram-se grandes cavidades retangulares no fundo das quais, ainda meio presos na terra, há esqueletos. Estas ruínas foram aproveitadas na Idade Média para mosteiro, o Mosteiro de São Cucufate: serão dos frades os ossos, mas certamente não aqueles, tão miudinhos que só podem ter pertencido a uma criança. E se a largura dos ossos da bacia alguma coisa prova, este esqueleto é de mulher.

Em geral, as ruínas são melancólicas. Mas estas, talvez por se sentir nelas o trabalho de gente viva, e apesar dos fúnebres restos que à vista estão, acha o viajante que são agradável lugar. É como se o tempo se tivesse comprimido; anteontem estavam aqui os romanos, ontem os frades de S. Cucufate, hoje o viajante, por pouco não se tinham encontrado todos.

Deste lado há uma igreja, obra certamente dos monges. Serve agora de arrecadação para os materiais e utensílios das escavações, mas tem o teto da pequena nave central coberto de pinturas a fresco, algumas ainda em bom estado de conservação, e parecendo, pelo estilo arcaizante ou pela inabilidade da mão do artista, muito mais antigas do que a época que lhes é atribuída: séculos XVII ou XVIII. O viajante não é autoridade, mas permite-se rejeitar a opinião: prefere imaginar um frade medievo aplicadamente pintando esta capela sistina de ordem pobre em país mais pobre ainda. Os olhos dos santos arregalam-se para o viajante, anunciam uma pergunta que não chega a ser feita em voz alta: como vão as coisas depois destes séculos todos?

Cá fora cai o crepúsculo. Naquelas grandes pedras que se debruçam para a encosta há a marca de uma ferradura. Diz-se que foi o cavalo de Santo Iago, ao firmar impulso para saltar sobre o vale e alcançar o cabeço de além. O viajante não vê qualquer razão para duvidar: se em Serpa pulou um lobo, por que não saltaria um cavalo em São Cucufate?

OS ITALIANOS EM MÉRTOLA

Quando o viajante tornou a sair de Beja, não levava como farnel o deleitado sorriso que o nascimento do Batista acordara. Mas tendo visitado hoje outra vila romana, a de Pisões, refrescaram-no os mosaicos geométricos, o geral desafogo dos vestígios de construção que restam. Não estava mau o viático para quem a tão grandes calores iria outra vez aventurar-se. Porém, o sorriso novo apaga-se em poucos quilómetros, foi um cristal de neve, já cá não está. Ainda passado ontem o viajante falava, com espanto, e sem outras mais palavras que esta, dos campos de Entre--Mourão-e-Moura, de Entre-Moura-e-Serpa. Que há de então dizer, agora, quando atravessa a planície em direção a Castro Verde, por Trindade e Albernoa? Oh, senhores, vós que ao sol da praia vos deitais, vinde aos campos de Albernoa conhecer o Sol. Vede como estão secos estes ribeiros, o barranco de Marzelona, a ribeira de Terges, os minúsculos, invisíveis afluentes que não se distinguem da paisagem, tão seca como eles. Aqui se sabe, sem ter de recorrer aos dicionários, o que significam estas três palavras: calor, sede, latifúndio. Ao viajante não faltam luzes destas paragens, mas o que os olhos mostram é sempre maior e mais do que se julgava saber.

Um milhafre atravessou a estrada em voo pairante. Veio do alto caindo, parecia que tinha claro o alvo entre os restolhos, mas depois, com um golpe de asa, quebrou a descida, e, noutro ângulo deslizando, orientou o voo para além das colinas. Anda à caça, solitário na imensidão do céu, solitário nesta outra imensidão fulgurante da terra, ave de presa, força de seda e aço, só quem uma vez te não viu pode censurar-te a ferocidade. Vai e vive.

Castro Verde merece o nome que tem. Está num alto e não lhe faltam verduras para aliviar os olhos das sequidões da charneca. Se só de monumentos cuidasse hoje o viajante, mal lhe valeria a pena de vir de tão longe para o pouco que verá, valendo embora tanto atravessar mais de quarenta quilómetros de searas ceifadas. Está aberta a Igreja das Chagas do Salvador, que tem para mostrar ingénuos quadros com cenas guerreiras e um bom silhar de azulejos, mas a matriz, a que chamam aqui basílica real, não. O viajante desespera-se. Vai à procura do padre que mora em tal e tal sítio, uma casa toda cercada de parreiras, engana-se uma vez e duas, e enfim dá com a residência, cá estão as parreiras. O padre é que não está. O viajante dá a volta à casa, vai aos fundos do quintal, nem cão ladra nem gato sopra. Regressa zangado à igreja, abana-lhe as fortíssimas portas (é uma imensa construção, e diz-se que lá dentro há uns painéis de azulejos que representam episódios da batalha de Ourique), mas o santo lugar não se comove. Estivessem estas coisas convenientemente organizadas, e, faltando o padre, viria um anjo à porta, abanando as asas para se refrescar, e perguntaria: "Que queres?". E o viajante: "Venho ver os azulejos". Tornava o anjo: "És crente?". E o viajante, em confissão: "Não, não sou. Tem, importância para os azulejos?". E o anjo: "Não tem nenhuma. Podes entrar". Assim é que devia ser. Quando o padre regressasse, o anjo daria contas da sua guarda: "Esteve aí um viajante para ver os azulejos. Deixei-o entrar. Pareceu-me boa pessoa". E o padre, para dizer alguma coisa: "Era crente?". Responderia o anjo, que não gosta de mentir: "Era". Num mundo assim, pensa o viajante, não ficaria um azulejo para ver.

Curioso caso. Em paragens de Albemoa viu o viajante um milhafre, e agora encontra outro, mas este está engaiolado. Ainda não se conformou, se é que bicho assim se conforma alguma vez, menos se foi apanhado já adulto. Chega a cabeça à rede e de repente abre a goela e lança um grito, áspero ganido que faz arrepiar o viajante. Castro Verde gosta das aves. Ao redor do jardim, há gaiolas com rolas, bicos-de--lacre, periquitos, pombos-de-leque, meia dúzia de tribos do povo alado, todos em companhias de macho e fêmea, exceto o milhafre, que está sozinho.

O viajante vai conversar com amigos, fazer tempo até às

funções da tarde e da noite. Há três dias que duram as festas do senhor S. Pedro: tocaram a filarmónica e o conjunto de *rock*, dançaram os novos e os que ainda querem sê-lo, houve corridas a pé e de bicicleta, missa como se deve, e hoje rematam-se as alegrias. Ao cair da tarde, quando quebrar o Sol, serão lidadas umas tantas perigosas vacas, gado muito batido e que marra de olhos abertos, e aí se verá quantos moços de Castro Verde e de Entradas vão descer à praça para receber palmas e cornadas. O perigo não é grande. São duros os bichos às primeiras investidas, e brutos, mas, por fim, zonzos de gritaria e pó, moídos de derrotes e rabejamentos, entram em acordo com a rapaziada, investem para inglês ver e param logo que sentem o pegador instalado na armação torcida, mal embolada e cabana. O público, empoleirado nas tábuas oscilantes da praça improvisada, não se deixa enganar. Protesta que a vaca está cansada, reclama outro animal. Toda a gente se diverte, a filarmónica toca para espevitar os brios, o cometa sopra para outra pega. Um moço de Entradas aproxima-se da vaca por trás, talvez queira dar-lhe uma palmada, mas o bicho volta-se de repente, o pobre rapaz fica paralisado de espanto e quando dá por si está no ar, enganchado entrepernas por um chavelho, mas tem tanta sorte que, tendo caído em cima do lombo, resvala para o lado da cabeça, aí se agarra na mais monumental pega que jamais se viu em terras do Baixo Alentejo. São quinhentas gargalhadas, que este público não é do que se deixa enganar por aparências. Mas, enfim, o moço leva os seus aplausos, enquanto a filarmónica, entusiasmada, atira para o ar um *paso doble*. O viajante, que há quarenta anos teve de pegar um garraio malévolo que o escolhera para alvo, sabe o que são estas glórias de acaso. Porém, tem de reconhecer que são tão saborosas como as outras.

    À noite, há um festival de cantares alentejanos. São sete ou oito grupos de perto e longe. Cantam os trabalhos e os dias, os amores e as paisagens. Estão duas mil pessoas a ouvi-los pela noite fora, em silêncio, só aplaudindo no fim de cada canção, à entrada de cada grupo, mas neste caso quase nada, porque é sabido que mal se podem bater palmas quando os homens começam a mover-se, lentamente, naquele movimento pendular dos pés, que parecem ir pousar onde antes haviam estado, e no entanto avançam. O tenor lança os primeiros versos, o contratenor levanta o tom, e logo o coro, maciço como o bloco dos corpos que se aproximam, enche o espaço da noite e do coração. O viajante tem um nó na garganta, a ele é que ninguém poderia pedir-lhe que cantasse. Mais facilmente fecharia os punhos sobre os olhos para não o verem chorar.

Dormiu o viajante em Castro Verde e sonhou com um coro de anjos vestidos de ganhões, sem asas, cantando em voz grossa e terrestre, enquanto o padre vinha a correr com a chave e abria a igreja para que toda a gente visse os azulejos da batalha. Acordou manhã alta e, tendo feito as despedidas, meteu-se a caminho.

Subtilmente, a paisagem modifica-se. Para cima, é a grande extensão já atravessada pelo viajante, para o sul o chão encrespa-se suavemente, sobe, desce. Depois de São Marcos da Ataboeira começam a ver-se ao longe duas altas elevações, Alcaria Ruiva a maior, tão bruscamente levantada que, a olhos habituados à planície, parece artificial. É aí que a transformação se torna brusca: o mato substitui as terras cultivadas, as colinas encavalam-se, os vales tornam-se fundos e escuros. Em meia dúzia de quilómetros, se não menos, passa-se da planura para a serra. O viajante tem visto a paisagem modificar-se diante dos seus olhos.

Nunca assistiu a tão rápida transição. Dirá, por isto, que a paisagem que envolve Mértola é já algarvia, com o que, note-se bem, não quer tirar terras ao Alentejo para as dar ao Algarve. Se o viajante tirasse terras, fazia assim: tirava terras ao Alentejo para as dar aos alentejanos, tirava terras ao Algarve para as dar aos algarvios, e, começando pelo Norte, do Minho para os minhotos, de Trás-os-Montes para os transmontanos, assim sucessivamente, cada um com cada qual, e tudo com Portugal. Era assim que o viajante faria. A Mértola veio também o Guadiana, o das negaças. Este rio nasceu belo e belo acabará, é sina que há de cumprir. O viajante vai espreitá-lo, vê que não perdeu a cor profunda das águas nem a braveza, mesmo quando, como neste lugar, desliza entre pacíficas margens. Está-lhe na natureza, é um milhafre a gritar.

Para chegar à igreja matriz, há que subir. A porta está fechada, mas aqui o viajante não estranha nem se alarma. Onde é hoje a igreja, foi mesquita árabe, e este simples dado histórico aparece para justificar todos os recatos, todas as trancas e fechaduras. Por que caminhos ínvios se lhe forma na cabeça tal raciocínio, não sabe. Limita-se a dizer como foi. Bate a uma porta, logo lhe dizem que não é ali, mas mais abaixo. E nem o viajante precisa de ir ao sítio. Com um agudo grito, que mais parecia de almuadem, chamou a vizinha a sua vizinha, e em meio minuto veio esta, não com uma chave, mas duas. É a primeira para abrir uma capelinha ali entalada na parede, onde mal cabem três pessoas. É do Senhor dos Passos esta capela. Tem um Senhor trajado de roxo, com todos os maus-tratos patentes em pés, mãos e castigada face. Mas o melhor são duas esculturas, uma mostrando Cristo atado à coluna, outra um Ecce Homo, de robusta anatomia ambas, académicas se não fosse justamente essa robustez, com todos os músculos salientes, uns que o esforço pede a todos nós, outros que só um atleta seria capaz de exibir. O viajante surpreende-se com estas perfeições encerradas numa capela minúscula, pergunta donde vieram as estátuas, parece ele que adivinha, logo ali lhe contam a maravilhosa história de um preso que, há muitos anos, na cadeia de Mértola, esculpiu, em suas muitas horas vagas, as duas imagens do Senhor. Quer saber quem foi o preso, a história não pode ser apenas isto, mas a narradora não tem mais para dar e repete tudo desde o princípio. Frustrado, o viajante decide que se trata duma lenda (só faltou que tivessem libertado o homem em paga da sua arte), e não acredita. Talvez faça mal. Pelo menos, a história é fascinante: o preso na sua enxovia, truca, truca, a esculpir, não um, mas dois Cristos, não uma, mas duas chaves, e o mais certo é nenhuma lhe ter aberto a porta da prisão. Está-se nisto quando se ouve parar na rua um automóvel, e logo a seguir vozes animadas. São italianos que vêm à igreja que foi mesquita. O viajante já vinha saindo da capela, a mulher fechava a porta, e, sendo tão claro que todos andavam ao mesmo gosto, respondeu o viajante com um sorriso ao sorriso da família que chegara, pai, mãe, filha de uns doze anos de idade. Passa-se do sorriso à palavra hesitante, francês para experimentar, e depois o viajante descobre que o seu italiano de tropeça e cai basta para o entendimento geral. Arma-se ali a conversa, quem és tu, quem sou eu, e vem a averiguar-se que já se encontraram em Sintra, quando o viajante foi ao Palácio da Vila e eles também por lá andavam ouvindo as lições. Vinham do Algarve, para lá seguia o viajante, e Roma, como está Roma, fica bem perguntar a romanos como está passando a cidade onde vivem, e aí, se não houvesse tento no tempo e a mulher da chave não estivesse à espera, ainda que paciente, ficariam a falar da Piazza Navonna, de Sant'Angelo, do Campo de'Fiori, da Capela Sistina. Esta é a família Baldassarri, que tem galeria de arte moderna na Via F. Scarpellini, consoante se está vendo nos papelinhos trocados, com os nomes de cá e os nomes de lá, afinal não há nada mais fácil que fazer amigos. Entram todos na igreja. Que maravilha, diz o viajante, Che meraviglia, dizem os pais Baldassarri, só a menina não diz nada, apenas se ri destes adultos que se comportam como crianças.

É a Igreja de Mértola a maravilha que em duas línguas foi dita. Já por fora os olhos de Itália e Portugal se haviam regalado diante do friso de merlões chanfrados, dos arcobotantes, das torrinhas cilíndricas, dos coruchéus cónicos, e do portal renascença que nada tem a ver com o resto, mas está bem assim. E dentro as cinco naves, o grande salão, os arcos góticos e de ferradura, as abóbadas rebaixadas, e os painéis ingénuos que ao longo das paredes assinalam os passos da cruz, como este *Senhor da Cana Verde*, com as mãos atadas, descaído o vermelho manto dos ombros ensanguentados, retrato dos homens de dores, feridos, roubados e escarnecidos, já o viajante se esqueceu dos seus novos amigos romanos, e é uma injustiça. Os Baldassarri não se cansam de louvar, a menina continua a sorrir, que lembrança será a dela quando em Roma estiver e se lembrar de uma vila chamada Mértola, que tem igreja onde houvera mesquita e em tempos de cá estarem os seus remotos antepassados romanos se chamou Myrtilis.

É tempo de se separarem. Dali irão os Baldassarri a Monsaraz, o viajante continuará para o sul. Diz-se boa viagem, buon viaggio, trocam-se sorrisos e apertos de mão, quem sabe se voltarão a ver-se. O viajante sai de Mértola, mete-se à estrada, agora toda a paisagem é agreste, áspera, quem não soubesse não acreditaria que lá em baixo, na beira do mar, são as terras da alegria, o fio de mel para onde as formigas correm. O viajante cumpre a sua obrigação: viaja e diz o que vê. Se não parece dizer tudo, será erro seu ou desatenção de quem leu. Mas há coisas que não deixam dúvidas. Por exemplo, aqui, no rio Vascão, decide-se a geografia a começar o Algarve. Já era tempo.

De Algarve e sol, pão seco e pão mole

O DIRETOR E O SEU MUSEU

Quando o viajante entrava em Alcoutim, viu em sobranceiro monte um castelo redondo e maciço, com mais jeito de torre amputada do que construção militar complexa. Pela largueza do ponto de vista valeria a pena ir lá acima, pensou. Não foi. Julgava ele, enganado pela perspetiva, que o monte ainda estivesse em território português. Afinal, para chegar lá seria preciso atravessar o Guadiana, contratar barqueiro, mostrar passaporte, e isso já seria diferente viagem. Do outro lado é Sanlúcar e outro falar. Mas as duas vilas, postas sobre o espelho da água, hão de ver-se como espelho uma da outra, a mesma brancura das casas, os mesmos planos de presépio. Em riso e lágrima, também a diferença não deve ser grande.

O viajante onde chega, podendo, conversa. Todos os motivos são bons, e este de uma antiga capela transformada em marcenaria e depósito de caixotes, se não é o melhor de todos, chega para a ocasião. Tanto mais que, ao fundo, ainda há um altar e um santo em cima dele. O viajante pede licença para entrar, e a imagem é bem bonita, um Santo António de Menino ao colo, como se explica que aqui esteja, entre marteladas e trabalho de plaina, sem uma oração que o console? A conversa é cá fora, nos degraus da capela, e o homem, baixo, seco de carnes, roçando os sessenta anos, se os não passou já, responde: "Vinha de água abaixo quando foi da guerra da Espanha, e eu apanhei-o". Não é impossível, pensa o viajante, a guerra foi há quarenta anos e picos, teria o salvador uns quinze. "Ah, vender, não vendo. Está aí para quem quiser olhar para ele, e chega." Nisto, aproxima-se um guarda-fiscal, curioso de feitio ou por obrigação de autoridade. É novo, de rosto largo, sorri sempre. Não dirá uma palavra durante toda a conversa. "No outro dia, esteve aí o padre, ele é magrinho, todo curvado, entrou e foi-se ajoelhar, esteve lá o tempo que quis e depois veio para mim, lá na língua de trapos que usa, sim, língua de trapos, o padre é irlandês, está cá há um ano, que dizem que veio fugido da terra dele, esteve oito dias escondido numa barrica de alcatrão quando foi dumas perseguições, quando, ah, isso não sei, e então agora vive aí, disse-me que o santinho devia estar na igreja em companhia dos outros santos, e eu respondi que se alguém se arriscasse levava com um sarrafo nas costas que lhe ficava de lembrança para o resto da vida, que tal disseste, o padre desarvorou, agora quando passa vai de cabeça baixa, parece que vê o diabo." Todos riem, e o viajante faz coro, mas, no fundo, tem muita pena do padre, tão sozinho em terra estranha, e que apenas queria ter aquele santo por companhia, talvez na igreja lhe falte um Santo António.

A igreja vê-se dali. Fica no alto duma escadaria e tem um belo portal renascença. O viajante vai fazer a visita costumada, quando não dá com portas fechadas e padre ausente. Mas este é irlandês, foi instruído na ideia de que igreja é para estar aberta, e se não tem ninguém para cuidar dela há de por força lá estar dentro. Estava. Sentado num banco, como o padre de Pavia. Ao sentir os passos, levantou-se, saudou com um gesto solene de cabeça e tornou a sentar-se. O viajante, intimidado, nem abriu a boca. Olhou os magníficos capitéis das colunas da nave, o baixo-relevo do batistério, e tornou a sair. Em cavaletes, do lado de dentro da porta, estavam colados prospetos religiosos, o horário das missas, outros papéis, uns em português, quase todos em inglês. O viajante, de repente, não sabe de que terra é.

Não tarda que o saiba. Esta serra que para a direita se estende, em vagas sucessivas que nunca atingem os seiscentos metros, mas que a espaços levanta agudos picos, e onde as ribeiras se cansam para levar a sua água avante, é o Caldeirão, também chamado Mu. É o reino do mato e da braveza. As estradas passam de largo, só poucos e maus caminhos por ela se aventuram, terras de vida difícil e nomes meio bárbaros. Corujos, Estorninhos, Cachopo, Tareja, Feiteira, bem diferente seria a viagem, e o relato dela, se o viajante pudesse lançar-se na aventura de devassar o interior sertanejo.

Provavelmente, deixou dívida aberta em Castro Marim. Mal parou para olhar o formoso arcanjo Gabriel da igreja matriz, subiu ao castelo por desfastio, atraído pela rara cor vermelha das pedras, e tendo dado meia volta ao Castelo Velho, que os mouros construíram, regressou à estrada, caminho de Vila Real de Santo António. Já o mar se vê, já refulgem as grandes águas.

Em Vila Real de Santo António o trânsito era de endoidecer. O viajante, que se preparava para saborear com tempo o traçado pombalino das ruas, foi forçado a entrar no labirinto dos sentidos únicos, uma espécie de Jogo da Glória com muitos precipícios e poços e poucas recompensas. Para estas bandas foi a aldeia de Santo António de Avenilha, destruída pelo mar. O marquês de Pombal veio cá repetir, em ponto pequeno, a baixa lisboeta, esquadriando esquinas, impondo cérceas e cometendo o milagre, não ele, mas os seus arquitetos, de preservar um ambiente para bons vizinhos. Na praça principal, o viajante gostou de ver as águas-furtadas, de dimensão aparentemente; excessiva para os edifícios que rematam, mas certíssimas em relação ao conjunto geral do espaço e volume urbano.

Daqui foi a Tavira, onde terá de voltar outro dia se quiser ver o que trazia na ideia: o Carmo, Santa Maria do Castelo, a Misericórdia, São Paulo. Não têm conto as portas a que o viajante bateu, os passantes que deteve na rua. Informações não faltavam, mas quando, enfim, chegava a porto seguro, aí mesmo se lhe afundavam as esperanças: ou não estava quem devia, ou não tinha autorização quem estava. Foi o viajante desafogar as suas mágoas até ao cais, refrescando a congestionada fronte na brisa que vinha do mar e a três passos dados se mudava em bafo de fogueira, posto o que, agora que vai chegando ao fim das suas andanças, entendeu que não era altura para desânimos (morra o viajante, mas morra mais adiante) e seguiu para Luz. Aqui protegeu-o a fortuna. A igreja está à beira da estrada, aparece de repente em ar de feliz surpresa, e este adjetivo veio bem a propósito: protegida de construções próximas, de fácil circulação exterior, com distância para olhar folgadamente, e ainda por cima de uma pureza de estilo pouco vulgar, sublinhado pelo hábil uso da cor, a Igreja da Luz de Tavira é, realmente, uma igreja feliz. Lá por dentro, com as suas amplas naves de altas colunas, cobertas de abóbadas, o excelente retábulo seiscentista da capela-mor, as três pias de água benta, a primeira impressão prolonga-se: quem de Tavira vier frustrado, vá à Luz, talvez encontre a porta aberta. E se estiver fechada dê-se por satisfeito com as vistas de fora: é compensação suficiente.

Em Olhão o viajante não viu muito (apenas a pouco interessante igreja matriz, onde há uma magnífica imagem barroca do Cristo Ressuscitado), mas comprou uvas no mercado e fez uma descoberta. As uvas, comidas no cais dos pescadores, não eram boas, mas a descoberta, não fosse a modéstia do viajante, seria genial. Tem ela que ver com aquela conhecida história do rei mouro que casou com a princesa nórdica, cuja morria de saudades das suas nevadas terras, o que ao rei estava causando grande mágoa porque lhe tinha muito amor. É sabido como o astuto monarca resolveu a questão: mandou plantar milhares, milhões de amendoeiras, e um dia, floridas todas, fez abrir as janelas do palácio onde a princesa lentamente se extinguia. A pobre senhora, vendo cobertos os campos de flores brancas meteu-se-lhe na crença que era neve, e curou-se. Esta é a lenda das amendoeiras: não se sabe o que aconteceu depois, quando das flores se fizeram amêndoas, e ninguém perguntou.

Ora, o viajante põe a seguinte questão: como foi possível à princesa, se era tão grave a doença de consumpção em que caíra, aguentar-se com vida durante todo o tempo que milhões de amendoeiras levam a crescer e a frutificar? Está-se a ver que a história é falsa. A verdade descobriu-a o viajante, e aqui está. O palácio real era numa cidade, ou num lugar importante, como este, e à roda dele havia casas, muros, enfim, o que nas cidades há, todos pintados das cores que aos seus donos mais agradavam. Branco, havia pouco. Então o rei, vendo que se lhe finava a princesa, mandou publicar um decreto ordenando que todas as casas fossem pintadas de branco e que esse trabalho fosse feito por todos em data certa, da noite para o dia. E foi assim. Quando a princesa assomou à janela, viu coberta de branco a cidade, e, então, sim, sem perigo de murcharem e caírem estas flores, sarou. E não fica por aqui. Amendoeiras não as há no Alentejo, mas as casas são brancas. Porquê? É simples: porque o rei mandava também naquela província e a ordem foi para todos. O viajante acaba de comer as uvas, torna a examinar a sua descoberta, acha-a sólida e atira a lenda das amendoeiras às malvas.

    Em Estói o viajante procurava o antigo palácio dos condes de Carvalhal e as ruínas de Milreu. E quando julgava que teria de mover céus e terra para penetrar em propriedade particular, palácio e jardins, dá com um portão de madeira aberto, uma álea sem obstáculos, salvo dois cães que só mostravam impaciência contra as moscas que os impediam de dormir, e enquanto por ali andou, subindo e descendo escadas, olhando o que havia para olhar, ninguém apareceu a expulsá-lo, sequer a pedir-lhe contas. É certo que o portão de ferro que daria acesso a um terceiro pavimento estava fechado, mas deste lado de cá não faltavam motivos de interesse. Misturam-se gostos setecentistas e oitocentistas, no traçado dos jardins, na profusão de estátuas e bustos, nas balaustradas, na decoração azulejar. Duas grandes estátuas reclinadas de Vénus e Diana têm como fundo painéis de azulejos com plantas e aves exóticas, de efeito muito arte nova.

E os bustos sobre as cimalhas mostram ao viajante os rostos sem surpresa de Herculano, Camões, Castilho, Garrett e, inesperadamente, do marquês de Pombal. Se em matéria de palácios para Belas Adormecidas o viajante não tivesse, como tem, ideias definidas, e se da memória se lhe apagasse a misteriosa luz do fim de tarde em Junqueira, talvez adotasse estes jardins e estas arquiteturas. Mas a luz é demasiado crua, aqui não há mistérios, mesmo parecendo deserto o lugar. O viajante aceita o que vê, não procura significação nem atmosferas, e se estes bustos são os do imperador e da imperatriz da Alemanha, o caso é curioso, nada mais. O lago está vazio, a crua brancura dos mármores fere os olhos. O viajante senta-se num banco, ouve o interminável canto das cigarras, e nesse embalo quase adormece. Adormeceu mesmo, porque, ao abrir os olhos, de repente não soube onde estava. Viu na sua frente um coreto desmantelado, imaginou as festas ao som da música, os pares passeando, as corridinhas pelo parque, e, humanamente, espreguiçou-se; há de ter sido uma boa vida a que foi aqui passada. Enfim, levantou-se, espreitou a umas portas com vidros de cor, e na penumbra viu o belo estuque árabe do teto, um presépio, outras cenas do nascimento de Cristo: da vida deste só convinham aos moradores os passos mais amáveis. Não se pode o viajante queixar, encontrou um portão aberto, que mais quer?

As ruínas da vila romana de Milreu ficam logo abaixo. Estão sujas e abandonadas. Contudo, pelo que ainda conserva, é das mais completas que se encontram no País. O viajante percorreu-as sob um sol de justiça, viu conforme soube, mas sente a falta de alguém que identifique os lugares, as dependências, alguém que ensine a olhar. Mas aquilo que teve mais dificuldade em entender foi uma casa arruinada que está no plano mais alto: lá dentro há manjedouras baixas, e estas cortes de gado dão diretamente para habitações que seriam de gente. Por onde entrava o gado? E que quer dizer aqui o painel de azulejos da frontaria representando uma figura de velho, com a palavra latina Charitas, caridade? O viajante sente-se subitamente melancólico. Será das ruínas, será do calor, será da sua própria incompreensão. Decide procurar lugares mais povoados e desce para Faro, que é capital.

Espera-o o vento da costa. Mas o viajante vem tão castigado do calor, tão deprimido de sentimento, que receber na cara o grande sopro do largo faz-lhe o efeito estimulante de um tónico de ação rápida. Só por isso haveria que ficar agradecido a Faro. Não faltam, porém, outras razões: aqui se imprimiu, em 1487, o segundo mais antigo incunábulo português. Há de parecer estranho que se louve Faro por um segundo lugar cronológico na arte da impressão, e não por honras de primeiro, mas a verdade é que, justamente, ainda se discute se afinal foi Leiria, com as *Coplas* do condestável D. Pedro, a cidade que esta disputa vence, ou Faro, com o *Pentateuco*, na oficina do judeu Samuel Gacon. Se é certa a data de 1481 atribuída às *Coplas*, ganha Leiria: se não, triunfa Faro. Seja como for, um segundo lugar em tão gloriosa corrida tem louros iguais aos do vencedor.

O viajante encontrou fechada a Igreja do Carmo, e não se lastimou por isso. Subir os degraus da escadaria, apesar das ajudas do vento, parecer-lhe-ia desumana imposição. Por isso desandou para a Igreja de São Pedro, que perto está, a ver e admirar os azulejos policromos setecentistas, os outros, azuis e brancos, da Capela das Almas, e mais do que tudo, antes reconhecendo a formosura da Santa Ana, o baixo-relevo da *Última Ceia,* peça profundamente humana, ajuntamento de amigos em redor duma mesa, que entre si dividem o borrego, o pão e o vinho. Tem Cristo o seu resplendor, que o isola um pouco, mas os ombros tocam nos ombros, e o próprio Judas, sentado no primeiro plano para não escapar à censura inconciliável dos fiéis, se lhe dissessem neste momento uma boa palavra largava para o chão os trinta dinheiros ou punha-os em cima da mesa para os gastos comuns da companhia.

De São Pedro foi o viajante à Sé. Esta parte da cidade,

dentro das muralhas, é a Vila-a-Dentro, a antiga. Decaiu Ossónoba, extinguiu-se, e no seu lugar, sobre os restos, começou a nascer o novo burgo. Depois, muito depois, vieram os mouros, construíram muralhas, tomou a cidade o nome de Hárune, dos seus dominadores, e de Hárune a Faro a distância linguística é mais curta do que possa parecer. O viajante, passando a Porta da Vila, volta a ter calor. O vento ficou do lado de fora, é afinal um tímido vento que não ousa entrar nestas estreitas e silenciosas ruas, e nem sequer o Largo da Sé o incita a volteios. Talvez ali no grande Largo de São Francisco, que em tempos foi terreno alagado, aproveite o espaço e a boca da ria. Se o viajante tiver ocasião, lá irá apurar isso, que à Igreja de São Francisco não vale a pena: outro desanimado viajante de lá voltou, a dizer que está fechada.

A Sé é velha: têm setecentos anos as suas pedras mais antigas. Mas, depois, passou por tantas aventuras e desventuras (saques, terramotos, variantes de gosto e poder) que do romano-gótico para o renascimento, do renascimento para o barroco, se alguma coisa veio ganhando, foi muito mais o que perdeu. Da sua primeira face resta a magnífica torre-pórtico (que, estando o templo fechado, compensa por si só os passos que o visitante der para aqui chegar), e lá dentro as belíssimas capelas terminais do cruzeiro. O mais faz-se com retábulos renascentistas, talhas douradas, mármores embutidos, um órgão setecentista de esplendoroso colorido. Deste não conhece o viajante o som, mas se oferece aos ouvidos o prazer que dá aos olhos, generosa é a Sé de Faro.

O museu fica perto, na Praça Afonso III. É um daqueles de leva-e-traz, isto é, conduz o guia um grupo, demora o tempo que for preciso, e quem chega depois tem de esperar que se acabe a volta. Não há outro remédio, são as soluções da pobreza; quando não há pratos para que a família coma ao mesmo tempo, serve a malga comum; quando não há guardas para todas as salas, entram os visitantes à vez.

Está nestas reflexões, esperando pacientemente, ou, pelo contrário, mostrando a sua impaciência, em passeios no espaçoso átrio que dá para o claustro do que foi o antigo Convento da Assunção, quando repara num homem de cansada idade que ali está sentado, à secretária onde sempre puseram os cotovelos e a preguiça os incontáveis contínuos da terra portuguesa. O homem tem um rosto brando, de quem sabe da vida o bastante para tomá-la a sério e sorrir dela, e de si próprio. Sorri levemente o homem, o viajante interrompe o seu passeio para mostrar que deu por isso, e o diálogo começa: "É preciso ter paciência. As pessoas que lá estão dentro já não demorarão". Responde o viajante: "Paciência, tenho. Mas quem viaja nem sempre tem tempo para gastar assim". Diz o homem: "Devia haver um guarda em cada sala, mas não há verba". Diz o viajante: "Com todo este turismo, não devia faltar. Para onde vai o dinheiro?". Diz o homem: "Ai, isso não sei. Quer saber uma coisa? Só agora é que recebemos o material para a rotulagem das obras expostas, e há que tempos que o tínhamos pedido". O viajante volta à sua ideia fixa: "Devia haver guardas. Uma pessoa vai às vezes a um museu só para rever uma sala. Ou uma obra. Se tem de ir acompanhado e lhe apetece estar uma hora nessa sala ou diante dessa obra, como é que se faz aqui no museu? Ou em Aveiro. Ou em Bragança. Sei lá que mais". O homem da secretária sorri outra vez, iluminam-se-lhe muito os olhos, e repete: "Tem razão. Às vezes apetece estar uma hora diante duma obra". E tendo dito levantou-se, atravessou o átrio, entrou num compartimento ao fundo e tornou a sair, com um folheto na mão. E disse ao viajante: "Como o senhor se interessa por estas coisas, tenho muito gosto em lhe oferecer a história desta casa". Surpreendido, o viajante recebe o folheto, agradece, banalmente, e em meia dúzia de segundos acontecem várias coisas: vem o guarda com os visitantes, entram outras quatro pessoas, folheia o viajante o livrinho, desaparece o homem da secretária.

    Lá dentro, olhado com mais atenção o folheto, interrogado o guarda, fica o viajante a saber que o homem da secretária é o diretor do museu. Ali sentado no lugar dos contínuos que não existem, com o seu ar fatigado, queixando-se da falta de verba, cobrindo com o sorriso as mágoas antigas e recentes, é o diretor. O viajante visitou todas as salas, achou umas melhores do que outras, aceitou ou não o que temporariamente se expõe, mas entendeu logo que o Museu de Faro é uma obra de amor e de coragem. E, alto lá, naquilo que de melhor tem, apresenta-se como museu importante. Veja-se a sala dedicada às ruínas de Milreu, o espólio romano e visigótico, os exemplares românicos, góticos e manuelinos, note-se como foram criados ambientes que favorecem certas peças ou conjuntos, delas, e a excelente coleção de azulejos, os diagramas didáticos, os mosaicos transpostos. E não ficaria por aqui a notícia se não tivesse de acabar em pouco. Espaço para se organizar, dinheiro para o conquistar e manter, é o que o Museu de Faro precisa. Quem o ame, já tem. Termina a visita (inesperadamente, uma pequena sala mostra excelentes obras de Roberto Nobre, entre elas um retrato magnífico de Manuela Porto), e o viajante, já no átrio, procura o diretor. Não está ali. Foi para qualquer sítio escondido deste seu mundo, talvez para não ver no rosto do viajante uma sombra de desagrado. Se assim é, enganou-se. O viajante gosta de todos os museus. Viu muitos. Mas este foi o primeiro em que o diretor estava sentado, tranquilamente sentado, a uma secretária de contínuo. Ele, diretor, e o seu constante, contínuo amor.

O PORTUGUÊS TAL QUAL SE CALA

Tem o viajante muito que andar. Podendo ser, descerá às praias, podendo ser se banhará, em Monte Gordo o fez, em Armação de Pera e na Senhora da Rocha, nos Olhos de Água e na Ponta João de Arães, quem o ouvir falar julgará que disto fez vida, mas não, foram entradas por saídas, mal se molhou logo se enxugou. E bem merecia outros prémios, porque, nestas paragens, é o mais pálido dos viajantes.

Há, no entanto, quem mais pálido esteja e não torne a viajar. Em São Lourenço de Almansil, quando o viajante subia a rampa de acesso à igreja, viu que no adro e na rua lateral havia grupos de homens, vestidos de preto, conversando. As mulheres, notou logo, estavam sentadas nos bancos da igreja, esperando que começasse a missa de corpo presente. Na porta, um papel escrito em três línguas dizia: "Para visitar a igreja, chame o vizinho". São artes em que o viajante se tornou especialista, mas desta vez não precisa de procurar a chave, alguém se antecipou, a porta está aberta. Quem veio, está lá no fundo. O viajante não pergunta se é homem ou mulher, são coisas que deixam de interessar. Há ramos de flores, o padre ainda não chegou, as mulheres dos bancos conversam em voz baixa. Que fará o viajante? Não pode avançar pelo corredor da nave, não sobra espaço entre os bancos e as paredes. Já teme não passar da soleira quando sente (não pode explicar como, mas sentiu) que ali ninguém se escandalizará se avançar um pouco, se deslizar por um lado e outro, com licença, com licença e, tão bem quanto permita o melindre da situação, olhar os famosos azulejos de Policarpo de Oliveira Bernardes, a cúpula magnífica, a preciosa joia que toda a igreja é. E assim fez. Sem escândalo nem ofensa para os parentes do defunto, com o auxílio silencioso e discreto dos que se arredavam para lhe dar passagem, o viajante pôde maravilhar-se diante destas obras da vida. Quando saiu, os sinos começaram a tocar a finados.

    Em Loulé, provavelmente, não morrera ninguém. Estava fechada a igreja matriz, fechada a da Misericórdia, fechada a de Nossa Senhora da Conceição. Mostraram os seus pórticos e frontarias, belos na matriz e na Misericórdia, vulgares na Conceição e vá o viajante com sorte. Mas em portal nada põe o pé adiante do Convento da Graça, com os seus capitéis de decoração vegetalista e a sua arquivolta florida. Pena que o mais sejam ruínas e no que existe sobejem mutilações. O viajante passeia-se um pouco pelo centro da vila, refresca-se a um balcão assaltado por outros sequiosos, e parte.

Segue para norte, caminho da serra. Passa a ribeira de Algibre, ao lado de Aldeia da Tor, e depois de mil curvas, se não tantas, muitas, chega a Salir, onde não para, pois não tem ilusões sobre a possibilidade de ver a bula do papa Paulo III, datada de 1550, que se encontra na igreja matriz. Parece que é um belo pergaminho iluminado. Outros tem visto o viajante: resigne-se, portanto.

Em Alte foi grande a sorte. Mais dez minutos, e fechada a Igreja. São horários que ninguém entende, ao sabor das missas e das estações, e também de alguns e justificados temores, pois entre tantos milhares de turistas de pé-leve, que a todo o lado querem ir, não faltam os de mão mais leve ainda. Se o próximo mal-intencionado chegar daqui a um quarto de hora, bate com o nariz na porta.

Depois de São Lourenço de Almansil, esta Igreja de Alte não é um Letes que faça esquecer o resto. Talvez porque em São Lourenço a unidade entre a arquitetura barroca e o azulejo barroco seja perfeita. Talvez porque o manuelino, como é este o caso, suporte dificilmente as aplicações azulejares, por mais que estas tentem obedecer à peculiar repartição dos volumes numa arquitetura afinal gótica. Seja como for, tolo será quem a Alte não vier. Perderá os maviosos anjos músicos setecentistas, os outros com açafates de flores à cabeça, e os raríssimos azulejos da Capela de Nossa Senhora de Lurdes, esses sim, porque de diferente espírito, harmoniosos com o envolvimento arquitetónico imediato.

Para quem achar que qualquer pedra é pedra e o que se faz com uma faz-se com outra, está aí a Igreja de São Bartolomeu de Messines. Fosse ela construída no granito duro, ou no calcário comum, ou no brilhante mármore, e seria muito diferente do que é, mesmo sendo igual o risco e o cinzel. Este grés vermelho, perigosamente friável no seu granulado sedimentar, mas ainda assim bastante robusto para resistir, apesar dos estragos, é por si só, pela desigualdade de tons, pelas diferenças no efeito da erosão, um motivo de atenção adicional. Logo o adro, exposto aos ventos e à chuva, ao frio e ao sol, fascina com o seu ar de ruína adiada. E dentro são magníficas as colunas torsas que sustentam os arcos redondos, também de grés, e magnífico é o púlpito, este de mármore cromático. Na sacristia o viajante conversou uns minutos com o padre, homem calmo e sabedor que, para responder e dar informações, interrompeu os registos que sobre uma credência, de pé, estava fazendo.

O viajante torna à costa. Vai agora viajando para Silves, e, como tem tempo, recapitula lugares, imagens, rostos, palavras encontradas. Recorda Albufeiras, Balaias e Quarteiras, cartazes nas estradas, tabuletas e tarjetas, balcões de receção, ementas e avisos, e em tantas línguas, ou tão constante uso de algumas, não sabe onde está a sua. Entra no hotel para saber se há um quarto disponível, e ainda não abriu a boca, já lhe sorriem e falam em inglês ou francês. E tendo o viajante feito a pergunta na sua pobre língua natal, respondem-lhe com portuguesa cara fechada, mesmo sendo para dizer que sim senhor, há quarto. O viajante calcula quanto lhe seria grato, nas diversas paragens do mundo exterior, ver posta a sua portuguesa fala em restaurantes e hotéis, em estações de caminho de ferro e aeroportos, ouvi-la fluente na boca de hospedeiras de bordo e comissários de polícia, da criada que vem trazer o pequeno-almoço ou do chefe dos vinhos. São fantasias nascidas do Sol violento: o português não se fala lá fora, meu amigo, é língua de pouca gente com pouco dinheiro.

Mas se aqui vêm os estrangeiros há que dar-lhes o gosto que o viajante gostaria tanto de ter nas terras donde eles vêm. O bom e o justo devem ser repartidos, neste caso a posta maior para quem melhor pague. O viajante não discute conveniências, discute subserviências. Neste Algarve, toda a praia que se preze, não é praia mas é *beach*, qualquer pescador *fisherman*, tanto faz prezar-se como não, e se de aldeamentos (em vez de aldeias) turísticos se trata, fiquemos sabendo que é mais aceite dizer-se *Holliday's Village*, ou *Village de Vacances*, ou *Ferienorte*. Chega-se ao cúmulo de não haver nome para loja de modas, porque ela é, em português, *boutique*, e, necessariamente, *fashion shop* em inglês, menos necessariamente *modes* em francês, e francamente *Modegeschäfte* em alemão. Uma sapataria apresenta-se como *shoes*, e não se fala mais nisso. E se o viajante se pusesse a catar nomes de bares e de buates (como escrevem, por vingança involuntária, os brasileiros), quando chegasse a Sines ainda iria nas primeiras letras do alfabeto. Tão desprezado este na portuguesa arrumação que do Algarve se pode dizer, nestas épocas em que descem os civilizados à barbárie, ser a terra do português tal qual se cala.

Não se arrenegue mais o viajante. Tem aí Silves, a alta colina, o alto castelo, lembre-se de que, se os mouros ainda por cá estivessem, ficaria muito contente, sendo horas de almoçar, se lhe apresentassem uma lista onde pudesse ler: sardinhas assadas, em vez de um arabesco, belíssimo de ver, mas intraduzível, mesmo com dicionário ao lado. Entenda o viajante, definitivamente, que para ingleses, norte-americanos, alemães, suecos, noruegueses, e também franceses, e espanhóis, e às vezes italianos (exceto os encontrados em Mértola), o português não passa duma forma mais simples de mouro e arabesco. Diga *yes* a tudo e viverá feliz.

Este castelo é obra árabe. Está uma ruína, mas formosa. E a pedra vermelha, já encontrada em São Bartolomeu de Messines, dá-lhe, contraditoriamente, um ar de construção recente, como se fosse feito de argila ainda húmida, de barro acabado de amassar. Belas, ainda mais, devem ser estas pedras quando as molha a chuva. O viajante admira a enorme cisterna que está no meio da esplanada, com a sua abóbada sustentada por quatro ordens de colunas, como uma mesquita. E vai ver, surpreendido pelo engenho da invenção, as pequenas construções subterrâneas do que os árabes faziam silos.

É gótica a Sé de Silves, com acrescentos e adulterações doutras épocas. Mas aqui o que conta, mais do que a arquitetura, é outra vez o maravilhoso grés vermelho nas suas infinitas gradações, desde o quase amarelo com uma sombra de sangue até à profunda terra queimada. Que desta pedra se tivesse feito coluna ou capitel, nervura ogival ou simples aparelho, é indiferente: os olhos não veem a forma nem a função, veem a cor. Posto o que, reconhece o viajante, não faltam à Sé de Silves outros agrados, satisfeitos os olhos com a impressão imediata: o túmulo de João Gramaxo, o outro do bispo D. Rodrigo, o de Gaston de la Ylha. E também os azulejos e as talhas douradas. Mas o viajante faz muita questão de trazer nos olhos, como última imagem, a abóbada do transepto aonde uma luz refletida felizmente chega: nenhuma pedra é igual às suas vizinhas, todas juntas são maravilhosa pintura.

Perto da Sé há um cruzeiro, a que chamam Cruz de Portugal. Não sabe quem o batizou assim: decerto não está aqui Portugal mais do que em qualquer outro saído de mãos portuguesas. Diga-se apenas que é um magnífico trabalho manuelino, esculpido como uma joia. Tem de um lado Cristo crucificado e do outro uma *Pietà*, e a relação dos volumes, tão dissemelhantes, é conseguida com uma firmeza e uma liberdade exemplares. Por Lagoa passou o viajante sem muita demora. Não eram horas de ir aos vinhos, aqueles que ao primeiro copo, se o estômago se não defendeu com alguma substância, embalam docemente o bebedor, e se este insiste na imprudência, de repente o derrubam. Nem está isto tempo para mais que água gelada. Abstémio foi pois ver, na igreja matriz, a famosíssima imagem de Nossa Senhora da Luz, obra que se atribui a Machado de Castro, e prouvera que seja a atribuição exata, porque assim sabemos a quem devemos agradecer esta obra-prima do barroco português.

O viajante repara que pelas estradas do Algarve toda a gente tem pressa. Os automóveis são tufões, quem vai dentro deixa-se levar. As distâncias entre cidade e cidade não são entendidas como paisagem, mas como enfados que infelizmente não se podem evitar. O ideal seria que entre uma cidade e outra houvesse apenas o espaço para as tabuletas que as distinguem: assim se pouparia tempo. E se entre o hotel, a pensão ou a casa alugada e a praia, o restaurante, a *boîte*, houvesse comunicações subterrâneas, curtas e diretas, então veríamos realizado o mirífico sonho de estar em toda a parte, não estando em parte alguma. A vocação do turista no Algarve é claramente concentracionária.

Também o viajante terá algumas culpas neste cartório, mas, chamado a capítulo (veja-se como as instituições jurídica e religiosa se introduzem repressivamente na linguagem), poderia responder que, vindo de Lagoa, tem alguma coisa à sua espera em Estômbar, e se ali e aqui não se demora tanto quanto desejaria é porque este seu tempo não é de *hollidays* ou *vacances*, mas de procura. E a procura, como se sabe, é sempre ansiosa. Boa paga houve quando, tendo procurado, encontrou. Assim aconteceu em Estômbar.

Logo o nome da terra daria para reflexões e pesquisas. Aliás, o Algarve está cheio duma toponímia estranha que apenas por convenções ou imposição centralizadora se dirá portuguesa. É o caso de Budens e Odiáxere, e também de Bensafrim, por onde o viajante há de passar, de Odelouca, que é uma ribeira aí adiante, de Porches, Boliqueime e Pademe, de Nexe e Odeleite, de Quelfes e Dogueno, de Laborato e Lotão, de Giões e Clarines, de Gilvrazino e Benafrim. Mas esta nova viagem (ir de origem em origem, buscando raízes e transformações, até tornar a memória antiga necessidade de hoje) não a fará o viajante: para isso se requereriam saber e experiência particulares, não estes apenas de olhar e ver, parar e caminhar, refletir e dizer.

A Igreja de Estômbar, vista por fora, parece uma catedral em miniatura, assim como se tivéssemos reduzido a Igreja de Alcobaça para caber num largo de aldeia. Só por isso seria fascinante. Mas tem excelentes azulejos setecentistas, e, sobretudo, ah, sobretudo, duas colunas insculpidas para que não existe, que o saiba o viajante, comparação em Portugal. Apeteceria até afirmar que foram feitas em longes terras e para cá trazidas. Há (perdoe-se ao viajante a fantasia) um ar polinésio na preocupação de não deixar qualquer superfície vazia, e os ornamentos vegetalistas reproduzem, ou parecem reproduzir estilizadamente, tipos das plantas que costumamos denominar gordas. Não se reconhece nestas colunas a flora indígena. É verdade que a base apresenta um calabre (elemento quinhentista), é verdade que as figuras são mostradas com instrumentos musicais da mesma época, mas a impressão de estranheza dada pelo conjunto mantém-se. O pior para esta tese é que o material das colunas é o grés da região. Em todo o caso, podia o artista ter vindo doutras paragens, sabe-se lá. Enfim, resolva quem puder este pequeno enigma, se não está decifrado já, como certamente foi, em seu tempo, o topónimo Estômbar.

Chega-se a Portimão pela ponte que atravessa a ribeira de Arade, se é que neste estuário ainda se justifica o nome, pois estas águas são muito mais do que mar que avança e recua entre a praia da Rocha e a Ponta do Altar, do que daquele e alguns outros pequenos cursos de água que vêm da serra de Monchique ou da Carapinha e convergem aqui. O viajante foi à igreja matriz e achou-a fechada. Não se lastimou demasiado: afinal, o melhor dela está à vista de toda a gente, e é o pórtico, cuja arquivolta exterior apresenta figuras de guerreiros, o que, não sendo raro num século XIV que algumas vezes fez de igrejas fortalezas, tem aqui a insólita nota de juntar homens e mulheres em aparato militar de trajo e armas. Como foi que à igreja de Portimão vieram ter estas amazonas, é que o viajante gostava de saber. É certo que não faltaram, por esses tempos, mulheres de armas, entre Deuladeus e Brites de Almeidas, mas incorporadas nas hostes regulares, ombro a ombro com os varões, disso não havia fé. Provavelmente, foi premonição do canteiro: adivinhou que um dia a guerra seria total e que as mulheres teriam de armar-se como os homens.

E porque está o viajante falando de guerras, não fica mal lembrar que a esta outra cidade de Lagos está ligado o antigo nome de Sertório, aquele romano que foi comandante dos lusitanos depois da morte de Viriato. Quem diz Lusitanos e pensa montes Hermínios, ou serra da Estrela, como hoje lhe chamamos, custar-lhe-á a crer que tão ao sul tivessem chegado os combates. Pois é verdade. Sertório, arredado por sua vontade ou alheia força, das lutas entre Mário e Sila (ou Sula), veio a ser convidado pelos Lusitanos, uns oitenta anos antes da nossa era, para chefiá-los na guerra contra os Romanos. O conceito de patriotismo era então muito menos exigente do que é hoje, ou tinha a franqueza de subordinar--se claramente a interesses de grupo, do que, enfim, se não distingue, fundamentalmente, só nas aparências que convém guardar, das práticas atuais. O caso é que Sertório aceitou o convite e com dois mil soldados romanos e setecentos líbios desembarcou na Península, vindo da Mauritânia, onde se refugiara após umas questões com piratas. São complicadas histórias de uma história geral que alguns teimam em fazer passar por simples: primeiro havia os Lusitanos, vieram os Romanos, depois os Visigodos e os Árabes, mas, como era preciso haver um país chamado Portugal, apareceu o conde D. Henrique, a seguir seu filho Afonso, e após ele, entre Afonsos outros, alguns Sanchos e Joões, Pedros e Manuéis, com um intervalo para reinarem três Filipes castelhanos, morto em Alcácer Quibir um pobre Sebastião. E pouco mais.

    A velha Lacóbriga, romana antepassada de Lagos, ficava ali no monte Molião. Ora, um Metelo, partidário de Sula, que tomara o governo da Hispânia Ulterior (isto é, da nossa banda, para quem do lado de lá estava), decidiu cercar Lacóbriga e rendê-la pela sede, pois nela havia um único poço, provavelmente não farto. Sertório acudiu, mandando por homens seus dois mil odres de água, e como Metelo despachara para reforço do cerco um Aquino com seis mil homens, saltou-lhes Sertório ao caminho e desbaratou-os.

    A Lagos veio também D. Sebastião, rei de Portugal e destes Algarves. Ali nas muralhas há uma janela manuelina donde, segundo reza a tradição, providência dos narradores quando faltam provas e documentos, assistiu à missa campal, antes da partida para Alcácer Quibir, onde ficou ele e a independência da Pátria. Deitando todas as contas ao reinado, não temos nada que agradecer-lhe, mas a estátua que de D. Sebastião fez João Cutileiro, e está ali na Praça de Gil Eanes, mostra um confiante e puríssimo adolescente que depôs o elmo das suas brincadeiras de polícias e ladrões, e espera que a mãe ou a ama lhe vão enxugar o suor da testa, dizendo: "Tontinho". Por causa desta estátua, o viajante quase perdoa ao mentecapto, impotente e autoritário Sebastião de Avis os desastres a que levou esta terra, agora, se possível, mais amada, porque em milhares de quilómetros e rostos foi vista.

De Sebastião se fala, visite-se a Igreja de São Sebastião. Sobe-se a ela por alguns empinados degraus, e antes de entrar pode-se ir ver a porta lateral do lado sul, um magnífico exemplar de arte renascentista, com as costumadas, mas aqui subtis, representações humanas em expectação, a par dos elementos de flora e fauna elaboradamente transpostos, consoante as regras do estilo. Lá dentro há uma imagem de Nossa Senhora da Glória, de tamanho maior que o natural, e bem está assim, que a glória quer-se sempre maior do que o homem que a conquistou ou de mão beijada a recebeu.

Lagos tem um mercado dos escravos, mas não parece gostar que se saiba. É uma espécie de alpendre ali à Praça da República, uns tantos pilares que suportam o andar: ali se fazia o negócio de quem mais dá no leilão por este cafre ensinado, por esta preta núbil e de bons peitos. Se traziam coleiras ao pescoço, não se encontra rasto delas. Quando o viajante foi ver o mercado, não o reconheceu. Servia de depósito de materiais de construção e arrecadação de motocicletas, assim se lavando, com os sinais dos tempos novos, as nódoas do tempo antigo. Se o viajante tivesse autoridade em Lagos, mandava pôr aqui boas correntes, um estrado para a exibição do gado humano, e talvez uma estátua: estando ali diante a do infante D. Henrique, que do tráfico se aproveitou, não ficaria mal a mercadoria.

Para rebater estes azedumes, foi, enfim, à Igreja de Santo António de Lagos. Por fora, não vale nada: cantaria lisa, nicho vazio, óculo rebordado de conchas, escudo de aparato. Mas, lá dentro, depois de tantos e por fim fatigantes retábulos de talha dourada, depois de tanta madeira lavrada em volutas, palmas, folhas, cachos e pâmpanos, depois de tantos anjos papudos, roliços mais do que a decência admite, depois de tantas quimeras e carrancas, era justo que o viajante tornasse a encontrar tudo isso, resumido e hiperbolizado em quatro paredes, mas agora, pelo próprio excesso, engrandecido. Na Igreja de Santo António de Lagos, os entalhadores perderam a cabeça: tudo quanto o barroco inventou, está aqui. Nem sempre é perfeita a execução, nem sempre o gosto é seguro, mas até esses erros ajudam à eficácia do efeito: os olhos têm onde demorar-se, a crítica surge, mas não tarda que se deixem arrastar na ronda que o viajante diria, salvo seja, endemoninhada. Não fosse a edificante série de painéis sobre a vida de Santo António, que se atribuem ao pintor Rasquinho, setecentista, de Loulé, e poderiam pôr-se sérias dúvidas sobre os méritos das orações ditas neste lugar, com tantas solicitações em redor, as mais delas mundanais.

O teto de madeira, em abóbada de berço, é pintado numa ousada perspetiva que prolonga as paredes na vertical, simulando colunas de mármore, janelas envidraçadas, e, enfim, no seu lugar material, mas parecendo muito mais distante, a abóbada, fingida em pedra. Aos cantos, espreitando por cima do balcão, os quatro Evangelistas olham desconfiadamente o viajante. Por cima, parecendo despegado do teto, pairando, está o escudo nacional, tal como o definia o século XVIII. Este é o reino do artifício, do faz de conta. Porém, declara-o sinceramente o viajante, esta conta é muito bem feita e resiste à prova dos nove da geometria. Quem pintou o teto? Não se sabe.

Daqui passa-se ao museu, se não se preferiu a entrada própria. Tem Lagos boas coleções de arqueologia, didaticamente dispostas, desde o Paleolítico até à Época Romana. O viajante apreciou, em particular, o material exposto da Época Ibérica: um capacete de bronze, uma estatueta de osso, peças de cerâmica, e muito mais. A estatueta é de configuração rara, uma das mãos subida ao peito, a outra no sexo, não é possível saber se se trata de representação masculina ou feminina. Mas o que apetece ver com vagar é a secção etnográfica. Essencialmente dedicada ao artesanato regional, com uma boa amostra de instrumentos de trabalho, em especial os de lavoura, e apresentando algumas miniaturas de carros, barcos, apetrechos de pesca, uma nora, esta parte do museu vai ao ponto de apresentar, conservados em boiões, alguns fenómenos teratológicos: um gato com duas cabeças, um cabrito com seis pernas, e outras coisas igualmente perturbadoras para a consciência da nossa integridade e perfeição. Porém, tem este Museu de Lagos o melhor guia ou guarda que há no mundo (será o diretor, que, como o de Faro, por modéstia, o não declara?), e isto pode testemunhar o viajante, que estando em contemplação diante desta renda de bilros ou deste trabalho de cortiça, ou deste manequim vestido a rigor, ouve murmurada por cima do ombro a explicação e de cada vez acrescentando, no fim dela, um remate: "O povo". Expliquemo-nos melhor. Imagine-se que o viajante está a observar um objeto de vime, exato de forma ao serviço da função. Aí aproxima-se o guarda e diz: "Cesto do peixe". Pequeníssima pausa. Depois, como quem diz o nome do autor da obra: "O povo". Não há dúvida. Quase no fim da sua viagem, o viajante veio ouvir a Lagos a palavra final.

Lá para dentro, em mineralogia, numismática, história local (com o foral dado por D. Manuel), bandeiras, imagens, paramentos, há muito que ver. O viajante distingue, por ser uma obra nada menos que admirável, o díptico quinhentista atribuído a Francisco de Campos, representando a *Anunciação* e a *Apresentação*. Há várias razões para ir a Lagos: esta pode ser uma delas.

E agora a caminho da Finisterra do Sul. Para estes lados, o mundo despede-se. É certo que não faltam os lugares habitados, Espiche, Almadena, Budens, Raposeira, Vila do Bispo, mas vão rareando, e por fim, não fossem as casas de veraneio que aos poucos enxameiam, seria o grande deserto e solidão dos últimos extremos da terra. Há no viajante uma ânsia de chegar ao fim. Visitará a igreja da Raposeira, com a sua torre octogonal e a imagem quinhentista de Nossa Senhora da Encarnação, mutilada mas muito bela, e ali perto a Ermida de Nossa Senhora de Guadalupe, obra dos Templários no século XIII, e que tem dos mais belos capitéis até agora vistos, e daqui para diante não muito mais. Olhará fascinado a cúpula branca da igreja de Vila do Bispo, onde não poderá entrar porque o padre saiu agora mesmo da vila e ninguém sabe para onde foi. E enfim, quase em linha reta, avança para a ponta de Sagres, depois, contornando a baía, para o cabo de São Vicente. O vento, fortíssimo, sopra do lado da terra. Há aqui uma rosa dos ventos que ajudará a marcar o rumo. Para mandar as naus à descoberta da especiaria, está de feição o vento e favorável a maré. Porém, o viajante tem de voltar a casa. Nem poderia avançar mais. Daqui ao mar, são cinquenta metros a pique. As ondas batem lá em baixo contra as pedras. Nada se ouve. É como um sonho.

O viajante vai subir ao longo da costa. Para o norte. Verá Aljezur, com as suas casas dispostas em cordões no regaço do monte, e Odemira, Vila Nova de Milfontes e a foz dulcíssima do rio Mira, que desta vez não vai cheio, Sines e os molhes ambiciosos devastados pelo mar, e em Santiago do Cacém outras ruínas, as da cidade romana de Miróbriga, aberto o fórum à paisagem admirável, último lugar para a imaginação que põe romanos de toga a passear neste espaço, falando das colheitas e dos decretos da distante Roma. Este é o país do regresso. A viagem acabou.

O VIAJANTE VOLTA JÁ

Não é verdade. A viagem não acaba nunca. Só os viajantes acabam. E mesmo estes podem prolongar-se em memória, em lembrança, em narrativa. Quando o viajante se sentou na areia da praia e disse: "Não há mais que ver", sabia que não era assim. O fim duma viagem é apenas o começo doutra. É preciso ver o que não foi visto, ver outra vez o que se viu já, ver na Primavera o que se vira no Verão, ver de dia o que se viu de noite, com sol onde primeiramente a chuva caía, ver a seara verde, o fruto maduro, a pedra que mudou de lugar, a sombra que aqui não estava. É preciso voltar aos passos que foram dados, para os repetir, e para traçar caminhos novos ao lado deles. É preciso recomeçar a viagem. Sempre. O viajante volta já.

Índice toponímico

A dos Ruivos, 327
A Ver-o-Mar, 83-4
Abade de Neiva, 85, 118
Abadim, 67-8
Abrantes, 259-62, 266
Açores (freg. de Celorico da Beira), 182, 197-9
Adeganha, 30-1
Águas de Moura, 368
Aguçadoura, 83
Águeda, 140, 146-8, 176
Alandroal, 400, 402
Albergaria-a-Velha, 146
Albernoa, 428
Albuquerque, 383
Alcácer do Sal, 368-9
Alcáçovas, 370
Alcafozes, 243
Alcaide, 250
Alcobaça, 282, 287-8, 394, 405
Alcochete, 362
Alcorochel, 293
Alcoutim, 435
Aldeia da Tor, 446
Aldeia do Couço, 32
Aldeia Galega, 313
Aldeia Gavinha, 313

Aldeia Viçosa, 197-8
Alenquer, 77, 314-6
Alfeite, 362
Algeruz, 368
Alhandra, 368
Alhões, 219
Aljezur, 456
Aljubarrota, 263, 286
Almada, 362
Almadena, 455
Almeida, 206
Almeirim, 296, 298-9
Almofala, 207, 210
Almourol, 269, 349
Alpalhão, 381
Alpedrinha, 251-2, 384
Alpiarça, 296, 299
Alte, 446
Alter do Chão, 378, 387
Alter Pedroso, 383
Álvaro, 260
Alvite, 66
Alvito, 425-6
Amarante, 56, 58-9, 61, 63
Amor, 278
Anadia, 176
Ança, 160

459

Angeja, 141
Antas, 73-4
Apúlia, 84
Aranhas, 238
Arcos de Valdevez, 102-3
Arez, 384
Armação de Pera, 444
Arneiro, 296
Arões, 65
Arouca, 177, 179, 182
Arraiolos, 372-3
Arronches, 390
Arruda dos Vinhos, 300, 303, 314
Atalaia, 267, 377
Atouguia da Baleia, 320-1
Aveiro, 141-2, 145, 381, 443
Aveleda (aldeia de Rio de Onor), 35
Avis, 374, 383
Azambuja, 34
Azenhas do Mar, 333
Azevo, 191
Azinhaga, 295
Azinhoso, 27
Azurara, 77

Baçal, 35, 38
Baião, 61
Bairrada, 149
Baleal, 322
Baleizão, 419
Balugães, 86, 88
Barca de Alva, 211
Barcelos, 85, 115-7
Barreiro, 362
Barrinha de Mira, 150

Batalha, 282, 286, 289, 297, 370
Beberriqueira, 268
Beja, 420-4
Belmonte, 186-9, 213, 233, 299
Benafrim, 450
Benavente, 299
Benavila, 383
Benquerença, 237
Bensafrim, 450
Berlengas, 322-4
Bertiandos, 93
Bigorne, 219
Boialvo, 176
Boliqueime, 450
Bom Jesus (Braga), 112, 223
Bombarral, 328
Borba, 396-8
Braga, 104-7, 109, 112, 118, 182, 381
Bragança, 18, 22, 32-5, 38, 40, 443
Bravães, 104
Briteiros (citânia), 72, 114, 123-4
Brito, 124
Brogueira, 293
Brotas, 376
Buçaco, 170, 174-6
Budens, 450, 455
Bustelo, 219

Cabeceiras de Basto, 66
Cabeço de Vide, 383
Caçarelhos, 23
Cachopo, 437
Caldas da Rainha, 316-8
Caminha, 96
Campanas, 149

Campo Maior, 391
Canedo de Basto, 65
Cantanhede, 149-50
Capinha, 236-7
Carcavelos, 342
Cardanha, 30
Carrazedo de Montenegro, 47-8
Carvalhal, 376
Carvalhal de Óbidos, 326, 344
Carvas, 49
Casais do Livramento, 291
Cascais, 340
Castelo Bom, 206
Castelo Branco (cidade), 252, 254-6, 259, 384
Castelo Branco (freg. do concelho de Mogadouro), 27
Castelo de Vide, 381-4
Castelo do Bode, 267-8
Castelo Mendo, 205
Castelo Novo, 252-4
Castelo Rodrigo, 211-3
Castelões, 138
Castro Daire, 217-9
Castro Laboreiro, 56, 97, 99-101
Castro Marim, 437
Castro Verde, 428-31
Celorico da Beira, 196, 199, 201
Celorico de Basto, 65, 69
Cercal (do concelho de Cadaval), 316
Cerrada Grande, 296
Cete, 125
Chamoim, 120
Chaves, 42-4, 46-7
Cholda, 296
Ciborro, 377

Cidadelhe, 185-7, 190-6
Ciladas de São Romão, 400
Clarines, 450
Coentral, 170
Coimbra, 159-61, 164, 166, 168-70, 172, 176, 199, 218, 238
Conímbriga, 153-5, 158
Constância, 265-6
Corujos, 437
Cós, 282, 286
Cova da Beira, 244, 250
Covide, 120
Covilhã, 234-6
Crato, 379-80, 383
Cucujães, 23
Cumeeira, 55

Delães, 124
Divisões, 296
Dogueno, 450
Dois Portos, 300, 304
Donas, 249
Duas Igrejas, 25

Eiras, 194, 196
Elvas, 391-2, 400
Entradas, 430
Ereira, 153
Ericeira, 330, 332
Ermelo, 103
Ermida, 218-9
Escalhão, 211
Escarigo, 207-11
Esmoriz, 137
Espiçandeira, 314
Espiche, 455

Espinho, 137
Esposende, 85
Estarreja, 141
Estevais, 30
Estói, 439
Estômbar, 450-1
Estoril, 341
Estorninhos, 437
Estremoz, 383, 385, 393-4
Évora, 249, 373, 403-5, 409-10, 423-4
Évora Monte, 395-6

Fafe, 66
Fão, 85
Faro, 441-2, 444
Fátima, 51, 276-7
Feira (Vila da), 138, 291
Feiteira, 437
Felgueiras, 63
Ferreira, 125
Ferreirim, 224-5, 310
Ferrel, 321
Figueira da Foz, 152
Figueira de Castelo Rodrigo, 210
Finisterra do Sul, 455
Flor da Rosa, 380-1
Fonte Arcada, 122-3
Fontelas, 55
Fornos de Algodres, 213
Foz de Arouce, 170
Foz do Caneiro, 170, 173
Foz Giraldo, 259
Fundão, 244-6
Furadouro, 139

Gafanhoeira, 372-3
Gáfete, 384

Gaia. *Ver* Vila Nova de Gaia
Gândara dos Olivais, 278
Giela, 102, 376
Gilmonde, 85
Gilvrazino, 450
Giões, 450
Godim, 55
Góis, 172
Golegã, 293-4
Gondoriz, 102
Gralheira, 219
Granjinha, 232
Guadramil, 36
Guarda, 181-3, 187, 190, 196, 205, 233
Guarita de Godeal, 377
Guimarães, 44, 64-5, 69-70, 73

Idanha-a-Nova, 243
Idanha-a-Velha, 242, 255

Janas, 332
Jou, 49
Junqueira (povoação do concelho de Vila do Conde), 81, 83, 440
Junqueira (povoação perto de Moncorvo), 31, 81
Juromenha, 400-2, 419

Laborato, 450
Lagareira, 296
Lagoa, 449-50
Lagoa Comprida, 234
Lagos, 451-5
Lama, 118, 376
Lamego, 221-3
Lanhoso, 120
Lavre, 377

Leça do Bailio, 76
Leiria, 278, 280-2, 291, 441
Lindoso, 56, 103, 148
Linhares, 199-201
Lisboa, 75, 175, 237, 266, 313, 327, 340-2, 344, 351, 354, 358, 360-1, 374, 393, 395
Lobrigos, 55
Longos Vales, 101, 378
Longroiva, 203
Lorvão, 173-4, 177
Lotão, 450
Loulé, 445, 454
Lourinhã, 328-9
Lousã, 170
Luz (de Tavira), 438

Maçãs de D. Maria, 23
Mafra, 330-2, 353, 359
Magueija, 219
Maiorca, 152-3
Maiorga, 282, 286
Malhadas, 21-2, 25
Mamarrosa, 149
Mangualde, 213
Manhente, 118
Manhufe, 57
Manteigas, 234
Marco de Canaveses, 61
Marialva, 203-5, 213, 352
Marinha Grande, 278
Marvão, 383-4
Mateus, 51
Matosinhos, 75-6
Meadas, 384
Meca, 51
Meda, 203
Medelim, 241

Melgaço, 97-9, 101
Merceana, 313
Mértola, 428, 432-3, 448
Merufe, 101
Mesão Frio, 54
Mezio, 219
Milreu, 439-40, 444
Mira, 150-1
Miranda do Douro, 18-21, 31, 39, 224
Mirandela, 32
Mire de Tibães, 113
Mogadouro, 27, 31
Moimenta da Beira, 231
Moita, 362
Moitas, 296
Monção, 97, 101
Mondim de Basto, 65, 69
Monforte, 387, 390
Monfortinho, 238, 240
Monsanto, 238-9, 241, 243-4, 258, 352, 384
Monsaraz, 411-2, 434
Monserrate (Sintra), 333, 339
Montalvo, 265
Montargil, 377
Monte Gordo, 444
Montemor-o-Novo, 369, 371
Montemor-o-Velho, 153, 155-7, 159
Montijo, 362
Mora, 376-7
Moreira de Rei, 202, 204
Moura, 213
Moura Morta, 219
Mourão, 413-4
Mourisca, 368

Murça, 47, 49-50
Murtosa, 140

Nave de Santo António, 235
Nazaré, 282, 287
Nexe, 450
Nisa, 384
Nossa Senhora da Orada, 98-9
Nossa Senhora dos Degolados, 391

Óbidos, 318-20, 326, 345
Odeleite, 450
Odemira, 456
Odiáxere, 450
Ofir, 85
Oiã, 148
Oleiros, 259
Olhão, 438
Olhos de Água, 444
Olival Basto, 296
Olival d'El-Rei, 296
Olival da Palha, 296
Oliveira de Azeméis, 176
Oliveira do Bairro, 148
Oriola, 424
Ota, 316
Ouguela, 391
Ourém, 275-6, 291, 311
Ourondo, 246
Outeiro Seco, 44
Ovar, 138

Paço de Sousa, 125, 127-8
Paços de Ferreira, 125
Paços de Lalim, 231
Pademe, 450
Padim da Graça, 113
Pai Penela, 202

Palheiros de Mira, 151
Palmela, 363, 365
Panasqueira, 247
Panchorra, 219
Parada de Cunhos, 55
Paredes, 125
Paredes de Coura, 93
Paul, 246
Pavia, 374-5
Pedome, 124
Pedralva, 72
Pena (Sintra), 335-6, 339
Penacova, 170, 173
Penamacor, 237, 414
Penha Garcia, 238
Penhas da Saúde, 234
Peniche, 322-3
Penude, 219
Pera do Moço, 191
Pero de Lagarelhos, 47
Peso da Régua, 53-5, 93
Pias, 415
Picão, 219
Pinheiro, 218
Pinheiros, 96
Pinhel, 185-6, 190-1
Pisões, 428
Pocariça, 149
Pombeiro de Ribavizela, 63
Ponta do Altar, 451
Ponta João de Arães, 444
Ponte da Barca, 103-4
Ponte de Lima, 93
Ponte de Sor, 377-8
Ponte do Rol, 309
Porches, 450
Portalegre, 384, 387
Portel, 423

Portela do Homem, 121
Portimão, 451
Portinho da Arrábida, 366
Porto, 45, 75, 124, 127-8, 130-1, 133-5
Porto de Mós, 291
Pousafoles do Bispo, 190
Póvoa (povoação do Alto Alentejo), 384, 414
Póvoa (povoação do Baixo Alentejo), 414
Póvoa de Lanhoso, 122
Póvoa de Varzim, 81, 83
Póvoa do Concelho, 205
Praia da Rocha, 451
Praia das Maçãs, 333
Praias do Sado, 368
Proença-a-Velha, 243
Punhete, 266

Queimada, 62, 148, 191
Quelfes, 450
Queluz, 342-3, 398
Quintiães, 85

Ranhados, 23
Raposeira, 455
Rates, 84, 232
Real, 112-3, 232
Rebordelo, 44
Rebordões, 124
Rebordosa, 173
Redondo, 403
Refojos de Basto, 65
Reguengos de Monsaraz, 411
Rendufe (Amares), 118-9
Rendufe (Ponte de Lima), 93
Renfe, 124

Riachos, 293
Rio de Onor, 34-8, 42, 68, 78
Rio Mau, 80-1, 84, 232
Romarigães, 93, 95-6
Romeu, 32-3
Roriz, 124
Rubiães, 93

Sabroso (Castro), 72
Sabugal, 190
Sabugueiro, 234
Sacavém, 349
Sacoias, 35, 42
Salir (Algarve), 446
Salreu, 141
Salvador, 238, 296
Salvaterra de Magos, 299
Salzedas, 224, 226-7, 258
Samardã, 23, 51-2
Sameiro (Braga), 112, 114
Samel, 149
Sancheira Grande, 316
Sande, 124
Sanlúcar, 435
Santa Cruz do Bispo, 76
Santa Eulália, 147
Santa Marta de Penaguião, 55
Santa Rita (praia de), 329
Santana, 365
Santarém, 296, 298
Santiago do Cacém, 456
Santiago do Escoural, 371
Santo António da Neve, 170
Santo António de Avenilha, 437
Santo Tirso, 73
São Bartolomeu de Messines, 444, 448
São Bento de Porta Aberta, 120

São Brás, 416
São Cucufate, 427
São Gens, 415
São João de Gatão, 59, 75
São João de Tarouca, 224, 228-31, 315, 395
São Jorge, 282, 286
São Jorge da Beira, 244-6, 248-9
São Lourenço de Almansil, 445-6
São Marcos, 159
São Marcos da Ataboeira, 431
São Martinho de Mouros, 220-1
São Miguel de Ceide, 74
São Pedro da Cadeira, 309
São Pedro das Águias, 231-3
São Pedro de Muel, 278
São Quintino, 300-1, 303, 305
São Romão, 234
São Silvestre, 159
São Vicente, 261
Sardoal, 260
Seia, 234
Seixal, 362
Sendim, 25
Senhora da Rocha, 444
Serpa, 415-6, 418-9
Serra, 268
Serra d'El-Rei, 320
Sertã, 260
Sesimbra, 365
Seteais, 335
Setúbal, 311, 367
Silves, 447-9
Sines, 448, 456
Sintra, 333, 381, 384, 398, 422, 433
Sistelo, 102

Sítio, 287
Soajo, 103
Sobral de Monte Agraço, 300
Sortelha, 186, 189
Soure, 153
Sousel, 383

Tabuado, 61
Tancos, 267
Tareja, 437
Tarouca, 224, 227
Tavira, 437-8
Telões, 63, 65
Tendais, 219
Tenões, 112
Tentúgal, 158, 198
Terena, 402
Terras de Bouro, 119-20
Tocha, 152
Tomar, 268-9, 271, 273-4, 276
Torrão, 370
Torre (serra da Estrela), 234
Torre das Águias, 376, 381
Torre de Moncorvo, 28-9, 31
Torre de Palma, 387, 389-90, 395
Torres Novas, 267, 292-3, 295
Torres Vedras, 300, 304, 306, 310, 314
Toubres, 49
Trancoso, 201-2
Trindade, 428
Trofa, 146, 176
Turcifal, 308-9

Ucanha, 224-6

Vagos, 145
Vagueira, 145

Vale de Cambra, 176
Vale de Estrela, 233
Vale de Prazeres, 244
Valença, 96
Valência de Alcântara, 383
Valhelhas, 233
Valongo de Milhais, 49
Varatojo, 309-12
Varge, 35
Velosa, 197, 199
Vermiosa, 206-7, 244
Viana do Alentejo, 424, 426
Viana do Castelo, 86, 88, 90-1, 96, 133
Vidigueira, 312, 423
Vieira de Leiria, 278
Vieira do Minho, 121
Vila Alva, 426
Vila de Frades, 426
Vila do Bispo, 455-6
Vila do Conde, 78, 80, 164
Vila Flor, 31
Vila Franca de Xira, 299

Vila Fresca de Azeitão, 363
Vila Nova, 172
Vila Nova da Cerveira, 96
Vila Nova de Famalicão, 73
Vila Nova de Foz Coa, 203
Vila Nova de Gaia, 128, 137
Vila Nova de Milfontes, 456
Vila Nova de Ourém. *Ver* Ourém
Vila Pouca de Aguiar, 47
Vila Real, 44, 47, 50-2, 54-6, 61, 93
Vila Real de Santo António, 437
Vila Ruiva, 426
Vila Seca, 85
Vila Viçosa, 398-400
Vilar Formoso, 205-6
Vilar Turpim, 213
Vilarinho de Samardã, 51
Vilaverdinho, 32
Vimeiro, 330
Vimioso, 22, 24
Vinhais, 43
Viseu, 213, 215, 217
Vista Alegre, 145

2ª EDIÇÃO [1997] 2 reimpressões
3ª EDIÇÃO [2011] 2 reimpressões
4ª EDIÇÃO [2021] 1 reimpressão

ESTA OBRA FOI COMPOSTA PELA SPRESS EM TIMES E IMPRESSA EM OFSETE PELA GRÁFICA BARTIRA SOBRE PAPEL PÓLEN NATURAL DA SUZANO S.A.PARA A EDITORA SCHWARCZ EM FEVEREIRO DE 2023

A marca FSC® é a garantia de que a madeira utilizada na fabricação do papel deste livro provém de florestas que foram gerenciadas de maneira ambientalmente correta, socialmente justa e economicamente viável, além de outras fontes de origem controlada.